Johann Baptist Metz
Ein Bekenntnis zum Glauben in dieser Zeit
Band I

Johann Baptist Metz

Ein Bekenntnis zum Glauben in dieser Zeit
Vorlesungen zum Würzburger Synodendokument
„Unsere Hoffnung"

Band I
Theologisch-politische
Grundperspektiven

Bearbeitet und herausgegeben von
Johann Reikerstorfer

FREIBURG · BASEL · WIEN

© Verlag Herder GmbH, Freiburg im Breisgau 2022
Alle Rechte vorbehalten
www.herder.de
Umschlaggestaltung: Verlag Herder
Satz: Meta Systems Publishing & Printservices GmbH, Wustermark
Herstellung: CPI books GmbH, Leck

Printed in Germany

ISBN Print 978-3-451-39193-4
(Zwei Teilbände)

In dankbarer Erinnerung
an meinen Freund Baptist,
der in mir die Leidenschaft für seine
„Politische Theologie" weckte

Inhalt

Teilband I

Vorwort des Herausgebers 17

Unsere Hoffnung. Ein Beschluss der Gemeinsamen Synode
der Bistümer in der Bundesrepublik Deutschland 21

Credo-Erläuterungen

I. Orientierungen zum christlichen Glaubensbekenntnis 59
   1. Zur Geschichte der Bekenntnisformeln 59
   2. Absicht und Anlage des synodalen Bekenntnistextes
      „Unsere Hoffnung" 64
      2.1 *Zur Absicht* 64
      2.2 *Zur Anlage* 72
   3. Innere Struktur des Credotextes 74
   4. Theologische Leitlinien: eschatologische Orientierung,
      Theodizeefrage, intelligibler Rang der Nachfolge 75

II. Glaubensweisen 77
   1. Synoptische und paulinische Glaubensweise 79
   2. Glaube als Nachfolge in systematischer und
      korrektivischer Absicht 81
   3. Gefahr des nur „geglaubten Glaubens" 83
   4. Privatistische und rationalistische Reduktion
      des Christentums 84

III. Der Glaube der Christen 86
§ 1 Gott unserer Hoffnung 86
   1. Primat der Hoffnung mit apokalyptischem Stachel 86
   2. Gott der Geschichte 91
      2.1 *Gott der Väter* 95
      2.2 *Gott der Religionen* 104
         2.2.1 Indirekte Ökumene der Religionen 105
         2.2.2 Kritik des theologischen Religionsbegriffes .. 107
         2.2.3 Die Kritik der stillschweigenden
               Identifizierung von Christentum
               mit bürgerlicher Religion 110

§ 2 Der neuzeitlich verworfene oder totgesagte Gott 113
   1. Präargumentative Widerstände gegen das Gottesthema .. 113
      1.1 Der Protesttyp 114
      *1.2 Der Typ der Desillusionierung
           oder der Resignation* 115
      1.3 Der Typ der Verzweckung des Gottesgedankens 115
   2. Argumentative Bestreitungen des Gottesgedankens 116
      2.1 Tod Gottes in der Natur 116
      *2.2 Tod Gottes in der Geschichte oder die Destruktion
           jeglicher Theodizee* 119
      *2.3 Die anthropologische Destruktion
           des Gottesgedankens* 121
      *2.4 Die psychoanalytische Destruktion
           des Gottesgedankens* 122
      2.5 Tod Gottes in der Sprache 125
      *2.6 Tod Gottes in der Gesellschaft oder
           die ideologiekritische Destruktion
           des Gottesgedankens: Karl Marx
           und Georg W. F. Hegel* 126
         2.6.1 Die marxistische Religionskritik
               und Gotteswissen 126
         2.6.2 Georg W. F. Hegel: Bürgerliche Gesellschaft
               als System wechselseitiger
               Bedürfnisbefriedigung 128
      2.7 Sehnsucht und Bedürfnis 129
   3. Theologische Reaktionsweisen auf die Bestreitung
      des Gottesgedankens 133
      *3.1 Rückzug aus Bereichen, in denen der Tod Gottes
           proklamiert wurde* 133
      3.2 Preisgabe des Begriffs „Religion" 134
      3.3 Konditionierung des Gottesgedankens 134

§ 3 Leiden und Sterben Jesu Christi 136
   1. Christologie als Nachfolge-Christologie 136
   2. Mystisch-politische Doppelstruktur der Nachfolge 138
   3. Radikaler Gehorsam als politische
      Menschenfreundlichkeit 139
   4. Die christologische Bedeutung der anonymen
      Leidensgeschichte der Welt 140

Inhalt 9

§ 4 Auferweckung der Toten und Gericht 142
1. Kern der theologischen Argumentation 142
2. Die Grundstruktur der paulinischen Argumentation 146
3. Innerer Zusammenhang der Rede von der Auferweckung der Toten und dem Letzten Gericht 151
4. Notizen zur Semantik der Rede von Auferweckung und Gericht 159
5. Versuch einer gesellschaftskritischen Vermittlung des christlichen Auferweckungsglaubens 166
   5.1 *Auferweckung und Gericht – Kategorien des Widerstands gegen gesellschaftlichen Trauerverlust, gegen die Verhältnislosigkeit zu den Toten und damit auch als Versuch, den Bann des herrschenden Sinnlosigkeitsverdachts gegenüber der Trauer zu durchstoßen* 166
   5.2 *Auferweckungshoffnung – Kategorie des Widerstands gegen ein am Haben und Besitz orientierten gesellschaftlichen Ideal menschlicher Identität* 169
   5.3 *Auferweckungsglaube – Kategorie des Widerstands gegen das gesellschaftliche Ideal einer halbierten Gerechtigkeit* 173

§ 5 Vergebung der Sünden 176
1. Schwierigkeiten mit dem Schuldbegriff 176
2. Christlicher Schuldbegriff 179
   2.1 *Grenzenlosigkeit unseres Verantwortungsbereichs* .. 180
   2.2 *Notwendigkeit einer Politisierung des christlichen Gewissens* 182
   2.3 *Umkehr als Prüfstein für die Rede von der Vergebung der Sünden* 184
   2.4 *Frage nach der theologischen Dignität des politisch geprägten Schuldbegriffs: Transzendenz nach unten* 186
3. Theorien vom Menschen als geschichtlichem Subjekt ... 190
   3.1 *Bürgerlicher Idealismus: Entschuldigung des Menschen als geschichtliches Subjekt durch Halbierung der Geschichte* 193
   3.2 *Historisch-dialektischer Materialismus: Frage nach dem Verhältnis von Befreiungs- und Schuldgeschichte* 193

3.3 Positivismus: Entschuldigung des Menschen
    durch Bestreitung seines Subjektseins 197

§ 6 Reich Gottes 200
  1. Kritische Erläuterungen zum Aufbau des einschlägigen
     Synodentextes (I.6) 200
  2. Reich-Gottes-Botschaft und Praxis der Nachfolge 203
  3. Auf dem Weg in die Moderne: Paulus – Augustinus –
     Luther 212
     3.1 Perspektiven und Wirkungen paulinischer
         Theologie 212
     3.2 Schwierigkeiten mit Röm 13,1–7 213
  4. Aurelius Augustinus 219
     4.1 Die byzantinische Reichstheologie,
         eine Siegertheologie mit christlichem Vorzeichen ... 220
     4.2 Einseitigkeiten bei Augustinus 223
         4.2.1 Gefahr der Entgeschichtlichung
               der Eschatologie durch die Unterscheidung
               von Zeit und Ewigkeit 223
         4.2.2 Gefahr forcierter Verinnerlichung
               eschatologischer Verheißungsgehalte 223
         4.2.3 Gefahr der Identifizierung von Kirche
               und Reich Gottes 223
  5. Zu Martin Luthers Zwei-Reiche-Lehre 224
  6. Eschatologischer Glaube und Praxis der Nachfolge 228
  7. Perspektiven im Bekenntnistext 233

§ 7 Schöpfung 236
  1. Schöpfer-Gott und Erlöser-Gott 236
  2. Zustimmungsfähigkeit zur Welt 237
  3. Weltlichkeit der Welt 238
  4. Kein undialektisches Verhältnis von Ethik
     und Ästhetik 242
  5. Zwei Grundaspekte des Schöpfungsglaubens – primäre
     und sekundäre Bedrohungen des Schöpfungssinns 244
  6. Sekundäre Krisenerfahrungen des Schöpfungssinns 246
     6.1 Zur technologischen Krise 246
     6.2 Die ökologische Krise heute 250
     6.3 Die Wachstumskrise 253
  7. Primäre Krisenerfahrung 254

Inhalt 11

    8. Ansätze zu einer Zustimmung der Welt 259
        8.1 Stoizistisch-elitäre Zustimmung 259
        8.2 Dionysisches Ja zur Welt 259
        8.3 Prometheische Zustimmung 260
        8.4 Biblische Zustimmung 261
    9. Zum Sinn des Betens 261
  10. Auseinandersetzung mit der Hiob-Deutung
      Ernst Blochs 267
  11. Eschatologischer Schöpfungsglaube: Hoffnung
      auf den Gott der Lebenden und Toten 277

§ 8 **Gemeinschaft der Kirche** 287
    1. Die Frage nach den Subjekten 287
    2. Zwei soziologische Diagnosen: Peter L. Berger
       und Jürgen Habermas 291
    3. Kirche in gesellschaftlicher Entmächtigung
       und Minorisierung 295
    4. Theologische Reaktionen 297
    5. Erster Mut – Zweiter Mut 307

Teilband II

I. Zur Genese des Credo-Textes „Unsere Hoffnung.
Ein Bekenntnis zum Glauben in dieser Zeit":
Skizze eines Wegprotokolls 15

II. Textdokumentation

1. Unsere Hoffnung. Ein Glaubensbekenntnis in dieser Zeit
   (Vorlage zur Ersten Lesung) 23

2. Johann Baptist Metz: Mündlicher Bericht
   zur Ersten Lesung (8. Mai 1975) und Diskussionsbeiträge
   des Berichterstatters 56

3. Johann Baptist Metz: Mündlicher Bericht zur Zweiten
   Lesung (21. Nov. 1975) und Diskussionsbeiträge
   des Berichterstatters 67

III. Einleitungen, Exkurse, theologische Hintergrundprämissen
   des Credo-Konzepts der Würzburger Synode

1. Aktuelle Einleitung: Religion und Politik 85

2. Einleitung, theologisch-biographisch 113

3. Basistheologie und wissenschaftlich-akademische
   Theologie 124
   3.1 Zur Funktion wissenschaftlich-akademischer Theologie .. 124
       *3.1.1 Aufspüren von Erfahrungen und Erinnerungen
              des christlichen Gedächtnisses* 124
       *3.1.2 Bezug neuer Praxis auf das Ganze
              des christlichen Gedächtnisses* 125
       *3.1.3 Interdisziplinäre Kritik und Rechtfertigung
              des Christentums* 125
       *3.1.4 Formen „schöpferischer"
              Theologieverweigerung* 125
   3.2 Der Ansatz einer praktischen Fundamentaltheologie ... 126

4. Vom inneren Antagonismus der Symbolwelt biblischer
   Gottesrede 130

Inhalt

5. Nichts als Illusion (Projektion)? 132
    5.1 Religion ohne Gott: Ludwig Feuerbach (1804–1872) ... 132
    5.2 Religionskritische Strategie und die Frage nach
        ihren Prämissen 133
    5.3 Zur erkenntnistheoretischen Prämisse
        der Projektionsthese 136
    5.4 Individualistische Anthropologie? 137
    5.5 Theologische Auseinandersetzung 138

6. Sitzhermeneutik und Weghermeneutik 142

7. Der apokalyptische Gott – Annäherungen 148
    7.1 Hoffnung mit apokalyptischem Stachel 148
    7.2 Systeme der Zeitlosigkeit 152
    7.3 Theologie im Bann der Zeitlosigkeit 153
    7.4 Wider den Bann der Zeitlosigkeit: Erinnerung
        an die Apokalyptik 156

8. Brot des Überlebens. Das Lebensprinzip der Religion
   und die Überlebenskrise der Menschheit 160
    8.1 Die Überlebenskrise oder die gesellschaftliche
        Apokalypse des herrscherlichen Lebens 160
    8.2 Leben vom „Brot des Lebens" 162
    8.3 Anthropologische Revolution 167
    8.4 Basisgemeinden als Träger der anthropologischen
        Revolution 169

9. Hoffnung auf Reformation. Oder: die Zukunft
   des Christentums in einer nachbürgerlichen Welt 172
    9.1 Von der Ersten Reformation zur Zweiten Reformation .. 172
    9.2 Die Zweite Reformation 174
        *9.2.1 Anrufung der Gnade in den Sinnen –
               die protestantische Spielart der Zweiten
               Reformation* 174
        *9.2.2 Anrufung der Gnade in der Freiheit –
               die katholische Spielart der Zweiten
               Reformation* 179
        *9.2.3 Anrufung der Gnade in der Politik –
               die politische Spielart der Zweiten
               Reformation* 182
    9.3 Träger der Zweiten Reformation 184

10. Exkurs: Nachfolge-Christologie als Weg-Christologie 188
11. Warum überhaupt Kirche? 192
    11.1 Konstitutionelle und institutionelle Kirchlichkeit 192
    11.2 Das katholische Prinzip der „Repräsentation" 199
    11.3 Institutionalisierung eines gefährlichen Gedächtnisses .. 203
12. Konsequenzen für die Zukunft der Kirche: Beharrliche
    Entfaltung zweier Konzilsimpulse 209
    12.1 Das Experiment der aufrechten Gangart – oder: Kirche
         im Horizont der Moderne 209
    12.2 Das Experiment einer kulturell polyzentrischen
         Weltkirche 214
         *12.2.1 Der kirchengeschichtliche Ort und Rang
                 des Aufbruchs* 214
         *12.2.2 Im Blick auf das Spannungsfeld „Erste Welt –
                 Dritte Welt"* 215
         12.2.3 Identitätsstiftende Zusammenhänge 216
         12.2.4 Reformatorischer Aufbruch? 218
         12.2.5 Herausforderungen an die europäische Kirche .. 221
13. Der theologische Grundansatz im Spiegel der Kirchenbilder:
    Leib Christi, Communio, Volk Gottes 226
    13.1 Der christologisch-christozentrische Ansatz:
         das Leib-Christi-Motiv 226
         13.1.1 Würdigung 228
         13.1.2 Gefahren und Kritik 229
    13.2 Pneumatologisch-trinitätstheologischer Ansatz
         im Kirchenverständnis: Kirche als „Communio"
         („Koinonia") 230
         *13.2.1 Vorzüge und Gefahren
                 des Communio-Modells* 232
         *13.2.2 Die Wiederentdeckung von „Communio"
                 und „Receptio" (II. Vatikanum)* 234
    13.3 Eschatologisch-gesellschaftskritisch: Kirche als Volk
         Gottes 235
14. Einheit, Heiligkeit, Katholizität, Apostolizität der Kirche.
    Unterwegs zu einem Paradigmenwechsel im Verständnis
    kirchlicher Kennzeichen 240
    14.1 „Einheit" (ecclesia una) 241

14.2 „Heiligkeit" (ecclesia sancta) 241
14.3 „Katholizität" (ecclesia catholica) 242
14.4 „Apostolizität" (ecclesia apostolica) 243
15. Vier Dimensionen der Ökumene heute 246
   15.1 Ökumene im biblisch-messianischen Horizont – Christen und Juden, Kirche und Synagoge 246
   15.2 Ökumene im innerchristlichen Horizont – Einheit der Christen 246
   15.3 Ökumene im Horizont der Weltreligionen 249
   15.4 Ökumene im Welthorizont 249

Anhang

Quellenverzeichnis 253
Abkürzungsverzeichnis 257
Personenregister 259

Vorwort des Herausgebers

Auf dem Grabstein des am 2. Dezember 2019 in Münster verstorbenen *Johann Baptist Metz* steht das Wort Jesaja 21,11: „Wächter, wie lange ist noch die Nacht?"[1] Wie kaum ein anderes Wort durchzieht dieses Zeitmotiv die langjährige Arbeit unseres Theologen. Es zeugt von seinem Gespür für Irritationen, für drohende Untergänge, für das Katastrophische der Geschichte und den geschichtlich aufgedrängten und konstitutionell gefährdeten Ort aller Wahrheitssuche. Im „Angesicht der Gefahr" hat Metz um das Profil seiner „Neuen Politischen Theologie" in allen Phasen ihrer Entwicklung gerungen.

„Wie lange ist noch die Nacht"? Daraus spricht die beunruhigende Heimsuchung durch „die Anderen", deren Schicksale den geschlossenen Kreis selbstbezüglicher Gottesinteressen durchbrechen. Erfahrungen des Vermissens, der ungestillten Sehnsucht und leidenschaftliche Rückfragen an Gott lassen Gott als „Menschheitsthema" in den Blick kommen, der eine Gerechtigkeit auch für die Opfer und Besiegten der Geschichte aufrechterhält. Eine Theologie „nach Auschwitz" zwingt in den ungetrösteten Schrei nach Gott selbst hinein.

Mit seinem an „Unterbrechungen" geschärften Weltblick konnte Metz sich weit über die Grenzen der Kirchen hinaus Gehör verschaffen. Radikal war sein Denken deshalb, weil es sich leid- und zeitsensibel weit vorwagt an die Fronten der gegenwärtigen Kämpfe um die bedrohte Zukunft der Menschheit. Die Gottesrede ist eine zeitlich geforderte, vom Schicksal „der Anderen" beanspruchte, eben eine „Politische Theologie", die eine Praxis anruft, in der Glaubensgeschichte und Lebensgeschichte ineinandergreifen.

Eine Theologie „mit dem Gesicht zur Welt" sucht das humane Potential christlicher Hoffnung im Widerstand gegen das weltweit soziale und kulturelle Unrecht aufzudecken und zu mobilisieren. Geschichtliches Bewusstsein und Gewissen bewähren sich nicht primär in einem linearen Umgang mit Fortschritten, Erfolgen und Siegen, sondern in dem viel schwierigeren Umgang mit den Niederlagen und Katastrophen, die auch in der Theologie oft „idealistisch" ausgeblendet, verdrängt und vergessen bleiben. Die Hoffnung auf den „Gott der Lebenden und der Toten" will sich jedoch geschichtlich exponieren, will sich dem „unglücklichen Be-

---

[1] Münster, Alter Mauritz-Friedhof.

wusstsein" aussetzen und sich einschalten in den geschichtlichen Kampf um die Würde des Menschen. – „Mitleidenschaft" ist für Metz zum Kennwort für die Nachfolge Jesu heute geworden, die in der globalisierten Welt immer mehr unter Zeit- und Handlungsdruck gerät. „Wächter, wie lange noch ist die Nacht?"

Solche Hintergrundprämissen mögen das eigentliche Anliegen dieser Veröffentlichung verdeutlichen. Neben den grundlegenden Studien zum Konzept der „Neuen Politischen Theologie" hat Metz von früh auf zentrale Inhalte des christlichen Glaubensbekenntnisses in seinen Vorlesungen behandelt, die als unveröffentlichte Texte nicht in die „Gesammelten Schriften" (JBMGS 1–9) Eingang gefunden haben.

Im April 1973 wurde Metz von der Gemeinsamen Synode der Bistümer Deutschlands (Würzburg 1971–1975) beauftragt, einen von ihm vorgeschlagenen Entwurf als Grundlagenaussage über den Glauben weiter auszuarbeiten. Der Text sollte als eine Art „inspirierender Präambel" für die synodalen Beratungsprozesse fungieren und die „innere Einheit" der Synodenpapiere zum Ausdruck bringen.

Der 1975 mit großer Zustimmung beschlossene Bekenntnistext „Unsere Hoffnung. Ein Bekenntnis zum Glauben in dieser Zeit" ist das Ergebnis eines theologischen Ringens um die sinngebende Orientierungskraft des christlichen Glaubens in kritischer Auseinandersetzung mit gesellschaftlichen Grund- und Gegenerfahrungen. So sind die „Zeichen der Zeit" (Vaticanum II) in die Behandlung der einzelnen Glaubensinhalte eingewoben. Es geht nicht nur etwa um eine sublimere Interpretation bestimmter Glaubenssätze, sondern im „Primat der Praxis" um das Subjektwerden der Christen in der Kritik an einem „bürgerlichen Christentum", das sich diesem praktischen Anspruch der „Nachfolge" entzieht. In ihm verblasst die „gefährliche Erinnerung" des Glaubens als praktische Sinn- und Orientierungskraft. „Ich habe mich gefragt, ob dies nicht ein Glaube ist, der eben nicht nachfolgt, sondern an die Nachfolge glaubt und unter dem Deckmantel solch geglaubter Nachfolge dann doch die eigenen, von ganz anderen Gesetzen vorgeprägten Wege geht, ob dies nicht ein Glaube ist, der eben nicht mitleidet, sondern an das Mitleiden glaubt und unter dem Deckmantel des geglaubten Mitleidens eben vielleicht doch jene Apathie kultiviert hat, die uns Christen mit dem Rücken zu solchen Katastrophen weiterglauben und weiterbeten lässt. Dies habe ich mich gefragt." (Metz)

Im zeitlichen Umfeld der Entstehung des Credo-Textes und auch später hat sich Metz viele Jahre in Münster (1963–1993) und zuletzt auch im Rahmen seiner Wiener Gastprofessur (1993–1996) der Erläuterung und weiterführenden Ausdeutung seines Würzburger Credo-Konzepts gewidmet.[2] Das Credo der Christen bildete sozusagen das „Herzstück" (Franz Kamphaus) seiner Vorlesungstätigkeit als Rechenschaft über die herausfordernde und tröstende Kraft der christlichen Hoffnung. Metz selbst hat das Würzburger Credo immer nur in Auszügen behandelt und Teile daraus jeweils unter aktuellen Gesichtspunkten vorgetragen.

Da kein Vorlesungsmanuskript vom Autor selbst zur Verfügung stand, mussten die beiden Credo-Bände dieser Ausgabe auf der Grundlage thematisch einschlägiger Tonbandnachschriften erstellt werden, die mir Metz zuletzt noch anvertraute. Diese Texte verlangten im Interesse eines strukturierten Ganzen freilich eine grundlegende Bearbeitung. Der originäre Vorlesungs-Sprachstil sollte nach Möglichkeit beibehalten werden. Wiederholungen indes, die sich im Gang der Vorlesungen aus Rückblicken und Zusammenfassungen zwangsläufig ergeben, wurden im Interesse der inhaltlichen Einheit des Textes vermieden oder in sprachlicher Neu- bzw. Umformulierung in den Duktus der Gedankenführung eingepasst. Zitate sollten – nach Möglichkeit – anhand neuer Textausgaben verifiziert, ausgewiesen und im Anmerkungsteil verortet werden.

Im Zyklus der Fundamentaltheologie-Vorlesungen hat Metz seine Credo-Vorlesungen stets mit neuen Einleitungen und Exkursen versehen, die den jeweils gegenwärtigen Stand seiner theologischen Arbeit spiegeln. Deshalb wurden sie hier vom Corpus der eigentlichen Credo-Erläuterungen (Band I) abgelöst und im Band II dieser Ausgabe gesondert dokumentiert. Beide Bände gehören innerlich zusammen und wurden thematisch als Einheit konzipiert. Quellen-, Abkürzungsverzeichnis und Personenregister für die Gesamtausgabe finden sich am Ende von Band II.

Die thematische Zusammenführung der Vorlesungsmitschriften, ihre technische Aufbereitung für die Erstellung eines inhaltlich durchstrukturierten Gesamttextes waren ein äußerst arbeitsintensives Projekt, das oftmals an die Grenzen der Machbarkeit geriet. Deshalb drängt es mich, Dankesworte an alle zu adressieren, ohne die das Vorhaben nicht realisierbar gewesen wäre. In erster Linie an Herrn Dr. Stephan Weber vom Herder-Verlag für die spontane Bereitschaft, nach der Veröffentlichung der „Gesammelten Schriften" auch diese beiden Credo-Bände ins Verlags-

---

[2] Münster: WS (Wintersemester) 1974/75, WS 1975/76, WS 1977/78, SS (Sommersemester) 1979, WS 1979/80, WS 1981/82, SS 1982, SS 1984, SS 1987, WS 1989/90, SS 1992. Dazu Ergänzungen aus den Wiener Vorlesungen: WS 1994 – SS 1996.

programm aufzunehmen. Er stand mir in oft schwierigen Fragen der Textgestaltung hilfreich zur Seite. Frau Michaela Feiertag oblag es, die kopierten Tonbandnachschriften in eine bearbeitungsfähige Form zu bringen. Frau Ingrid Praher unterzog sich der mühsamen Arbeit aufwendiger Korrekturarbeiten im Detail, die für die weitere Verwertung der Texte unerlässlich waren. Frau Brigitte Schröder war von Anfang an in das Projekt voll involviert. Sie war mir behilflich bei der Beschaffung wichtiger Quellentexte und in allem eine kompetente Gesprächspartnerin, die zudem mit großer Aufmerksamkeit die Entstehung des Textes in allen Phasen begleitete. Manche Zitate konnten mit der bereitwilligen Hilfe von Jakob Deibl verifiziert und in Anmerkungen auch entsprechend berücksichtigt werden. Ihnen allen ein herzlicher Dank.

Ybbs an der Donau, im Herbst 2021   Johann Reikerstorfer

Unsere Hoffnung.
Ein Beschluss
der Gemeinsamen Synode der Bistümer
in der Bundesrepublik Deutschland

Inhaltsübersicht

Einleitung
„Rechenschaft über unsere Hoffnung" als Aufgabe der Kirche ... 23

Teil I:
Zeugnis der Hoffnung in unserer Gesellschaft 25
1. Gott unserer Hoffnung 25
2. Leben und Sterben Jesu Christi 27
3. Auferweckung der Toten 29
4. Gericht 31
5. Vergebung der Sünden 32
6. Reich Gottes 35
7. Schöpfung 37
8. Gemeinschaft der Kirche 39

Teil II:
Das eine Zeugnis und die vielen Träger der Hoffnung 42
1. Inmitten unserer Lebenswelt 42
2. Das Zeugnis gelebter Hoffnung 42
3. Gleichförmig mit Jesus Christus 43
4. Das Volk Gottes als Träger der Hoffnung 44

Teil III:
Wege in die Nachfolge 45
1. Weg in den Gehorsam des Kreuzes 45
2. Weg in die Armut 46
3. Weg in die Freiheit 47
4. Weg in die Freude 48

Teil IV:
Sendungen für Gesamtkirche und Gesamtgesellschaft 50
1. Für eine lebendige Einheit der Christen 50
2. Für ein neues Verhältnis zur Glaubensgeschichte des jüdischen Volkes 51
3. Für die Tischgemeinschaft mit den armen Kirchen 52
4. Für eine lebenswürdige Zukunft der Menschheit 53

Einleitung

„Rechenschaft über unsere Hoffnung" als Aufgabe der Kirche

Eine Kirche, die sich erneuern will, muss wissen, wer sie ist und wohin sie zielt. Nichts fordert soviel Treue wie lebendiger Wandel. Darum muss auch eine Synode, die der Reform dienen will, davon sprechen, wer wir als Christen und Glieder dieser Kirche sind und was allen Bemühungen um eine lebendige Kirche in unserer Zeit zugrundeliegt.

Wir müssen versuchen, uns und den Menschen, mit denen wir leben, „Rechenschaft zu geben über die Hoffnung, die in uns ist" (vgl. 1 Petr 3,15). Wir müssen zusehen, dass über den vielen Einzelfragen und Einzelinitiativen nicht jene Fragen unterschlagen werden, die unter uns selbst und in der Gesellschaft, in der wir leben, aufgebrochen sind und nicht mehr verstummen: die Fragen nach dem Sinn des Christseins in dieser Zeit überhaupt. Gewiss, darauf wird es schließlich so viele konkrete Antworten geben wie es Gestalten lebendigen Christentums unter uns gibt. Gleichwohl dürfen wir den Einzelnen in der Feuerprobe solcher Fragen nicht allein lassen, wenn wir nicht hilflose Vereinsamung, Indifferenz und lautlosen Abfall (weiter) riskieren wollen und wenn wir nicht tatenlos zusehen wollen, dass die innere Distanz zur Kirche immer mehr wächst. Wir dürfen die Augen nicht davor verschließen, dass allzu viele zwar noch einen rein feierlichen, aber immer weniger einen ernsten, lebensprägenden Gebrauch von den Geheimnissen unserer Kirche machen.

Sich solchen „radikalen" Fragen in der Öffentlichkeit der Kirche zu stellen, gehört zur Radikalität der pastoralen Situation, in der unsere Kirche heute steht und das Zeugnis ihrer Hoffnung weitergibt. Nur wenn unsere Kirche diese Fragen – wenigstens ansatzweise – im Blick behält, wird sie den Eindruck vermeiden, als gäbe sie vielfach nur Antworten, die eigentlich gar nicht erfragt sind, oder als spräche sie ihre Botschaft an den Menschen vorbei. Nur so wird sie auch dem Vorurteil entgegenwirken, sie wolle durch letztlich müßige Reformen den Verlust an Sinn und Tröstungskraft des christlichen Glaubens überspielen. Sie darf nicht nur von einzelnen innerkirchlichen Reformen sprechen, wenn ihr tagtäglich der Verdacht entgegenschlägt, dass das Christentum nur noch mit verbrauchten Worten und Formen den Fragen und Ängsten, den Konflikten und Hoffnungen in unserer Lebenswelt, der mühsam verdeckten Sinnlosigkeit unseres sterblichen Lebens und unserer öffentlichen und individuellen Leidensgeschichten antworte.

Hier müssen wir von unserer im Glauben gegründeten Hoffnung selbst öffentlich reden; sie nämlich scheint vor allem herausgefordert und unter vielerlei Namen unbewusst gesucht. In ihr uns zu erneuern und aus ihr den „Erweis des Geistes und der Kraft" für unsere Zeit zu erbringen, muss schließlich das Interesse sein, das alle Einzelerwägungen und Einzelinitiativen dieser Gemeinsamen Synode leitet. So wollen wir von der tröstenden und provozierenden Kraft unserer Hoffnung sprechen – vor uns selbst, vor allen und für alle, die mit uns in der Gemeinschaft dieser Kirche leben, aber auch für alle, die sich schwer tun mit dieser Kirche, für die Bekümmerten und Enttäuschten, für die Verletzten und Verbitterten, für die Suchenden, die sich nicht mit dem drohenden Verdacht der Sinnlosigkeit des Lebens abgefunden haben und für die deshalb auch Religion nicht von vornherein als durchschaute Illusion gilt, nicht als ein Restbestand früherer Kultur- und Entwicklungsstufen der Menschheit.

In dieser Absicht wissen wir uns auch dem Ökumenischen Rat der Kirchen verbunden, der seinerseits alle Christen zur Rechenschaft über ihre Hoffnung aufgefordert hat.

Teil I:
Zeugnis der Hoffnung in unserer Gesellschaft

Wenn wir hier vom Inhalt und Grund unserer Hoffnung sprechen, so können wir das nur in Andeutung und Auswahl tun. Die gewählten Inhalte sind jedoch durchlässig auf die ganze Fülle des kirchlichen Credos, das auch die Grundlage dieses Bekenntnistextes bildet. Nicht Geschmack und nicht Willkür lassen uns auswählen, sondern der Auftrag, unsere Hoffnung in dieser Zeit und für diese Zeit zu verantworten. Wir wollen von dem sprechen, was uns hier und jetzt notwendig erscheint – vor allem im Blick auf unsere Lebenswelt in der Bundesrepublik Deutschland. Dabei ist uns bewusst, dass nicht wenigen die Auswahl dieser Aussagen und auch ihre konkrete Entfaltung zu subjektiv erscheinen mag.

Unsere Lebenswelt ist nicht mehr die einer selbstverständlich religiös geprägten Gesellschaft. Im Gegenteil, die „Selbstverständlichkeiten", die in ihr herrschen, wirken oft wie kollektive Gegenstimmungen zu unserer Hoffnung. Sie machen es deshalb auch besonders schwer, die Botschaft dieser Hoffnung und die Erfahrungen unserer Lebenswelt zusammenzuführen, und sie verstärken in vielen den Eindruck, als wären sie von dieser Botschaft nicht mehr inmitten ihrer Lebenssituation getroffen und gedeutet, getröstet und angespornt. Deshalb wollen wir versuchen, das Zeugnis unserer Hoffnung gerade auf diese vermeintlichen „Selbstverständlichkeiten" unserer gesellschaftlichen Lebenswelt zu richten. Es geht uns dabei nicht um unbelehrbare Selbstverteidigung, sondern stets auch um kritische Selbstdarstellung; alles zielt auf die Einheit von Sinn und Tun, von Geist und Praxis, damit sich unser Zeugnis in eine Einladung zur Hoffnung verwandle.

1. Gott unserer Hoffnung

Der Name Gottes ist tief eingegraben in die Hoffnungs- und Leidensgeschichte der Menschheit. In ihr begegnet uns dieser Name, aufleuchtend und verdunkelt, verehrt und verneint, missbraucht, geschändet und doch unvergessen. Der „Gott unserer Hoffnung" (vgl. Röm 15,13) ist „der Gott Abrahams, Isaaks und Jakobs" (Ex 3,6; Mt 22,32), „der Himmel und Erde geschaffen hat" (Ps 121,2) und den wir mit dem jüdischen Volk und auch mit der Religion des Islams öffentlich bekennen, so wie wir alte Hoffnungsrufe bis in unsere Tage weiterbeten: „Ich irre umher in meiner Klage. Ich bin in Unruhe wegen des Lärmes der Feinde, des Schreiens der Gottlosen ... Mein Herz ängstigt sich in meiner Brust, und die Schrecken des Todes befallen mich. Furcht und Zittern kommen mich an, und Grauen bedeckt mich. Hätte ich doch Flügel wie eine Taube! ... Ich rufe zu Gott, und der Herr wird mir beistehen" (Ps 55,3–7a; 17)! Wenn wir solche Hoffnungsworte heute weitersprechen, dann stehen wir nicht allein und abgesondert; dann räumen wir vielmehr der Geschichte der Menschheit, die schließlich bis in unsere Gegenwart immer auch Religionsgeschichte ist, ein Stimmrecht, sozusagen ein Mitspracherecht bei dem ein, was wir von uns selbst zu halten haben und worauf wir vertrauen dürfen.

Der Gott unseres Glaubens ist der Grund unserer Hoffnung, nicht der Lückenbüßer für unsere Enttäuschungen. Nun versteht sich die Gesellschaft, in der wir leben, immer mehr als eine reine Bedürfnisgesellschaft, als ein Netz von Bedürfnissen und deren Befriedigung. Wo jedoch die gesellschaftlichen und öffentlichen Interessen ausschließlich von dieser Bedürfnisstruktur geprägt sind, hat unsere christliche Hoffnung nur ein verschwindendes Dasein. Denn in dieser Hoffnung drückt sich eine Sehnsucht aus, die alle unsere Bedürfnisse übersteigt. Wer sich vom Zwang eines reinen Bedürfnisdenkens nicht freimachen kann, wird den „Gott unserer Hoffnung" letztlich nur als vergebliche Vorspiegelung, als eingebildete Erfüllung vereitelter Bedürfnisse, als Täuschung und falsches Bewusstsein kritisieren können, und er wird die Religion der Hoffnung leicht als eine inzwischen durchschaute und eigentlich schon überholte Phase in der Geschichte menschlicher Selbstgestaltung ansehen. Die Gottesbotschaft unserer christlichen Hoffnung widersetzt sich einem schlechthin geheimnisleeren Bild vom Menschen, das nur einen reinen Bedürfnismenschen zeigt, einen Menschen ohne Sehnsucht, das heißt aber auch ohne Fähigkeit zu trauern und darum ohne Fähigkeit, sich wirklich trösten zu lassen und Trost anders zu verstehen denn als reine Vertröstung. Die Gottesbotschaft unserer Hoffnung widersteht einer totalen Anpassung der Sehnsucht des Menschen an seine Bedürfniswelt.

Dadurch wird der Name Gottes nicht zum Deckwort für eine gefährliche Beschwichtigung oder vorschnelle Aussöhnung mit unserer leidvoll zerrissenen Wirklichkeit. Denn gerade diese Hoffnung auf Gott ist es ja, die uns an sinnlosem Leiden immer wieder leiden macht. Sie ist es, die uns verbietet, mit der Sinnlosigkeit dieses Leidens zu paktieren. Sie ist es, die in uns immer neu den Hunger nach Sinn, das Dürsten nach Gerechtigkeit für alle, für die Lebenden und die Toten, die Kommenden und Gewesenen weckt und die es uns verwehrt, uns ausschließlich innerhalb der verkleinerten Maßstäbe unserer Bedürfniswelt einzurichten.

2. Leben und Sterben Jesu Christi

Unsere Hoffnung ist Jesus Christus. Wir vertrauen, dass wir gerettet werden, wenn wir ihn gläubig anrufen (Röm 10,13). In ihm hat sich der Gott unserer Hoffnung als Vater kundgetan und unwiderruflich zugesagt: Gottes ewiges Wort ist Mensch geworden, einer von uns.

In neuer Weise ist heute unter vielen Menschen das Interesse am Leben und Verhalten Jesu erwacht: das Interesse an seiner Menschenfreundlichkeit, an seiner selbstlosen Teilnahme an fremden, geächteten Schicksalen, an der Art, wie er seinen Zuhörern ein neues zukunftsreiches Verständnis ihres Daseins erschließt, wie er sie aus Angst und Verblendung befreit und ihnen zugleich die Augen öffnet für ihre menschenverachtenden Vorurteile, für ihre Selbstgerechtigkeit und Hartherzigkeit angesichts fremden Leids, und wie er sie in all dem immer wieder aus Hörern zu Tätern seiner Worte zu machen sucht. In solchen Begegnungen mit Jesus lassen sich wichtige Impulse und Weisungen für ein Leben aus der Hoffnung gewinnen. Und es ist von entscheidender Bedeutung, dass diese Impulse das öffentliche Leben der Kirche ebenso prägen wie das Handeln der einzelnen Christen. Nur dann kann der Zwiespalt hilfreich überwunden werden, in dem heute nicht wenige Christen leben: der Zwiespalt nämlich zwischen der Lebensorientierung an Jesus und der Lebensorientierung an einer Kirche, deren öffentliches Erscheinungsbild nicht hinreichend geprägt ist vom Geist Jesu. Freilich kann dieser Zwiespalt nicht dadurch vermieden werden, dass wir das Gottgeheimnis in Jesus zugunsten seiner vermeintlich eingängigeren und praktischeren Liebesbotschaft zurücktreten oder verblassen lassen. Denn schließlich fiele die Liebe, die Jesus tatsächlich kündete, ohne seine ewige Gottessohnschaft ins Leere. Sie würde in ihrer Radikalität – bis hin zur Feindesliebe – allenfalls als eine groteske Überforderung der Menschen anmuten.

Die Hoffnungsgeschichte unseres Glaubens ist in Jesu Auferweckung unbesieglich geworden. Sie gewinnt im Bekenntnis zu ihm als dem „Christus Gottes" (Lk 23,35) ihre lebensbestimmende und befreiende Macht über uns. Diese Hoffnungsgeschichte, in der sich Jesus als der lebendige Sohn Gottes erweist, ist keine ungebrochene Erfolgsgeschichte, keine Siegesgeschichte nach unseren Maßstäben. Sie ist vielmehr eine Leidensgeschichte, und nur in ihr und durch sie hindurch können wir Christen von jenem Glück und jener Freude, von jener Freiheit und jenem Frieden sprechen, die der Sohn uns in seiner Botschaft vom „Vater" und vom „Reich Gottes" verheißen hat.

Der Sinn einer solchen Hoffnungsgeschichte scheint sich freilich gerade für den Menschen unserer Wohlstandsgesellschaft nachhaltig zu verdunkeln. Gerät nicht unsere Gesellschaft immer mehr unter den Bann einer allgemeinen Verständnislosigkeit, einer wachsenden Unempfindlichkeit gegenüber dem Leiden? Täglich aus aller Welt überschüttet mit Meldungen über Tod, Katastrophen und Leid und ständig neuen Bildern von Brutalität und Grausamkeit ausgesetzt, suchen wir uns – meist unbewusst – immun zu machen gegen Eindrücke, die wir in dieser Fülle gar nicht verarbeiten können. Viele trachten danach, sich gegen Unheil jeder Art zu „versichern". Andere flüchten sich in Betäubungen. Wieder andere suchen Heil in der Utopie einer leidfreien Gesellschaft. Das Leid heute ist ihnen nur Vorgeschichte des endgültigen Siegs menschlicher Freiheit und oft zu problemlos mit der Geschichte abschaffbarer sozialer Unterdrückung einfach identifiziert. Aber diese Utopien haben ihre Kraft verloren, seit die perfekt technisierte Welt tiefe Risse zeigt. So ist Leid vielen sinnleere Verlegenheit geworden oder Ursache kaum zu verdeckender Lebensangst.

Um dem Sinn unserer christlichen Hoffnungsgeschichte näher zu kommen, müssen wir deshalb zuvor das anonym verhängte Leidensverbot in unserer „fortschrittlichen" Gesellschaft durchbrechen. Es geht nicht darum, den notwendigen Kampf gegen das Leid zu behindern. Vielmehr geht es darum, uns selbst wieder leidensfähig zu machen, um so auch am Leiden anderer zu leiden und darin dem Mysterium des Leidens Jesu nahezukommen, der gehorsam geworden ist bis zum Tod (Phil 2,8), um uns die Umkehr zu Gott und so die wahre Freiheit zu ermöglichen. Ohne diese Leidensfähigkeit mag es Fortschritte in der Technik und in der Zivilisation geben. In Sachen der Wahrheit und der Freiheit jedoch kommen wir ohne sie nicht voran. Und einer Hoffnung, die auf einen leidenden, gekreuzigten Messias blickt, nicht einen Schritt näher! Hier können wir Christen unsere Hoffnung nur in kritischer, liebender und tatbereiter Zeitgenossenschaft bezeugen.

Freilich wendet sich die Botschaft Jesu sofort und immer auch gegen uns selbst, die wir hoffnungsvoll auf sein Kreuz blicken. Sie lässt es nämlich nicht zu, dass wir über seiner Leidensgeschichte die anonyme Leidensgeschichte der Welt vergessen; sie lässt es nicht zu, dass wir über seinem Kreuz die vielen Kreuze in der Welt übersehen, neben seiner Passion die vielen Qualen verschweigen, die ungezählten namenlosen Untergänge, das sprachlos erstickte Leiden, die Verfolgung zahlloser Menschen, die wegen ihres Glaubens, ihrer Rasse oder ihrer politischen Einstellung in unserem Jahrhundert im Machtbereich faschistischer oder kommunistischer Systeme zu Tode gequält werden, die verfolgten Kinder seit den Zeiten des Herodes bis Auschwitz und bis in die jüngste Zeit. Haben wir indes, in der Geschichte unserer Kirche und des Christentums, sein hoffnungschaffendes Leid nicht zu sehr von der einen Leidensgeschichte der Menschheit abgehoben? Haben wir durch die ausschließliche Beziehung des christlichen Leidensgedankens auf sein Kreuz und auf uns, die ihm Nachfolgenden, nicht Zwischenräume in unserer Welt geschaffen, Zwischenräume des ungeschützten fremden Leidens? Sind wir Christen diesem Leiden gegenüber nicht oft in einer erschreckenden Weise fühllos und gleichgültig gewesen? Haben wir es nicht in den „rein profanen Bereich" ausgestoßen – so als hätten wir nie davon gehört, dass der, auf den unsere Hoffnung blickt, uns gerade aus dieser „profanen" Leidensgeschichte entgegentritt und den Ernst unserer Hoffnung prüft: „Herr, wann hätten wir dich je leidend gesehen?" ... „Wahrlich, ich sage euch, was ihr einem dieser Geringsten nicht getan habt, habt ihr mir nicht getan" (Mt 25). Nur wo wir Christen ein Ohr haben für die dunkle Prophetie dieses Leidens und ihm uns hilfreich zuwenden, hören und bekennen wir die hoffnungsvolle Botschaft von seinem Leiden zu Recht.

3. Auferweckung der Toten

Jesus hat in seiner Passion den Abgrund des Leidens bis zum bitteren Ende am Kreuz erfahren. Gott aber hat diesen gekreuzigten Jesus auch durch das äußerste Leiden und die letzte Verlassenheit hindurch gehalten und ihn ein für allemal der Nacht des Todes entrissen. Dies bekennen wir mit dem Credo der frühen Christenheit: „Christus starb für unsere Sünden, wie es die Schriften gesagt haben, und wurde begraben. Er ist am dritten Tag auferweckt worden, wie es die Schriften gesagt haben, und erschien dem Kefas, dann den Zwölf" (1 Kor 15,3–5). Der Gekreuzigte ist so zum Tod des Todes und für alle zum „Anführer des Lebens" (Apg 3,15; 5,31; vgl. Hebr 2,10) geworden.

Im Blick auf diesen Jesus, den Gekreuzigten und Auferstandenen, erhoffen wir auch für uns die Auferweckung der Toten. Unserer heutigen Lebenswelt scheint dieses Geheimnis unserer Hoffnung besonders weit entrückt. Offenbar stehen wir alle zu sehr unter dem anonymen Druck eines gesellschaftlichen Bewusstseins, das uns von der Botschaft der Auferweckung der Toten immer weiter entfernt, weil es uns zuvor schon von der Sinngemeinschaft mit den Toten überhaupt getrennt hat. Gewiss, auch wir Menschen von heute werden noch heimgesucht vom Schmerz und von der Trauer, von der Melancholie und vom oft sprachlosen Leiden am ungetrösteten Leid der Vergangenheit, am Leid der Toten. Aber stärker, so scheint es, ist unsere Berührungsangst vor dem Tod überhaupt, unsere Fühllosigkeit gegenüber den Toten. Gibt es nicht zu wenige, die sich unter diesen Toten Freunde und Brüder bewahren oder gar suchen? Wer spürt etwas von ihrer Unzufriedenheit, von ihrem stummen Protest gegen unsere Gleichgültigkeit, gegen unsere allzu eilfertige Bereitschaft, über sie hinweg zur Tagesordnung überzugehen?

Wir wissen uns zumeist gegen solche und ähnliche Fragen energisch zu schützen. Wir verdrängen sie oder denunzieren sie als „unrealistisch". Doch was definiert dabei unseren „Realismus"? Etwa allein die Flüchtigkeit und Flachheit unseres unglücklichen Bewusstseins und die Banalität vieler unserer Sorgen? Ein solcher „Realismus" aber hat offensichtlich wiederum seine eigenen Tabus, durch die Trauer in unserem gesellschaftlichen Bewusstsein verdrängt, Melancholie schlechthin verdächtigt wird und die die Frage nach dem Leben der Toten als müßig und sinnlos erscheinen lassen.

Doch diese Frage nach dem Leben der Toten zu vergessen und zu verdrängen, ist zutiefst inhuman. Denn es bedeutet, die vergangenen Leiden zu vergessen und zu verdrängen und uns der Sinnlosigkeit dieser Leiden widerspruchslos zu ergeben. Schließlich macht auch kein Glück der Enkel das Leid der Väter wieder gut, und kein sozialer Fortschritt versöhnt die Ungerechtigkeit, die den Toten widerfahren ist. Wenn wir uns zu lange der Sinnlosigkeit des Todes und der Gleichgültigkeit gegenüber den Toten unterwerfen, werden wir am Ende auch für die Lebenden nur noch banale Versprechen parat haben. Nicht nur das Wachstum unseres wirtschaftlichen Potentials ist begrenzt, wie man uns heute einschärft; auch das Potential an Sinn scheint begrenzt und es ist, als gingen die Reserven zur Neige und als bestünde die Gefahr, dass den großen Worten, unter denen wir unsere eigene Geschichte betreiben – Freiheit, Emanzipation, Gerechtigkeit, Glück – am Ende nur noch ein ausgelaugter, ausgetrockneter Sinn entspricht.

In dieser Situation bekennen wir Christen unsere Hoffnung auf die Auferweckung der Toten. Sie ist keine schön ersonnene Utopie; sie wurzelt vielmehr im Zeugnis von Christi Auferstehung, das von Anbeginn die Mitte unserer christlichen Gemeinschaft bildet. Was die Jünger bezeugten, entsprang nicht ihren Wunschträumen, sondern einer Wirklichkeit, die sich gegen alle ihre Zweifel durchsetzte und sie bekennen ließ: „Der Herr ist wahrhaft auferstanden" (Lk 24,34)! Das Hoffnungswort von der Auferweckung der Toten, das sich auf dieses österliche Geschehen gründet, spricht von einer Zukunft für alle, für die Lebenden und die Toten. Und gerade weil es von einer Zukunft für die Toten spricht, davon, dass sie, die längst Vergessenen, unvergesslich sind im Gedenken des lebendigen Gottes und für immer in ihm leben, spricht dieses Hoffnungswort von einer wahrhaft menschlichen Zukunft, die nicht immer wieder von den Wogen einer anonymen Evolution überrollt, von einem gleichgültigen Naturschicksal verschlungen wird. Gerade weil es von einer Zukunft für die Toten spricht, ist es ein Wort der Gerechtigkeit, ein Wort des Widerstands gegen jeden Versuch, den immer wieder ersehnten und gesuchten Sinn menschlichen Lebens einfach zu halbieren und ihn allenfalls für die jeweils Kommenden, die Durchgekommenen, gewissermaßen für die glücklichen Endsieger und Nutznießer unserer Geschichte zu reservieren.

Die Hoffnung auf die Auferweckung der Toten, der Glaube an die Durchbrechung der Schranke des Todes macht uns frei zu einem Leben gegen die reine Selbstbehauptung, deren Wahrheit der Tod ist. Diese Hoffnung stiftet uns dazu an, für andere da zu sein, das Leben anderer durch solidarisches und stellvertretendes Leiden zu verwandeln. Darin machen wir unsere Hoffnung anschaulich und lebendig, darin erfahren wir uns und teilen uns mit als österliche Menschen. „Wir wissen, dass wir vom Tod zum Leben hinübergeschritten sind, weil wir die Brüder lieben; wer nicht liebt, der bleibt im Tode" (1Joh 3,14).

4. Gericht

Eng verbunden mit unserer Hoffnung auf die Auferweckung der Toten ist die christliche Hoffnung als Erwartung des endzeitlichen Gerichts Gottes über unsere Welt und ihre Geschichte, wenn der Menschensohn wiederkommt. Lässt sich aber die Botschaft vom Gerichte Gottes überhaupt als Ausdruck unserer Hoffnung artikulieren? Gewiss, sie mag unseren eigenen Fortschritts- und Harmonieträumen, mit denen wir gern unsere Vorstellung vom „Heil" verbinden, widersprechen. Doch in ihr drückt sich gleichwohl ein verheißungsvoller Gedanke unserer christlichen Botschaft aus: nämlich der spezifisch christliche Gedanke von der Gleichheit aller Menschen, der nicht auf Gleichmacherei hinausläuft, sondern der die Gleichheit aller Menschen in ihrer praktischen Lebensverantwortung vor Gott hervorhebt, der aber auch allen, die Unrecht leiden, eine unverlierbare Hoffnung zusagt. Dieser christliche Gleichheitsgedanke ist auf Gerechtigkeit für alle aus und lähmt darum auch nicht das Interesse am geschichtlichen Kampf um Gerechtigkeit für alle, er weckt vielmehr immer neu das Verantwortungsbewusstsein für diese Gerechtigkeit. Wie anders sollten wir in seinem Gericht bestehen?

Freilich: haben wir in der Kirche diesen befreienden Sinn der Botschaft vom endzeitlichen Gericht Gottes nicht selbst oft verdunkelt, weil wir diese Gerichtsbotschaft zwar laut und eindringlich vor den Kleinen und Wehrlosen, aber häufig zu leise und zu halbherzig vor den Mächtigen dieser Erde verkündet haben? Wenn jedoch ein Wort unserer Hoffnung dazu bestimmt ist, vor allem „vor Statthaltern und Königen" (vgl. Mt 10,18) mutig bekannt zu werden, ist es offensichtlich dieses! Dann auch zeigt sich seine ganze Tröstungs- und Ermutigungskraft: Es spricht von der gerechtigkeitsschaffenden Macht Gottes, davon, dass unsere Sehnsucht nach Gerechtigkeit gerade nicht am Tode strandet, davon, dass nicht nur die Liebe, sondern auch die Gerechtigkeit stärker ist als der Tod. Es spricht schließlich von jener gerechtigkeitsschaffenden Macht Gottes, die den Tod als den Herrn über unser Gewissen entthront und die dafür bürgt, dass mit dem Tod die Herrschaft der Herren und die Knechtschaft der Knechte keineswegs besiegelt ist. Und dies sollte kein Wort unserer Hoffnung sein? Kein Wort, das uns freimacht, für diese Gerechtigkeit einzustehen, gelegen oder ungelegen? Kein Ansporn, der uns den Verhältnissen himmelschreiender Ungerechtigkeit widerstehen lässt? Kein Maßstab, der uns jedes Paktieren mit Ungerechtigkeit verbietet und uns immer wieder zum Aufschrei gegen sie verpflichtet, wenn wir unsere eigene Hoffnung nicht schmähen wollen?

Dabei verschweigen wir nicht, dass die Botschaft vom Gericht Gottes auch von der Gefahr des ewigen Verderbens spricht. Sie verbietet uns, von vornherein mit einer Versöhnung und Entsühnung für alle und für alles zu rechnen, was wir tun oder unterlassen. Gerade so greift diese Botschaft immer wieder verändernd in unser Leben ein und bringt Ernst und Dramatik in unsere geschichtliche Verantwortung.

5. Vergebung der Sünden

Jesus Christus ist unser Erlöser, in dem uns Gottes Verzeihen nahe ist und der uns befreit von Sünde und Schuld. „Durch sein Blut haben wir die Erlösung, die Vergebung der Sünden nach seiner reichen Gnade" (Eph 1,7).

Dieses Bekenntnis unserer Hoffnung trifft auf eine Gesellschaft, die sich von dem Gedanken der Schuld selbst immer mehr freizumachen sucht.

Christentum widersteht mit seiner Rede von Sünde und Schuld jenem heimlichen Unschuldswahn, der sich in unserer Gesellschaft ausbreitet und mit dem wir Schuld und Versagen, wenn überhaupt, immer nur bei „den anderen" suchen, bei den Feinden und Gegnern, bei der Vergangenheit, bei der Natur, bei Veranlagung und Milieu. Die Geschichte unserer Freiheit scheint zwiespältig, sie wirkt wie halbiert. Ein unheimlicher Entschuldigungsmechanismus ist in ihr wirksam: die Erfolge, das Gelingen und die Siege unseres Tuns schlagen wir uns selbst zu; im Übrigen aber kultivieren wir die Kunst der Verdrängung, der Verleugnung unserer Zuständigkeit, und wir sind auf der Suche nach immer neuen Alibis angesichts der Nachtseite, der Katastrophenseite, angesichts der Unglücksseite der von uns selbst betriebenen und geschriebenen Geschichte.

Dieser heimliche Unschuldswahn betrifft auch unser zwischenmenschliches Verhalten. Er fördert nicht, er gefährdet immer mehr den verantwortlichen Umgang mit anderen Menschen. Denn er unterwirft die zwischenmenschlichen Verhältnisse dem fragwürdigen Ideal einer Freiheit, die auf die Unschuld eines naturhaften Egoismus pocht. Solche Freiheit aber macht nicht frei, sie verstärkt vielmehr die Einsamkeit und die Beziehungslosigkeit der Menschen untereinander.

Uns Christen rückt die Erfahrung dieses unterschwellig grassierenden Willens zur Unschuld schließlich immer wieder vor die Gottesfrage. Halten wir Gott vielleicht nur deswegen nicht stand, weil wir dem Abgrund unserer Schulderfahrung und unserer Verzweiflung nicht standhalten? Weil unser Bewusstsein vom Unheil sich verflacht, weil wir uns die geahnte Tiefe unserer Schuld, diese „Transzendenz nach unten", verbergen? Weil wir sie uns heute gern ideologiekritisch oder psychoanalytisch ausreden lassen? Der Ernst solcher Fragen soll uns freilich nicht davon abhalten, etwa die Fixierung auf falsche Schuldgefühle aufzuarbeiten, die den Menschen krank und unfrei machen; es gilt ja vielmehr, die eigentliche, oft verdrängte Schuld zu erkennen und anzunehmen.

Der „Gott unserer Hoffnung" ist uns nahe über dem Abgrund unserer redlich erkannten und anerkannten Schuld als der unsere Entscheidungen Richtende und als der unsere Schuld Vergebende zugleich. Und so führt uns unsere christliche Hoffnung nicht an unserer Schulderfahrung vorbei; sie gebietet uns vielmehr, realistisch an unserem Schuldbewusstsein festzuhalten – auch und gerade in einer Gesellschaft, die zu Recht um mehr Freiheit und Mündigkeit für alle kämpft und die deshalb in besonderem Maße empfindlich ist für den Missbrauch, der mit der Rede von Schuld getrieben werden kann und in der Geschichte des Christentums auch getrieben worden ist. Hat die Praxis unserer Kirche nicht zuweilen den Eindruck genährt, dass man die kirchliche Schuldpredigt bekämpfen müsse, wenn man der realen Freiheit der Menschen dienen wolle? Und war so die kirchliche Praxis nicht ihrerseits am Entstehen dieses verhängnisvollen Unschuldswahns in unserer Gesellschaft beteiligt?

Unsere christliche Predigt der Umkehr muss jedenfalls immer der Versuchung widerstehen, Menschen durch Angst zu entmündigen. Sie muss gegen jeden Versuch kämpfen, der die christliche Rede von Schuld und Sünde missbraucht, einer unheiligen Unterdrückung von Menschen durch Menschen den Anschein von Recht zu verleihen, sodass schließlich die Ohnmächtigen mit mehr Schuld und die Mächtigen mit noch mehr „unschuldiger" Macht ausgestattet würden. Sie muss aber auch den Mut haben, das Bewusstsein von Schuld zu wecken und wachzuhalten – gerade auch im Blick auf die immer mehr zunehmende gesellschaftliche Verflechtung unseres Handelns und unserer Verantwortung, die heute weit über den nachbarschaftlichen Bereich hinausreicht. Die christliche Rede von Schuld und Umkehr muss jene geradezu strukturelle Schuldverstrickung ansprechen, in die wir heute, durch die weltweiten Verflechtungen und Abhängigkeiten, angesichts des Elends und der Unterdrückung ferner, fremder Völker und Gruppen geraten. Sie muss darauf bestehen, dass wir nicht nur durch das schuldig werden können, was wir andern unmittelbar tun oder nicht tun, sondern auch durch das, was wir zulassen, dass es andern geschehe; jeder ist dazu aufgerufen, diese Verstrickung in Schuld zu erkennen und ihr nach Kräften zu widerstehen.

In all dem ist unsere christliche Rede von Schuld und Umkehr keineswegs eine freiheitsgefährdende Rede; sie ist geradezu eine freiheitsentdeckende Rede, eine freiheitsrettende Rede. Denn sie wagt es, den Menschen auch noch dort in seiner Freiheit anzurufen, wo man heute vielfach nur biologische, wirtschaftliche oder gesellschaftliche Zwänge am Werke sieht und wo man sich unter Berufung auf diese Zwänge gern von jeglicher Verantwortung dispensiert.

Der Glaube an die göttliche Vergebung, die in den vielfältigen Formen des kirchlichen Dienstes, vor allem auch in der sakramentalen Buße, ihren Ausdruck findet, führt uns nicht in die Entfremdung von uns selbst. Er schenkt die Kraft, unserer Schuld und unserem Versagen ins Auge zu sehen und unser schuldiggewordenes Leben auf eine größere heilige Zukunft hin anzunehmen. Er macht uns frei. Er befreit uns von einer tiefsitzenden, inwendig fressenden Daseinsangst, die immer neu unser menschliches Herz in sich selbst verkrümmt. Er lässt uns nicht vor dem heimlichen Argwohn kapitulieren, dass unsere Macht zu zerstören und zu erniedrigen letztlich immer größer sei als unsere Fähigkeit zu bejahen und zu lieben. Die durch Jesus angebotene Vergebung unterscheidet das Christentum aber auch von allen grauen Systemen eines rigorosen, selbstgerechten und freudlosen Moralismus. Sie erlöst uns von jener sterilen Überforderung, in die uns ein moralistisch angeschärfter Vollkommenheitswahn hineintreibt, der letztlich jede Freude an konkreter Verantwortung zersetzt. Der christliche Vergebungsgedanke hingegen schenkt gerade Freude an der Verantwortung; er schenkt Freude an jener persönlichen Verantwortung, mit der auch die Kirche immer mehr rechnen, die sie immer mehr anrufen und kultivieren muss in der wachsenden Anonymität unseres gesellschaftlichen Lebens mit seinen komplexen, schwer überschaubaren Lebenssituationen.

6. Reich Gottes

Wir Christen hoffen auf den neuen Menschen, den neuen Himmel und die neue Erde in der Vollendung des Reiches Gottes. Wir können von diesem Reich Gottes nur in Bildern und Gleichnissen sprechen, so wie sie im Alten und Neuen Testament unserer Hoffnung, vor allem von Jesus selbst, erzählt und bezeugt sind. Diese Bilder und Gleichnisse vom großen Frieden der Menschen und der Natur im Angesichte Gottes, von der einen Mahlgemeinschaft der Liebe, von der Heimat und vom Vater, vom Reich der Freiheit, der Versöhnung und der Gerechtigkeit, von den abgewischten Tränen und vom Lachen der Kinder Gottes – sie alle sind genau und unersetzbar. Wir können sie nicht einfach „übersetzen", wir können sie eigentlich nur schützen, ihnen treu bleiben und ihrer Auflösung in die geheimnisleere Sprache unserer Begriffe und Argumentationen widerstehen, die wohl zu unseren Bedürfnissen und von unseren Plänen, nicht aber zu unserer Sehnsucht und von unseren Hoffnungen spricht.

Die Verheißungen des Reiches Gottes, das durch Jesus unter uns unwiderruflich angebrochen und in der Gemeinschaft der Kirche wirksam ist, führen uns mitten in unsere Lebenswelt hinein – mit ihren je eigenen Zukunftsplänen und Utopien. An ihnen brechen und verdeutlichen sich diese Verheißungen, auch in unserer Zeit der Wissenschaft und Technik, der großen sozialen und politischen Wandlungen.

War unser öffentliches Bewusstsein nicht zu lange von einem naiven Entwicklungsoptimismus durchstimmt? Von der Bereitschaft, sich widerstandslos einem vermeintlichen Stufengang im Fortschritt von Aufklärung und technologischer Zivilisation zu überlassen und darin auch unsere Hoffnungen zu verbrauchen? Heute scheint der Traum von einer schrankenlosen Herrschaft über die Natur im Interesse einer ebenso unbegrenzt vermehrbaren Bedürfnisfindung wie Bedürfnisbefriedigung langsam ausgeträumt. Zugleich spüren wir deutlicher die Fragwürdigkeit und geheime Verheißungslosigkeit, die in einer rein technokratisch geplanten und gesteuerten Zukunft der Menschheit steckt. Schafft sie wirklich einen „neuen Menschen"? Oder nur den völlig angepassten Menschen? Den Menschen mit vorfabrizierten Lebensmustern, mit nivellierten Träumen, eingemauert in eine überraschungsfreie Computergesellschaft, erfolgreich eingefügt in die anonymen Zwänge und Mechanismen einer von fühlloser Rationalität konstruierten Welt – rückgezüchtet schließlich auf ein anpassungsschlaues Tier? Und zeigt sich nicht auch immer deutlicher im Schicksal der Einzelnen, dass diese „neue Welt" innere Leere, Angst und Flucht erzeugt? Müssen nicht Sexualisierung, Alkoholismus, Drogenkonsum als Signale verstanden werden? Deuten sie nicht eine Sehnsucht nach Zuwendung, ja einen Hunger nach Liebe an, die eben nicht durch Verheißungen der Technik und der Ökonomie gestillt werden können? Diese Fragen wenden sich keineswegs gegen Wissenschaft und Technik und wollen deren besondere Bedeutung für die Gestaltung einer menschenwürdigen Lebenswelt nicht antasten. Sie richten sich nur gegen einen Verheißungsglauben an Wissenschaft und Technik, der viele (die Wissenschaftler selbst oft noch am wenigsten) unterschwellig bestimmt, ihr Bewusstsein gefangenhält und es so erblinden lässt für die ursprüngliche Verheißungskraft unserer Hoffnung und für die Leuchtkraft der Bilder und Gleichnisse vom Reiche Gottes und von der neuen Menschheit in ihm.

Gewiss ist das christliche Hoffnungsbild vom neuen Menschen im Reiche Gottes tief hineinverwoben in jene Zukunftsbilder, die die politischen und sozialen Freiheits- und Befreiungsgeschichten der Neuzeit bewegt haben und bewegen; es kann und darf von ihnen auch nicht beliebig abgelöst werden. Denn die Verheißungen des Reiches Gottes sind nicht gleichgültig gegen das Grauen und den Terror irdischer Ungerechtigkeit und Unfreiheit, die das Antlitz des Menschen zerstören. Die Hoffnung auf diese Verheißung weckt in uns und fordert von uns eine gesellschaftskritische Freiheit und Verantwortung, die uns vielleicht nur deswegen so blass und unverbindlich, womöglich gar so „unchristlich" vorkommt, weil wir sie in der Geschichte unseres kirchlichen und christlichen Lebens so wenig praktiziert haben. Und wo die Unterdrückung und Not sich – wie heute – ins Weltweite steigern, muss diese praktische Verantwortung unserer Hoffnung auf die Vollendung des Reiches Gottes auch ihre privaten und nachbarschaftlichen Grenzen verlassen können. Das Reich Gottes ist nicht indifferent gegenüber den Welthandelspreisen! Dennoch sind seine Verheißungen nicht etwa identisch mit dem Inhalt jener sozialen und politischen Utopien, die einen neuen Menschen und eine neue Erde, eine geglückte Vollendung der Menschheit als Resultat gesellschaftlich-geschichtlicher Kämpfe und Prozesse erwarten und anzielen. Unsere Hoffnung erwartet eine Vollendung der Menschheit aus der verwandelnden Macht Gottes, als endzeitliches Ereignis, dessen Zukunft für uns in Jesus Christus bereits unwiderruflich begonnen hat. Ihm gehören wir zu, in ihn sind wir eingepflanzt. Durch die Taufe sind wir hineingetaucht in sein neues Leben, und in der Mahlgemeinschaft mit ihm empfangen wir das „Pfand der kommenden Herrlichkeit". Indem wir uns unter das „Gesetz Christi" (Gal 6,2) stellen und in seiner Nachfolge leben, werden wir auch mitten in unserer Lebenswelt zu Zeugen dieser verwandelnden Macht Gottes: als Friedensstifter und Barmherzige, als Menschen der Lauterkeit und Armut des Herzens, als Trauernde und Streitende, im unbesieglichen Hunger und Durst nach Gerechtigkeit (vgl. Mt 5,3 ff).

Dieses christliche Hoffnungsbild von der Zukunft der Menschheit entrückt uns nicht illusionär den Kämpfen unserer menschlichen Geschichte. Es ist nur von einem nüchternen Realismus über den Menschen und seine geschichtliche Selbstvollendung geprägt. Es zeigt den Menschen, der immer ein Fragender und Leidender bleibt: einer, den seine Sehnsucht stets neu mit seinen erfüllten Bedürfnissen entzweit und der auch dann noch sucht und hofft, wenn er in einer künftigen Zeit politischer und sozialer Schicksallosigkeit aller Menschen leben sollte; denn gerade dann wäre er in radikaler, gewissermaßen unabgelenkter Weise sich selbst und der Sinnfrage seines Lebens konfrontiert. Dieser Realismus unseres Reich-Gottes-Gedankens lähmt nicht unser Interesse am konkreten individuellen und gesellschaftlichen Leiden. Er kritisiert nur jene Säkularisierungen unserer christlichen Hoffnung, die die Reich-Gottes-Botschaft selbst völlig preisgeben, aber auf die überschwänglichen Maßstäbe, die diese Botschaft für den Menschen und ihre Zukunft gesetzt hat, nicht verzichten möchten.

7. Schöpfung

Unsere Hoffnung setzt den Glauben an die Welt als Schöpfung Gottes voraus. Und in der Hoffnung auf den neuen Himmel und die neue Erde kommt unser Schöpfungsglaube in sein Ziel. Hoffnung und Schöpfungsglaube gehören untrennbar zusammen, wie zwei Seiten einer Münze. Deshalb gehört zu unserer Hoffnung die Bereitschaft, diese unsere tödliche, in sich verfeindete und leidvoll zerrissene Welt ohne Zynismus und ohne schlechte Naivität als letztlich zustimmungsfähig anzuerkennen, als verborgenen Anlass zur Dankbarkeit und zur Freude: als Schöpfung Gottes. Zu unserer Hoffnung gehört also die Fähigkeit, ja zu sagen, und die Bereitschaft, zu feiern und zu loben – obwohl es so viel Verneinungswürdiges gibt und obwohl keineswegs alles gut ist, so wie es ist. Die Zustimmungsbereitschaft zur Welt, die in unserer Hoffnung steckt, weil sie getragen ist vom Glauben an die Schöpfung, bedeutet keineswegs eine kritiklose Bejahung der bestehenden Verhältnisse; sie betreibt keine religiöse Verschleierung der Ungerechtigkeiten, die in unserer Welt tatsächlich herrschen und die das Gute der Schöpfung, das uns zu Freude und Dankbarkeit führt, oft übermächtig entstellen. Sie macht uns vielmehr empfänglich für die Wehen der Schöpfung, für das Seufzen der Kreaturen, und diese Zustimmungskraft unserer Hoffnung kann in uns nicht bleiben, wenn wir nicht immer wieder dafür einstehen, dass auch das Leben anderer zustimmungswürdig wird und seinerseits Quelle von Dankbarkeit und Freude sein kann.

Freilich, Zustimmung und Dankbarkeit, Lob des Schöpfers und Freude an der Schöpfung sind kaum gefragte Tugenden in einer Gesellschaft, deren öffentliches Bewusstsein zutiefst verstrickt ist in das universale Spiel der Interessen und Konflikte, das seinerseits die Starken und Mächtigen begünstigt, die Dankbaren und Freundlichen aber leicht überspielt und an den Rand drängt. In einer Lebenswelt, für die als gesellschaftlich bedeutsames Handeln des Menschen eigentlich nur gilt, was sich als Naturbeherrschung oder Bedürfnisbefriedigung, das eine im Interesse des anderen, ausweisen lässt, schwindet die Fähigkeit zu feiern ebenso wie die Fähigkeit zu trauern. Wie weit haben wir uns diesen Prozessen längst widerstandslos unterworfen? Und wohin führen sie uns? In die Apathie? In die Banalität? So unbegrenzt auch das Leistungspotential unter uns Menschen sein mag, die Reserven an Sinngebungskraft, der Widerstand gegen drohende Banalität – sie scheinen nicht unerschöpflich zu sein. Ob uns da die immer deutlicher sich abzeichnenden Grenzen der Naturausbeutung zur Besinnung bringen können? Ob sie uns neue Möglichkeiten schenken, die Welt als Schöpfung zu erahnen? Und ob dann wieder andere praktische Verhaltensweisen des Menschen wie das Beten und das Feiern, das Loben und Danken ihr unanschauliches und unansehnliches, ohnmächtiges Dasein verlieren? Oder ob all diese Haltungen uns endgültig ausgeredet werden sollen, etwa als Ausdruck einer überhöhten Sinnerwartung, die bloß eine Folge falscher Traditionen und falscher Erziehung wäre?

Jedenfalls dürfen wir Christen nicht aufhören, unsere Hoffnung als ein Fest zu feiern, das unsere Lebenswelt durchstrahlt und in dem auch etwas von der Solidarität der Gesamtschöpfung aufscheint, innerhalb derer der Mensch zur Herrschaft, nicht aber zur Willkür eingesetzt ist. Das Leiden lernen in einer leidensflüchtigen, apathischen Welt, aber auch die Freude lernen, diesseitiges Vergnügen an Gott und seinen Verheißungen in einer überanstrengten Welt: das gehört nicht zuletzt zu den Sendungen unserer Hoffnung in dieser Zeit und für sie.

8. Gemeinschaft der Kirche

„Neue Schöpfung" ist anfanghaft verwirklicht in der Gemeinschaft der Kirche (vgl. Gal 6,15 f.). Diese unsere Kirche ist eine Hoffnungsgemeinschaft. Und das Gedächtnis des Herrn, in dem wir gemeinsam die wirksame Gegenwart seiner rettenden Heilstat feiern, „bis er wiederkommt", muss für uns und für die Welt, in der wir leben, immer wieder zur gefährlichen Erinnerung unserer Vorläufigkeit werden. Die Kirche ist nicht selbst das Reich Gottes, wohl ist dieses „in ihr im Mysterium schon gegenwärtig" (LG 3).[1] Sie ist deshalb nicht eine reine Gesinnungsgemeinschaft, sie ist kein zukunftsorientierter Interessenverband. Sie gründet im Werk und auf der Stiftung Jesu Christi; sein heiliger Geist ist der lebendige Grund ihrer Einheit. Er, der Heilige Geist des erhöhten Herrn, ist die innerste Kraft unserer Zuversicht: Christus in uns, Hoffnung auf die Herrlichkeit (vgl. Kol 1,27). Deshalb ist die Hoffnungsgemeinschaft unserer Kirche kein Verein, der sich selbst immer neu zur Disposition stellen könnte; sie ist in ihrer Gemeinschaftsform ein Volk –, pilgerndes Gottesvolk, das sich dadurch identifiziert und ausweist, dass es seine Geschichte als Heilsgeschichte Gottes mit den Menschen erzählt, dass es diese Geschichte im Gottesdienst immer wieder feiert und aus ihr zu leben sucht.

Die Lebendigkeit dieses Volkes und der in ihm eingeräumten Erfahrungen von Gemeinschaft hängt freilich am Leben dieser Hoffnung selbst. Keiner hofft ja für sich allein. Denn die Hoffnung, die wir bekennen, ist nicht vage schweifende Zuversicht, ist nicht angeborener Daseinsoptimis-

---
[1] Die dogmatische Konstitution über die Kirche „Lumen gentium", Art. 3.

mus; sie ist so radikal und so anspruchsvoll, dass keiner sie für sich allein und nur im Blick auf sich selber hoffen könnte. Im Blick auf uns allein: bliebe uns da am Ende wirklich mehr als Melancholie, kaum verdeckte Verzweiflung oder blinder egoistischer Optimismus? Gottes Reich zu hoffen wagen – das heißt immer, es im Blick auf die anderen zu hoffen und darin für uns selbst. Erst wo unsere Hoffnung für die anderen mithofft, wo sie also unversehens die Gestalt und die Bewegung der Liebe und der Communio annimmt, hört sie auf, klein und ängstlich zu sein und verheißungslos unseren Egoismus zu spiegeln. „Wir wissen, dass wir vom Tod zum Leben hinübergeschritten sind, weil wir die Brüder lieben. Wer nicht liebt, bleibt im Tode" (1 Joh 3,14).

So können sich aus gelebter Hoffnung immer wieder lebendige Formen kirchlicher Gemeinschaft entfalten, und andererseits kann erfahrene kirchliche Gemeinschaft stets neu zum Ort werden, an dem lebendige Hoffnung reift, an dem sie miteinander gelernt und gefeiert werden kann. Zeigen aber unsere kirchlichen Lebensformen uns selbst und den Menschen unserer Lebenswelt hinreichend diese Züge einer Hoffnungsgemeinschaft, in der sich neues beziehungsreiches Leben entfaltet und die deshalb zum Ferment lebendiger Gemeinschaft werden kann in einer Gesellschaft wachsender Beziehungslosigkeit? Oder ist unser öffentliches kirchliches Leben nicht selbst viel zu verdunkelt und verengt von Angst und Kleinmut, zu sehr im Blick auf sich selbst befangen, allzu sehr umgetrieben von der Sorge um Selbsterhaltung und Selbstreproduktion, die die allseits herrschenden Formen der Beziehungslosigkeit und der Isolation gerade nicht brechen helfen, sondern eher bestätigen und steigern? Allenthalben zeichnet sich heute so etwas wie eine Fluchtbewegung aus der Gesellschaft in neue Formen der Gemeinschaft, in „Gruppen" hinein ab. Gewiss sind diese Tendenzen nicht leicht zu bewerten. Deutlich aber schlägt in ihnen eine Sehnsucht durch nach neuen beziehungsreichen Erfahrungen von Gemeinschaft in unserem komplexen gesellschaftlichen Leben, das vielfach die zwischenmenschlichen Kommunikationen überspezialisiert und überorganisiert und das gerade dadurch neue künstliche Isolierungen und Vereinsamungen schafft, die die Verhältnislosigkeit der Menschen zueinander fördern und neue Mechanismen ihrer Beherrschbarkeit auslösen können.

Hier schulden wir uns selbst und unserer Lebenswelt mehr denn je das Zeugnis einer Hoffnungsgemeinschaft, die in sich selbst viele lebendige Formen des „Zusammenseins in seinem Namen" kennt und je auch neue weckt und fördert. Dabei müssen insbesondere die Amtsträger, aber auch die Mitglieder der Räte und die Vertreter der Verbände die Gefahren im Auge behalten, die sich aus der eigenen behördlichen Organisationsform der Kirche, aus ihrer Verwaltungsapparatur und den damit zusammenhängenden institutionellen Zwängen für eine lebendige Gemeinschaftserfahrung ergeben. Viele nämlich leiden heute an diesem behördlichen Erscheinungsbild unserer Kirche und fühlen sich in ihr ohnmächtig den gleichen sozialen Zwängen und Mechanismen ausgeliefert wie in ihrer gesamten Lebenswelt. Sie wenden sich ab oder resignieren. Mehr und entschiedener als je brauchen wir deshalb heute ein lebendiges Gespür für diese Gefahr in unserer Kirche. Nur wenn wir die behördlichen Spezialisierungen und Organisierungen in ihrer unentbehrlichen Dienstfunktion richtig einschätzen und ihre konkreten Erscheinungsformen nicht zum unwandelbaren, gottgewollten Ausdruck der Kirche aufsteigen, werden wir auch genug innere Beweglichkeit im kirchlichen Leben gewinnen, um in ihm das Zeugnis einer lebendigen Hoffnungsgemeinschaft inmitten einer überorganisierten unpersönlichen Lebenswelt verwirklichen zu können.

Teil II:
Das eine Zeugnis und die vielen Träger der Hoffnung

1. Inmitten unserer Lebenswelt

Die Situation, in der wir in der Gemeinschaft der Kirche unsere Hoffnung bezeugen und aus ihr uns erneuern wollen, ist längst nicht mehr die Situation einer religiös geprägten Gesellschaft. In der Angst vor innerem Sinnverlust und vor wachsender Bedeutungslosigkeit steht unser kirchliches Leben zwischen der Gefahr kleingläubiger oder auch elitärer Selbstabschließung in einer religiösen Sonderwelt und der Gefahr der Überanpassung an eine Lebenswelt, auf deren Definition und Gestaltung es kaum mehr Einfluss nimmt. Der Weg unserer Hoffnung und unserer kirchlichen Erneuerung muss uns mitten durch diese Lebenswelt führen – mit ihren Erfahrungen und Erinnerungen, mit ihrer Indifferenz oder auch ihrem kalkulierten Wohlwollen gegenüber der Kirche, und mit ihren Verwerfungen der Kirche als einer Art anti-emanzipatorischen Restbestands in unserer Gesellschaft, in dem angeblich Wissen und produktive Neugierde gezielt unterschlagen und das Interesse an Freiheit und Gerechtigkeit bloß simuliert werden.

2. Das Zeugnis gelebter Hoffnung

Der Weg der Kirche in dieser Situation ist der Weg gelebter Hoffnung. Er ist auch das Gesetz aller kirchlichen Erneuerung. Und er führt uns in die einzige Antwort, die wir letztlich auf alle Zweifel und Enttäuschungen, auf alle Verwerfungen und alle Indifferenz geben können. Sind wir, was wir im Zeugnis unserer Hoffnung bekennen? Ist unser kirchliches Leben geprägt vom Geist und der Kraft dieser Hoffnung? Eine Kirche, die sich dieser Hoffnung anpasst, ist schließlich auch dem Heute angepasst, und ohne Anpassung an diese Hoffnung hilft ihr kein noch so brisantes Aggiornamento. „Die Welt" braucht keine Verdoppelung ihrer Hoffnungslosigkeit durch Religion; sie braucht und sucht (wenn überhaupt) das Gegengewicht, die Sprengkraft gelebter Hoffnung. Und was wir ihr schulden, ist dies: das Defizit an anschaulich gelebter Hoffnung auszugleichen. In diesem Sinn ist schließlich die Frage nach unserer Gegenwartsverantwortung und Gegenwartsbedeutung die gleiche wie jene nach unserer christlichen Identität: Sind wir, was wir im Zeugnis unserer Hoffnung bekennen?

3. Gleichförmig mit Jesus Christus

Die Krise des kirchlichen Lebens beruht letztlich nicht auf Anpassungsschwierigkeiten gegenüber unserem modernen Leben und Lebensgefühl, sondern auf Anpassungsschwierigkeiten gegenüber dem, in dem unsere Hoffnung wurzelt und aus dessen Sein sie ihre Höhe und Tiefe, ihren Weg und ihre Zukunft empfängt: Jesus Christus mit seiner Botschaft vom „Reich Gottes". Haben wir in unserer Praxis ihn nicht allzu sehr uns angepasst, seinen Geist wie abgedecktes Feuer gehütet, dass er nicht zu sehr überspringe? Haben wir nicht unter all zuviel Ängstlichkeit und Routine den Enthusiasmus der Herzen eingeschläfert und zu gefährlichen Alternativen provoziert: Jesus, ja – Kirche, nein? Warum wirkt er „moderner", „heutiger" als wir, seine Kirche? So gilt als Gesetz unserer kirchlichen Erneuerung, dass wir vor allem die Angleichungsschwierigkeit gegenüber dem, auf den wir uns berufen und aus dem wir leben, überwinden und dass wir konsequenter in seine Nachfolge eintreten, um den Abstand zwischen ihm und uns zu verringern und unsere Schicksalsgemeinschaft mit ihm zu verlebendigen. Dann ist ein Weg und eine Zukunft. Dann gibt es eine Chance, heutig, ganz gegenwärtig zu sein – die Probleme, Fragen und Leiden allenthalben zu teilen, ohne sich ihrer geheimen Hoffnungslosigkeit zu unterwerfen.

Die Kraft dazu gewinnen wir aus der Gewissheit des Glaubens, dass das Leben des Christus selbst in unsere Kirche eingesenkt ist, dass wir auf den Tod und den Sieg Christi getauft sind und dass uns sein Geist leitet, der allein uns bekennen lässt: „Jesus ist der Herr" (vgl. 1 Kor 12,3)! Diese Gewissheit macht uns aber auch dazu frei, dass wir uns – mit den Aussagen des jüngsten Konzils [Vatikanum II] – als eine Kirche der Sünder verstehen, ja, dass wir uns als sündige Kirche bekennen. Sie befreit uns dazu, dass wir angesichts der Krise unseres kirchlichen Lebens weder in einen folgenlosen Kult der Selbstbezichtigung verfallen, noch dass wir die Schuld für Indifferenz und Abfall kleingläubig und selbstgerecht nur bei „den andern", bei der „bösen Welt" suchen und gerade so den Ruf nach Umkehr und schmerzlicher Wandlung unterdrücken oder mit bloßen Durchhalteappellen übertönen.

Wenn wir uns kritisch gegen uns selbst wenden, dann nicht, weil wir einem modischen Kritizismus huldigen, sondern weil wir die Größe und Unbezwingbarkeit unserer Hoffnung nicht schmälern wollen. Wir Christen hoffen ja nicht auf uns selber, und darum brauchen wir auch unsere eigene Gegenwart und unsere eigene Geschichte nicht immer wieder zu halbieren und stets nur die Sonnenseite vorzuzeigen, wie es jene Ideologien tun, die keine andere Hoffnung haben als die auf sich selbst. In diesem Sinne ist die Bereitschaft zur Selbstkritik ein Zeugnis unserer spezifisch christlichen Hoffnung, die die Kirche immer neu zu einer offensiven Gewissenserforschung anleitet.

4. *Das Volk Gottes als Träger der Hoffnung*

Alle sind auf dieses Zeugnis lebendiger Hoffnung in der Nachfolge Jesu verpflichtet, weil alle auf diesen Weg der Hoffnung geschickt, weil alle in diese Nachfolge gerufen sind – herausgerufen zur Gemeinschaft der Glaubenden, befähigt und geführt durch den Geist Gottes, den er seiner Kirche verheißen hat (vgl. Joh 14,26; Röm 8,14.26). Deshalb müssen eigentlich auch alle beteiligt sein und beteiligt werden an der lebendigen Erneuerung unserer Kirche. Diese Erneuerung kann ja nicht verordnet werden, sie erschöpft sich nicht in einzelnen synodalen Reformmaßnahmen. Die eine Nachfolge muss viele Nachfolgende, das eine Zeugnis viele Zeugen, die eine Hoffnung viele Träger haben. Nur so kann schließlich aus einem Erneuerungsversuch für die Kirche eine Erneuerung unserer Kirche selbst werden. Nur so kann uns in unserer offensichtlichen Übergangssituation der Schritt gelingen von einer protektionistisch anmutenden Kirche für das Volk zu einer lebendigen Kirche des Volkes, in der alle auf ihre Art sich verantwortlich beteiligt wissen am Schicksal dieser Kirche und an ihrem öffentlichen Zeugnis der Hoffnung. Nur so werden wir auch den Eindruck vermeiden, wir seien eine Kirche, die zwar noch von einem starken (nur langsam sich zersetzenden) Milieu, nicht aber eigentlich vom Volk mitgetragen ist.

Das alles bedeutet freilich auch, dass die Amtsträger in unserer Kirche, die „bestellten Zeugen", heute mehr denn je dem Volk Gottes eine besondere Aufnahmebereitschaft und Empfänglichkeit schulden für die verschiedensten Formen und Träger des Zeugnisses gelebter Hoffnung, praktizierter Nachfolge inmitten unserer Kirche und nicht selten auch in ihren institutionellen Randzonen. Gewiss werden sie schließlich immer zu prüfen und zu scheiden haben, aber eben nicht nur kritisch musternd, sondern auch mit Gespür für alles, was uns in den Stand setzt, unsere Hoffnung anschaulich und ansteckend zu leben und nicht nur von ihr zu reden. Das Amt in der Kirche, das unter dem Gesetz des Geistes Gottes steht, hat schließlich nicht nur die Pflicht, falschem Geiste zu wehren, die Geister zu scheiden, sondern auch die Pflicht, den Geist zu suchen und mit seiner unkalkulierbaren, oft unbequemen Spontaneität immer neu zu rechnen.

Teil III:
Wege in die Nachfolge

Das Bekenntnis zu Jesus Christus weist uns in seine Nachfolge. Sie nennt den Preis unserer Verbundenheit mit ihm, den Preis unserer Orthodoxie; sie allein kennzeichnet den Weg zur Erneuerung der Kirche. Unsere Identität als Christen und Kirche finden wir nicht in fremden Programmen und in Ideologien. Nachfolge genügt.

Es gibt so viele Formen des Zeugnisses gelebter Hoffnung, so viele Wege der kirchlichen Erneuerung, wie es Wege in diese Nachfolge gibt. Nur von einigen kann hier die Rede sein – als Wegzeichen für unser gegenwärtiges kirchliches Leben. Dabei wird der Gehorsam Jesu als das zentrale Thema der Nachfolge vorangestellt. Aus ihm ergeben sich jene anderen Haltungen, die man unserem kirchlichen Leben oft nicht oder nur wenig ansieht und zutraut: Armut, Freiheit, Freude.

1. Weg in den Gehorsam des Kreuzes

Der Weg in die Nachfolge Jesu führt immer in jenen Gehorsam gegenüber dem Vater, der das Leben Jesu ganz durchprägt und ohne den es schlechthin unzugänglich bliebe. In diesem Gehorsam wurzelt auch die Jesus eigentümliche Menschenfreundlichkeit, seine Nähe zu den Ausgestoßenen und Gedemütigten, zu den Sündern und Verlorenen. Denn das Gottesbild, das in der Armut des Gehorsams Jesu, in der völligen Ausgeliefertheit seines Lebens an den Vater aufscheint, ist nicht das Bild eines demütigenden Tyrannengottes; es ist auch nicht das Gottesbild als Überhöhung von irdischer Herrschaft und Autorität. Es ist das leuchtende Bild des Gottes, der erhebt und befreit, der die Schuldigen und Gedemütigten in eine neue verheißungsvolle Zukunft entläßt und ihnen mit den ausgestreckten Armen seines Erbarmens entgegenkommt. Ein Leben in der Nachfolge ist ein Leben, das sich in diese Armut des Gehorsams Jesu stellt. Im Gebet wagen wir diese Armut, die unkalkulierte Auslieferung unseres Lebens an den Vater. Aus dieser Haltung erwächst das lebendige Zeugnis vom Gott unserer Hoffnung inmitten unserer Lebenswelt.

Der Preis für dieses Zeugnis ist hoch, das Wagnis dieses Gehorsams ist groß, es führt in ein Leben zwischen vielen Fronten. Jesus war weder ein Narr noch ein Rebell; aber offensichtlich beiden zum Verwechseln ähnlich. Schließlich wurde er von Herodes als Narr verspottet, von seinen Landsleuten als Rebell ans Kreuz ausgeliefert. Wer ihm nachfolgt, wer die

Armut seines Gehorsams nicht scheut, wer den Kelch nicht von sich weist, muss damit rechnen, dieser Verwechslung zum Opfer zu fallen und zwischen alle Fronten zu geraten – immer neu, immer mehr.

Wenn unser kirchliches Leben diese Wege in die Nachfolge geht, wird es auch seine eigenen Kreuzeserfahrungen machen. Aber vielleicht sind wir im kirchlichen Leben unseres Landes selbst schon zu fest und unbeweglich in die Systeme und Interessen unseres gesellschaftlichen Lebens eingefügt. Vielleicht haben wir uns inzwischen selbst schon zu sehr anpassen lassen, indem wir weitgehend jenen Platz und jene Funktion eingenommen haben, die uns nicht einfach der Wille Gottes, sondern der geheimnislose Selbsterhaltungswille unserer totalen Bedürfnisgesellschaft und das Interesse an ihrem reibungslosen Ablauf zudiktiert haben. Vielleicht erwecken wir schon zu sehr den Anschein einer gesellschaftlichen Einrichtung zur Beschwichtigung von schmerzlichen Enttäuschungen, zur willkommenen Neutralisierung von unbegriffenen Ängsten und zur Stilllegung gefährlicher Erinnerungen und unangepasster Erwartungen. Der Gefahr einer solchen schleichenden Anpassung an die herrschenden gesellschaftlichen Erwartungen, der Gefahr, als Kreuzesreligion zur Wohlstandsreligion zu werden, müssen wir ins Auge sehen. Denn wenn wir ihr wirklich verfallen, dienen wir schließlich keinem, nicht Gott und nicht den Menschen.

2. Weg in die Armut

Der Weg in die Nachfolge führt immer auch in eine andere Gestalt der Armut und Freiheit: in die Armut und Freiheit der Liebe, in der Jesus am Ende selbst den Tod „überlistete", da er nichts mehr besaß, was dieser ihm hätte rauben können. Er hatte alles gegeben, für alle. In solche Armut und Freiheit der Liebe, die sich zu allen gesandt weiß, ruft die Nachfolge.

Sie ruft uns dabei immer neu in ein solidarisches Verhältnis zu den Armen und Schwachen unserer Lebenswelt überhaupt. Eine kirchliche Gemeinschaft in der Nachfolge Jesu hat es hinzunehmen, wenn sie von den „Klugen und Mächtigen" (1 Kor 1,19–31) verachtet wird. Aber sie kann es sich – um dieser Nachfolge willen – nicht leisten, von den „Armen und Kleinen" verachtet zu werden, von denen, die „keinen Menschen haben" (vgl. Joh 5,7). Sie nämlich sind die Privilegierten bei Jesus, sie müssen auch die Privilegierten in seiner Kirche sein. Sie vor allem müssen sich von uns vertreten wissen. Deshalb sind in unserer Kirche gerade alle jene Initiativen zur Nachfolge von größter Bedeutung, die der Gefahr begegnen, dass wir in unserem sozialen Gefälle eine verbürgerlichte Religion werden, der das reale Leid der Armut und Not, des gesellschaftlichen Scheiterns und der sozialen Ächtung viel zu fremd geworden ist, ja, die diesem Leid selbst nur mit der Brille und den Maßstäben einer Wohlstandsgesellschaft begegnet. Wir werden schließlich unsere intellektuellen Bezweifler eher überstehen als die sprachlosen Zweifel der Armen und Kleinen und ihre Erinnerungen an das Versagen der Kirche. Und wie sollten wir schließlich mit dem Ansehen einer reichen Kirche überhaupt glaubwürdig und wirksam jenen Widerstand vertreten können, den die Botschaft Jesu unserer Wohlstandsgesellschaft entgegensetzt?

3. Weg in die Freiheit

Der Weg in die Nachfolge zur Erneuerung unseres kirchlichen Lebens und zur lebendigen Bezeugung unserer Hoffnung ist immer auch ein Weg in die Freiheit, in jene Freiheit Jesu, die ihm aus der völligen Ausgeliefertheit seines Lebens an den Vater erwuchs und die ihn selbst wieder dazu freimachte, gegen gesellschaftliche Vorurteile und Idole aufzutreten und gerade für jene einzutreten, die von der Macht dieser Vorurteile und Idole zerstört wurden. Der Glanz dieser Freiheit liegt über seinem ganzen Lebensweg. Und wenn uns die Berufung auf ihn nicht zur härtesten Kritik an uns selbst geraten soll, dann muss diese Freiheit auch unser kirchliches Leben durchstrahlen. „Als Sterbende, und doch, wir leben, mit Ruten geschlagen, und doch nicht getötet, mit Leiden gesättigt, und doch immer froh, Arme, die viele reich machen, Habenichtse, die doch alles besitzen" (2 Kor 6,9 f). Im Gebet verwurzeln wir uns in dieser Freiheit. Denn Beten macht frei, frei von jener Angst, die die Phantasie unserer Liebe verkümmern lässt und uns übermächtig auf die Sorge um uns selbst zurückwirft.

Die aus der Gemeinschaft mit Christus und mit dem Vater geschenkte Freiheit schickt unser kirchliches Leben immer neu in das Abenteuer der Freiheit der Kinder Gottes: „Alles gehört euch, Paulus, Apollos, Kefas, Welt, Leben, Tod, Gegenwart und Zukunft: alles gehört euch. Ihr aber gehört Christus und Christus gehört Gott" (1 Kor 3,21–23). Konkret wird dieses allumfassende Abenteuer der Freiheit auch immer dort, wo Menschen in der Nachfolge Jesu auf die Erfüllung ihrer Liebe in Ehe und Familie verzichten, weil sie das neue Leben Gottes dazu drängt. Dieses Leben relativiert unsere menschlichen Bedürfnisse und Erfüllungen und vermag sie damit zu ihrer tiefsten Hoffnung zu befreien, zu einer Hoffnung, die im Überschreiten des Vorläufigen das unterscheidend Christliche der Freiheit deutlich macht.

Im Bewusstsein dieser befreiten Freiheit sollten wir schließlich auch unbefangener jene neuzeitliche Geschichte der gesellschaftlichen Freiheit würdigen lernen, von deren Früchten wir heute alle, auch kirchlich, leben und die sich ihrerseits nicht zuletzt den geschichtlichen Impulsen der Freiheitsbotschaft Jesu verdankt, selbst wenn diese Anstöße vielfach ohne die Kirche und sogar gegen sie geschichtlich freigesetzt worden sind. Im Blick auf diese Freiheit der Kinder Gottes können wir dann auch die zögernd angebahnten Prozesse einer innerkirchlichen Freiheit, die einmal angekündigte Bereitschaft, mit den Fragen und Einwürfen kritischer Freiheit leben zu wollen, mutig weiter entfalten, ohne dass wir uns der Gefahr aussetzen, die Freiheit Jesu einfach einem gesellschaftlich herrschenden Freiheitsideal zu unterwerfen. Widerstand ist uns dabei gegenüber jenem Freiheitsverständnis geboten, das die Verwirklichung von Freiheit in persönlicher Treue und Verpflichtung verkennt oder extrem privatisiert und das gerade deshalb auch die öffentliche Anerkennung der Grundlagen ehelicher Gemeinschaft gefährdet.

4. Weg in die Freude

Wege in die Nachfolge, Wege in die Erneuerung unseres kirchlichen Lebens: sie sind am Ende immer Wege in jene Freude, die durch das Leben und die Botschaft Jesu in unsere Welt kam und die sich durch seine Auferweckung als unbesieglich erwies. Diese Freude ist dem Kindersinn unserer Hoffnung verwandt und gerade deswegen von künstlich oder verzweifelt gespielter Naivität ebensoweit entfernt wie von naturwüchsigem Daseinsoptimismus. Von ihr ist schwer zu reden und leicht ein Wort zu viel gesagt. Sie kann eigentlich nur angeschaut und erlebt werden an denen, die sich auf die Nachfolge einlassen und darin den Weg ihrer Hoffnung gehen. Sie wird vor allem dort erlebt, wo die Getauften „voller Freude" (Apg 2,46) das Gedächtnis Jesu und in ihm die Heilstaten Gottes feiern, in denen unsere Hoffnung gründet.

Die Kirche schaut diese Freude von altersher in denen an, die sie als ihre Heiligen verehrt und deren Lebensgeschichten sie nicht zuletzt als Bewahrheitungen christlicher Freude verwahrt – als Erzählungen über die Freude eines Christenmenschen. So auch singt sie das Magnifikat Marias, der Mutter unseres Herrn, durch die Jahrhunderte weiter, weil sie, um mit dem Konzil zu sprechen, „in ihr wie in einem reinen Bild mit Freuden anschaut, was sie selbst zu sein wünscht und hofft".

Gerade heute ist diese Freude ein hervorragendes Zeugnis für die Hoffnung, die in uns ist. In einer Zeit, in der der Glaube und seine Hoffnung immer mehr dem öffentlichen Verdacht der Illusion und der Projektion ausgesetzt ist, wirkt vor allem diese Freude überzeugend: sie nämlich kann man am wenigsten auf Dauer sich selbst und anderen vortäuschen. So zielt schließlich alle Erneuerung unseres kirchlichen Lebens darauf, dass diese Freude sich in ungezählten Brechungen im Antlitz unserer Kirche spiegele und dass so das Zeugnis der Hoffnung in unserer Gesellschaft zu einer Einladung zur Freude wird.

Teil IV:
Sendungen für Gesamtkirche und Gesamtgesellschaft

Unsere Kirche in der Bundesrepublik Deutschland weiß und bekennt sich als einen Teil der einen katholischen Kirche. Sie ist deshalb auch einbezogen in die Situation und die Aufgaben der Gesamtkirche. Keine Teilkirche lebt für sich, heute weniger als je. Wenn sie von ihrem eigenen Weg und ihrer eigenen Aufgabe spricht, muss sie immer auch den Blick über ihre eigene Situation erheben auf die Gesamtkirche hin. Sie muss sich selbst „katholisch" orientieren, sich selbst immer auch an weltkirchlichen Maßstäben messen. Darum muss sich auch unsere deutsche Kirche über jene besonderen Sendungen und Aufträge vergewissern, die ihr aus ihrer geschichtlichen und gesellschaftlichen Situation für die Gesamtkirche hier und heute zuwachsen. Sie muss vor Gott um jene geschichtlichen und sozialen Charismen ringen, die gerade sie zur „Auferbauung des Leibes Christi" beizutragen hat. Und in einer Zeit, in der die Welt aus ihren getrennten geschichtlichen und sozialen Lebensräumen immer mehr zu einer beziehungs- und gegensatzreichen Einheit zusammenwächst, muss sich unsere Kirche auch Rechenschaft über jene gesamtgesellschaftlichen Aufgaben geben, die ihr aufgrund ihrer Ausgangslage zufallen. So wollen wir zum Schluss von einigen besonderen Sendungen und Verpflichtungen unserer Kirche in der Bundesrepublik im Dienste an der Gesamtkirche und an der Gesamtgesellschaft sprechen. Gerade sie können Prüfsteine für den Geist unserer Hoffnung, Anlass zum „Erweis des Geistes und der Kraft" sein.

1. *Für eine lebendige Einheit der Christen*

Wir sind die Kirche des Landes der Reformation. Die Kirchengeschichte unseres Landes ist geprägt von der Geschichte der großen Glaubensspaltung in der abendländischen Christenheit. Darum wissen wir uns jener gesamtkirchlichen, wahrhaft „katholischen" Aufgabe, nämlich dem Ringen um eine neue lebendige Einheit des Christentums in der Wahrheit und in der Liebe, in vorzüglicher Weise verpflichtet. Die Impulse des jüngsten Konzils in diese Richtung verstehen wir deshalb auch als besondere Wege und Weisungen für unsere Kirche in der Bundesrepublik Deutschland. Wir wollen das offensichtlich neu erwachte Verlangen nach Einheit nicht austrocknen lassen. Wir wollen den Skandal der zerrissenen Christenheit, der sich angesichts einer immer rascher zusammenwachsenden Welt tagtäglich verschärft, nicht bagatellisieren oder vertuschen. Und wir wollen die konkreten Möglichkeiten und Ansatzpunkte für eine verantwortliche Verwirklichung der Einheit nicht übersehen oder unterschätzen. Diese Einheit entspringt der einheitsstiftenden Tat Gottes, aber doch durch unser Tun in seinem Geist, durch die lebendige Erneuerung unseres kirchlichen Lebens in der Nachfolge des Herrn.

Die Redlichkeit und Lebendigkeit unseres Willens zur Einheit soll sich nicht zuletzt verwirklichen und bezeugen in der besonderen geistlichen Verbundenheit und praktischen Solidarität mit allen Christen in der Welt, die um des Namens Jesu willen Verfolgung leiden.

2. Für ein neues Verhältnis zur Glaubensgeschichte des jüdischen Volkes

Wir sind das Land, dessen jüngste politische Geschichte von dem Versuch verfinstert ist, das jüdische Volk systematisch auszurotten. Und wir waren in dieser Zeit des Nationalsozialismus, trotz beispielhaften Verhaltens einzelner Personen und Gruppen, aufs Ganze gesehen doch eine kirchliche Gemeinschaft, die zu sehr mit dem Rücken zum Schicksal dieses verfolgten jüdischen Volkes weiterlebte, deren Blick sich zu stark von der Bedrohung ihrer eigenen Institutionen fixieren ließ und die zu den an Juden und Judentum verübten Verbrechen geschwiegen hat. Viele sind dabei aus nackter Lebensangst schuldig geworden. Dass Christen sogar bei dieser Verfolgung mitgewirkt haben, bedrückt uns besonders schwer. Die praktische Redlichkeit unseres Erneuerungswillens hängt auch an dem Eingeständnis dieser Schuld und an der Bereitschaft, aus dieser Schuldgeschichte unseres Landes und auch unserer Kirche schmerzlich zu lernen: Indem gerade unsere deutsche Kirche wach sein muss gegenüber allen Tendenzen, Menschenrechte abzubauen und politische Macht zu missbrauchen, und indem sie allen, die heute aus rassistischen oder anderen ideologischen Motiven verfolgt werden, ihre besondere Hilfsbereitschaft schenkt, vor allem aber, indem sie besondere Verpflichtungen für das so belastete Verhältnis der Gesamtkirche zum jüdischen Volk und seiner Religion übernimmt.

Gerade wir in Deutschland dürfen den Heilszusammenhang zwischen dem altbundlichen und neubundlichen Gottesvolk, wie ihn auch der Apostel Paulus sah und bekannte, nicht verleugnen oder verharmlosen. Denn auch in diesem Sinn sind wir in unserem Land zu Schuldnern des jüdischen Volkes geworden. Schließlich hängt die Glaubwürdigkeit unserer Rede vom „Gott der Hoffnung" angesichts eines hoffnungslosen Grauens wie dem von Auschwitz vor allem daran, dass es Ungezählte gab, Juden und Christen, die diesen Gott sogar in einer solchen Hölle und nach dem Erlebnis einer solchen Hölle immer wieder genannt und angerufen haben. Hier liegt eine Aufgabe unseres Volkes auch im Blick auf die Einstellung anderer Völker und der Weltöffentlichkeit gegenüber dem jüdischen Volk. Wir sehen eine besondere Verpflichtung der deutschen Kirche innerhalb der Gesamtkirche gerade darin, auf ein neues Verhältnis der Christen zum jüdischen Volk und seiner Glaubensgeschichte hinzuwirken.

3. Für die Tischgemeinschaft mit den armen Kirchen

Wir sind offensichtlich die Kirche eines vergleichsweise reichen und wirtschaftlich mächtigen Landes. Deshalb wollen und müssen wir uns zu einer besonderen gesamtkirchlichen Verpflichtung und Sendung im Blick auf die Kirchen der Dritten Welt bekennen. Auch diese Verpflichtung hat zutiefst theologische und kirchliche Wurzeln, und sie entspringt nicht nur dem Diktat eines sozialen oder politischen Programms. Schließlich schulden wir der Welt und uns selbst das lebendige Bild des neuen Gottesvolkes, zusammengeführt in der großen Tischgemeinschaft des Herrn. Daher geht es nicht nur darum, aus dem Überfluss etwas abzugeben, sondern auf berechtigte eigene Wünsche und Vorhaben zu verzichten.

Wir dürfen im Dienste an der einen Kirche nicht zulassen, dass das kirchliche Leben in der westlichen Welt immer mehr den Anschein einer Religion des Wohlstandes und der Sattheit erweckt, und dass es in anderen Teilen der Welt wie eine Volksreligion der Unglücklichen wirkt, deren Brotlosigkeit sie buchstäblich von unserer eucharistischen Tischgemeinschaft ausschließt. Denn sonst entsteht vor den Augen der Welt das Ärgernis einer Kirche, die in sich Unglückliche und Zuschauer des Unglücks, viele Leidende und viele Pilatusse vereint und die dieses Ganze die eine Tischgemeinschaft der Gläubigen, das eine neue Volk Gottes nennt. Die eine Weltkirche darf schließlich nicht in sich selbst noch einmal die sozialen Gegensätze unserer Welt einfach widerspiegeln. Sie leistet sonst nur gedankenlos jenen Vorschub, die Religion und Kirche sowieso nur als Überhöhung bestehender gesellschaftlicher Verhältnisse interpretieren.

Hier müssen gerade wir in unserem Land handeln und helfen und teilen – aus dem Bewusstsein heraus, ein gemeinsames Volk Gottes zu sein, das zum Subjekt einer neuen verheißungsvollen Geschichte berufen wurde, und teilzuhaben an der einen Tischgemeinschaft des Herrn als dem großen Sakrament dieser neuen Geschichte. Die Kosten, die uns dafür abverlangt werden, sind nicht ein nachträgliches Almosen, sie sind eigentlich die Unkosten unserer Katholizität, die Unkosten unseres Volk-Gottes-Seins, der Preis unserer Orthodoxie.

4. Für eine lebenswürdige Zukunft der Menschheit

Wir sind die Kirche eines industriell und technologisch hoch entwickelten Landes. Mit zunehmender Deutlichkeit erfahren wir heute, dass diese Entwicklung nicht unbegrenzt ist, ja, dass die Grenzen der wirtschaftlichen Expansion, die Grenzen des Rohstoff- und Energieverbrauchs, die Grenzen des Lebensraums, die Grenzen der Umwelt- und Naturausbeutung eine wirtschaftliche Entwicklung aller Länder auf jenes Wohlstandsniveau, das wir gegenwärtig haben und genießen, nicht zulassen. Angesichts dieser Situation wird von uns – im Interesse eines lebenswürdigen Überlebens der Menschheit – eine einschneidende Veränderung unserer Lebensmuster, eine drastische Wandlung unserer wirtschaftlichen und sozialen Lebensprioritäten verlangt, und dies alles voraussichtlich noch innerhalb eines so kurzen Zeitraums, dass ein langsamer, konfliktfreier Lern- und Anpassungsvorgang kaum zu erwarten ist. Es werden uns neue Orientierungen unserer Interessen und Leistungsziele, aber auch neue Formen der Selbstbescheidung, gewissermaßen der kollektiven Aszese abverlangt. Werden wir die in dieser Situation enthaltene Zumutung aggressionsfrei verarbeiten können? Jedenfalls wird diese Situation zum Prüfstand für die moralischen Reserven, für die gesamtmenschliche Verantwortungsbereitschaft in unseren hochentwickelten Gesellschaften werden. Wer wird die damit geforderte folgenreiche Wandlung unseres Bewusstseins und unserer Lebenspraxis in Gang setzen und nachhaltig motivieren?

Unsere Kirche darf hier nicht in apokalyptischer Schadenfreude beiseitestehen wollen – auch wenn sie ihrerseits darauf achten wird, ob nicht in dieser gesamtgesellschaftlichen Situation etwas wieder zur öffentlichen Erfahrung zu werden beginnt, was sonst nur noch der isolierten privaten Erfahrung des sterblichen Einzelnen zugemutet schien: nämlich die von außen andrängende Begrenzung unserer Lebenszeit. Gleichwohl muss die Kirche die im Christentum schlummernden moralischen Kräfte gerade auf jene großen Aufgaben richten, die sich aus dieser neuen gesellschaftlichen Situation ergeben; sie muss diese Kräfte mobilisieren im Interesse lebenswerteren Lebens für die wirtschaftlich und sozial benachteiligten

Völker und gegen einen rücksichtslosen Wirtschaftskolonialismus der stärkeren Gesellschaften, im Interesse der Bewohnbarkeit der Erde für die Kommenden und gegen eine egoistische Beraubung der Zukunft durch die gegenwärtig Lebenden. Vor diesen weltweiten Problemen dürfen besonders wir Christen in der Bundesrepublik nicht die Augen verschließen, wenn wir die Maßstäbe unserer Hoffnung nicht zurückschrauben oder verbiegen wollen.

Sie freilich gebieten uns auch ein hoffnungsvolles Ja zu jedem menschlichen Leben in einer Zeit, in der unterschwellig die Angst regiert, überhaupt Leben zu wecken. Ist doch in jedem Kind die Hoffnung auf Zukunft lebendig verkörpert! Jedes von Gott als Geschenk angenommene Kind trägt in sich einen neuen Hoffnungsschimmer für Volk und Kirche. Die Maßstäbe unserer Hoffnung fordern auch das Eintreten für den öffentlichen Schutz jeglichen menschlichen Lebens angesichts einer Entwicklung, in der die Möglichkeiten und die Gefahren zunehmen, dass die letzte fassliche Identität unseres Menschseins, nämlich das biologische Leben selbst, immer mehr in die Reichweite unserer Manipulationen gerät und schließlich zum Geschöpf unserer eigenen Hände herabsinkt. Die Bedrohung des menschenwürdigen Lebens reicht heute in neuer Weise auch bis an unsere Sterbesituation heran. Viele sterben zwar inmitten einer perfekten medizinischen Versorgungswelt, sind jedoch in ihren letzten Stunden ohne alle menschliche Nähe. Aus dieser Situation ergibt sich gerade für uns Christen eine besonders dringliche Aufgabe: Niemand sollte vereinsamt sterben.

Unsere Bereitschaft zu gesamtgesellschaftlichen Verpflichtungen bewährt sich schließlich in unserem Einstehen für Gerechtigkeit, Freiheit und Frieden in der Welt. Dabei rückt uns der Auftrag unserer Hoffnung auch anderen nahe, die solche Ziele in selbstlosem Einsatz anstreben und die allen Formen der Unterdrückung widerstehen, durch die das Antlitz des Menschen zerstört wird.

Alle unsere Initiativen messen sich letztlich am Maße der „einen Hoffnung, zu der wir berufen sind" (vgl. Eph 4,4). Diese Hoffnung kommt nicht aus dem Ungewissen und treibt nicht ins Ungefähre. Sie wurzelt in Christus, und sie klagt auch bei uns Christen des späten 20. Jahrhunderts die Erwartung seiner Wiederkunft ein. Sie macht uns immer neu zu Menschen, die inmitten ihrer geschichtlichen Erfahrungen und Kämpfe ihr Haupt erheben und dem messianischen „Tag des Herrn" entgegenblicken: „Dann sah ich einen neuen Himmel und eine neue Erde ... Und ich hörte eine gewaltige Stimme vom Thron her rufen: Seht das Zelt Gottes unter den Menschen! Er wird in ihrer Mitte wohnen, und sie werden sein Volk sein; und Gott selbst wird mit ihnen sein. Er wird jede Träne aus ihren Augen wischen: Der Tod wird nicht mehr sein, nicht Trauer noch Klage noch Mühsal ... Und der auf dem Thron saß, sprach: Neu mache ich alles" (Offb 21,1.3-5).

Credo-Erläuterungen

I. Orientierungen zum christlichen Glaubensbekenntnis

1. Zur Geschichte der Bekenntnisformeln

Die sogenannten Credoformeln sind sehr alt. Ihre Geschichte reicht weit zurück in biblische Traditionen. Sie rekapitulieren die Hauptdaten der Heilsgeschichte Israels und haben als Erzählungen in dieser Überlieferungsgeschichte ihren „Sitz im Leben". Eine solche erste Bekenntnisformel erkennen Exegeten in dem sogenannten kleinen geschichtlichen Credo des Deuteronomium 26.[1] Es erinnert die Unterdrückungsgeschichte in Ägypten, die Befreiung durch Jahwe, die Führung in der Wüste und schließlich die Hineinführung in das gelobte Land.

> „Du aber sollst vor dem Herrn, deinem Gott, folgendes Bekenntis ablegen: Mein Vater war ein heimatloser Aramäer. Er zog nach Ägypten, lebte dort als Fremder mit wenigen Leuten und wurde dort zu einem großen, starken und zahlreichen Volk. Die Ägypter behandelten uns schlecht, machten uns rechtlos und legten uns harte Fronarbeit auf. Wir schrien zum Herrn, dem Gott unserer Väter, und der Herr hörte unser Schreien und sah unsere Rechtlosigkeit, unsere Arbeitslast und unsere Bedrängnis. Der Herr führte uns mit starker Hand und hoch erhobenem Arm, unter großem Schrecken, unter Zeichen und Wundern aus Ägypten, er brachte uns an diese Stätte und gab uns dieses Land, in dem Milch und Honig fließen." (Dtn 26, 5-9)

Dieses „kleine Credo" beschreibt einen Weg und zeigt die Struktur erinnernder Erzählung – in konfessorischer Absicht. Sein Sitz im Leben wird im sog. Bundesfest Israels gesehen.[2] Es selbst wirkt für Israel wie eine Art gefährlich-befreiender Erinnerung an vergangene Verheißungen und daraus sich speisende Hoffnungen für die Gegenwart.

Auch wenn es im Neuen Testament ein allgemein anerkanntes und öffentlich entfaltetes Glaubensbekenntnis nicht gibt, zeigt es auch schon die Neigung zu gewissen kurzen, gerafften Bekenntnissätzen, in denen sich der Glaube der Christen gewissermaßen brennpunkthaft zusammenzieht, sich ausdrückt und nicht selten wie eine gefährliche Erinnerung wirkt. Sätze wie: „Jesus ist der Kyrios" – oder „Jesus ist der Christus",

---

[1] Vgl. *Norbert Lohfink*, Zum „kleinen geschichtlichen Credo" Dtn 26, 5-9, in: Theologie und Philosophie 46 (1991), 10-39. Dazu auch *Georg Braulik*, Sage, was du glaubst. Das älteste Credo der Bibel - Impulse in neuester Zeit, Katholisches Bibelwerk, Stuttgart 1979.
[2] Vgl. zu den folgenden Ausführungen: *Bernhard Lang*, Glaubensbekenntnisse im Alten und Neuen Testament, in: Concilium 14 (Oktober 1978), H. 10, 499-503.

sind knappe, geraffte Bekenntnistexte, in denen sich der Christ als solcher identifiziert und in seinem Bekenntnis vorstellt. Vor allem in der paulinischen Tradition begegnet uns zwischendurch so etwas wie eine knappe heilsgeschichtliche Bekenntnisformel. Ich erinnere z. B. an Römer 1,3 und den folgenden Vers[3]; oder an die uns weiter unten noch beschäftigende Bekenntnisformel zum Auferstehungsglauben in 1 Kor 15 – sicher eines der Urbekenntnisse des Christentums.

Was wir heute unter dem Namen *Apostolisches Glaubensbekenntnis* kennen und in der Kirche bekennen, hat sich in seiner Grundform im 2. und 3. Jahrhundert herausgebildet, und zwar im Zusammenhang mit dem Initiationsritus der Taufe und dem dort schon entwickelten dreiteiligen Dialog zwischen dem Taufenden und dem Täufling: „Glaubst du an Gott, den Vater, den Allmächtigen?", worauf der Täufling mit „Credo" – ich glaube – antwortet. „Glaubst du an Christus Jesus, den Sohn Gottes?" und „Glaubst du an den heiligen Geist?", diese dreifältige Frage ist in der Dialogform (der Glaubensfrage und der Credoantwort) die *Ursprungsfigur* des Apostolischen Glaubensbekenntnisses. Im Laufe der Zeit wurde diese Taufformel weiter aufgefüllt, gewissermaßen heilsgeschichtlich verdeutlicht und gegen Missverständnisse abgeschirmt.

Diese trinitarische Bekenntnisformel ist mit ihrem Sitz im Taufritus und mit ihrem Ursprung eigentlich heilsgeschichtlich orientiert.[4] Sie spricht deshalb nicht in dem uns heute vielleicht eher naheliegenden Sinn von der sog. immanenten Trinität, sondern von dem, was man theologisch die heilsgeschichtliche oder heilsökonomische Trinität nennt. Das erinnernde und erzählende Strukturelement, das sich auf die geschichtlichen Großtaten Gottes mit den Menschen, vor allem in seinem Sohne bezieht, bleibt – wenigstens rumpfartig – erhalten, wenn auch gegenüber dem vorher zitierten kleinen geschichtlichen Credo immer mehr der *konfessorische* Charakter in den Vordergrund rückt.

Dieses so entstehende Apostolische Glaubensbekenntnis findet seine Ausbildung zunächst einmal in Rom. Man spricht deshalb auch historisch von einem sog. *stadtrömischen* Text. Wegen der kirchlichen und politischen Bedeutung Roms konnte sich dieses stadtrömische Taufbekenntnis,

---

[3] „... das Evangelium von seinem Sohn, der dem Fleisch nach geboren ist als Nachkomme Davids, der dem Geist der Heiligkeit nach eingesetzt ist als Sohn Gottes in Macht seit der Auferstehung der Toten: das Evangelium von Jesus Christus, unserem Herrn." (Röm 1,3 f.)
[4] Vgl. das Sendungswort Mt 28,19.

I. Orientierungen zum christlichen Glaubensbekenntnis

das sich, seit dem 4. Jahrhundert etwa, immer mehr von seinem Frage- und Antwortschema löst und sozusagen zu einem durchlaufenden Bekenntnistext wird, im gesamten lateinischen Raum durchsetzen. Erst Karl der Große verschafft diesem Bekenntnistext universale Anerkennung und Verbindlichkeit in seinem großen Reich. Und auch Rom selbst übernimmt dann diesen einheitlichen – inzwischen noch durch einige kleine Ergänzungen veränderten – Text im 9. Jahrhundert.

In diesem Text spiegelt sich nicht nur das kultische Bekehrungsbekenntnis der Taufe, sondern auch – wenngleich formelhaft und fast bis zur Unkenntlichkeit verkürzt – der Kampf der frühen Kirche um die Christusbotschaft überhaupt. Er erinnert darin den dramatischen Kampf, der die ersten christlichen Jahrhunderte prägt, aber in dieser formelhaft vertrauten Figur dieses Textes kaum mehr durchschlägt. Immerhin zeigt sich auch hier, dass es bei diesen Bekenntnisformeln um *gefährliche* Erinnerungen geht, die aber in der Form dieser Formeln eher verblassen.[5]

In der oströmischen Kirche blieb dieses sog. stadtrömische Taufbekenntnis und das daraus sich entwickelnde Credo zunächst unbekannt. Der Osten hat überhaupt kein in dieser Weise vergleichbares einheitliches Glaubensbekenntnis entwickelt. Es gibt eine Vielzahl von Symbola in der Ostkirche, die sich zudem dadurch von dem stadtrömischen Bekenntnis abheben, dass sie viel stärker den Zusammenhang zwischen der christlichen Heilsgeschichte und einer späthellenistisch begriffenen Kosmologie herausheben. In ihnen schlagen metaphysische Deutungszusammenhänge stärker durch und lassen die heilsgeschichtlichen Elemente im engeren Sinne noch mehr zurücktreten. Man kann das in dem bekannten Nizäno-Konstantinopolitanischen Glaubensbekenntnis am deutlichsten erkennen.

Das Apostolische Glaubensbekenntnis ist nicht auf die Jünger Jesu selbst zurückzuführen. Es wurde in jenem besonderen Sinne als *apostolisch* bezeichnet, dass es die von der *Lebens- und Leidensgeschichte* der Kirche selbst geprägte Zusammenfassung der von den Aposteln überlieferten Botschaft darstellt. Das Subjekt dieses Glaubensbekenntnisses ist also ein *gemeinschaftliches*, nicht der Einzelne ist es, sondern die Communio, was dann in einem späteren theologischen Begriff eben „Volk Gottes" heißen wird. Infolgedessen hebt dieses Glaubensbekenntnis immer auch auf eine *kommunitäre* Praxis ab. Dieses kollektive Moment am Bekenntnis gilt nicht nur etwa für das archaisch anmutende Kollektiv

---

[5] Zum Begriff „gefährliche Erinnerung" und seine fundamentaltheologische Relevanz vgl. JBMGS 3/1, 195–229 und JBMGS 3/2, 11–60.

eines Volkes, das sich darin, wie in diesem kleinen geschichtlichen Credo des Deuteronomiums, seine eigene Lebensgeschichte erzählt oder nacherzählt, sondern gerade auch für die Gemeinschaft der Herausgerufenen, für die Communio der Christen.[6] Kirche ist hier also nicht nur irgendein Inhalt dieses Credos, sondern *Subjekt*. Das hat auch hermeneutische Bedeutung für die Auslegung seiner Inhalte. Die eigentümliche Spannung in der Auslegung entsteht dadurch, dass dieses Credo der Kirche sich ständig auf die Herausforderungen der Zeit zu beziehen hat und darin immer neu sich seines Ursprungs im Evangelium vergewissern muss.

Ich möchte in diesem Zusammenhang auf einen Leitsatz unserer Überlegungen im Teil I hinweisen, der durchgehend das subjektive oder praktische Fundament im Auge hat: *Die Krise des Christentums ist nicht primär eine Krise seiner Botschaft oder Glaubensinhalte, sondern seiner Subjekte und Institutionen, eine Krise der Praxis*. Die biblischen Traditionen und die aus ihnen erwachsenen Bekenntnis- und Lehrformeln des christlichen Glaubens könnten und sollten als *Formeln der Memoria* verstanden werden, in denen der Anspruch ergangener Verheißungen, einst gelebter Hoffnungen und Schrecken zu unserer *Ermutigung* in Erinnerung zurückgerufen werden, um den Bann des gegenwärtigen Bewusstseins in Frage zu stellen und sich sozusagen aus den Zwängen einer immer totalisierender wirkenden Gegenwart lösen zu können.[7]

Vielleicht ist der Versuch, Bekenntnisformeln und dogmatische Aussagen als Formeln eines gefährlichen Gedächtnisses zu interpretieren, verständlicher, wenn wir die Ausgangslage ins Auge fassen, in der Glaubende heute stehen. Es ist eine immer erinnerungsloser werdende Gesellschaft, in der zunehmend eigentlich nur noch auf dem Wege über *Institutionen* und deren formuliertes Selbstverständnis lebensorientierende Sinnperspektiven festgehalten werden können. Wo heute ein Christ völlig institutionsfrei seine christliche Identität suchen wollte, kann er in seiner eigenen Generation vielleicht noch von der religiösen Sozialisation zehren, innerhalb derer er selbst noch aufgewachsen ist und die ihn prägt. Die zweite Generation wird im Grunde nur noch schwer ein Verhältnis zu diesen Traditionen haben. Sie wird sich ihrerseits also immer stärker der Erinnerungslosigkeit anpassen. Der Prozess der Erinnerung, d. h. die Aktualisierung einer Memo-

---

[6] Die dialogische Grundgestalt des Apostolischen Glaubensbekenntnisses, aber auch die Einbindung dieses Credos in den Gottesdienst und die Eucharistie, verweist auf die nicht zufällige, sondern wesentliche Gemeinschaftsbezogenheit des Credos.
[7] Genaueres dazu: JBMGS 3/1, 27-60.

ria, die nun wirklich nicht nur Kulisse für ein feierliches Lebensgefühl ist, sondern normierend auf unser Handeln wirken soll, kann heutzutage gar nicht allein und primär vom Einzelnen erweckt und getragen werden. Hier könnten Dogmen eine Art formuliertes Kollektivgedächtnis sein und als Ganzes eine neue Rolle spielen. Sie würden uns nämlich zwingen, in der Gegenwart etwas in Erinnerung zu rufen, was wir auf der schmalen Basis persönlicher Erfahrungen und Wahrnehmungen eben nicht erfassen und realisieren können; sie würden verhindern, dass sich die eigene religiöse Erfahrung als Funktion eines herrschenden Bewusstseins vollzieht, kurz: dass Religion nur noch zu einer ohnmächtigen, symbolischen Paraphrase dessen wird, was ohnehin geschieht.

Dogmatischer Glaube wäre hier die Bindung an Lehrsätze, die als *Erinnerungsformeln* eines verdrängten, eines unbewältigten, eines gefährlichen Gedächtnisses der Menschheit gelten können – in einer zunehmend „geschichtslosen" Zeit.

Natürlich muss es Kriterien für die genuine Christlichkeit dieser Erinnerung geben. Und wäre das nicht die befreiende und erlösende Form, mit der diese Formeln die erinnerte Botschaft in die Gegenwart einbringen, sodass sich Menschen – wie Dietrich Bonhoeffer einmal gesagt hat – darüber entsetzen und doch von deren Gewalt überwunden werden?[8] Tot, nichtssagend leer, d. h. ungeeignet für die Aufgabe, christliche Identität und Tradition in einem formulierten Kollektivgedächtnis zu retten, sind solche Bekenntnisse und dogmatische Formeln dann, wenn eben die erinnerten Inhalte nichts mehr von dieser ihrer *Gefährlichkeit*, von ihrer Provokation für Gesellschaft und für Kirche zeigen; wenn sozusagen die Gefährlichkeit unter den Mechanismen ihrer institutionellen Vermittlung erlischt und die Formeln deshalb nur noch der Selbsterhaltung der sie überliefernden Religion und der Selbstreproduktion der sie tragenden Institution dienen, die sich als öffentliche Übermittlerin oder Tradentin einer solchen Erinnerung nicht mehr unter den gefährlichen Anspruch dieser Erinnerung stellen wollte.

---

[8] *Dietrich Bonhoeffer*, Widerstand und Ergebung. Briefe und Aufzeichnungen aus der Haft, hrsg. von Eberhard Bethge, Neuausgabe, München 1970, 328.

2. Absicht und Anlage des synodalen Bekenntnistextes „Unsere Hoffnung"

2.1 Zur Absicht

Die Intention des synodalen Textes wird in der allgemeinen Einleitung wie in der besonderen Einleitung zum Teil I erläutert als *Versuch der Rechenschaft über die tröstende und herausfordernde Kraft der Geheimnisse des Glaubens in dieser Zeit* und damit über den lebendigen Sinn des Christseins überhaupt angesichts der ausdrücklichen oder – noch mehr – lautlosen gesellschaftlichen Ächtung bzw. Ignorierung dieser Geheimnisse.

Der Text dieses Glaubensbekenntnisses steht unter dem leitenden Stichwort „Unsere Hoffnung". Dieser Primat der Hoffnung zielt nicht etwa auf eine Auflösung des Glaubens in vage schweifende Utopie. Er kennzeichnet vielmehr den Versuch, die Inhalte dieses Glaubens als *hoffnungsstiftende* Geheimnisse zu verdeutlichen, angesichts des Verdachtes, dass das Christentum den Fragen und Ängsten, den Konflikten und Hoffnungen in dieser Lebenswelt, der mühsam verdeckten Sinnlosigkeit unseres sterblichen Lebens und unserer öffentlichen und individuellen Leidensgeschichten nur noch mit verbrauchten Geheimnissen antworten würde. Primat der Hoffnung, wie es durch das Stichwort gekennzeichnet ist, heißt eigentlich zunächst nur dies, dass der Glaube der Christen unter der Herausforderung einer Hoffnung in der Geschichte steht und er sich als eine ganz bestimmte Hoffnung in den geschichtlichen Kampf um die Menschen einschalten will.

Diese Hoffnung hat ein verlässliches biblisches Fundament. Neutestamentlich ist das Wort „Hoffnung", und vor allem auch alttestamentlich, ein Stenogramm für die Identität des glaubenden Menschen; sie wird im Neuen Testament zu einer Kurzformel des Glaubens überhaupt, speziell in den paulinischen Traditionen. Im ersten Thessalonicherbrief (1 Thess 4,13-18) nennt Paulus die Christen schlicht jene, die eine Hoffnung haben. Und der Hebräerbrief schreibt in seinem 11. Kapitel, dass christlicher Glaube vor allem dies sei: ein unbeugsames Festhalten des Bekenntnisses der Hoffnung (Hebr 11,1).

Paulus, so wissen wir aus der Kirchengeschichte, war angeklagt. „Wegen der Hoffnung und wegen der Auferstehung der Toten stehe ich vor Gericht" (Apg 23,6), sagt er selbst. Angeklagt sind wir heute nicht mehr. Das verdanken wir dem einzigen modernen Konsens, den es in unserer Gesellschaft zwischen Bourgeoisie und Marxismus gibt, dass nämlich Re-

I. Orientierungen zum christlichen Glaubensbekenntnis

ligion solange gelitten und zugelassen ist, solange sie sich selber als Privatsache versteht. Angeklagt ist man da nicht mehr. Der Gott der Hoffnung, den Paulus im Blick auf Jesus anruft, ist immer angesprochen und angesehen als der Gott seiner Väter, als der Gott Abrahams, des Isaak und Jakobs, als der Gott des Exodus, der Gott der Propheten und der Gott der apokalyptischen Traditionen, also als der Gott einer *Hoffnungsgeschichte*. Wir wollen uns darauf aufmerksam machen lassen, dass diese Hoffnung immer eine Hoffnung im *Angesichte der Gefahr* ist und dass dort, wo Gefahren für diese Hoffnung systematisch ausgeblendet sind, im Grunde jemand auch nicht mehr weiß, was die Inhalte und die Ziele dieser Hoffnung sind. Diese Hoffnung soll nun aufleuchten und sich bewähren im Angesichte *der Leidensgeschichte der Menschen*. Deshalb zieht sich eben diese sog. *Theodizeefrage* wie ein roter Faden durch den gesamten Synodentext hindurch. Selbst das Bekenntnis zur Welt als Schöpfung Gottes setzt mit dieser Frage ein.[9]

„Hier müssen wir von unserer im Glauben gegründeten Hoffnung selbst öffentlich reden; sie nämlich scheint vor allem herausgefordert und unter vielerlei Namen unbewusst gesucht. In ihr uns zu erneuern und aus ihr den ‚Erweis des Geistes und der Kraft' für unsere Zeit zu erbringen, muss schließlich das Interesse sein, das alle Einzelerwägungen und Einzelinitiativen dieser Gemeinsamen Synode leitet. So wollen wir von der tröstenden und provozierenden Kraft unserer Hoffnung sprechen – vor uns selbst, vor allen und für alle, die mit uns in der Gemeinschaft dieser Kirche leben, aber auch für alle, die sich schwertun mit dieser Kirche, für die Bekümmerten und Enttäuschten, für die Verletzten und Verbitterten, für die Suchenden, die sich nicht mit dem drohenden Verdacht der Sinnlosigkeit des Lebens abgefunden haben und für die deshalb auch Religion nicht von vornherein als durchschaute Illusion gilt, nicht als ein Restbestand früherer Kultur- und Entwicklungsstufen der Menschheit." (Einleitung)

Der Synpodentext versucht unter dem Stichwort „Unsere Hoffnung" ein Bekenntnis des Glaubens im Blick gerade auf jene Inhalte und Haltungen zu entfalten, die einerseits die Substanz kirchlichen Glaubens prägen und an denen sich andererseits viele sog. Glaubensschwierigkeiten heute kristallisieren. Kriterium für die Auswahl und Akzentuierung dieses Textes, der nicht alle Inhalte des Apostolischen Glaubensbekenntnisses, wie es in der Kirche bekannt wird, aufführen kann, sind die jeweiligen *gesellschaftlichen Grund- und Gegenerfahrungen (Konstrasterfahrungen)* in unserer Zeit, die für viele eine Zusammenführung von Glaubens- und Lebenswelt

---
[9] Vgl. unten § 7 („Schöpfung").

gefährden oder verhindern. Dieses Konzept macht eine ausdrückliche Berücksichtigung der Situation notwendig, in der Christen ihren Glauben bekennen. Das geschieht im Text selber nicht dadurch, dass nun eine ausführliche Situationsanalyse dem Bekenntnis einfach vorausgeschickt wird. Ein solcher Versuch geriete einerseits auch zwangsläufig ins Uferlose und damit vielleicht doch wieder ins Beliebige; er brächte andererseits aber auch die Gefahr mit sich, dass bei der Entfaltung des Bekenntnisses diese Situation einfach vorausgesetzt und so leicht wieder vergessen würde. Gerade das aber wäre dem Bekenntnis christlichen Glaubens unangemessen, insofern es sich nie in Ruhestellung – isoliert von der jeweiligen gesellschaftlichen und geschichtlichen Situation – vollzieht. Der Text macht deshalb den Versuch, das Bekenntnis so zu formulieren, dass in seiner Entfaltung diese Situation mit ihren Grund- und Gegenerfahrungen jeweils selber durchleuchtet und „die Zeichen der Zeit" *an* diesem Bekenntnis selber aufscheinen. So kann auch überprüft werden, ob diese indirekte Situationsanalyse in ihren Akzenten, in den geschilderten gesellschaftlichen Kontrasterfahrungen zum Glauben und in den daraus erhobenen allgemein verbreiteten Glaubensschwierigkeiten wirklich zutrifft.

In diesem Sinne sucht der Synodenbeschluss einmal durchgängig und in innerer Entsprechung die Einheit von christlich motivierter Gesellschaftskritik und kirchlicher Selbstkritik festzuhalten, um zum anderen auch auszudrücken, dass diese zeugnishafte Selbstdarstellung des christlichen Glaubens eben nicht die Erläuterung von subjektlosen Inhalten und Ideen ist, sondern die Darlegung und die Anrufung einer Praxis, unter der diese Inhalte sinnhaft erscheinen. Das ist vom Konzept dieses Dokuments her vorgegeben.

Nun aber näher zu dem *Kriterium* der sog. gesellschaftlichen Kontrasterfahrungen, an denen dieses Credo der Christen sich verdeutlicht. Einige Gesichtspunkte dazu sollen benannt werden, weil das sozusagen schon in die Struktur und in die Argumentationsfigur des Textes eingreift.

Erstens: Diese gesellschaftlichen Kontrasterfahrungen tauchen im Synodendokument mehr oder minder immer wieder auf, vor allem im Teil I. Diese gesellschaftlichen Erfahrungen sind als gesellschaftliche Plausibilitäten, als Selbstverständlichkeiten verstanden, die nun ihrerseits wie weithin verinnerlichte Haltungs-, Handlungs-, Empfindungs-, Erfahrungsverbote wirken. Verinnerlichte Verbote, die inzwischen auch ins vorargumentative, vorsprachliche Bewusstsein abgesunken sind und die nun den Zugang zu Glaubenserfahrung und christlicher Praxis verstellen

I. Orientierungen zum christlichen Glaubensbekenntnis

oder gefährden. Ich benenne einige dieser Kontrasterfahrungen als verinnerlichte Verbote in unserem gesellschaftlichen Leben.

1. Trauerverbot. Eine Art Trauerverbot, das eine Solidarität nach rückwärts, eine Sinngemeinschaft mit den Toten, also einen interessierten Umgang mit denen, von denen nichts mehr zu haben ist, verbietet, und deshalb auch das für die gesamte Botschaft des Alten und Neuen Testaments maßgebliche Interesse an der Gerechtigkeit für die Toten, für die Besiegten, für die Opfer dieser sog. Siegergeschichte nicht mehr zulässt oder schwer zugänglich macht. Wir werden gerade im Zusammenhang mit dem Artikel „Auferweckung der Toten" über die theologische Dimension der Trauerproblematik ausführlich zu reden haben. Dass es dieses Trauerverbotsphänomen gibt, besagt nicht, dass der Einzelne nicht trauert und zu trauern versucht, wohl aber, dass das doch gesellschaftlich leicht als eine eigentlich unziemliche Sentimentalität denunziert wird, mit der nichts anzufangen ist, sodass man ja auch – wie bemerkt und beobachtet – Trauerzeiten kürzt und lieber die Geschäftszeiten verlängert.[10]

2. Leidensverbot. Das zweite Verbot, an dem sich als gesellschaftlicher Kontrasterfahrung christlicher Glaube in diesem Bekenntnis erläutert und abarbeitet, wäre unter dem schwierigen Wort „Leidensverbot" anzusprechen, indem man das Leid schlechthin zu abschaffbarem Leid überhaupt zu verdinglichen sucht. Das Trauerverbot ist ausdrücklich angesprochen in I.3 („Auferweckung der Toten"), das Leidensverbot ausdrücklich genannt vor allem in I.2 („Leiden und Sterben Jesu Christi"), wo der Versuch, Christologie im Blick auf die menschliche Leidensgeschichte zu erläutern, wenigstens ganz knapp skizziert wird.

3. Schuldverbot. Die Erfahrung, dass die Subjekte der Verantwortung anonymer werden und Menschen Schuld und Versagen, wenn überhaupt,

---

[10] In der „Dialektik der Aufklärung" von *Max Horkheimer* und *Theodor W. Adorno* steht schon das Beispiel einer amerikanischen Beerdigung, wo ein Mädchen einer Tante die Beerdigung ihrer Mutter schildert und davon erzählt, wie eindringlich das alles war, wie großartig und tief beeindruckend. Dann erlebt sie plötzlich, dass der Vater dann doch in den Schmerz ausbricht und bitterlich weint; und sie schreibt der Tante: „a pity that daddy lost control." (In: *Max Horkheimer / Theodor W. Adorno*, Dialektik der Aufklärung. Philosophische Fragmente. Mit einem Nachwort von Jürgen Habermas, Frankfurt am Main 1969, 226). An der Stelle heißt es weiter: „In Wahrheit wird den Toten angetan, was den alten Juden als ärgster Fluch galt: nicht gedacht soll deiner werden. An den Toten lassen die Menschen die Verzweiflung darüber aus, dass sie ihrer selber nicht mehr gedenken". Das ist signalhaft für die in einer mehr unmittelbaren Alltagssoziologie und Alltagspsychologie vielleicht nicht uninteressanten Figur von Trauerverbot.

lieber bei „den anderen" suchen, bei den Feinden und Gegnern, aber auch bei der Vergangenheit, bei der Natur, beim Milieu, bei der Veranlagung. Solche Entschuldigungsvorgänge könnte man Schuldverbote nennen. Ausführlich angesprochen und auch knapp erläutert in Teil I,5 („Vergebung der Sünden").

4. *Sympathieverbot.* Es ist vor allem das gemeint, was ich unter dem Stichwort „evolutives Lebensgefühl" andeuten möchte: dass Menschen sich in dem Gefühl der Identitätsschwäche, des Ausgesetztseins in ein finster gesprenkeltes Weltall, in einen evolutiven Kosmos, der sozusagen alles mehr oder minder gleichgültig überrollt, sich unempfänglicher machen und Identität durch Apathie zu gewinnen suchen.[11] Es ist auch gemeint, dass wir heute unter dem psychologischen Zwangsmechanismus stehen, die uns durch die Medien jeden Tag antransportierten Leiden der Menschen dadurch auszuhalten, dass wir uns dagegen unempfänglich machen. Denn ich glaube, dass die Medien im massenmedialen Zeitalter unbewusst einen ganz klar erkennbaren psychologischen Rückstoßeffekt erzeugen.

5. *Liebesverbot.* Gemeint ist jene Infragestellung der Haltung der Liebe unter der Vorherrschaft einer reinen Bedürfnis- und vor allem einer reinen Tauschgesellschaft, in der eine „wägende" Vernunft dominiert, die primär auf „Zwecke" und den Tauschwert eingeschworen ist; eine Gesellschaft, in der deshalb auch öffentlich schwer ein anderes Ideal der Gerechtigkeit als das der Tauschgerechtigkeit zugelassen ist und in der auch schwer eine andere Humanität als die der Zweckhumanität öffentlich wirksam wird. Man hilft, weil man sich bedroht fühlt. Die Folge davon ist eine extreme gesellschaftliche Entmächtigung und Entwertung von praktischen Haltungen, für die es eben keinen Gegenwert gibt. Zunächst einmal die schon angesprochene Trauer, aber auch die Freundlichkeit, die Dankbarkeit, die Solidarität mit den Toten, die Liebe. Und Solidarität, die auch Verlust bedeuten kann, wird dann ein kümmerliches Dasein fristen.

Diese sog. Verbote, die gerade dadurch so hartnäckig sind, dass sie nie jemand promulgiert hat, kann man aber gerade dadurch auch nicht widerrufen, dass sie einmal festgestellt sind. Sie können jedenfalls nicht rein spekulativ ausgeräumt werden. Der in ihnen wirksame Bann im allgemeinen Bewusstsein kann nicht rein reflexiv durchbrochen werden, sondern eigentlich nur durch alternative praktische Lebensformen, für Chris-

---

[11] Vgl. „Der apokalyptische Gott – Annäherungen" in Band II dieser Ausgabe.

I. Orientierungen zum christlichen Glaubensbekenntnis   69

ten also nur auf dem Wege über christliche Lebenspraxis. Nennen wir sie hier auch schon in dieser Abkürzung „Nachfolge". Hier zeigt sich wieder, warum in der Konzeption dieses Synodendokuments der Teil III, der über Wege in die Nachfolge spricht, nicht etwa als eine sekundäre Hinzugabe zur freien Disposition stünde. Nein, die in Teil I angesprochenen Widerstände, Gegenerfahrungen, sind für Christen nur auf dem Weg zu brechen, der in Teil III angesprochen ist. Denn das Christentum hat in einer Gesellschaft, die von solchen Verboten durchstimmt ist, entweder ein radikales oder ein sehr klägliches Dasein. Es enthält eine provokative Frage an das Ernstnehmen des christlichen Weges, weil das Christentum in einer so strukturierten Öffentlichkeit allenfalls nur in der Gestalt jener „bürgerlichen Religion" überleben könnte, die wir noch zu beschreiben haben.

Zweitens: Es ist bei diesen Kontrasterfahrungen wichtig, das Ausmaß der Bedrohung christlicher Identität durch solche Verbote wirklich ins Auge zu fassen und nicht von vornherein zu entschärfen oder herabzudeuten. Ich sage das aus einem konkreten Anlass in den Erfahrungen mit dem hier erörterten Synodendokument. In der Vorlage zur Ersten und Zweiten Lesung dieses Dokuments, also bevor es verabschiedet wurde, war im Text ein Verdacht formuliert worden. Dieser Verdacht sprach sehr hart davon, dass nämlich das Christentum für viele den Fragen und Ängsten, den Konflikten und Hoffnungen in unserer Lebenswelt, der kaum verdeckten Sinnlosigkeit, nur noch *mit verbrauchten Geheimnissen* antworte. Aber im Beschlusstext wurde dann aus diesem Verdacht, dass es für viele so sei, dann der Verdacht daraus, dass das Christentum nur mit verbrauchten Worten und Formen darauf antworte.[12] Ich halte das für eine Herabstimmung, die bedenklich ist. Und zwar einfach im Blick darauf, dass wir uns redlich vergewissern müssen, worum es geht, wenn Christen Bekenntnisse ihres Glaubens zu formulieren versuchen. Der Verdacht, dass die Geheimnisse verbraucht seien, ist die Formulierung eines Widerstands, an dem die Verkündigungsworte oft wirkungslos stranden und an dem solche Worte auch vor uns selbst leicht leer klingen können. Diese Widerstände sollten in dem, was wir zu sagen versuchen, nicht unterschätzt werden. Man sollte sie also nicht von vornherein apologe-

---

[12] „Sie (die Kirche) darf nicht von einzelnen innerkirchlichen Reformen sprechen, wenn ihr tagtäglich der Verdacht entgegenschlägt, dass das Christentum nur noch mit verbrauchten Worten und Formen den Fragen und Ängsten, den Konflikten und Hoffnungen in unserer Lebenswelt, der mühsam verdeckten Sinnlosigkeit unseres sterblichen Lebens und unserer öffentlichen und individuellen Leidensgeschichten antworte." (Einleitung)

tisch zubereiten und so formulieren, dass eigentlich dann auch keine Gefahr von ihnen mehr kommt. Diese Widerstände und Schwierigkeiten, wie sie viele Menschen ja zumeist verschweigen, manchmal aussprechen, selten aggressiv oder zynisch, eher schon resignativ, manche mit einem Anflug von Verzweiflung und viele in der Attitüde der Gleichgültigkeit – diese Widerstände wurzeln oft im Abgrund eines mehr gefühlten Verdachts, dass eben die Geheimnisse der Christen selbst verbraucht sind; dass Religion selbst nicht mehr tröstet, dass ihre Verheißungen ausgeglüht sind, so wie zwei Menschen irgendwann feststellen können, dass das Geheimnis ihrer Liebe erloschen ist.

Auch wenn man als Christ diese Ansicht nicht teilt, so schuldet man doch denen, die sie haben und die an ihr zumeist sprachlos leiden, die Solidarität der Aufmerksamkeit, der Hörsamkeit für die Radikalität solcher Sinnängste, sozusagen für das Niveau der Verzweiflung an der Religion. Und deshalb scheint es mir bedauerlich, dass diese harte und zugegebenermaßen deutliche Formulierung nicht im Text selbst erhalten geblieben ist, weil sich Theologie und Kirche diesen Gefahren und Fragen zu stellen haben.

Drittens: In diesen Kontrasterfahrungen zeigt sich immer auch die geistige Konfrontationsschwäche oder mangelnde Konfrontationskraft der Christen und der Kirche. Es ist nicht übertrieben, wenn man einen Verlust an kritischer Assimilationsfähigkeit gegenüber den uns entgegenschlagenden Problemen und Fragen feststellt. Wie sind wir z. B. mit dem Phänomen Aufklärung im Christentum, speziell auch in unserer Kirche, fertiggeworden? Wie mit der Religionskritik eines Ludwig Feuerbach und eines Karl Marx, wie mit Friedrich Nietzsche? Haben wir da wirklich Auseinandersetzungen gewagt oder eine Art Immunisierungsstrategie, eine Art Überwinterungstaktik versucht? So geschieht es aber, wenn wir uns einreden, wir hätten geistige und gesellschaftliche Prozesse überwunden und ausgestanden, ohne dass wir durch sie *hindurchgegangen* sind. Wohlgemerkt: hindurchgegangen, nicht in ihnen aufgegangen oder begriffslos untergegangen.

Aber die Herausforderungen kommen ja wieder, und sie suchen das theologische Bewusstsein wie Gespenster in der Nacht heim. Unbewältigt kommen sie zurück und schlagen sich dann auch im allgemeinen Bewusstsein des kirchlichen und christlichen Lebens nieder, nicht selten in der Figur ins vorsprachliche Bewusstsein abgesunkener Verbote. Kirchenstrategisch ist gerade bei uns in mitteleuropäischen Kirchenkreisen die Tendenz zu beobachten, auf dem Wege über Abschließungsversuche solchen Gefahren zu begegnen. Dass man Angst hat vor Anpassungen an

I. Orientierungen zum christlichen Glaubensbekenntnis

eine Zeit, die man auch nicht mehr richtig im Griff hat und versteht. Und daher ist ja diese Immunisierungstendenz auch sehr begreiflich. Wie sollen wir in einer Welt leben, auf deren Definition wir kaum Einfluss haben? Wie darin unsere Identität finden, ohne uns ihr gegenüber abzuschließen und darin ja auch christliche Identität zu verlieren, die nicht „über" der Welt sein kann. Doch sollte man nicht nur auf die Gefahr einer sog. *aktiven* Anpassung starren, die man oft Theologen vorwirft. Dort, wo solche Anpassungen gewissermaßen von Einzelnen gemacht werden, sind sie auch relativ rasch erkennbar, diskutierbar, bestreitbar, wenn es darauf ankäme. Es gibt aber eine Figur der *passiven* Anpassung gerade derer, die meinen, durch Abschließung allen Anpassungsvorgängen widerstehen zu können.

Noch ein kurzes Wort zum *pastoralen Konzept* im Hintergrund dieses Bekenntnistextes der Synode. Ich nenne die Intention dieses Konzepts den „Tutiorismus des Wagnisses", denn die Treue zum Glauben und zur Botschaft verlangt, dass sie nicht fahrlässig ausgesetzt wird. Wir unterscheiden einen *defensiven* und einen *offensiven* Tutiorismus. Das soll heißen: die Sache wird nicht dadurch gesichert, dass man gar nichts ändert. Wenn man selber nichts ändert, *wird* man geändert, passiv und durch fremde Determination.[13] Die Identität des Christentums wird nicht dadurch gesichert, dass man bestimmte seiner Ausdrucksformen mit Zähnen und Klauen verteidigt und sich davon nichts abtrotzen lässt, sondern durch rechtzeitige Reformen. Das nenne ich den offensiven Tutiorismus.

Ich habe diese Erläuterung der Grundlagen und Verfahrensweisen dieser Credo-Auslegung bewusst nicht sofort an den Anfang gestellt, weil ich glaube, dass an der Vorstellung gewisser inhaltlicher Fragen die Prinzipien und Verfahren deutlicher werden können als in einer vorweggenommenen Formalheit und Allgemeinheit. Dann kann nämlich auch deutlich werden, dass diese Theologie durchaus von einer theologischen Theorie der Geschichte und der Gesellschaft mitgeleitet ist. Es wird klar, dass dies alles eben doch nicht, wie vielleicht der Text den Verdacht erwecken könnte, nur Theo-Poesie an Stelle von Theologie ist, obwohl auch das nicht unter-

---

[13] Man denke doch einmal an unsere Beicht- und Bußpraxis. Man sagt, in der Kirche ändert sich nichts. In der Kirche ändert sich unheimlich viel. Was hat sich in der letzten Zeit in Sachen Beichtpraxis geändert? Da haben wir doch nicht gestalterisch pastoral etwas geändert, da sind wir geändert worden, weil wir nichts ändern wollten. Und diese Bereitschaft, rechtzeitig sich selber zu ändern, damit man nicht geändert wird, nenne ich den Tutiorismus des Wagnisses, der als pastorales Konzept im Hintergrund steht.

schätzt werden sollte. Die Poesie-Angst der Theologen kommt meines Erachtens nur aus einem wissenschaftlichen und wissenschaftstheoretischen Minderwertigkeitskomplex.

2.2 Zur Anlage

Der Text hat vier Teile. Der erste ausführlichste Teil I bespricht die zentralen Bekenntnisinhalte des Christentums. Der Teil II redet vom Subjekt dieses Bekenntnisses („Das eine Zeugnis und die vielen Träger der Hoffnung"). In diesem Teil ist programmatisch der notwendige Übergang von einer Kirche für das Volk zu einer Kirche *des* Volkes formuliert. Es ist hier zwar immer wieder sehr allgemein von der Kirche die Rede, aber durch den Teil IV („Sendung für Gesamtkirche und Gesamtgesellschaft") wird deutlich, dass vor allem die Kirche in unserer Bundesrepublik im Fokus steht.

Teil III und Teil IV kennzeichen die Praxis dieses Bekenntnisses als *Nachfolgepraxis*. Teil III spricht von den Wegen in die Nachfolge und Teil IV von den uns historisch, speziell in unserer Situation aufgedrängten, abgeforderten, paradigmatisch zu verstehenden Sendungen. Teil III enthält die wichtigsten christologischen Passagen. Teil IV zielt auf eine *lebendige Einheit der Christen*, vor allem hebt er auf Reformation und Judentum ab, also auf *Ökumene* in diesen beiden großen Dimensionen, er fordert die Erneuerung des Verhältnisses zum *Judentum* im Angesichte unserer Geschichte und die sich aufdrängende *Tischgemeinschaft mit den armen Kirchen* in der Welt und im Blick auf die *künftige Weltgesellschaft*.

Diese Teile müssen in ihrer inneren Bezogenheit aufeinander – und nicht einfach chronologisch hintereinander abfolgend – verstanden werden. Die Inhalte des Bekenntnisses (Teil I) sind nicht ohne die Subjekte (Teil II) und deren Praxis (Teil III u. IV) zu verdeutlichen. Und die Praxis der Subjekte ist natürlich nicht ohne die Inhalte zu bestimmen. Wenn das ernst genommen ist, dann ist durch die genauere Kennzeichnung des Subjekts dieses Bekenntnisses im Teil II („Das eine Zeugnis und die vielen Träger der Hoffnung") eigentlich ein *Widerhaken* eingesetzt, um eine praktisch folgenlose Rezeption der im Teil I proklamierten Inhalte auszuschließen.

Die vier Teile dieses Textes sind als eine innere Einheit zu verstehen, sodass auch die Teile II–IV integrierende Bestandteile des Glaubensbekenntnisses sind, also innere Momente an der Erläuterung der Glaubensinhalte selbst. Denn die in diesen Teilen II–IV angerufene Praxis der

I. Orientierungen zum christlichen Glaubensbekenntnis

„Nachfolge" kann nicht einfach folgenlos von den Inhalten getrennt werden, wie sie in Teil I angesprochen sind.

Christologisches Wissen ist ein praktisches Nachfolgewissen. Theologie würde einem Irrtum unterliegen, wenn sie eine diesem praktischen Wissen schlechthin vorausliegende, rein spekulative Vergewisserung über die Identität ihrer Glaubensinhalte gewinnen wollte. Ich erinnere deshalb nochmals an den Leitsatz, dass die sogenannte – und im Einleitungsteil dieser Synodendokumente immer wieder angesprochene – Glaubenskrise nicht eigentlich eine Krise der Glaubensinhalte, sondern der Subjekte und Institutionen ist, d. h. eine Krise der verweigerten Praxis. Gerade dadurch ist diese Krise freilich eine Sinnkrise für die Inhalte dieses Glaubens selber.

Wenn der Versuch gemacht wird, theologische Inhalte zu verdeutlichen oder sie auch angesichts der Bestreitungen, Verwerfungen, Ächtungen in unserer Welt zu retten, ist die Sinnfrage ja ein beliebter und häufig angesprochener Topos in der theologischen Argumentation. Doch der häufige Umgang mit der Kategorie „Sinn" in der Theologie wäre durchaus einmal kritisch zu befragen. Gerade weil der „Sinn" inzwischen zum Lieblingskind der Theologen geworden ist und prompt wie alle Lieblingskinder verhätschelt und überschätzt wird. Wenn die Theologie schon auf diese sog. Sinnfrage in ihrer allgemeinen Form nicht verzichten kann, so darf sie doch nicht vergessen, dass es dabei nicht um einen ungefährdeten Sinn geht, den man aus den ehernen Schatzkammern der Ontologie unbekümmert abholen könnte. „Sinn" müsste eigentlich durch die *intelligible* Kraft des christlichen Handelns eingeführt und dargestellt werden. Deshalb gibt es eine praktische Sinnvergewisserung, die durch keinerlei spekulative Sinndiskussion kompensiert werden kann. „Sinn" darf deshalb auch nicht verdinglicht werden, sodass dann das Problem der praktischen Sinnrettung eigentlich immer nur ein nachträgliches Problem wäre. Christen müssten doch eigentlich mit durchaus kollektiven Sinnkatastrophen rechnen, weil eben der erhoffte Retter gerade aus den eschatologischen Traditionen des Christentums als der Überwinder der Sinnlosigkeit geglaubt und gehofft werden soll. Krisenfragen mit abstrakten Sinndiskussionen zu bewältigen – das wird in dem angesprochenen Synodentext auch nicht versucht.[14]

Wenn man an den Aufbau des Nizäno-Konstantinopolitanischen Credos denkt, dann kann man im Vergleich natürlich sagen, dass da sehr

---

[14] Hoffnung ist eine stets gefährdete Hoffnung, die auch untergehen kann. Er selbst, der „Retter", wird auch unsere Hoffnung rechtfertigen: JBMGS 7, 136–140.

vieles fehlt. Was ist denn mit dem Heiligen Geist? Was mit der Trinität? Nun, das Bekenntnis zum Heiligen Geist ist hier eng mit den ekklesiologischen Partien im Text verknüpft, vor allem in I.8 und II. Der Text spricht das Bekenntnis zum Dreifaltigen Gott immer wieder an, wenn man die Trinität im Sinne der heilsökonomischen Trinität versteht, d. h. in der Art, wie eben der Dreifaltige Gott in der Geschichte des Heils selber zugänglich wird. Da spielen immer Erfahrungen des Geistes, Begegnungen mit den Erfahrungen des Sohnes und Erfahrungen des Vaters eine Rolle. Der Heilige Geist ist hier nicht in Ruhestellung gedacht, sondern in seinem Wirken in der Zeit und in der Geschichte der Kirche.

3. Innere Struktur des Credotextes

Besorgt frage ich mich, ob eine solche Synode am Ende nur der Versuch gewesen sein könnte, gewissermaßen Erneuerung auf dem Papier zu spielen, damit sie tatsächlich nicht stattfinden muss. Ich habe diese Angst und meine Erfahrungen bestärken das. Denn eigentlich ist es eine Synode der Erneuerung, und das Pathos der Erneuerung von Kirche und christlichem Leben ist das Grundpathos dieses Textes.

Bei einem solchen Bekenntnistext geht es eben nicht nur um die Frage „wahr oder unwahr", orthodox oder nicht genügend orthodox, sondern notwendig um die Frage, ob die so Bekennenden, also wir, so sind, dass die dort ausgedrückten und wirklich ungeheuerlichen Hoffnungsworte in unserem Munde erträglich wirken oder gar Andere anstecken. Die Wahrheit eines solchen Bekenntnisses hat ihren Preis. Und diesen Preis kann man nicht noch einmal bekennen, man muss ihn praktisch einlösen. Und angesichts dieses Preises kann man auch nicht sagen: „Wir warten auf die Gnade Gottes." Denn es gibt – ich habe das von Dietrich Bonhoeffer gelernt, und es beunruhigt mich, seit ich es gelernt habe – es gibt eben in der Tat auch für uns, und speziell auch dann für die Theologen, so etwas wie eine „billige Gnade"[15], eine Gnade, die den Preis des Christentums nicht zumutet, eine nachsichtige Gnade, die wir mit uns selbst üben, wenn wir in solchen Texten angesprochen und eingefordert sind. Billige Gnade ist eine Gnade, die nicht eingreift und angreift, die unser irdisch-soziales Leben überwölbt, gänzlich unsinnenhaft, unsichtbar und unfasslich und die gerade so zur Besiegelung unserer Hoffnungslosigkeit und

---

[15] *Dietrich Bonhoeffer*, Nachfolge, hrsg. von Martin Kuske u. Ilse Tödt, 2. durchgesehene und korrigierte Auflage, Gütersloh 1994 (DBW 4), 29-43.

I. Orientierungen zum christlichen Glaubensbekenntnis 75

nicht etwa zum Angeld unserer Tröstungen wird. Christentum als bürgerliche Religion tröstet nicht. Nochmals: *Die Krise des Glaubens ist nicht eine Krise seiner Inhalte, sondern eine Krise der Subjekte und Institutionen, eine Krise verweigerter Nachfolge.*

Ich hatte nämlich den Eindruck, dass der Teil II, wo so ungeheuerliche Dinge stehen, wie die, dass endlich diese Kirche in die Nachfolge einzutreten hätte, geradezu ungeschoren von der Ersten Lesung in die Schlussabstimmung der Synode kam. So sind im Diskursprozess diesbezüglich praktisch überhaupt keine Veränderungswünsche eingegangen. Wie konnte das so kommen? Wahrscheinlich, weil man glaubte, das Bekenntnis der Christen sei ja in Teil I formuliert; und da müsse man aufpassen, dass nichts Unorthodoxes gesagt wird. Dort aber, wo gesagt wird: Wir stellen uns unter das Kreuz, wir sind also die, die durch Nachfolge das bewahrheiten – da gab es dann keine Schwierigkeiten. Ich finde, dass sie eigentlich dort hätten auftauchen müssen. Der Schrei vor allem, was wir denn angesichts einer solchen Zumutung tun – er ist nicht gekommen. Vielleicht auch deswegen nicht, weil man das Wort „Nachfolge" auch von vornherein schon in einer so herabgedeuteten Weise empfindet, dass es uns nur noch in dem bestätigt, was wir tun, aber nicht blamiert, nicht herausfordert und uns nicht bewusst macht, was los ist. Ich kann das nicht so hinnehmen, weil nämlich dann die Dinge, die in dem Nachfolgeteil gesagt sind, untergehen. Wie heißt es im Text?

„Jesus war weder ein Narr noch ein Rebell; aber offensichtlich beiden zum Verwechseln ähnlich: Schließlich wurde er von Herodes als Narr verspottet, von seinen Landsleuten als Rebell ans Kreuz ausgeliefert. Wer ihm nachfolgt, wer die Armut seines Gehorsams nicht scheut, wer den Kelch nicht von sich weist, muss damit rechnen, dieser Verwechslung zum Opfer zu fallen und zwischen alle Fronten zu geraten – immer neu, immer mehr." (III.1)

Sind wir so, wie wir es sagen? Tun wir, was wir bekennen?

4. Theologische Leitlinien: eschatologische Orientierung, Theodizeefrage, intelligibler Rang der Nachfolge

Erstens: Das Dokument unter dem Stichwort „Hoffnung" ruft eine *eschatologisch* orientierte Theologie auf den Plan, die sich an Gott als Thema der Hoffnung richtet. *Zweitens*: Es gibt im Text durchaus eine durchgehende theologische Fragestellung. Man könnte sie klassisch als *Theodizeefrage* bezeichnen. Also die Frage nach der Rechtfertigung Gottes angesichts der erfahrenen Leidensgeschichte der Welt. Diese Theodizeefrage prägt die Gottesfrage, strukturiert die Christologie in diesem Text, die nicht von ungefähr an der Leidensproblematik erläutert ist, durchzieht die Themen und Artikel über Auferweckung der Toten und Gericht, ebenso die Rede von Erlösung und Vergebung der Sünden und auch das Schöpfungsthema. Nun gibt es offensichtlich einen *Zusammenhang* zwischen eschatologischem oder apokalyptischem Grundakzent und dieser Theodizeefrage. Die Theologie nämlich kann diese Theodizeefrage nicht etwa beantworten. Ihre systematische Leistung kann nur darin bestehen, diese Frage immer neu zuzulassen, ihre Unübertragbarkeit auf zwischenmenschliche Verhältnisse und Instanzen sichtbar zu machen und dabei den Begriff einer Hoffnung auszuarbeiten, derzufolge Gott selbst sich an seinem Tag, wie es biblisch heißt, angesichts der Leidensgeschichte der Menschheit, rechtfertigt.

Drittens: Der dritte Punkt theologischer Leitlinien meint eine Erinnerung an die Bedeutung des *intelligiblen* Rangs der Praxis der Christen, also gerafft gesagt: der Nachfolge. Nicht von ungefähr ist so viel und ausführlich davon im Dokument die Rede. Der Glaube der Christen ist eine Praxis in Geschichte und Gesellschaft, die sich als solidarische Hoffnung auf den Gott Jesu als den Gott der Lebenden und der Toten versteht, der alle vor seinem Angesicht ins Subjektsein ruft. In dieser durchaus apokalyptisch gespannten Praxis suchen sich Christen im geschichtlichen Kampf um den Menschen zu bewähren.[16]

Ich möchte nun gern schon auf die Bedeutung dieses Ansatzes mit dem Primat der Nachfolge im eschatologischen Glauben an das Reich Gottes hinweisen. Der Reich-Gottes-Gedanke kann nicht schiedlich-friedlich herausgehalten werden aus den sozialen und politischen Kämpfen der Menschheit. In dem kleinen Synodentext gibt es eine Formulierung, die da lautet: „*Das Reich Gottes ist nicht indifferent gegenüber den Welthandelspreisen.*" (I.7) Es ist also dort gesagt, dass das Reich Gottes nicht nur nicht indifferent wäre gegen das Grauen und den Terror direkter politischer Unterdrückung, sondern dass es auch nicht indifferent ist gegen den weit anschaulicheren Terror einer ökonomisch bedingten Unterdrückungssituation. Also hier greifen die Aussagen schon in diesem kleinen Text offensichtlich in konkrete Verhältnisse und Situationen ein.

---

[16] Dazu ausführlich: JBMGS 3/1, 69–101 („Konzept einer politischen Theologie als praktischer Fundamentaltheologie").

II. Glaubensweisen

Credo in deum, ich glaube an Gott, ist der Obertitel unserer Überlegungen. Und dieser kleine Satz trägt offensichtlich das ganze Gewicht der Theologie, jedenfalls der christlichen. Verkürzt begegnet uns dieser Satz in dem Wort „Credo". Was heißt „Ich glaube"? Das ist eine Kernfrage jeder Theologie, speziell der fundamentalen Theologie. Nun kennt die klassische Arbeitsteilung der Theologie einen Traktat, der aus den scholastischen Traditionen kommend „Analysis fidei" heißt, also Glaubensanalyse. Diese Glaubensanalyse sucht das Eigentümliche des individuellen Glaubens zu erläutern, und zwar – so wie das in diesem Traktat vorgeprägt ist – im Verhältnis zur Vernunft. Das Thema „fides – ratio" ist gewissermaßen das Achsenthema dieses glaubensanalytischen Traktates. Wir werden jedoch nicht mit dieser Glaubensanalyse einsetzen, weil sie – in meinen Augen jedenfalls – in einer bedenklichen Weise einem abstrakten Ansatz folgt. Sie geschieht üblicherweise unter zwei Voraussetzungen, die wir nicht teilen:

1. Einmal die Voraussetzung, als gäbe es eine mehr oder minder adäquate Unterscheidung zwischen Glaubensinhalt und Glaubensakt und als würde dann die sog. Analysis fidei vom Glaubensakt in sich handeln. Wir halten an der *dialektischen* Bestimmung zwischen Glaubensinhalt und Glaubenssubjekt fest und damit natürlich auch zwischen Glaubensobjekt und Glaubensakt, also an dem, was man unter philosophischen Prämissen die *Subjekt-Objekt-Dialektik* nennen könnte.

2. Die zweite Voraussetzung, die wir an dieser Glaubensanalyse nicht teilen, ist jene Unterscheidung zwischen Glaubenslehre und Glaubenspraxis, weil wir wiederum von einer dialektischen Bestimmung zwischen Lehre und Praxis ausgehen – was philosophisch die *Theorie-Praxis-Dialektik* genannt werden kann. Die Praxis des Glaubens ist keine nachträgliche Anwendung der Glaubenslehre, welche zunächst praxisfern und subjektlos in sich bestimmt werden könnte, sondern selber wieder *Quelle* des Glaubensverständnisses.

Ich schlage deshalb vor, von der Glaubensart oder von der *Glaubensweise* auszugehen. Die Glaubensweise ist nicht der Glaubensakt als abstrakter Vollzug, aber auch nicht der Glaubensinhalt unabhängig von den Glaubenssubjekten, sondern beides in einer zunächst sehr schwer zu bestimmenden Einheit, für die wir hier das Wort Dialektik gebraucht haben.

Die Rede von der Glaubensweise entnehme ich einem kleinen Werk von *Martin Buber*, dem jüdischen Religionsphilosophen, das den Titel „Zwei Glaubensweisen" trägt.[1] Buber kennzeichnet zwei unterschiedliche, ja gegensätzliche Glaubensweisen innerhalb der sog. biblischen Traditionen: eine jüdisch-alttestamentliche und eine christlichneutestamentliche Glaubensweise. Uns geht es nicht darum, die Kennzeichnungen, die Zuordnungen und Wertungen Bubers zu übernehmen. Wir übernehmen hier nur einmal den Begriff „Glaubensweisen" und lassen uns von dem Vorschlag Bubers auch die Augen dafür öffnen, dass es innerhalb der *neutestamentlichen* Traditionen selbst unterschiedliche Glaubensweisen gibt.

Es gibt zwar nach Buber eine Mannigfaltigkeit von Glaubensaussagen und Glaubensinhalten, aber der Glaube selber stellt sich als Ganzer eigentlich immer nur in *zwei* Grundformen dar, soweit er sich auf die biblischen Traditionen beruft. Die eine Glaubensweise geht von der alltagsgeschichtlichen Tatsache aus, dass man zu jemandem Vertrauen haben kann, ohne dass man nun dieses Vertrauen selbst noch einmal hinterfragend begründen könnte. An diesem Vertrauen erläutert sich die eine Glaubensweise. Die andere lässt sich von der Tatsache her sichtbar machen, dass ich einen Sachverhalt als wahr anerkenne.

Die erste dieser beiden Glaubensweisen ist also das personenbezogene *Vertrauen* und hat nach Buber ihr klassisches Beispiel in der Frühzeit des Glaubensvolkes Israel. Die zweite Glaubensweise ist eigentlich ein *anerkennendes* Vertrauen, das ihre klassische Form in der Frühzeit der Christenheit gefunden hat.

Der vertrauende Glaube hat sich im geschichtlichen Leben des Volkes Israel und seinem objektiven Geschlechtergedächtnis gebildet, indem es sich der Führung Gottes anvertraute. Glauben ist ein Beharren im Vertrauen zum führenden und bundesschließenden Herrn und ein vertrauendes Beharren im Kontakt zu ihm, ist also ein vertrauensvolles *Eingebundensein* in die Kontinuität einer Volksgeschichte. Das Christentum dagegen beginnt – nach Buber – nun eben gerade im Ausbruch aus dieser Kontinuität, als Unterbrechung, als Diaspora, als Bekehrung, als Mission. Aus Jesu Ruf zur Umkehr in die nahegekommene Königsherrschaft Gottes ist dann christlich und kirchlich das Werk der Bekehrung zum Glauben geworden. Der Glaube bekommt die Züge der Anerkennung einer ganz neuen Tatsache, eben die Züge eines Behauptungsglaubens, eines dogmatischen Glau-

---

[1] *Martin Buber*, Zwei Glaubensweisen, Zürich 1950.

bens, der sich der bisherigen Glaubensgeschichte, die auf Vertrauen basiert, entgegensetzt.[2]

1. Synoptische und paulinische Glaubensweise

Wir übernehmen nun von Buber den Begriff und den Hinweis auf unterschiedliche Glaubensweisen. Wir unterscheiden innerhalb der *neutestamentlichen* Traditionen selbst vor allem zwei unterschiedliche Glaubensweisen, die wir als die *synoptische* Glaubensweise und als *paulinische* Glaubensweise kennzeichnen können. Die Frage muss offenbleiben, ob es neben diesen beiden dominierenden Glaubensweisen innerhalb der neutestatmentlichen Traditionen noch eine dritte gibt, die wir eventuell als johanneische Glaubensweise bezeichnen könnten: Glaube etwa in der Grundgestalt des Schauens. Gegenwärtig steht vor allem die kirchenfreundlichere Glaubensweise des Paulus in allen christlichen Religionsgemeinschaften im Vordergrund, was wir behutsam korrigieren möchten. Durch die Kennzeichnung und Unterscheidung der beiden Glaubensweisen innerhalb der neutestamentlichen Traditionen möchte ich sichtbar machen, dass die in unserer Credo-Vorlesung vorherrschende und leitende Glaubensweise durchaus neutestamentlich begründet ist und sich keineswegs bloß irgendeinem Modernismus verdankt.

In der synoptischen Tradition dominiert für das Verständnis von Glauben eine Bewegung, ein Nach-folgen als praktisches Verhalten; bei der paulinischen Tradition stärker das Glauben als eine Form des Fürwahrhaltens. In den synoptischen Traditionen drückt sich das Neue der Botschaft Jesu durch die Proklamation einer neuen Praxis aus. Bei Paulus äußert sich das – auch von anderer Kategorialität geprägt – vor allem in der Sprache vom „neuen Sein". Die Darstellung dieser Tradition geschieht in den synoptischen Bereichen primär durch Geschichten. Bei Paulus hat der Glaube viel stärker schon die Züge einer mehr oder minder in sich

---

[2] Neutestamentlicher Glaube ist die *anerkennende* Hinnahme einer durch Menschen bezeugten historischen Tatsache, nämlich dass Jesus von Nazareth der in dieser Geschichte verheißene Messias sei, der Welterlöser, der Sohn Gottes. Neutestamentlicher Glaube ist in diesem Sinn für Buber nicht Vertrauensglaube, sondern Anerkennungsglaube, dogmatischer Glaube. Buber versucht auch seinerseits zu zeigen, dass sich diese christliche Form des Glaubens als Anerkennungsglaube sehr stark durch einen hellenistischen Einfluss intellektualisiert hat, und zwar im Interesse einer möglichst einleuchtenden Begründbarkeit dieses neuen Sachverhalts, dass Jesus von Nazareth der getötete und auferweckte Messias sei.

konsistenten Lehre. Wo die Dominanz von Geschichten erkennbar ist, spielt der narrativ-memorative Grundzug eine konstitutive Rolle. In den paulinischen Traditionen steht das Argumentative im Vordergrund. Stärker spielen darin offensichtlich metaphysische Elemente im Sinne klassischer (hellenistischer) metaphysischer Traditionen eine Rolle und es ist deutlich eine gewisse Tendenz zum System erkennbar. „Synoptisch" gibt es so etwas wie einen Primat der eschatologischen Sicht der Welt. Bei Paulus finden sich zwar viele eschatologische Aussagen, aber sie sind vor allem an einem anthropologischen Schema entwickelt („Primat der Anthropologie").

Beiden gemeinsam ist die bedrängende Vorherrschaft dessen, was in der Theologie längst ausgeblendet scheint: die Apokalyptik. Was dem Christentum bis heute schreckliches Kopfzerbrechen bereitet, ist in beiden Ansätzen mitgegeben, nämlich die *zeitliche* Struktur der Erwartung des Reiches Gottes, was man also in klassischer Terminologie „Naherwartung" nennt. Inhaltlich steht in den synoptischen Traditionen stärker als bei Paulus die Rede vom Reich Gottes im Blick. Bei Paulus hingegen gibt es ein Interesse an dem, was wir Kirche nennen und eine Tendenz zur Theologie der „Zwei Reiche".[3] Doch das Reich Gottes schwebt nicht vage schweifend über dieser Welt, sondern greift, wo es geglaubt wird, auch in die Lebensverhältnisse der Menschen vielleicht deutlicher ein als in den paulinischen Traditionen. Auf der einen Seite meint „Volk" das solidarische Subjekt des Glaubens, während bei Paulus der Einzelne im Vordergrund steht. Mit einem Neologismus könnte man sagen, dass die synoptische Glaubensweise basisfreundlich ist und in paulinischer Perspektive institutionenfreundlich.

Es gibt zwei Freiheitsverständnisse in den beiden Traditionen, die – wenn sie sich auch nicht gegenseitig ausschließen – unterschiedlich akzentuiert sind: einmal *Befreiung* (synoptisch) und dann *Freiheit* (paulinisch). In den synoptischen Traditionen wird stärker die alttestamentlich-jüdische Tradition erkennbar, bei Paulus der Einfluss griechisch-hellenistischer Denkungsart.

Es geht hier – idealtypisch verkürzt – um Akzente. Jeder Typ hat auch, vor allem in der Geschichte des Christentums, im jeweils anderen Wurzeln geschlagen, sonst wäre z.B. der rein paulinische Typ zum Idealismus oder zur Gnosis geworden und der synoptische wäre archaisch geblieben.

---

[3] Vgl. unten § 6 („Reich Gottes").

II. Glaubensweisen

Ohne Paulus wäre das Christentum vermutlich über eine Sekte nie hinausgekommen; und ohne den Jesus der Synoptiker wären wir wahrscheinlich schon längst vergessen. Beide Glaubenstypen können und sollen deshalb auch innerhalb der einen Glaubensgemeinschaft zur Geltung kommen und von ihr akzeptiert werden. Man darf sie jedenfalls nicht so voneinander trennen, dass sie sich gegenseitig nicht mehr irritieren und befragen können.

Im kirchlichen Christentum steht der paulinische Typ im Vordergrund, weil er von seiner Anlage her institutionenfreundlicher, systemfreundlicher und in diesem Sinn kirchenfreundlicher ist als der synoptische. In den gegenwärtigen Aufbrüchen in Kirche und Christentum, vor allem in den armen Kirchen, schlägt m. E. die synoptische Glaubensweise stärker durch. Es ist die Verlebendigung dieser Glaubensweise im kirchlichen und christlichen Leben und nicht etwa die gedankenlose Unterwerfung unter irgendwelche Modernismen oder Ideologien, die zu diesen – auch beunruhigenden – Aufbrüchen geführt haben.

Wir halten fest: In der synoptischen Glaubensweise wird der Glaube in der vorherrschenden Gestalt der *Nachfolge* gesehen. Und dieser Glaube, der sich primär – in Konzentration auf die Reich-Gottes-Botschaft – in Geschichten identifiziert, hat eine sinnenhaft politische Komponente. Er hebt ab auf ein solidarisches Subjekt der Nachfolge und steht damit gegen mögliche Tendenzen des Dualismus, der Entsinnlichung und reinen Verinnerlichung.

2. *Glaube als Nachfolge in systematischer und korrektivischer Absicht*

Abschließend noch etwas zur Bedeutung dieser hier im Vordergrund stehenden sog. synoptischen Glaubensweise, und zwar in systematischer und in korrektivischer Absicht.

2.1 Der *systematische* Aspekt hat für den Aufbau unserer Überlegungen im Credotext zentrale Bedeutung. Wird nämlich Christologie als *Nachfolge-Christologie* verstanden, dann ist sie in allen Glaubensaussagen und Glaubensbestimmungen gleitend präsent. Im Credotext ist die Christologie durchgehend gegenwärtig, wenn auch explizit nur in Teil I.2 („Leiden und Sterben Jesu Christi") erörtert. Das hängt damit zusammen, dass die Christusbekenntnisse und -aussagen in der Glaubensgestalt der Nachfolge durchgehend implizit enthalten sind. Die Aussagen zum Christusbekenntnis durchziehen in gleitender Funktion alle Inhalte von Teil I, speziell aber auch alle Aussagen im Teil III, der hier ja unter dem Titel „Wege in die Nachfolge" steht. Kurz: dieser Teil III enthält nicht nur Anweisungen für das kirchliche Leben, er ist vielmehr ein inneres Moment originärer Nachfolge-Christologie selber.[4] Inwieweit gerade dort die Mystik der Passion Jesu etwa entwickelt ist, die ein inneres Moment jeder Christologie ist, habe ich schon anderswo zeigen können.[5]

2.2 In *korrektivischer* Hinsicht versucht die vorherrschende Glaubensweise der Nachfolge das lange gesperrte jüdische Erbe für die christliche Glaubensweise zurückzugewinnen. Und dies als eine Art Auftrag gerade

---

[4] Wenn man Christologie und Nachfolge ständig zusammensieht, dann wird ersichtlich, was ich die „christologische Dialektik" oder auch die „Dialektik der Nachfolge" nennen möchte. Der Logos der Christologie zwingt von sich aus in die Nachfolge, und nur das in dieser Nachfolge sich selber verwandelnde Subjekt erfasst überhaupt die rettende Kraft dieses Logos. Nachfolge verwandelt sich auch immer neu in eine gnoseologische Bedingung christologischer Erkenntnisse. Wie ernst und vielleicht sogar brisant das für theologisches und kirchliches Leben ist, möchte ich kurz an einem polemisch-freundschaftlichen Vergleich mit einer einschlägigen Passage aus dem bekannten Buch von *Hans Küng* „Christ sein" (München 1974) verdeutlichen. Küng sagt: „Jesus steht im Koordinatenkreuz von Establishment, Revolution, Immigration, Kompromiss, und kann weder bei den Herrschenden noch bei den politischen Rebellen, weder bei den Moralisierenden noch bei den Stillen im Lande eingeordnet werden; er steht weder rechts noch links noch vermittelnd zwischen ihnen; er steht darüber, über allen Alternativen, die er alle von der Wurzel her aufhebt." (a. a. O., 252) Unsere Vorlage hingegen sagt: „Jesus war weder ein Narr noch ein Rebell; aber offensichtlich beiden zum Verwechseln ähnlich. Schließlich wurde er von Herodes als Narr verspottet, von seinen Landsleuten als Rebell ans Kreuz ausgeliefert. Wer ihm nachfolgt, wer die Armut seines Gehorsams nicht scheut, muss damit rechnen, dieser Verwechslung zum Opfer zu fallen und zwischen alle Fronten zu geraten – immer neu und immer mehr." (III.1) Küng sagt: „In dem von Christus gestifteten Frieden sollen alle trennenden Mauern niedergerissen werden, Mauern zwischen Reichen und Armen, Schwarzen und Weißen, Mächtigen und Ohnmächtigen, Klugen und Kleinen. In seiner Nachfolge leben heißt: gegen alle diese Unterschiede in der Solidarität der Liebe die Ungleichen zusammenführen." (a. a. O., 260) In unserem Text heißt es: „Eine kirchliche Gemeinschaft in der Nachfolge Jesu hat es hinzunehmen, wenn sie von den ‚Klugen und Mächtigen' (1 Kor 1,19-31) verachtet wird. Aber sie kann es sich – um dieser Nachfolge willen – nicht leisten, von den ‚Armen und Kleinen' verachtet zu werden, von denen, die ‚keinen Menschen haben' (vgl. Joh 5,7). Sie nämlich sind die Privilegierten bei Jesus, sie müssen auch die Privilegierten in seiner Kirche sein. Sie vor allem müssen sich von uns vertreten wissen." (III.2)

[5] *Johann Baptist Metz*, Zeit der Orden? Zur Mystik und Politik der Nachfolge, Freiburg i. Br. 1977 (JBMGS 7, 150-207). Das kleine Buch ist z. T. auch explizit ein Kommentar zum Synodentext.

II. Glaubensweisen

an die Situation und Tradition der deutschen Theologie und der Kirche unseres Landes, wie das mehr oder minder explizit im IV. Teil dieses Textes („Sendungen für Gesamtkirche und Gesamtgesellschaft") formuliert worden ist.[6]

Die korrektivische Funktion bewährt sich auch in der Aufdeckung der vorherrschenden Gestalt der gegenwärtigen Glaubenskrise. In meinen Augen ist diese Krise nicht primär eine Krise subjektloser Inhalte, sondern eine Krise der Glaubenssubjekte und auch der Glaubensinstitutionen, die sich dem praktischen Sinn dieser Inhalte zu sehr versagen. Entsprechend ist dann die entscheidende Frage hinsichtlich einer möglichen Überwindung dieser Krise nicht primär die Frage, ob wir wohl unser Christentum hinsichtlich seiner subjektlosen Inhalte zeitgerecht und modern auslegen, sondern die Frage nach den angebbaren und anrufbaren Subjekten für die von diesen Inhalten her geforderte Praxis und die in ihr gründende *Intelligibilität* unseres Glaubens. Wer die Glaubenskrise zu einer *bloß* praktischen Krise verharmlost, die die Wahrheit des Glaubens nicht tangieren soll, der unterschlägt die materiale Einheit von Glaube und Nachfolge und unterschätzt den *wahrheitsgewinnenden* Charakter dieser Nachfolgepraxis. Es ist nämlich m.E. die Krise der Krise, dass die hier angedeutete Struktur der Glaubenskrise kaum erkannt bzw. in ihrer Tragweite nicht hinreichend eingeschätzt wird. Zu sehr gilt bei der Rede von Glaubenskrisen heutzutage die Aufmerksamkeit den Glaubensinhalten in sich selbst. Doch nach unserer Auffassung liegt das Problem gerade im Riss zwischen Inhalt und Subjekt, Bekenntnis und Praxis. Die Wahrheit dieses Bekenntnisses hat ihren Preis, der bezahlt werden muss. In diesem Sinn spricht auch das Glaubensbekenntnis der Synode vom Preis der Orthodoxie.

3. Gefahr des nur „geglaubten Glaubens"

Wogegen sich korrektivisch dieses Verständnis wendet, ist die Gefahr des *geglaubten Glaubens*, dass also die im Glauben selbst liegende, immer

---

[6] Ich bin mir durchaus bewusst, dass Paulus in seinen expliziten theologischen Aussagen sehr sensibel und verständnisvoll ist für die jüdischen Wurzeln der christlichen Botschaft, speziell was die bleibende Bedeutung Israels angeht, wenn man an die großen Passagen etwa in Röm 9–11 denkt, die ja auch zu einer Art Schlüsseltext für den neuen jüdisch-christlichen Dialog geworden sind. Demgegenüber finden sich in den synoptischen Traditionen explizit mehr antijudaistische Tendenzen. Es ist aber ebenso unstrittig, dass hier in der Glaubensweise etwas zum Ausdruck kommt, was sich den in den alttestamentlich-jüdischen Traditionen vorgegebenen Glaubensformen und Glaubensweisen besonders nahe weiß.

wieder sich aufdrängende Praxis noch einmal bloß geglaubt wird: dass wir nicht nachfolgen, sondern an die Nachfolge glauben und unter dem Deckmantel der geglaubten Nachfolge doch so gehen, wie wir wollen; dass wir nicht lieben, sondern an die Liebe glauben und unter dem Deckmantel der geglaubten Liebe doch die alten Egoisten bleiben. Ein so geglaubter Glaube kann da leicht zum Überbau werden, zur Projektion, zu all dem, was uns die Religionskritik laut vorredet und was – oft schon abgesunken ins präargumentative Bewusstsein – dem Glauben als *Verdacht* entgegenschlägt.

4. Privatistische und rationalistische Reduktion des Christentums

Es gibt eine zweifache Reduktion des Christentums in der Moderne, die eine Dauerkrise christlicher Identität bedingt. Die eine Reduktion wäre die *privatistische Reduktion* des Christentums. Gegen sie ist die Politische Theologie von Anfang an aufgetreten.[7] Das Problem ist, dass Religion als Privatsache nicht sein kann, was sie eigentlich sein will.

Die zweite Reduktion nenne ich die *rationalistische Reduktion* des Christentums in der Moderne. Unter dem Anpassungsdruck und dem kognitiven Überdruck unserer abstrakten zivilisatorischen Welt ist eben auch ein entsinnlichter Wortglaube entstanden, der mit seiner Tendenz zur Unsichtbarkeit des Glaubens, zu Unsichtbarkeit und Erfahrungslosigkeit von Geist und Gnade Gottes dualistisch zu werden droht.

Im Blick auf die synoptischen Traditionen begegnen gerade Geist und Gnade als eine sinnenhafte, eine geschichtlich-soziale Erfahrung in den erzählten, erinnerten Geschichten des Aufbruchs und Auszugs, der Umwendung, der Befreiung, der Nachfolge, des erhobenen Hauptes. Das sind keine nachträglichen Ausschmückungen eines unsichtbaren Gnadengeschehens. In ihnen kommen Geist und Gnade zum Vorschein, und zwar unter uns, etwa im geschichtlich-sozialen Leben eines vertriebenen Volkes, in den Nachfolgeerfahrungen einer jungen Gemeinde, in ihren Widerstandserlebnissen gegenüber den Vertretern einer politischen Religion Roms, in ihren Solidaritätserfahrungen mit den Geringsten der Brüder. Da wird Gnade sinnenhaft erfahrbar. Die Gnade hat mit Augen und Händen zu tun. Und die Rückeroberung solcher Orte der Gnadenerfahrung ist ein Anliegen dieser Glaubensgestalt. Denn Jesus setzt ganz offensichtlich auf Sichtbarkeit und auf entschiedenes Sichtbarmachen, auf Fasslichma-

---
[7] Siehe JBMGS 3/1, 53–101; JBMGS 3/2, 11–60, 255–269.

II. Glaubensweisen

chen, auf Anschaulichmachen dessen, wie und woran Menschen leiden, er macht Leidende sichtbar für Andere und für ihn.

Aber setzen wir im Fahrwasser der Moderne nicht doch zu sehr auf Unsichtbarkeit? Ist die Gnade wirklich unsichtbar? Darf sie das überhaupt sein? Etwas nämlich, wovon man überhaupt nichts sehen kann, könnte nicht den Schmerz unserer Hoffnung erwecken. Etwas, was man überhaupt nicht anfassen kann, könnte auch nicht die Leidenschaft unserer Sehnsucht auf sich ziehen. Ich glaube, dass im Ansatz unseres Gnadenverständnisses zu viel auf Unsichtbarkeit gesetzt ist, auf Nichteinmischung, auf Nichtberührung, auf Arbeitsteilung und Dualismus. Ich sage das zur Kennzeichnung einer Gefahr. Sind wir nicht Meister im Unsichtbarmachen geworden? Die privilegierten Erfahrungen der Sichtbarkeit Christi mit den Armen, mit den Unglücklichen – stehen die wirklich im Zentrum unserer religiösen Erfahrungen? Sind wir nicht doch immer wieder dabei, gerade diese Gegensätze unsichtbar zu machen, zumindest dort, wo wir uns in seinem Namen versammeln? Die Frage ist, ob man mit dieser Tendenz zur Unsichtbarkeit die Einheit und den Frieden, den der Glaube uns verheißt, erreichen kann. Nennen wir am Ende die Gnade unsichtbar, damit vor allem unsere Sünde unsichtbar bleibe? Deshalb hat Dietrich Bonhoeffer gefragt: „Macht uns eine solche Unsichtbarkeit Gottes und seiner Gnade nicht tatsächlich kaputt?"[8] Was hat er gemeint? Er hat 1933 sein Buch „Nachfolge" geschrieben, das man nur vor dem Hintergrund der damaligen Geschichte verstehen kann. Er redet ja vom Ausbruch aus der Welt im Namen der Nachfolge, vom Widerstand, von der Nichtanpassung, aber eben nicht von einer abstrakten, von einer undialektischen Weltflucht überhaupt, sondern mit der besonderen Sensibilität für Gefahren, mit dem Hinweis auf rechtzeitigen Widerstand gegen die heraufziehende Barbarei des Nationalsozialismus und der für ihn damals schon drohenden Vernichtung des jüdischen Volkes. Er wusste, dass sichtbare Gnade auch heißen kann, rechtzeitig Widerstand zu leisten.

---

[8] Vgl. *Dietrich Bonhoeffer*, Nachfolge, hrsg. von Martin Kuske und Ilse Tödt, Dietrich Bonhoeffer Werke Bd. 4 (DBW 4), Gütersloh ²1994; speziell zur „Unsichtbarkeit" vgl. a. a. O., 113 f.

III. Der Glaube der Christen

§ 1 Gott unserer Hoffnung

In unserem Aufbau folgen wir dem Rahmen und Leitfaden des Synodendokuments, und zwar unter ständiger Berücksichtigung des systematischen Rangs der praktischen Teile (II-IV). Wir beginnen mit einem Paragraphen über den Gott unserer Hoffnung, über den *Gott der Lebenden und der Toten*. Damit soll systematisch einem weit verbreiteten Missverständnis vorgebeugt werden, wonach es immer noch am leichtesten und am eingängigsten wäre, von Gott im Allgemeinen zu sprechen, von seiner Transzendenz, seiner weltlosen Erhabenheit, für die sich heute noch am ehesten Konsens erzeugen ließe. Doch es ist nicht wahr, dass von Gott so leichter zu reden sei als etwa von einem Gott, der Tote auferweckt und seine Gerechtigkeit durchsetzt. Denn alle diese apokalyptischen Bestimmungen sind Vorauserzählungen, sozusagen Verweisungsgeschichten auf den, den die Christen meinen und bekennen, wenn sie Gott sagen. Es wäre also ein folgenreiches Missverständnis, diese „apokalyptischen" Aussagen des christlichen Glaubens für bloße, eigentlich ärgerliche, weil in jedem Falle mythologieverdächtige Ornamente eines reinen Gottesverständnisses zu halten, die man einem modernen Menschen doch wohl nicht mehr zumuten kann.

Nichts nämlich wäre beliebiger als ein abstrakter Gott, als eine unbestimmte Transzendenz, die sozusagen wie eine offene Flanke den Menschen begleitet. Wo Gott so gedacht wird, gerät er am Ende doch nur zu einer symbolischen Paraphrase, zur Überhöhung und zum Überbau dessen, was ohnehin geschieht. Deshalb beginnen wir hier auch nicht mit einem reinen Gottesbegriff, sondern mit dem „apokalyptischen" Gott unserer Hoffnung, dem Gott der Lebenden und Toten, der die biblische Hoffnungsgeschichte in ihrer Eigenart prägt.

1. Primat der Hoffnung mit apokalyptischem Stachel

Der Glaube der Christen steht unter dem Stichwort: Hoffnung. Dass ein christliches Glaubensbekenntnis unter dem Primat der Hoffnung steht, ist nicht ganz selbstverständlich. Doch dieser Primat der Hoffnung heißt nicht, dass hier der Glaube der Christen in eine vage schweifende Utopie aufgelöst werden soll, zu der bekanntlich noch nie jemand gebetet hat; heißt auch nicht, dass hier von Hoffnung ohne Glaube geredet werden

III. Der Glaube der Christen

soll, weil vielleicht Hoffnung als perspektivische Kraft allemal eingängiger sei als Glaube. Nein, Primat der Hoffnung meint die Dynamik des Glaubens, der sich gerade als *bestimmte* Hoffnung in den geschichtlichen Kampf um die Menschen einschalten will.

1.1 Dieser Primat der Hoffnung hat sein gutes biblisches Fundament. Hoffnung ist neutestamentlich ebenso wie schon alttestamentlich geradezu ein Stenogramm für die Identität des glaubenden Menschen und wird im Neuen Testament zu einer Art Kurzformel christlichen Glaubens. Paulus, der allein in solchen Kurzformeln spricht, kennzeichnet im 1. Brief an die Thessalonicher 4,13 die Christen ganz schlicht als jene, die eine Hoffnung haben.[1] Der Gott der Hoffnung, den Paulus im Blick auf Jesus anruft, ist dabei immer angesprochen und gesehen als der Gott der Väter, der Gott des Abraham, der Gott Isaaks, Jakobs, als der Gott des Exodus, als der Gott der Propheten, auch als der Gott der apokalyptischen Traditionen des späten Judentums – kurzum als der Gott einer großen, verlässlichen *Hoffnungsgeschichte*. Es gibt für die Bibel keinen Gott außerhalb dieser Geschichte. Deshalb hat das Gottwissen in diesen Traditionen – im Gegensatz zu einem spekulativen Wissen – erinnernde und erzählende Grundzüge. Die Geschichten des Exodus, der Umkehr, des Erhebens des Hauptes und der Hoffnung sind nicht nachträgliche Ausschmückungen eines reineren, undramatischeren, metaphysischeren Gottesglaubens, sie sind vielmehr seine ursprüngliche Ausdrucksform und die ursprüngliche Form, in der er gewusst und bekannt wird. Das bestätigt sich schon hier.

Dieser Primat der Hoffnung heißt nun in systematisch-theologischer Wendung: Primat der Eschatologie. Eschatologie ist nun nichts Beiläufiges in der Theologie, nichts Regionales, das es auch als ein inhaltliches Wissen neben anderen Disziplinen und Traktaten gibt. „Eschatologisch" besagt hier die *Wurzel*, das *Fundament*, das *Formale* des theologischen Wissens. Das ist deswegen wichtig, weil im klassischen Kanon und Aufbau der Theologie die Eschatologie als Lehre von den „letzten Dingen", meist erst am Ende der theologischen Traktate auftaucht und für die

---

[1] 1 Thess 4,13: „Brüder, wir wollen euch über die Verstorbenen nicht in Unkenntnis lassen, damit ihr nicht trauert wie die anderen, die keine Hoffnung haben." Ähnlich im deuteropaulinischen Text Eph 2,12: „Damals ward ihr von Christus getrennt, der Gemeinde Israels fremd und von dem Bund der Verheißung ausgeschlossen; ihr hattet keine Hoffnung und lebtet ohne Gott in dieser Welt."

Gesamtkonzeption des Glaubenswissens selten von Bedeutung ist. Im klassischen Kanon wirkt die Eschatologie sozusagen marginalisiert, an den Rand gedrängt. Aber das ist für christliche Theologie ebenso wenig selbstverständlich, wie jener Kanon, in dem dies so entwickelt ist. Es ist der Kanon der klassischen scholastischen Theologie, die in den großen theologischen Summen bis in die theologischen Lehrbücher auch unserer Zeit herein zunächst einmal mit der Lehre von dem Einen Gott beginnt, um dann mit der Lehre über den Dreieinigen Gott weiterzuschreiten zum Gott der Geschichte, sozusagen zu unserem Gott, mit dem wir etwas zu tun haben und zum Gott der Hoffnung, falls in einem solchen Koordinatensystem überhaupt der eschatologische Gott angemessen entfaltet werden kann. Angemessen sage ich deswegen, weil sich dieser klassische Kanon ganz offenbar weit eher den Traditionen eines griechischen Monotheismus verdankt – einer also primär aristotelisch geprägten Metaphysiktradition – als dem spezifischen Ansatz jener Traditionen, wie sie uns aus den alt- und neutestamentlichen Botschaften vertraut sind.[2]

Heute liegt durchaus ein verbreitetes Problembewusstsein dafür vor, dass dieser klassische Kanon so nicht einfach tradiert werden kann. Es gibt eine Reihe von Versuchen, die gesamte Theologie anders aufzubauen

---

[2] Historisch wissen wir heute, vor allem durch die an sich sehr interessanten Forschungen von *Erik Peterson*, dass dieser Monotheismus, der ins Christentum eigentlich ziemlich naiv eingewandert ist, im Stil der antiken politischen Religion nicht primär in seiner religiösen Funktion wichtig war, sondern als eine Art politischer Legitimationsideologie für die Einherrschaft der damaligen politischen Reiche. Gerade der Glaube an den heilsgeschichtlich-trinitarischen Gott hat nun diese Legitimationszusammenhänge in Frage gestellt. (Vgl. *Erik Peterson*, Zur Geschichte der politischen Theologie im Imperium Romanum, Leipzig 1935). Es gab immer wieder, auch schon in der Geschichte der frühneuzeitlichen Theologie Anfragen an diesen in eschatologischer Bewusstlosigkeit entwickelten theologischen Kanon. Die wichtigste kritische Anfrage stammt von *Blaise Pascal*. Er war es, der in einer ebenso wichtigen wie freilich auch missverständlichen Unterscheidung jenes bekannte Wort geprägt hat, dass es eben nicht um den Gott der Philosophen gehe, sondern um den Gott Abrahams, Isaaks und Jakobs. Oder noch anders gesagt, nicht um den Argumentations-Gott, sondern um den Erzähl-Gott, wobei schon bei Pascal nicht gemeint war, dass die Gottesrede der Christen nicht Argumentationsstrukturen hätte. Aber seine Erinnerung wollte auf die primäre Identifizierung dieses Gottesverständnisses in den erzählten und in der Praxis des Lebens bewährten Geschichten hinweisen. Pascal wollte in diesem Sinne den Gott der Christen aus der babylonischen Gefangenschaft dieses spätmetaphysischen Monotheismus herausführen (vgl. *Blaise Pascal*, Über die Religion und über einige andere Gegenstände (Pensées), übertragen und herausgegeben von Ewald Wasmuth, Tübingen 1948, 250 ff.).

III. Der Glaube der Christen

und zu organisieren als es in diesem Kanon der Fall ist. So spricht man etwa von einer Theologie unter dem Primat der Christologie. Man versucht also sozusagen alles christologisch zu fundieren und von dort aus dann auch alle anderen Aussagen, auch über den einen Gott, über den trinitarischen, über den eschatologischen, christologisch zu begreifen. Es gibt neuerdings den Versuch, Theologie zu treiben unter dem Primat der sog. Pneumatologie, also unter dem Primat der Lehre vom Heiligen Geist. Und es gibt, länger schon, immer wieder neu, den Versuch, Theologie unter dem Primat von Eschatologie zu entfalten. Die Eschatologie war nämlich am eindrücklichsten in der neueren Geschichte der Theologie immer wieder auf eine sehr unkontrollierte und irrationale Weise aus dem Ende der Theologie in die Mitte der Theologie eingewandert.

Inzwischen gibt es nun durchaus wichtige Formen von Theologie in eschatologischer Prägung. Das ist freilich noch zu präzisieren. Und diese Präzisierung soll verdeutlichen, wie sehr dieser Ansatz den Glauben der Christen in jene Erfahrungen hineinzuführen sucht, die uns heute auch weltlich bestimmen, und wie sehr er deshalb an die Front der Auseinandersetzungen führen möchte, die einer Fundamentaltheologie in praktischer Absicht aufgegeben sind. Deshalb der zweite entscheidende Punkt:

1.2 Es handelt sich bei dieser Hoffnung um eine Hoffnung mit *apokalyptischem Stachel*. Dieser Primat einer apokalyptisch geprägten Hoffnung ist folgenreich für Theologie und unser praktisches Christentum. Warum? Hoffnung soll hier wieder in ihren *zeitlichen* Strukturen entdeckt werden. Und ich versuche sie als eine Figur von *Naherwartung* auszulegen und zu reklamieren, sodass dann diese Hoffnung wie ein praktisches Fundament der theologischen Kritik an jenem evolutionistischen Zeitverständnis verständlich werden könnte, das unsere Wirklichkeitsdefinitionen heute allenthalben durchprägt und in dem Gott immer unbestimmter, ja schließlich undenkbar wird. Und zeichnet sich in diesem evolutionistischen Zeitverständnis nicht bereits auch das Ende des Subjektseins und der Geschichte als Gefahr ab?[3] Es geht hier um die Wurzel der christlichen Hoffnung *und* der Menschlichkeit des Menschen.

---

[3] Dass im Horizont „unendlicher Zeit" nicht nur Gott, sondern auch der Mensch in seiner Würde als verantwortliches Subjekt verlorengeht, ist eine Basiseinsicht der Neuen Politischen Theologie. Alle biblischen Aussagen zu Gott tragen einen Zeitvermerk. Dabei fußt die christliche Gottesbotschaft auf der elementaren Strukturierung der Zeit durch das Gedächtnis, durch jenes Leidensgedächtnis, in dem der Name Gottes als rettender Name, als anstehendes Ende der Zeit erzählt und bezeugt wird. Dieses Zeitverständnis wird im europäischen Kulturraum zur Wurzel des Verständnisses der

Im Schlussabschnitt des Synodendokuments heißt es am Ende:

„Alle unsere Initiativen messen sich letztlich am Maße der ‚einen Hoffnung‚ zu der wir berufen sind' (vgl. Eph 4,4). Diese Hoffnung kommt nicht aus dem Ungewissen und treibt nicht ins Ungefähre. Sie wurzelt in Christus, und sie klagt auch bei uns Christen des späten 20. Jahrhunderts die Erwartung seiner Wiederkunft ein. Sie macht uns immer neu zu Menschen, die inmitten ihrer geschichtlichen Erfahrungen und Kämpfe ihr Haupt erheben und dem messianischen Tag des Herrn entgegenblicken: ‚Dann sah ich einen neuen Himmel und eine neue Erde ... und ich hörte eine gewaltige Stimme vom Thron her rufen: Seht das Zelt Gottes unter den Menschen! Er wird in ihrer Mitte wohnen, und sie werden sein Volk sein. Und Gott selbst wird mit ihnen sein. Er wird jede ihrer Tränen aus ihren Augen wischen: Der Tod wird nicht mehr sein, nicht Trauer noch Klage noch Mühsal ... und der auf dem Thron saß, sprach: Neu mache ich alles." (Offb 21,1.3-5)

Dies ist der Schlusstext, geradezu die Apotheose eines Bekenntnisses unserer Kirche. Ein gewissermaßen selbstverständlicher Text, der auch widerstandslos so formuliert werden konnte. Doch ist das alles wieder einmal so folgenlos gesagt, – in jener Folgenlosigkeit des Weitersprechens vorbei an den Widerständen, Fragen und Ängsten, Zweifeln, Verneinungen, an der wir sozusagen zugrunde gehen, wenn wir solche Herzstücke des christlichen Glaubens weitersprechen möchten?

Welt als Geschichte und zum Auftakt geschichtlichen Bewusstseins, wie es dann nachhaltig den Geist der europäischen Moderne durchprägt – und zwar auch dort, wo diese Moderne sich längst säkularisierend und religionskritisch gegen die apokalyptischen Einschlüsse des biblischen Zeitdenkens wendet. Inzwischen gibt es im Hintergrund der „geistigen Situation unserer Zeit" eine höchst folgenreiche Verschiebung im Zeit-denken, die sich mit Namen der deutschen Geistesgeschichte verdeutlichen lässt. Für *Georg W.F. Hegel* und *Karl Marx* z. B. hatten bekanntlich Zeit und Geschichte und der Mensch in ihr noch ein reflexiv bestimmbares Ziel, ein spekulativ durchschaubares bei Hegel, ein politisch zu erkämpfendes bei Marx. Bei *Friedrich Nietzsche* hingegen gibt es kein Finale mehr, auch kein „Finale ins Nichts".

Der „neue Mensch" im Horizont dieser Zeit ohne Finale wird nun zum „Pilger ohne Ziel", zum „Nomaden ohne Route", zum dionysisch gestimmten „Vagabunden", für den alles Schwergewicht aus den Dingen und Beziehungen geschwunden ist; er wird zum „flexiblen Menschen", der ziellos dahindriftet. Dieser „neue Mensch" ist nun immer weniger sein Gedächtnis, immer mehr nur noch sein eigenes Experiment. Alle herkünftigen Obligationen verwandeln sich in immer neue Optionen. Und das Geheimnis seiner Erlösung wurzelt nun nicht mehr – wie das ein bekanntes Wort aus den jüdischen Traditionen nahelegt – in der Erinnerung, sondern im Vergessen, in einer neuen Kultur der Amnesie. Nietzsche, der im Hintergrund dieser Situation längst Hegel und Marx abgelöst hat, knüpfte seine „neue Art zu leben" an den Triumph dieser „kulturellen Amnesie." Ausführlicheres zu diesem Bruch im Zeitdenken: JBMGS 3/1, 182-192; JBMGS 3/2, 244-251; JBMGS 4, 121-149; sowie alle Beiträge in JBMGS 5 („Gott in Zeit").

III. Der Glaube der Christen

Die Frage ist also doch: Sind solche Texte überhaupt noch in irgendeiner Weise realisierbar? Was ist dabei noch zu denken? Und zwar in jener praktischen Figur des Denkens, in der das Denken als Ausdruck einer Kommunikation gestikuliert, in der Menschen untereinander stehen und stehen müssen, wenn sie nicht hinter ihre Identität zurückfallen wollen. Ist es nicht so, dass wir als Christen eben doch das peinliche Schauspiel von Menschen bieten, die durchaus von Hoffnung reden, aber eigentlich nichts mehr erwarten im Sinne einer *zeitlich* orientierten Erwartung oder Sehnsucht? Blicken denn Christen wirklich auf das Ende – womöglich gar gespannt? Erwarten sie denn überhaupt noch ein Ende? Und zwar nicht nur in der Katastrophensituation des individuellen Todes, jedenfalls keineswegs ausschließlich und auch nicht primär, sondern eben ein Ende für die Welt und deren Zeit. Das ist die apokalyptische Frage: Wem gehört die Welt? Wem gehören ihre Leiden? Wem gehört ihre Zeit? Nirgendwo, glaube ich, ist diese apokalyptische Frage so stillgestellt, weil längst extrem verinnerlicht und privatisiert, wie in der christlichen Theologie selbst. Aber ist denn eine Begrenzung, ein Ende der Zeit überhaupt noch denkbar? Wurde das nicht längst ins Reich der Mythologie abgewiesen? Aber wenn es uns in diese Verlegenheiten und Fragen treibt, sollen wir das nur der frommen Anmutung überlassen und dann am Ende doch an dem Sinn, an der Herausforderung, die darin steckt, zergehen oder vergehen? Dies ist eine Frage, in der theologische Reflexion und christliche Existenz in einer sehr bedrängenden Weise einander nahekommen.[4]

2. Gott der Geschichte

Das Synodendokument wählt einen weittragenden menschlich-kommunikativen Einstieg. Ausgangspunkt und Horizont für die Gottesvergewisserung bleibt fundamental die unveräußerliche Geschichte mit ihren Widersprüchen und Gefahren.

> „Der Name Gottes ist tief eingegraben in die Hoffnungs- und Leidensgeschichte der Menschheit. In ihr begegnet uns dieser Name aufleuchtend und verdunkelt, verehrt und verneint, missbraucht, geschändet und doch unvergessen. Der Gott unserer Hoffnung ist der Gott Abrahams, Isaaks und Jakobs, der Himmel und Erde geschaffen hat und dem wir mit dem jüdischen Volk und auch mit der Religion des Islams öffentlich bekennen, so wie wir alte Hoffnungsrufe bis in unsere Tage weiterbeten." (I.1)

---

[4] Vgl. dazu den einschlägigen Exkurs in Band II dieser Ausgabe („Der apokalyptische Gott – Annäherungen").

Der leitende Gesichtspunkt dieses Ansatzes ist die narrative Erschließung und Tradierung der Rede von Gott. Die Erzählungen im Christentum meinen nicht die Sprache einer geschichtsfernen, unserer Geschichte enthobenen Erfahrung. Die Geschichte nämlich, die das Christentum zu erzählen und die seine Theologie zu schützen hat, ist nicht in irgendeiner erwünschten, einer erträumten, nicht in einer fiktiven Welt angesiedelt, sie ist vielmehr Teil unserer geschichtlichen Welt selber. Eine Theologie, der die Kategorie des Erzählens völlig abhandengekommen ist, müsste die ursprünglichen geschichtlichen Erfahrungen des Glaubens in die sprachlose Ungegenständlichkeit „mystischer" Erlebnisse abdrängen. So entsteht die Gefahr, dass dadurch die Erfahrung des Glaubens unbestimmt bleibt und sein Inhalt – wenn überhaupt – ausschließlich in der Sprache der Riten und der Dogmen festgehalten wird, ohne dass die in diesen Riten und Dogmen selber zur Formel gewordene Erzählgestalt die Kraft des *Austausches* von Erfahrungen hervorbringen könnte.

Einen Begriff möchte ich in diesem Zusammenhang erwähnen, weil er besonders der Kritik ausgesetzt war. Die Rede von der „Hoffnungsgeschichte" ziele auf eine Heilsgeschichte neben oder über der Weltgeschichte. Das kann man eigentlich nur vermuten, wenn man von einer Art Geschichtsdualismus ausgeht, dass es für die Theologie nämlich eine Weltgeschichte und eine Heilsgeschichte zu geben habe. Doch die Rede von zwei Geschichten entwichtigt den Ernst und das Wagnis geschichtlichen Lebens in dualistischer Manier. Aber das ist – für Christen – in jedem Falle problematisch, denn der, dem wir da nachfolgen und auf den wir uns hoffend beziehen, ist nicht in irgendeiner übernatürlichen Heilsgeschichte gestorben, sondern in dieser unserer vom Tode gezeichneten Geschichte. Und dadurch ist diese eine Geschichte insofern Heilsgeschichte, insofern in ihr von einer Hoffnung gesprochen wird, die alle, auch die Toten, die Verlierer und die Besiegten nicht in Ruhe lässt.[5] Es gibt nicht eigentlich eine Weltgeschichte und „daneben" oder „darüber" eine Heilsgeschichte, sondern die Heilsgeschichte, von der die Theologie spricht, ist jene Weltgeschichte, die von einer ständig bedrohten und umstrittenen, aber unzerstörbaren Hoffnung auf universale Gerechtigkeit, also auf Gerechtigkeit für die Toten und ihre vergangenen Leiden, geprägt ist: jene Weltgeschichte, in der es auch eine Hoffnung für die vergangenen Leiden gibt.

---

[5] Die Welt wird nicht etwa in ihrer Göttlichkeit, sondern in ihrer Nicht-Göttlichkeit sichtbar, in der allein Gott sich als Gott erweist und das Nicht-Göttliche in seinem Geist durchherrscht.

III. Der Glaube der Christen

Angesichts dieser Leiden muss sich das theologische Argument *unterbrechen* lassen. Hier kann Theologie die Heilsgeschichte nur praktisch weitererzählen, d. h. indem sie gleichzeitig bereit ist, heilend zu wirken. Oder anders gesagt: Heilsgeschichte ist jene Weltgeschichte, in der den besiegten und vergessenen Möglichkeiten menschlichen Daseins, die wir „Tod" nennen, ein Sinn in Aussicht gestellt wird, der durch den Ablauf künftiger Geschichte nicht widerrufen oder aufgehoben wird.

Zunächst ein Hinweis auf Thomas von Aquin, den Klassiker der katholischen Gotteslehre. Er entwickelt bekanntlich fünf Wege zur Gotteserkenntnis („quinque viae"). Und am Ende eines jeden dieser fünf Wege gibt Thomas geradezu stereotyp das religiöse Referenzsubjekt der theologischen Argumentation an: „id quod omnes dicunt esse deum", also: was alle Gott nennen. Bei Thomas, einem Klassiker der Argumentationstheologie, kann man sehen, dass er mit argumentativen Beweisen nicht eigentlich einen Konsens über die Existenz Gottes produziert, sondern einen gesellschaftlich vorhandenen Konsens argumentativ ausleuchtet.[6] Und daraus lassen sich zwei Gesichtspunkte ableiten, die für uns wichtig sind.

Einmal: Die Rede von Gott ist auch in der klassischen Argumentationstheologie *keine voraussetzungslose* Rede. Die Argumentation produziert nicht ihren Inhalt. Der Gottesbegriff ist nicht eine creatio ex nihilo. Die Gottesrede ist auch hier in der mittelalterlichen Konsensgemeinschaft *erzählend* eingeführt. Das gilt für alle Rede von Gott in den Religionen, vor allem aber von Gott im Raum der jüdisch-christlichen Überlieferung. Weder der Gott Abrahams, Isaaks und Jakobs und der Gott im brennenden Dornbusch, noch der Gott Platons, noch der neuzeitliche Geschichtsgott der Philosophie ist das Ergebnis rein argumentativer Konstruktion oder das Resultat einer adäquaten Rekonstruktion menschlichen Bewusstseins, etwa auf dem Wege über absolute Reflexion. Das bedeutet nun nicht, dass diese Gottesrede keine argumentative Anstrengung verlangen würde und dass sie nicht argumentativ ausgelegt werden müsste. Es bedeutet nur, dass die Gottesrede nie aus den *Erzähl- und Erinnerungstraditionen* der Menschheit herausgenommen und in eine reine Argumentationssprache – subjektlos und geschichtslos – überführt werden kann. Eine solche Beobachtung gilt übrigens nicht nur für die Rede von Gott, sondern für

---

[6] *Johann Baptist Metz*, Christliche Anthropozentrik. Über die Denkform des Thomas von Aquin (JBMGS 2, 15–115) und JBMGS 4, 84.

nahezu alle anthropologischen Zentralbegriffe, wie etwa für unsere Rede von „Freiheit".

Wir wissen heute, dass es einen theoretisch nicht auflösbaren Zusammenhang von Erkenntnis und Interesse gibt.[7] Jenes Freiheitsinteresse, dass unsere sog. moderne Vernunft und Wissenschaft bestimmt, ist selbst nicht noch einmal auf dem Wege eben dieser Vernunft eingeführt, sondern über andere Vermittlungsvorgänge als die der Argumentationslogik. Wenn man solche anthropologischen Zentralbestimmungen wie Freiheit nun unter den voraussetzungslosen Prämissen analytischer Anthropologie zu behandeln sucht, dann stellt sich heraus, dass es z.B. Freiheit in der gesuchten Form gar nicht gibt. Im rein argumentativ-analytischen Verfahren wäre sie nur eine Merkmalsbezeichnung, die man vielleicht in einer historischen Anthropologie für eine bestimmte Entwicklungsstufe der Menschheit festmachen kann, aber nicht als eine Art anthropologischer Grundkonstante. Die französischen Strukturalisten hatten den Mut, das auch in dieser radikalen Konsequenz auszudrücken und vom Tod der Freiheit durch die Wissenschaft zu reden. Michel Foucault hat den freien Menschen oder das freie Subjekt als etwas angesehen, was es eigentlich für eine wissenschaftliche Rekonstruktion der Identität des Menschen nicht gibt, sondern sich als eine „Erfindung des 18. Jahrhunderts" herausstellt.[8] Es ist in diesem Zusammenhang die Frage gestellt, inwieweit auch anthropologische Grundbegriffe überhaupt noch fassbar sind, wenn wir etwa eine solche mehrdimensionale Bestimmung nicht zulassen würden.

Das *andere*, was uns nun zur Entfaltung unseres Themas führt: Thomas setzt seinerseits mehr oder minder problemlos die mittelalterliche Gesellschaft als eine Konsensgemeinschaft in Sachen Gott voraus. Dort, wo er gezielt auf die islamische Religion seine große Apologie „Contra gentiles" schreibt, möchte er nicht etwa diesen kulturell bestimmten Menschen erstmals Gott nahebringen. Sein Problem ist vielmehr, wie über einen unterstellten gemeinsamen Konsens in Sachen „Existenz Gottes" sich die spezifischen Wahrheiten des Christentums verdeutlichen lassen.

Diese Konsensgemeinschaft, in der dann auch die Gesellschaft selbst noch einmal eine Art religiöses Endziel hat, ist jedoch zerbrochen. Keiner wird heute mehr sagen: das wovon wir hier sprechen, wäre „id quod omnes dicunt esse deum". Diejenigen, die von diesem Gott mit lebensbestimmen-

---

[7] *Jürgen Habermas*, Erkenntnis und Interesse, Frankfurt am Main 1968 u. ö.
[8] *Michel Foucault*, Die Ordnung der Dinge. Eine Archäologie der Humanwissenschaften (aus dem Französischen übersetzt von Ulrich Köppen), Frankfurt am Main 1974.

III. Der Glaube der Christen

den Folgen reden, sind in einer wachsenden Minorität und unterliegen einer gesellschaftlichen Entwichtigung. Der Gottesglaube erscheint – als ausdrücklicher jedenfalls und praktischer – gesellschaftlich marginalisiert. Wir wollen darum hier der Frage nachgehen, inwiefern sich dieser zunächst einmal statistische Eindruck nicht einer zweifachen problematischen Abstraktion verdankt. Einmal nämlich der Engführung dieser Fragestellung auf das sehr schmale Ensemble der gegenwärtig Lebenden und dann die Fixierung auf christliche Religion. Deshalb gehen wir hier den Weg einer *Erweiterung des Subjekts* des Gottesglaubens in die *Geschichte* und in die *Welt der Religionen* hinein. Dies folgt in den zwei Unterpunkten dieses Abschnittes: Gott unserer Väter und Gott der Religionen.

2.1 Gott der Väter

Im Text des Synodendokumentes ist dieser Gesichtspunkt angesprochen. Es heißt dort in eben diesem Abschnitt des Teils I auch: Wenn wir solche Hoffnungsworte (gemeint ist das vorangegangene Psalmengebet[9])

> „heute weitersprechen, dann stehen wir nicht allein und abgesondert; dann räumen wir vielmehr der Geschichte der Menschheit, die schließlich bis in unsere Gegenwart immer auch Religionsgeschichte ist, ein Stimmrecht, sozusagen ein Mitspracherecht bei dem ein, was wir von uns selbst zu halten haben und worauf wir vertrauen dürfen". (I.1)

Wenn wir hier unter dem Stichpunkt „Gott der Väter" diese Subjektbasis zu verbreitern suchen, dann stellt sich die entscheidende Frage: Kann man der Menschheit ein Mitspracherecht einräumen, darf man die Toten überhaupt zu Rate ziehen, wenn wir nach der Breite und Tragfähigkeit unserer Hoffnung, nach der Vertrauenswürdigkeit des in dieser Hoffnung angerufenen Gottesnamens fragen? Was bedeutet es für uns, dass die bisherige Geschichte der Menschheit dominant Religionsgeschichte war? Wenn wir dieser Frage nachgehen, dann müssen wir auf zwei Schwierigkeiten achten, die das Misstrauen in diese Art der Annäherung an das Gottesthema nähren und stützen.

---

[9] Der Name Gottes ist tief eingegraben in die Hoffnungs- und Leidensgeschichte der Menschheit. „Ich irre umher in meiner Klage. In bin in Unruhe wegen des Lärmes der Feinde, des Schreiens der Gottlosen ... Mein Herz ängstigt sich in meiner Brust, und die Schrecken des Todes befallen mich. Furcht und Zittern kommen mich an, und Grauen bedeckt mich. Hätte ich doch Flügel wie eine Taube! ... Ich rufe zu Gott, und der Herr wird mir beistehen." (Ps 55,3-7a;17)

Da ist *einmal* die Schwierigkeit, der Vergangenheit überhaupt ein *Mitspracherecht* über gegenwärtiges Leben einzuräumen, das sich nicht bloß auf sekundäre kulturelle Bedürfnisse richtet. Wenn hier von einem Mitspracherecht der Toten die Rede ist, wie es im Text der Synode heißt, dann bezieht sich das nicht auf die Frage, ob man heute noch bereit ist, Vergangenheit als Kulisse einer feierlichen Daseinsinterpretation zu benützen, sondern es zielt auf *Grundbedürfnisse* des Menschen. Kann man da Anderen für uns heute ein Mitspracherecht einräumen? Unserem modernen und aufgeklärten Lebensgefühl gelten Traditionen eher als freiheitsbeschränkende, vielleicht gar freiheitsfeindliche Mächte, also als Gegner einer ohnehin sehr spät aus den Traditionen entlassenen Freiheit. Haben wir nicht durch historische Kritik und Ideologiekritik gelernt, mit Vergangenheit argwöhnisch umzugehen und durch diese Kritik uns ihren unmittelbaren Zwängen, die sich hineinprägen bis in die Autorität in den Familien, langsam zu entziehen? Was könnte hier schon Berufung auf Traditionen heißen?

Hier soll nicht etwa der Rückkehr zu einer Art autoritärem Gebrauch von Vätertraditionen das Wort geredet oder gar die Gestalt wissenschaftlicher Kritik an Traditionen einfach beiseitegeschoben und verdächtigt werden. Aber es bleibt auch unbestreitbar die Erkenntnis, dass Tradition in der Gestalt von Erinnerungen immer auch der Kritik selbst immanent bleibt, mindestens so lange diese Kritik sich über die Motive und Interessen, über die Gründe und Ziele der kritischen Arbeit selbst noch einmal aufzuklären sucht und nicht zu einem vage schweifenden Kritizismus entartet. Gibt es eine erinnerungslose Kritik, die im Interesse von Freiheit und Befreiung arbeiten kann?[10]

Der *Gegensatz* von Erinnerung und von Freiheit, von Tradition und Freiheitsgeschichte ist selber eigentlich ein abstrakter Gegensatz, weil es nicht nur freiheitsgefährdende, sondern auch *freiheitssuchende*, ja, *freiheitsrettende* Erinnerungen gibt, in jedem Falle *freiheitsschützende Traditionen* und Institutionen. Weder das Leben der Religion, noch das Leben der Freiheit kann einfach durch abstrakte wissenschaftliche Vernunft ersetzt oder in ihr adäquat reproduziert werden. Es gibt Symbole des religiösen und des freien Lebens, die man nicht zerstören darf. Und freiheitsbe-

---

[10] In dem Buch „Glaube in Geschichte und Gesellschaft" findet sich ein längerer Abschnitt über „Erinnerung als Kategorie der Rettung und der Befreiung von Identität". Dort wurde das Thema in einem größeren Argumentationszusammenhang entfaltet: JBMGS 3/1, 195–210.

III. Der Glaube der Christen

wusste Handlungen haben sehr viel mit solchen Symbolen zu tun und sind nicht etwa das Resultat eines rein analytischen oder wissenschaftlich konstruierenden Umgangs mit der eigenen Tradition.[11]

Damit sollen nicht etwa leichtsinnig oder großspurig Religion und Freiheit, Glaubensinteresse und Freiheitsinteresse in einen Topf geworfen und Religionsgeschichte womöglich gar als einzige Gestalt von Freiheitsgeschichte zugemutet werden. Es wäre jedoch zu fragen, ob das Ensemble der gegenwärtig Lebenden am Ende nicht doch zu klein und zu schmal ist, auch zu zufällig und deshalb in einer gewissen Weise zu phantasielos, um über das Schicksal von Hoffnung in religiöser Hinsicht zu richten. Ist eine Hoffnung dann schon widerlegt, weil sie ohne den Beistand der Tradition, ohne die Stimme der Toten vielleicht schon mehrheitlich überstimmt wäre? Was bedeutet also das Votum der Geschichte, die bis in unsere Gegenwart hinein dominant Religionsgeschichte war?

Es soll nicht traditionalistisch der Tradition das Wort geredet werden, denn selbstverständlich gilt für Theologie ebenso wie für jede Form kritischen Wissens um den Menschen, dass nicht nur wir uns vor diesen Erinnerungen zu rechtfertigen haben, sondern dass diese Erinnerungen sich auch vor uns, vor dem inzwischen erreichten und erkämpften Stand kritischen und freien Bewusstseins zu rechtfertigen haben, aber doch offensichtlich gegenseitig und gegenläufig. Vielleicht kann man von da aus sehen, warum die Rede von Erinnerung ein identitätsbildendes Thema für theologisches Wissen ist und bleibt, wenn Theologie nicht davon ausgehen kann oder ausgehen will, dass ihr eine Interpretation des Menschseins zur Verfügung steht, die es ihr unter allen geschichtlichen Bedingungen und unter allen sozialen Widersprüchen erlaubt, den Menschen als ein auf Gott verwiesenes und von Gott angesprochenes Wesen sozusagen transzendental zu deduzieren. Wenn man so ansetzt, dann kann man natürlich auf den Strom der Erzählungen und Erinnerungen letztlich verzichten. Dann werden Erinnerungen und Erzählungen Ornamente, Dramatisierungsfiguren oder sekundäre Verdeutlichungen einer an sich un-

---

[11] So wollen sich z. B. indigene Bevölkerungsgruppen ihre Erinnerungen nicht nehmen lassen. Sie suchen hartnäckig in einer ganz fremden und für sie vermutlich erdrückenden kulturellen Umwelt ihre eigenen Bräuche, ihre eigene Haartracht oder was immer aufrechtzuerhalten. Das sind nicht nur Relikte einer vergangenen Zeit, sondern identitätssuchende Elemente, anschaulich gewordene Formen einer hilflosen Erinnerung vielleicht; aber einer Erinnerung, aus der auch Freiheitsinteressen entstehen konnten und entstehen können.

geschichtlichen Form der Verhältnisbestimmung von Mensch und Gott. Diese Argumentationsform ist uns heute nicht mehr vergönnt.

Ich meine, dass es so etwas wie eine *Einheit* der Geschichte der Menschheit als Religionsgeschichte gab und dass die Universalgeschichte der Menschheit bis in die jüngste Vergangenheit herein so etwas wie Religionsgeschichte war, ohne dass dies hier im Einzelnen ausgeführt werden müsste.[12]

Die *zweite* Schwierigkeit, die das Misstrauen in unsere Annäherung an das Gottesthema nährt, basiert nun nicht mehr auf der grundsätzlichen Problematik von kritischem Bewusstsein und Tradition. Sie leugnet auch nicht, dass eben die bisher überschaubare Geschichte der Menschheit dominant Religionsgeschichte war. Sie sieht aber in der Religionsgeschichte eine inzwischen durchschaubare und überschaubare *Vorstufe* in der Entwicklungsgeschichte der Menschheit und klassifiziert nun diese Religionsgeschichte entweder mit kämpferischem Pathos als Verhinderungsgeschichte menschlicher Identität oder in einem etwas milderen Aufklärungspathos als eine für bestimmte Entwicklungsstufen der Menschheit unvermeidliche kulturelle Phase der Menschheitsgeschichte. Diese zeigt, dass sie trotz durchaus beachtlicher Integrationsleistungen überholt sei und deren ursprüngliche, identitätsbildende Funktion längst auch transformiert ist, allenfalls säkularisiert und inzwischen auf andere Kulturträger übergegangen.

In diesem Zusammenhang stellt sich natürlich die Frage, was dann noch das religiöse Votum der bisherigen Menschheitsgeschichte bedeutet, also die religiöse Option derer, die im Lichte einer durchaus religiös geprägten und bestimmten Hoffnung gelebt haben. Die Gefahr ist offensichtlich, dass diese Autorität der Hoffenden sehr schnell entmündigt und zerstört wird. Man sagt: Sie wussten es eben nicht besser, sie hatten ein falsches Bewusstsein. Man redet also nicht eigentlich von einem Opium für das Volk, sondern vom Opium des Volkes, wie es vorsichtiger Karl Marx selbst formuliert hat. Die Interpretation läuft darauf hinaus, dass im Streit um die Menschheitsgeschichte das religiöse Votum allemal jene vom Stimmrecht ausgeschlossen sein müssen, die als unmündig und unwissend zu gelten haben. Wer das sei, das wird nicht entschieden etwa von denen, die mit ihren religiösen Hoffnungen in den Tod gegangen

---

[12] Die Einheit der Menschheitsgeschichte als Religionsgeschichte setzt ein religiöses Grundkriterium voraus, das angesichts der menschlichen Leidensgeschichte der wachsenden Banalität und Apathie widersteht.

III. Der Glaube der Christen

sind, sondern von den Repräsentanten einer undialektischen Entwicklungslogik der Menschheit, die uns, die Späteren, ohnehin immer zu den Wissenden erhebt und die Früheren unter den Verdacht stellt, doch zur massa damnata der Unwissenden zu gehören. Die religiösen Erinnerungen und Symbole werden deshalb auch mitleidlos von einem ganz bestimmten Sitz im Leben her kritisiert, zumeist von der gemütlich-guten Stube des Nachdenkens her, von der Sezierstube einer doch sehr abstrakten Kritik, in der alles gewusst wird, in der auch alle Sprachen gesprochen werden, in der nichts fremd bleibt, außer offensichtlich die Sprache des Volkes, deren Geschichten und Symbole hier rundweg kritisiert werden.

Im Hintergrund einer solchen Illusionsentlarvung wirkt die *Ideologie vom evolutionären Fortschritt* im Wissen und im Bewusstsein der Wahrheit und der Freiheit: Die Ideologie, die alle Früheren zwangsläufig benachteiligt und ihre Geheimnisse, so sie sich nicht durchschauen lassen, vom Sitz im Leben moderner Wissenschaft her, denunziert; die Ideologie, die Erinnerungen doch nur noch als psychologisches, nicht mehr eigentlich als kognitives Problem gelten lassen; die Ideologie, die alle Negativitäten und Katastrophen im Fortschritt der Menschheit eigentlich nur als Betriebsunfälle diagnostiziert und die am Ende kein unglückliches Bewusstsein kennt, keine Trauer über den Preis, den dieser Fortschritt immer wieder fordert; und eine Ideologie, die den Widerspruch zwischen gesellschaftlichem Fortschritt und humaner Depotenzierung des Menschen nicht in den Blick bekommt. Denn diesem Ansatz kommt schwer in den Sinn, dass es auch für uns heute verpflichtende Erfahrungen geben könnte, die schon einmal gemacht wurden und die uns heute nicht mehr auf dem Wege über die uns wissenschaftlich zur Verfügung stehenden Mittel rekonstruiert werden können.

Ich möchte kurz einen Text zitieren, der die Art des Umgangs mit Tradition, die ich hier im Auge habe, in schönen Bildern exakter Phantasie deutlicher macht, als ich es mit diesen dürftig dürren Worten sagen konnte. Es ist ein kleiner Text von dem englischen Essayisten *Gilbert K. Chesterton*, dem Laientheologen, Romancier usw. Er sagt in seinem berühmt gewordenen Buch „Orthodoxie", das erstmals 1908 erschienen ist, Folgendes:

„Ich neigte immer dazu, eher der Masse schwer arbeitender Leute zu glauben als der abgesonderten und unangenehmen Literatenklasse, der ich selbst angehöre. Ich ziehe auch die Phantasie und Vorurteile von Leuten, die das Leben von der Innenseite kennen, den klarsten Beweisführungen jener vor, die das Leben von außen sehen. Ich würde mich immer stärker auf die Märchen alter Weiber verlassen, als auf die Tatsachenberichte alter Jungfern. Solange der Witz Mutterwitz ist, mag er so toll sein wie er will. Aber es gibt etwas, das ich seit meiner Jugend nie imstande war, zu verstehen. Ich konnte nie verstehen, wo die Leute die Idee herhatten, Demokratie sei in irgendeiner Weise der Tradition entgegengesetzt. Es ist eindeutig, dass Tradition nichts anderes bedeutet, als die Ausdehnung der Demokratie in der Zeit; ein Sich-Verlassen auf Stimmenmehrheit mehr als auf eine einzelne oder willkürliche Stimme. Der Mensch, der gegen die Tradition der katholischen Kirche ein paar deutsche Historiker zu Feld führt, pocht z. B. streng auf Aristokratie. Er pocht auf die Überlegenheit eines Experten, gegen die schreckliche Autorität einer Masse. Es ist leicht einzusehen, warum eine Legende respektvoller aufgenommen wird oder werden sollte als ein historisches Buch. Die Legende kommt gewöhnlich zustande durch die Mehrzahl der Leute im Dorf, die normal sind. Das Buch ist gewöhnlich vom einzigen Menschen im Dorf geschrieben worden, der verrückt ist. Wer die Traditionen mit der Begründung ablehnt, die Menschen seien in früheren Zeiten unwissend gewesen, möge hingehen und das im Herrenclub zum Besten geben, gleichzeitig mit der Feststellung, dass die Stimmberechtigten der Slums unwissend seien. Für uns gilt das nicht. Wenn wir einhellig der Meinung gewöhnlicher Menschen größte Bedeutung beimessen, sobald es sich um die Lösung von Tagesfragen handelt, ist es kein Grund vorhanden, sie im Zusammenhang mit Geschichte oder Fabel nicht zu berücksichtigen. Man kann Tradition als eine Ausdehnung des Wahlrechts definieren. Tradition heißt dann, der dunkelsten aller Klassen das Stimmrecht unseren Vorfahren einzuräumen. Es ist die Demokratie der Toten. Die Tradition weigert sich, der kleinen und arroganten Oligarchie derer, die einfach zufällig auf Erden wandeln, sich zu unterwerfen. Wer ein Demokrat ist, widersetzt sich der Ansicht, dass er disqualifiziert werden könne durch den Zufall seines Todes. Demokratie veranlasst uns, die Meinung eines anständigen Menschen nicht zu verachten, selbst wenn er unser Stallknecht ist. Die Tradition veranlasst uns, die Meinung eines anständigen Menschen nicht zu verachten, selbst wenn er unser Vater gewesen sein sollte. Ich jedenfalls kann die beiden Ideen der Demokratie und der Tradition nicht voneinander trennen. Es scheint sich mir eindeutig um dieselbe Idee zu handeln. Wir wollen die Toten zu Rate ziehen. Die alten Griechen gaben bei Wahlanlässen ihre Stimmen auf Steinen ab. Wir werden sie auf Grabsteine schreiben. Das ist alles in Ordnung, denn die meisten Grabsteine wie die meisten Stimmzettel sind mit einem Kreuz gezeichnet."[13]

Eine Form der ganz besonderen Verwiesenheit auf eine nicht wissenschaftlich rekonstruierbare oder nur sehr partiell wissenschaftlich zugängliche Tradition sei hier genannt, weil sie die Geschichte religiöser Identität in unserem Lande und unseres Volkes in besonderer Weise meint und anspricht. Die religiöse Tradition unseres Landes ist seit den Ereignissen des 20. Jahrhunderts in der NS-Zeit in einer Form zurückgebunden an die Religionsgeschichte und Gebetsgeschichte des *jüdischen Volkes*,

---

[13] Vgl. Neuausgabe: *Gilbert K. Chesterton*, Orthodoxie. Eine Handreichung für die Ungläubigen (aus dem Englischen neu übersetzt von Monika Noll und Ulrich Enderwitz), Frankfurt am Main ³2000, 98 ff.

III. Der Glaube der Christen

die eigentlich durch nichts ersetzt werden kann. Was meine ich damit? Man erinnert sich vielleicht, dass unter dem Eindruck der nationalsozialischen Vernichtungslager Theodor W. Adorno 1947 einmal das Wort geprägt hat: *„Nach Auschwitz gibt es keine Gedichte mehr."*[14] Mich hat es immer beunruhigt, warum damals nie ein Theologe diesen Satz gewagt hat. Wenn wir einmal nicht so tun, als wäre man in der Religion jenes kontextlose, außerhalb der Welt hockende Wesen Mensch, das eigentlich mit diesen Schicksalen in dieser Menschheit nichts zu tun hat und das sozusagen auch unberührt bleibt in seiner religiösen Substanz und Identität von allen Widerfahrnissen, die uns zugefügt werden oder die wir uns selbst zufügen. Ich war immer beunruhigt darüber, dass man diese Frage nicht gestellt hat. Vor Jahren hat mich bei einer Podiumsdiskussion in Münster einmal ein marxistischer Religionsphilosoph gefragt[15]: „Woher nehmt ihr Christen eigentlich das Recht, nach Auschwitz noch religiös zu sein, nach Auschwitz noch zu beten?" Ich habe damals etwas zu antworten versucht, was ich auch heute sage und was die Form der Verbundenheit und der Verpflichtetheit auf Tradition deutlich macht. Ich würde auch heute noch sagen, dass Christen, und wir speziell in Deutschland, in dieser deutschen Geschichte nach Auschwitz beten, beten können, beten dürfen, weil *in* Auschwitz auch gebetet wurde. Ich habe kein anderes Argument. Wenn man diese Geschichte erinnert, dann zeigt sich der Ernst eines theologischen Umgangs mit Geschichte nicht darin, wie schnell man über diese Katastrophen hinweg Kontinuitäten konstruiert und Legitimationen findet, die uns nicht berühren, sondern wie lange man der Diskontinuität, dem Bruch, der da geschah, wirklich standhält. Die Unfähigkeit zu trauern, habe ich für Christen bei uns immer darin gesehen, dass es da einen Riss gab, den wir selber durch uns nicht einfach kitten können. Wenn es so wäre, und ich sage das nur als eine persönliche Meinung, dass wir in unserem geschichtlichen Zusammenhang nach Auschwitz eigentlich nur noch beten können, weil in Auschwitz gebetet wurde, dann wäre unser religiöses Bewusstsein in einer Weise zurückgebunden an die Gebets- und Religionsgeschichte des jüdischen Volkes, die

---
[14] Vgl. *Theodor W. Adorno*, Kulturkritik und Gesellschaft, Frankfurt am Main 1955; jetzt in: Gesammelte Schriften (hrsg. von Rolf Tiedemann u. a.) Bd. 10.1, Frankfurt am Main 1977, 30: „... nach Auschwitz ein Gedicht zu schreiben, ist barbarisch und frisst auch die Erkenntnis an, die ausspricht, warum es unmöglich ward, heute Gedichte zu schreiben".
[15] *Milan Machovec*, tschechischer Philosoph, bei einer Podiumsdikussion 1967 in Münster: vgl. JBMGS 6/2, 272, 281, 383 (Literaturangabe).

unersetzbar ist und die auf der anderen Seite den Ernst des geschichtlichen Arguments für das Wissen um den Gott unserer Hoffnung zeigen würde.

Es ist mir gelungen, diese Gesichtspunkte auch im Synodendokument „Unsere Hoffnung" einzubringen. Und sie wären fast wieder getilgt worden. In der Schlussfassung steht es in einer veränderten Form, die mich auch erschreckt. Man hat dann aus den Juden „Juden und Christen" gemacht, die in Auschwitz gebetet haben. Gewiss sind dort auch viele polnische Christen umgekommen. Aber das war hier nicht primär gemeint. Gemeint war, wie sehr wir in unserer eigenen Geschichte an die Religion des jüdischen Volkes verwiesen bleiben und wir diese Geschichte miterzählen müssen, wenn wir die Identitätsgeschichte des Christentums in unserem deutschen Zusammenhang im 20. Jahrhundert erzählen wollen. Es wäre wichtig, dass die, die das heute sehen, es gewissermaßen in das Fleisch der Kirche so einpfählen, dass es nicht mehr verlorengeht. Das sind Traditionszusammenhänge, die man natürlich durch historische Argumentationszusammenhänge im Detail nachweisen kann. Man kann sie auch, wenn die Interessenszusammenhänge anders gelagert sind, völlig vergessen und unterschlagen. Wenn wir uns heute fragen, warum eigentlich religiöse Identität unter uns so schwach und so unanschaulich geworden ist, dann müssten wir uns auch fragen, ob wir nicht ganz einfach viel zu viel vergessen haben; ob wir nicht viel zu viel von dem verdrängt haben, zu Lasten dessen wir eigentlich heute als Christen leben; ob wir unsere Christentumsgeschichte nicht zu sehr als eine Siegergeschichte selbst feiern. Das wird uns dadurch heimgezahlt, dass unsere religiöse Imagination, dass unsere Anschauungskraft und Phantasie in Sachen Hoffnung schwächer wird, weil wir die, die für uns gehofft haben, das können auch Christen gewesen sein, aus unserem Bewusstsein durch subjektlose Vernunft allzu schnell wieder verdrängt haben. Das sind spezifische Differenzen, die in das religiöse und auch säkulare Geschichtsbewusstsein hineingehören.

Theologie hätte keinen Boden unter den Füßen, wenn sie ihr eigenes Geschichtsbewusstsein dem standardisierten Ideal von historischem Rekonstruktionswissen unterwerfen würde. Wenn sie sozusagen über Geschichte nur wüsste, was rekonstruierbar ist. In der theologischen Geschichte geht es eben nicht um Begriffe und Ideen, sondern um Subjekte, ihre Kämpfe, ihre Leiden und ihre Ängste, ihre Hoffnungen. Und die kann man auch nicht zu Merkmalen und zu Strukturen vergleichgültigen. In diesem Sinne gehören die Narrativität und die Erinnerung in das Ge-

III. Der Glaube der Christen

schichtswissen wesentlich hinein. Wenn wir uns hier in dieser Form auf die Glaubensgeschichte des jüdischen und christlichen Volkes berufen, dann wäre es ein unkritischer Unfug, nicht zu wissen, dass innerhalb dieser Glaubensgeschichte das geschah, auch immer wieder geschah, was auch im Synodentext angesprochen ist, nämlich die Verletzung des Namens Gottes: seine Verneinung, seine Schändung, sein Missbrauch. (I.1)

Die These von der Geschichte der Menschheit als Religionsgeschichte ist deshalb keineswegs eine eindeutige Angelegenheit. Die Religionsgeschichte ist nicht nur Ausdruck einer lebendigen Glaubensgeschichte, sondern ebenso sehr – dies wird im synodalen Credo gesagt – eine Geschichte der Gottesfinsternis, der kollektiven Gotteslästerung, des grauenhaften Missbrauchs des Namens Gottes. Wir müssen uns diesem Wissen ebenso sehr und ganz deutlich stellen, weil das in vielen den Verdacht genährt hat, es handle sich bei unserem Gottesnamen um einen verbrauchten Namen, sozusagen um ein ausgeglühtes Geheimnis, um ein längst zu Tode strapaziertes Wort, von dem viel zu oft heute noch ein rein feierlicher und so selten ein wirklich ernster Gebrauch gemacht wird. Theologie muss in Rechnung stellen, dass die Rede von Gott deshalb zwangsläufig auch eine strittige Rede ist. Nun kann das Wort „Gott" nie vor jedem Missbrauch erfolgreich geschützt werden. Es bleibt in diesem Sinne ein „unreines" Wort, der Name ein verletzlicher, so wie analog der Name „Freiheit" keineswegs vor Missbrauch effektiv geschützt und keineswegs verhindert werden kann, dass dieser Name in den unterschiedlichsten Systemen und Ansätzen als Legitimationsname reproduziert wird. Müsste man ihn deshalb tabuisieren, abschaffen, nicht mehr von Freiheit reden, weil sie sozusagen am Boden liegt, geschändet, weil in ihrem Namen bis und gerade auch in unserer Gegenwart soviel Unfreiheit produziert wird?

Die *negative* Theologie, die die Traditionen des Christentums von ihren frühen Anfängen her bestimmt, war immer ein Anzeichen für diese Sensibilität der Verletzlichkeit des Gottesnamens. Aber sie wurde auch sehr schnell zum System insofern, dass nun aus der Tatsache, dass der Name Gottes überhaupt nicht rein zu halten, nicht unverletzlich zu machen und nicht zu immunisieren ist, eine Form der systematischen Verschweigung Gottes wurde. Ist der Gottesname überhaupt zu tabuisieren? Und wer tabuiert denn? In wessen Namen? Wem müsste man denn den Gebrauch dieses Namens verbieten? Vielleicht müsste man ihn um Gottes willen verbieten. Aber wem? Dem Volk, den Leuten oder den Mächtigen in Kirche und Gesellschaft, wem denn?

Diese Frage ist immer gestellt worden, nicht nur in der gerade schon zitierten negativen Theologie. Was ich hier sagen möchte, ist dies: Die Tatsache, dass der Name Gottes in dieser Form immer geschändet und verletzt worden ist und dass die Geschichte des Christentums eine Geschichte seines Missbrauchs enthält, diese Tatsache sollte uns hier nicht dazu verführen, diesen Namen zu verschweigen oder ihn so unverletzlich wie möglich zu machen. Der Preis für die Unverletzlichkeit dieses Namens ist zu hoch. Man kann ihn transzendentalisieren, sodass er sozusagen plötzlich aus allen geschichtlichen gesellschaftlichen Konflikten herausgenommen ist und nicht mehr von den Mächtigen missbraucht werden kann, weil er inzwischen zu einer geschichtslosen Idee verflüchtigt ist. Aber wo er nicht von Mächtigen missbraucht werden kann, kann er die Armen und die Unterdrückten auch nicht schützen. Wir brauchen den Namen Gottes, weil die Utopie von der Befreiung aller Menschen zu menschenwürdigen Subjekten eine reine Projektion bliebe, wenn es nur diese Utopie gäbe und keinen Gott. Wir brauchen um der Menschenwürdigkeit unserer Religion willen den Gottesnamen – auch dann und dort, wo er verletzt wird. Und die entscheidende Aufgabe der Theologie wäre der Kampf gegen diesen Missbrauch. Aber sie muss auch um die Bedingungen kämpfen, unter denen „Gott" eben nicht als missbrauchter Name, als illusionärer Name, als Beschwichtigung, als Droge, als Opium erscheint, sondern als *Anruf*. Wenn es stimmt, dass der Gott, den wir zu verkünden haben, alle Menschen ins Subjektsein vor seinem Angesicht ruft, dann ist es ganz entscheidend, dass die Theologie hier nicht nur einen Namen zu verkünden und für ihn einzustehen hat, sondern dann hat sie auch die Frage der Subjektwerdung der Menschen vor Gott zu betreiben, die Verhinderung zu kontrollieren und dafür einzustehen, dass es einen Sinnparallelismus zwischen dem solidarischen Subjektwerden aller Menschen und der Rede von Gott im Neuen und Alten Testament gibt. Das entlässt die Theologie nicht aus ihrer ideologiekritischen, aus ihrer politischen Aufgabe.

2.2 Gott der Religionen

Schon bisher war in einer sehr allgemeinen Weise von Religionsgeschichte als Argumentationsinstanz für Theologie die Rede. Der Text des Synoden-Credos weitet auch seinerseits den christlichen Gott der Hoffnung bewusst auf den Gott Abrahams, Isaaks und Jakobs aus, also auf den Gott der jüdischen Glaubensgeschichte. Gleichzeitig betont er, dass dieser Gott Abrahams, Isaaks und Jakobs auch der Gott des Islams sei, weil die jüdische

III. Der Glaube der Christen

Glaubensgeschichte in einer religionsgeschichtlich berechtigten Weise als Wurzelgeschichte sowohl für das Christentum als auch für den Islam angesehen werden muss. Für uns steckt hinter dieser Ausweitung die Absicht, christliche Hoffnung mehr als üblich in die Nähe der religiösen Selbstzeugnisse nichtchristlicher, nichtbiblischer Religionen zu rücken – ohne eine entweder elitär geschmäcklerische oder auch aggressiv apologetische Zurückhaltungs- und Berührungsangst vor dem sog. Paganen oder dem Heidnischen in diesen Religionen. Aber auch ohne den Versuch, diese religiösen Traditionen sofort missionarisch umzusetzen oder apologetisch abzuwerten im Blick auf die christliche Religion. Kritische Empfänglichkeit ist hier notwendig. Es soll ja nicht einer Synkretismusthese, einem Zusammenfließen aller Religionen in einer künftigen Welteinheitsreligion und einem christlich-religiösen Generalanzeiger für die Welt das Wort geredet werden.

2.2.1 Indirekte Ökumene der Religionen

Angesichts der Tatsache, dass die Welt aus ihren getrennten geschichtlichen und sozialen Lebensräumen auf allen Gebieten des Lebens offensichtlich immer mehr zu einer beziehungsreichen, gegensatzreichen Einheit zusammenwächst[16] – angesichts dieses Prozesses war es nie so möglich und erforderlich wie heute, dass sich das Christentum seiner quasi natürlichen Verwandtschaft mit den religiösen Traditionen anderer Völker und Kulturen bewusst wird und sich fragt, was das denn für sein Selbstverständnis bedeutet.[17]

Es geht heute nicht um kontroverstheologische Annäherungen oder auch Auseinandersetzungen, sondern vielmehr um die Forderung eines

---
[16] Dazu JBMGS 4, 150-194.
[17] Es geht weniger um eine Kontroverstheologie zwischen den Religionen, wie sie heute oft geübt wird mit relativ billigen Triumphen der einen religiösen Fraktion über die andere. Wenn etwa der christliche Auferstehungs- und Auferweckungsglaube dadurch plausibel gemacht werden soll, dass die Unsterblichkeitsvorstellungen außerchristlicher oder vorchristlicher Religionen mehr oder minder herabgesetzt werden, indem man den christlichen Auferweckungsglauben den großen Traditionen des religiösen Unsterblichkeitsglaubens den anderen Kulturen einfach undialektisch entgegensetzt, dann wird vergessen, dass in diesem Unsterblichkeitsglauben anderer Religionen genau jenes Sinnpotential, jene Fragen, jene *primären Bedürfnisse* des Menschen sich womöglich artikulieren, um die es auch hier in der christlichen Botschaft geht.

gegenseitigen Respekts, des gegenseitigen Beistands, damit also zunächst einmal um die Aufdeckung und Mobilisierung religiöser Phantasie und Lebenskraft in den Kulturen überhaupt. Es bewegt uns das Anliegen einer Art *indirekter Ökumene* der Religionen angesichts einer wachsenden Lähmung und Verwerfung von Religion durch jenes Wirklichkeitsverständnis, das unsere moderne Weltzivilisation, die wir keineswegs aufgeben können und wollen, durchprägt. Wenn der Eindruck stimmt, dass die Reserven an Sinngebung des Lebens nicht unerschöpflich sind, dass man diesen Sinn nicht aus einer metaphysischen Welt abrufen kann, die allzeit zur Verfügung steht, wenn der Widerspruch zwischen dem, was täglich an Wissen auf uns eindringt, und der sinnhaften Verarbeitungsmöglichkeit dieses Wissens, wenn dieser Riss in der Tat immer größer wird, dann sind heute gerade auch die Religionen in ihren humanen und humanisierenden Potentialen angefragt. Der Versuch, die authentischen Sinnmöglichkeiten von Religion aufzudecken und zu mobilisieren, ist nicht nur im Interesse der Selbsterhaltung der Religionen in einer quasi nachreligiösen Zeit von Bedeutung, sondern gerade im und als *Widerstand* gegen drohende Banalität, gegen drohende Aufhebung von humaner Identität durch das, was wir womöglich Fortschritt nennen. Denn am Ende kann vielleicht Religion nur in einer *Koalition* der großen Weltreligionen überhaupt jenen Widerstand gegen Hass und Banalität entwickeln, die sich in der heutigen Weltsituation als Gefahr abzeichnen. Vielleicht kommt die christliche Religion nur mit Unterstützung der nichtchristlichen Religionen über ihren eigenen spätabendländischen Individualismus hinaus, der eine der Bedingungen unseres gegenwärtigen Zustandes ist? Gerade der Katholizismus hat ja eine viel differenziertere historisch-soziale Ausgangslage und eine viel differenziertere kulturelle Spannungsbreite, als sie sich in der mitteleuropäischen Kirche spiegelt.

Dieser Anrufungsvorgang an alle religiösen Traditionen ist nur möglich, wenn die Geschichte der Religionskritik, die wieder in erster Linie auf unserem Boden gewachsen ist, nicht unterschlagen, vergessen und wiederum ihrerseits undialektisch zurückgedrängt wird. Er ist nur dann möglich, wenn Religionen ihre durchschaubaren repressiven Züge, ihre Gefährdung von Humanität, ihre Ohnmacht gegenüber fremder Verzweckung und Instrumentalisierung für fremde Interessen erkennen. Der Ruf nach einer solchen indirekten Ökumene der Religionen geht davon aus, dass die hier befürchtete Sinnschwäche nicht durch die Konstruktion eines allgemeinen Sinnverständnisses überwunden werden kann. Das ist

III. Der Glaube der Christen

das in eine Hypothese gekleidete Interesse, dass Gottesrede und ihre theologische Vergewisserung im produktiven Umgang mit anderen Religionen bleiben sollte. Das Credo der Synode erinnert daran, dass die *Gottesgeschichte* des Christentums viel kommunikationsfähiger ist als die spezifische Religionsgeschichte des Christentums selbst.[18]

2.2.2 Kritik des theologischen Religionsbegriffes

Hier wäre an die Situation des Christentums und auch der großen christlichen Kirchen bei uns seit der Aufklärungszeit zu erinnern. Durch die Aufklärung – abgekürzt gesagt – verliert das Christentum seine gesellschaftliche Plausibilität. Gesellschaft definiert sich nicht mehr selbst durch ein religiöses Endziel. Die Reformation entfaltet sich noch auf dem Boden einer Gesellschaft, die ihrerseits eigentlich unbefragt Christentum als gesamtgesellschaftliche Religion anerkennt. Es mag – wie einige glauben – eine Folge der Konfessionsspaltung sein, dass die Gesellschaft sich dann zwangsläufig von den beiden nun gespalteten christlichen Konfessionen immer mehr zurückzieht, weil die damalige Gesellschaft plötzlich entdeckt, dass diese Religion – bisher einheits- und friedensstiftendes Prinzip – diese Einheit, diesen Frieden wegen der konfessionellen Spaltungen gar nicht mehr garantieren kann. Das führt über den sich ausbildenden bürgerlichen Staat zu einer Privatisierung der Konfessionen. Dieser Prozess setzt zwar wirkungsgeschichtlich gesehen schon im 15. oder jedenfalls 16. Jahrhundert ein, aber als gesellschaftlich erkennbarer und gesellschaftsgeschichtlich beschreibbarer Vorgang muss er also mit dem verbunden werden, was wir Aufklärung nennen. In dieser Zeit also, in der das Christentum als Religion gegenüber der Gesellschaft partikular wird und gleichwohl einen universalen Anspruch erhebt, treten neue Legitimationsaufgaben an das Christentum heran.

In Anknüpfung an frühere Traditionen der theologia naturalis entwickelt sich innerhalb des Christentums ein Religionsbegriff, der den universalen Sinn des Christentums bewahrheiten lassen soll. Doch dieser Religionsbegriff, der in der Aufklärung und in den Traditionen der sog. natürlichen Theologien beider Konfessionen, wenn auch unterschiedlich, zur Geltung kommt, ist eigentlich ein apologetischer Begriff. Er ist nicht ein offener, empirisch anreicherbarer Begriff, über den nun auch eine

---

[18] Gott „ist nur ‚mein' Gott, wenn er auch ‚dein' Gott sein kann, er ist nur ‚unser Gott', wenn er auch der Gott aller anderen Menschen sein kann." In: JBMGS 4, 152.

offene Verständigung mit den anderen nichtchristlichen Religionen ohne weiteres möglich wäre, sondern eigentlich das Produkt einer christlich-theologischen *Abstraktion* zur Legitimation und Universalisierung des Christentums in einer Gesellschaft, in der dieses Christentum erstmals legitimationspflichtig wird, weil es eben partikular geworden ist und gleichwohl weiterhin einen universalen Anspruch erhebt.[19]

Dieser Religionsbegriff ist auch deswegen problematisch, weil er ein *subjektloser* Begriff ist. In ihm wird nicht genug deutlich, dass es in der Religion primär um Subjekte geht, um deren Geschichten, die nicht einfach auf einen allgemeinen Begriff gebracht werden können. Sie müssen vielmehr in praktischer Absicht *erzählt* werden. Es geht um die Kämpfe und Leiden, Hoffnungen und Ängste der Menschen und die Dokumente darüber. Dieser Religionsbegriff der Theologie verhindert eigentlich, dass unter ihm fremde Religionen von sich selbst her zur Sprache kommen. Er fördert eher Immunisierungstendenzen dagegen.

Es ist keine konfessionelle Polemik, wenn ich hier daran erinnere, dass dieser Religionsbegriff in den katholischen Traditionen eigentlich weniger Anhalt hat als in den Traditionen protestantischen Christentums, das viel entschiedener vom Ideal eines reinen Christentums geprägt ist als die katholische Kultur. Die Katholiken hatten und haben weniger Berührungsangst vor dem Paganen. Der Wille zum reinen Christentum ist eigentlich in den katholischen Traditionen nicht dominant. Im Protestantismus dagegen dominiert – pauschal gesprochen – immer auch der Wille zur Unterscheidung von Glaube und Religion überhaupt. In den Traditionen liberaler protestanischer Theologie hat der eben skizzierte Religionsbegriff, der Produkt der Aufklärungstheologie ist, seine Herrschaft über die evangelische Theologie angetreten.

Die „Dialektische Theologie" eines Karl Barth tritt ihrerseits gegen diese Art von Religionsverständnis an, und zwar nun mit der radikalen und rigorosen Unterscheidung zwischen Glaube und Religion. Entscheidend ist die Einsicht, dass der in der Aufklärung entwickelte Religionsbegriff eher eine Sperre gegen eine erfolgreiche und offene Begegnung mit den nichtchristlichen Religionen darstellt. Wie wäre aber nun christliche Theologie überhaupt – das ist die entscheidende theologische Frage –

---

[19] Es wird aufgrund dieser gesellschaftlichen Situation ein Religionsbegriff verhandelt, der gesamtmenschliche Geltung beansprucht, aber faktisch Produkt einer innerchristlichen Abstraktion ist und der nur durch seine seine abstrakte Allgemeinheit die spezifisch christliche Herkunft und Eigenart verbirgt.

III. Der Glaube der Christen

begegnungsfähig zu machen für fremde Religionen mit deren Selbstzeugnis? Wie kann sie die Authentizität fremder religiöser Erfahrung erkennen? Wie kann das Christentum seinerseits davon lernen, ohne etwa der in jeder Religion angelegten Wahrheitsfrage auszuweichen und damit am Ende doch so etwas wie einen religiösen Synkretismus entstehen zu lassen?[20]

Ich habe anderswo[21] gezeigt, dass in der Erzählung anders als im Argument oder im Scheinargument, anders als im Diskurs oder in dem, was man für Diskurs hält, die Wahrheitsfrage so besprochen werden kann, dass die Rede von diesem christlichen Wahrheitsanspruch nicht in einen logischen Totalitätszwang oder in eine Art transzendentaler Notwendigkeit führt. Die Sinngeschichten anderer Religionen müssen nicht von vornherein als unwahr oder als in die vom Christentum selbst argumentativ entwickelte Sinngeschichte eingeordnete Sekundärgeschichten erscheinen. Über die Erzählung lassen sich unterschiedliche Sinngeschichten so vermitteln, dass der Wahrheitsanspruch nicht über Notwendigkeitskategorien und Totalitätskategorien eingelöst wird.

In dieser narrativ-praktischen Weise wird die Wahrheitsfrage in der Begegnung mit anderen Religionen so aufrechterhalten, dass dieser erzählte Wahrheitssinn die Subjekte und die Praxis des Christentums nicht überflüssig macht, sondern geradezu herausfordert. Und die Praxis, auf die Christen in ihrer religiösen Identität pochen, ist auch durch keine

---

[20] Es gibt die These des evangelischen Systematikers *Wolfhart Pannenberg,* der in einer äußerst verdienstvollen Weise gezeigt hat, inwiefern das Sinn- und Gottesverständnis der nichtchristlichen Religionen Thema der Rede der christlichen Theologie, also Grundthema der christlichen Theologie sein sollte. Doch wird diese theologische Position m. E. dort wieder äußerst prekär und problematisch, wo sie sich ihrerseits der Frage stellt: Wie kann man, ohne die Wahrheitsfrage aufzugeben, Christentum und diese Religionsgeschichten miteinander in Beziehung setzen? Pannenberg arbeitet mit der Kategorie „universaler Sinn" und mit einer Art Sinntotalität, in und an der auch die Wahrheitsfrage verifizierbar bleibt. Für mich ist die Kategorie, wie er sie ausarbeitet, nicht aus der Aufklärung, sondern von Hegel her entwickelt. Und die Gefahr, dass dort in einer Art Sinntotalitarismus oder Sinnkolonialismus nun doch a priori den anderen Religionen in einem sehr allgemeinen Begriff, wie etwa dem Sinnbegriff, ein Muster übergeworfen wird, das sie doch wieder so tanzen lässt, wie das Christentum pfeift oder nur so reden lässt, wie wir es von vornherein zulassen, diese Gefahr besteht dabei. Vgl. *Wolfhart Pannenberg,* Erwägungen zu einer Theologie der Religionsgeschichte, in: *ders.,* Grundfragen systematischer Theologie. Gesammelte Aufsätze, Göttingen ²1971, 252–295.
[21] In: *Johann Baptist Metz,* Glaube in Geschichte und Gesellschaft. Studien zu einer praktischen Fundamentaltheologie, Mainz 1977 (JBMGS 3/1).

spekulative Reflexion kompensierbar. Ein Christentum, das anderen Religionen begegnet, muss, wo es die Wahrheitsfrage stellt, immer auch seine eigenen Verifikationsgeschichten miterzählen.

2.2.3 Die Kritik der stillschweigenden Identifizierung von Christentum mit bürgerlicher Religion

Was ich dabei sagen möchte, hängt mit der eben geäußerten Kritik am theologischen Religionsbegriff zusammen.[22] Auch da wäre noch einmal bei jener Krise anzusetzen, die uns bis heute begleitet und die nicht durch die kopernikanische Wende der Entthronung der Erde als Mittelpunkt der Welt recht unbestimmt als Wende zum neuzeitlichen Subjekt beschreibar ist, sondern durch den Aufgang eines ganz *bestimmten Subjektes*, eines ganz bestimmten neuen Menschen, eben des *Bürgers*. Die Religion, die wir heute häufig als christlich ausgeben, ist nicht ohne weiteres Ausdruck des Evangeliums, auf das wir uns berufen, sondern Schöpfung jenes neuen Menschen des 18. Jahrhunderts, der sich in allen Dimensionen des gesellschaftlichen, des sozialen, ökonomischen, politischen Lebens durchsetzt und zu *dem* Subjekt wird, das wir – ob wir wollen oder nicht – meinen, wenn wir abstrakt sagen: das Subjekt, der Mensch.[23] Worauf ich hinweisen möchte ist nur, dass wir nicht die Fahrlässigkeit wiederholen, verstärken und womöglich kanonisieren dürfen, in der die Religion als Schöpfung des Bürgers unkritisch mit dem Religionsverständnis des Christentums bzw. mit christlicher Religion überhaupt identifiziert wird. Das lässt sich an der Geschichte der Kirche deutlicher ablesen als an der des Christentums im Ganzen.

Die Kirche ist in den letzten 200 Jahren von einer hoheitlichen, gesamtgesellschaftlich anerkannten Institution immer mehr zu einer Art Serviceeinrichtung für bestimmte Bedürfnisse des Menschen geworden. Dieser Mensch ist nun einmal dominant der Bürger, der in einer Art zurückhaltendem Verhältnis zur Religion steht, weil er sich ja seine soziale Identität, seine Freiheit in besonderer Weise gegen diese religiösen Institutionen erkämpft hat. Für ihn ist Religion nun *nicht* mehr einfach Aus-

---

[22] Vgl. Dazu JBMGS 3/1, 53–68 („Politische Theologie des Subjekts als theologische Kritik der bürgerlichen Religion").
[23] An diesem Beispiel läßt sich die Subjekt-Objekt-Dialektik, die diese Credo-Interpration maßgeblich bestimmt, erläutern.

III. Der Glaube der Christen

druck eines primären Bedürfnisses.[24] Christliche Praxis schrumpft hier unversehens zu bürgerlicher Anständigkeit. Bürgerlicher Anstand kann viel, sehr viel bedeuten, und er soll hier keineswegs denunziert werden. Aber er ist eben doch etwas anderes als das Resultat von Identitätsbildung aus Nachfolge!

Hinter all diesen einzelnen mythischen Elementen steckt der Mythos von der *Unveränderlichkeit* unserer bürgerlichen Gesellschaft. Ihm ist alles unterworfen, er durchdringt alles, auch die Religion. Entsprechend ist sie inzwischen bei uns zur bürgerlichen Religion geraten, zur politischen Religion der Bürger, in der unsere Gesellschaft nicht etwa über sich hinauswill, sondern sich noch einmal in sich selber befestigt. In ihr bleibt der Gott Jesu zwar zitierfähig, aber kaum wirklich anbetungswürdig, weil er ja nicht eingreift, nicht stürzt, nicht aufrichtet, sondern als „Wert" unsere vorgefasste bürgerliche Identität überwölbt. Das ist Überbauchristentum, geglaubter Glaube, der eben nicht selber als Glaube identitätsbildend wirkt, sondern eine aus dem Mythos aufgeklärter bürgerlicher Gesellschaft geprägte Identität überhöht.

Wir sollten darauf achten, dass wir heute nicht den Bürger, der die Quelle der Krise des Christentums in einer bestimmten Weise geworden ist, als das religiöse Subjekt überhaupt verteidigen. Unterliegen wir nicht einer Verwechslung zwischen einer vom Evangelium immer neu aufgeworfenen Frage nach der Identität des Christentums mit dem, was als bürgerliche Religion in den letzten Jahrhunderten entstanden ist? Im katholischen Raum hat es immer so etwas wie einen *antibürgerlichen* Affekt gegeben. Den kann man natürlich als Ausdruck der Ungleichzeitigkeit[25] erkennen und benennen. So einfach ist es aber nicht, obwohl es viele katholische Theologen gibt, die sich etwa im Stil liberaler Theologie einer *undialektischen* Aufholmentalität verschreiben, um auf der Höhe der Zeit zu sein. Aber es ist längst die Stunde gekommen, in der man erkennen

---

[24] *Blaise Pascal* hatte den Aufgang dieses neuen Menschen seinerseits schon geahnt und hat auf seine Art vor ihm zu warnen versucht. Nicht dass die Menschen andere Lösungen der letzten Fragen gefunden hätten als die, welche ihnen das Christentum bisher angeboten hatte, sondern dass sie leben konnten, ohne eine Gewissheit darüber zu suchen, wie es denn um diese letzten Fragen steht, lässt Pascal diesen neuen Menschen, den er noch gar nicht beschreiben kann, als etwas empfinden, von dem er nicht mehr weiß, wie Religion eigentlich damit verbindbar ist. Die „Unnahbarkeit" des Bürgers zur Religion zeigt, dass bürgerliche Religion keine konstitutive Bedeutung für das Subjektwerden des Menschen besitzt.
[25] Vgl. JBMGS 3/2, 102–110.

muss, dass die Identifizierung von christlicher Identität und bürgerlicher Identität nicht nur fraglich, sondern gefährlich und tödlich ist. Vielleicht ist im antibürgerlichen Affekt etwas Richtiges gesehen, wenn es auch sehr häufig falsch und einseitig – weil undialektisch – interpretiert wird?[26]

---

[26] Vgl. dazu *Johann Baptist Metz*, Produktive Ungleichzeitigkeit, in: JBMGS 3/2, 102–110.

§ 2 Der neuzeitlich verworfene oder totgesagte Gott

Wir wenden uns in aller Kürze jenen idealtypisch gesammelten Verwerfungen, Verdrängungen, Bestreitungen des Gottesgedankens zu, mit dem die Auslegung des christlichen Credos als Verantwortung der Hoffnung allenthalben rechnen muss. Die Unterscheidung zwischen präargumentativen Widerständen und argumentativen Gottesbestreitungen bleibt hier grundlegend und mag weiterhelfen.

1. *Präargumentative Widerstände gegen das Gottesthema*

Ich unterscheide zwischen den quasi öffentlich ausgearbeiteten, argumentativen Positionen der Bestreitung und Verwerfung des Gottesgedankens einerseits und gewissen vorherrschenden Grundmentalitäten, präargumentativen Stimmungen andererseits, in denen die argumentativ ausgearbeiteten Bestreitungen des Gottesgedankens wie ein abgesunkenes Bewusstsein als quasi objektive Voraussetzung unserer gesellschaftlichen Welt und unseres gesellschaftlichen Bewusstseins wirksam sind. Es sind ja auch weniger die explizit entfalteten, neuzeitlichen Atheismen als vielmehr diese mehr oder minder präargumentativ wirksamen Vorurteile, die heute oft wie eine kollektive Sperre gegen das christliche Gottesbekenntnis wirken.[27]

Diese präargumentativen Vorurteile können kaum rein spekulativ ausgeräumt werden. Der in ihnen wirksame gesellschaftliche Bann ist nicht rein reflexiv zu brechen. Hier kommt der intelligible Rang jener Praxis ins Spiel, die der Synodentext als „gelebte Nachfolge" kennnzeichnet.

Zunächst einmal ganz kurz eine Charakteristik der gesellschaftlichen Verwerfungen des Gottesgedankens, die hier präargumentativ eine gewisse Rolle spielen. Ich beziehe mich hier für die Typisierung auf Äußerungen aus der Literatur, die gerade für präargumentative Probleme und Schwierigkeiten Symptomatischeres sagt als etwa die auf Statistik beru-

---

[27] Eine Sperre übrigens, die auch nicht etwa vor den Christen und den Kirchenmitgliedern einfach haltmacht. Nur so lässt sich nämlich ein Kuriosum gewisser statistischer Befunde erklären, etwa die, dass z. B. in den USA – ähnlich wie in der Bundesrepublik – es weit mehr Kirchenmitglieder als Gottgläubige gibt. Es zeigt sich jedenfalls, dass es hier ein praktisches Problem erster Ordnung gibt, nicht nur eine rein diskursiv zu behandelnde und in diesem Sinne akademische Frage. Es ist also sehr wichtig, wenn man von diesen Inhalten des christlichen Credos redet, einigermaßen zu wissen, was in den Köpfen und Herzen der Adressaten dieses Credos vor sich geht.

henden religionssoziologischen Befunde. Ich möchte vier Typen dieser präargumentativen Verwerfung des Gottesgedankens nennen.

1.1 Der Protesttyp

Die Verwerfung des Gottesgedankens aus moralischer Entrüstung unter Berufung auf intellektuelle und sittliche Redlichkeit, die Ausspielung von Religiosität gegen ernst genommene, nüchterne Humanität. Dieser Typ ist geradezu klassisch in dem literarischen Text „Brüder Karamasow" von *Fjodor M. Dostojewski* vorgeprägt. Darin wird die Anklage gegen den Gott der Religion angesichts der erfahrenen Widersprüche und Leiden erhoben und im Blick auf Versuche der Theologie, diese Leiden im Namen Gottes noch einmal zu harmonisieren. Der bekannte Text lautet:

> „Lieber will ich bei meinen ungerechten Leiden und bei meiner ungestillten Entrüstung bleiben, selbst wenn ich Unrecht hätte. Für die Harmonie nämlich ist ein viel zu hoher Preis festgesetzt. Es ist für unsereins unerschwinglich, so viel für den Eintritt in das Reich Gottes zu bezahlen. Deshalb beeile ich mich, meine Eintrittskarte zurückzugeben. Wenn ich ein ehrlicher Mensch bin, bin ich sogar verpflichtet, sie möglichst rasch zurückzugeben."[28]

Der Preis liegt in der Zumutung, angesichts der erfahrenen und erlebten Leiden eine Art endgültige Harmonie anzunehmen. Ein Protestgedanke, sozusagen aus Redlichkeit vor den konkreten Erfahrungen in unserer Gesellschaft und in unserem geschichtlichen Leben.

„Die Pest" von *Albert Camus*[29] formuliert in ähnlicher Weise den Protest der Verwerfung des Gottesgedankens aus sittlichem Widerstand. Es ist, ohne dass das dort so gesagt wird, die Kritik an den theologischen Harmonisierungsversuchen, wie sie in den üblichen Theodizeediskussionen begegnen. Es ist wichtig zu wissen, dass die Theologie in dieser Sache niemals einfach eine Antwort anbieten kann, sondern eine Frage offenhalten und eine Hoffnung ausarbeiten muss, in der nicht wir antworten, sondern in der eine Antwort der Rechtfertigung Gottes durch ihn selber aussteht und erwartet wird. Hier liegt der eschatologische Grundzug christlicher Hoffnung begründet.

---

[28] *Fjodor M. Dostojewski*, Die Brüder Karamasoff (deutsch: E. K. Rahsin), in: Werke in Einzelausgaben Bd.1, Frankfurt am Main 1971, 281 ff.
[29] Nach fünfjähriger Arbeit stellte *Albert Camus* am Ende des ersten Nachkriegsjahres in Paris 1946 seinen Roman „La Peste" fertig. Auf Deutsch erschienen 1947.

III. Der Glaube der Christen

1.2 Der Typ der Desillusionierung oder der Resignation

Die Verwerfung des Gottesgedankens aus dem Pathos der Desillusionierung, einer ernüchterten Resignation: Gott wird sozusagen als das Produkt einer übersteigerten Sinnerwartung durchschaut, einer als falsch erkannten Erziehung des Menschengeschlechtes. Wir müssen mit uns selber ohne Verheißung auskommen. *Gottfried Benn* hat in einem kleinen Gedicht das so formuliert: „*Fratze der Glaube, Fratze das Glück, leer kommt die Taube Noahs zurück.*"[30] Desillusionierung!

Ein Grundgefühl, das sicher häufig wirksam und erfahrbar ist, bringt *Wolfdietrich Schnurre* in seiner veröffentlichten Todesanzeige zum Ausdruck: „*Von keinem geliebt, von keinem gehasst, starb heute nach langem, mit himmlischer Geduld ertragenem Leiden: Gott.*"[31] Indifferenz! Es ist vorbei! Wer kümmert sich noch darum?

1.3 Der Typ der Verzweckung des Gottesgedankens

Es gibt da eine sehr sublime Form der Verzweckung: Gott gibt es, weil du ihn brauchst. Die berühmteste literarische Figur dafür in unseren Umkreisen ist der kleine Text in den „Geschichten von Herrn Keuner" bei *Bertolt Brecht*. Dort gibt es eine kleine Geschichte mit der Überschrift: „Die Frage, ob es einen Gott gibt":

> „Einer fragte Herrn K., ob es einen Gott gäbe. Herr K. sagte: ‚Ich rate dir, nachzudenken, ob dein Verhalten je nach der Antwort auf diese Frage sich ändern würde. Würde es sich nicht ändern, dann können wir die Frage fallen lassen. Würde es sich ändern, dann kann ich dir wenigstens noch so weit behilflich sein, dass ich dir sage, du hast dich schon entschieden: Du brauchst einen Gott."[32]

Das ist eine der vielleicht tiefsten Formen der Instrumentalisierung des Gottesgedankens: Es gibt ihn, weil wir ihn brauchen, um menschlich zu sein. Die aber gängigere, banale Figur der Instrumentalisierung des Got-

---

[30] Zitiert aus einem Vortrag von *Albert H. Friedlander*, „Jüdischer Glaube nach Auschwitz" (14. Juni 1979) anlässlich des 18. Deutschen Kirchentags in Nürnberg, in: Deutscher Evangelischer Kirchentag Nürnberg 1979. Dokumente, hrsg. im Auftrag des Präsidiums des Deutschen Evangelischen Kirchentags von *Harald Uhl*, Stuttgart – Berlin 1979, 584–594, 593. Dokumentiert in: *Gottfried Benn*, Schädelstätten, in: Gesammelte Werke (hrsg.v. Dieter Wellershoff), Bd. 3 (Gedichte), Wiesbaden 1960, 78 f.
[31] *Wolfdietrich Schnurre*: Das Begräbnis, in: Man sollte dagegen sein, Olten – Freiburg 1960, 25.
[32] *Bertolt Brecht*, Gesammelte Werke. Band 12 (Prosa 2), Frankfurt am Main 1967, Werkausgabe, 380.

tesgedankens einer quasi religiösen – oder noch sich für religiös haltenden Gesellschaft – ist anderer Art. Dort werden der Gottesgedanke und der Gottesglaube sozusagen zu einem gesellschaftlichen Versatzstück, zum Funktionieren, zum eigenen und zum gesamtgesellschaftlichen Funktionieren: der tödlichste Tod Gottes.

Auch politisch aufgeklärte Gesellschaften haben ihre „politische Religion", aus der sie sich zu legitimieren und zu stabilisieren suchen. Wir kennen sie z.B. in Gestalt der „Zivilreligion" in den USA und in der Gestalt dessen, was wir hierzulande „bürgerliche Religion" nennen. Beide politische Religionen dienen freilich der Politisierung der Religion, die zu ihrer strikten gesellschaftlichen Funktionalisierung führt.

2. Argumentative Bestreitungen des Gottesgedankens

2.1 Tod Gottes in der Natur

Viele Theologen wollen einen latent angelegten Atheismus im „neuzeitlichen Subjekt" erkennen. Ohne gleich in theologische Kulturkritik und Neuzeitverwerfung auszuarten, muss man auf die wirkliche Gefährdung und auf die Ambiguität dessen, was wir üblicherweise neuzeitliches Subjekt nennen, hinweisen. Dort, wo dieser Mensch, etwa seit Descartes, als das Subjekt einer – zumindest immer wieder versuchten – totalen Selbstreflexion, als das Herrschaftssubjekt gegenüber Natur und Wissen dominant als Herrschaftswissen gegenüber Natur begriffen wird, dort wird die Denkbarkeit Gottes wesentlich gefährdet. Und wo dieser Prozess einsetzt und Gott nur noch unter den Bedingungen der Möglichkeit dieser Selbstreflexion auftaucht, gibt es so etwas wie eine im Denken selbst angelegte Krise, die unter dem Stichwort „Evolution" als ein umgreifendes Kennzeichen für heutige Denkungsweisen und Lebensgefühle gemeint ist.

Das Dokument, das dramatisiert und außerordentlich wirkungsreich den Tod Gottes als Folge neuzeitlicher Vorgänge proklamiert hat, ist *Friedrich Nietzsches* Proklamation des Todes Gottes in der „Fröhlichen Wissenschaft":

> „Habt ihr nicht von jenem tollen Menschen gehört, der am hellen Vormittag eine Laterne anzündete auf den Markt lief und unaufhörlich schrie: ‚Ich suche Gott, ich suche Gott!' Da dort gerade viele zusammenstanden, welche nicht an Gott glaubten, so erregte er ein großes Gelächter. ‚Ist er denn verlorengegangen,' fragte der eine, ‚hat er sich verlaufen wie ein Kind,' fragte der andere, ‚oder hält er sich versteckt, fürchtet er sich gar vor uns, ist er weggegangen, ausgewandert', so schrien und lachten sie durcheinander. Der tolle Mensch aber sprang mitten unter

III. Der Glaube der Christen

sie und durchbohrte sie mit seinen Blicken. ‚Wohin ist Gott!', rief er, ‚ich will es euch sagen: Wir haben ihn getötet. Ihr und ich, wir alle sind seine Mörder. Aber, wie haben wir das gemacht? Was taten wir, als wir diese Erde von ihrer Sonne losketteten? Wohin bewegt sie sich nun? Wohin bewegen wir uns, fort von allen Sonnen? Stürzen wir nicht fortwährend rückwärts, seitwärts, vorwärts, nach allen Seiten? Gibt es überhaupt noch ein Oben, ein Unten? Irren wir nicht durch ein unendliches Nichts? Gott ist tot! Gott bleibt tot! Wir haben ihn getötet!"[33]

Die Aufmerksamkeit soll zunächst einmal jenen Dimensionen des Todes Gottes gelten, auf die Nietzsche in seiner eigenen Interpretation zurück- oder vorausgedeutet hat. Sie spielen auch für die theologische Ausarbeitung des Gottesgedankens immer eine Rolle.

Die *Destruktion jeder metaphysischen Kosmologie*: Es scheint heute für den Gottesgedanken keine kosmologische Vermittlung mehr zu geben. Die Natur hat schließlich längst aufgehört, eine Verweisung auf Gott zu sein. Natur ist zunehmend in ihrer eindeutigen Nicht-Göttlichkeit erfasst worden. Ihre Grenzen verlieren sich für den kommunikativen Erfahrungsbereich nun nicht mehr in die vermutete Unendlichkeit Gottes, sie wirkt nicht etwa numinos, sondern als Bauplatz, als Laboratorium des Menschen und seiner Projekte. Und als Projektierender ist er ja – neuzeitlich unterstellt – *Herrschaftssubjekt* gegenüber der Natur. Aus der Welt als dem ständig offenbleibenden Raum der Natur, in die der Mensch sich hineingestellt wusste und in der er sich einerseits elementar geborgen wähnte, wie auch ständig gefährdet – aus dieser Weltnatur ist die vom Menschen selbst unternommene, sich verändernde, *hominisierte* Natur geworden, in der der Mensch mehr oder minder immer nur sich und seinen eigenen Spuren begegnet.[34] Naturgeschichte sozusagen als Anthropophanie – nicht als Epiphanie Gottes. Nichts mehr scheint diese Welt unvermittelt als die untere Randzone, den numinosen Vorhof Gottes sichtbar werden zu lassen. Natur ist längst über unseren Köpfen evolutiv ins Unendliche hinein zusammengewachsen; aber in eine leere Unendlichkeit hinein, in die wir projizierend handeln. Das an dieser Natur zunächst vorgestellte Überweltliche und in dieser Vorstellung festgemachte Jenseits scheint ausgeglüht zu sein. Das Überweltliche wurde immer mehr zum Späteren, das Jenseits also zur Zukunft, aber nicht etwa zu

---

[33] *Friedrich Nietzsche*, Sämtliche Werke, Die fröhliche Wissenschaft. Drittes Buch 125, in: Kritische Studienausgabe (hrsg. von Giorgio Colli u. Mazzino Montinari), Bd. 3 (KSA 3), Berlin – New York 1988, 480 f.
[34] JBMGS 3/2, 61–72.

einer Zukunft der Überraschungen, der Diskontinuität, des Andersseins, sondern der extrapolierten Gegenwart. Zukunft wurde zu dem überraschungsfreien Raum der Projektionskulisse für menschliches Handeln. Heute scheint dieser Traum einer totalen, einer gewissermaßen prinzipiell grenzenlosen Naturbeherrschung mehr oder minder begrenzt, geradezu zerstoben zu sein. Wir reden wieder in vielen Bereichen von Grenzen und auch von Katastrophen. Das freilich könnte nur eine leichtsinnige Theologie dazu bewegen, sich nun in apokalyptischer Schadenfreude die Hände zu reiben und zu sagen: Jetzt sind wir also da, wo wir schon immer hinwollten. So ist Apokalyptik nicht gemeint! Es wäre also theologisch leichtsinnig, womöglich rasch wieder eine neue Kosmologie zu entwerfen.[35]

Ein Weg zurück in die Erfahrung von Natur als einer letztlich unantastbaren, majestätischen Statthalterin Gottes, in eine in diesem Sinn neue theologische Kosmologie, innerhalb derer sich durch die Jahrhunderte der christliche Gottesglaube immer wieder ausgelegt hat, ein solcher Weg zurück zeigt sich m. E. nicht. Wenn heute von einer neuen Aussparung oder Verschonung von Natur die Rede ist, dann ist dies selbst ein zweckrationaler Gedanke, der aus dem kalkulatorischen Umgang mit Natur entspringt und nicht aus einer unmittelbaren Erfahrung von Natur. Ein feierlicher Umgang etwa mit ihr wirkte auch heute sehr archaisch und gekünstelt. Wir haben nun einmal die Unschuld gegenüber Natur verloren. Und ob es da zu einer restitutio in integrum kommen mag, darauf haben wir, und die Theologen alle zusammengenommen, keine Antwort.

Vermutlich haben wir uns zu lange geweigert, die Natur selber als sinnvoll zu verstehen, weil wir sie besser beherrschen mussten. Und nun umschließt sie uns mit der ganzen Sinnlosigkeit, in die wir sie selbst hineingestellt haben. Ihre Numinosität, die sie einmal hatte, ist inzwischen zur Anonymität des *Evolutiven* geworden. Es ist heute nicht etwa die Angst vor dem Numinosum und dem Faszinosum Gottes, die die Menschen im Umgang mit Natur bewegt. Aber es gibt eine Angst vor der Anonymität eines solchen evolutionären Prozesses, der uns in unserer Identität, im Subjektsein mehr oder minder schwächt, verstört und irritiert, und der auch den geschichtlichen Aufstand des Menschen gegen

---

[35] Es ist erstaunlich, dass es nach dem Krieg nie Schöpfungs- und Naturtheologien gegeben hat. Heutzutage sieht man, dass plötzlich wieder solche Bücher auftauchen, wo die Theologen mit Aha-Erlebnissen sagen: Eigentlich steht das doch alles da, dass man die Welt nicht ausbeuten darf, dass sie der Hoheitsraum Gottes bleiben muss, dass man die Welt nicht verändern, sondern verschonen muss etc. Das halte ich für billige Nachkarterei.

die anbrechenden Sinnlosigkeiten lähmt. Es ändert auch nichts an der Tatsache, dass wir uns selber im Zuge dieser wissenschaftlichen Zivilisation immer mehr selbst als ein Stück Natur entdecken lernen. Der Mensch als Objekt wird zunehmend zum biotechnischen Anachronismus. So wird die gesamte Wissenschaftssprache zu einer sekundären Schicksalssprache, aus der der „Mensch" immer mehr verschwindet, in der die Rede von ihm allenfalls noch als Gerücht oder als „semantische Altlast" aus den Zeiten eines abendländischen Humanismus mitgeschleppt wird. Immer weniger, so scheint es, ist der Mensch noch sein eigenes Gedächtnis, immer mehr nur noch sein eigenes Experiment.[36]

2.2 Tod Gottes in der Geschichte oder die Destruktion jeglicher Theodizee

Es geht hier um die Legitimität der uralten Hiob-Frage: die Frage nach dem Sinn der Leiden und der Existenz Gottes angesichts dieser Leiden. Ausgearbeitet wurde eine Kritik des Gottesgedankens und eine Destruktion seiner Inhalte gerade im Zusammenhang mit diesem Theodizeeproblem. Man war von dem Eindruck geleitet, dass diese Frage allein dadurch zu beantworten sei, dass sie als schlechthin irrational und sinnlos eliminiert werden müsse. Die Aufklärungsphilosophie hat hier einen quasi moralischen Topos der Gotteskritik proklamiert: Angesichts der erfahrbaren und immer neu sich zutragenden grauenhaften Leiden, kann ein allmächtiger Gott, der in sie nicht eingreift, letzten Endes nur als ein grausamer, antlitzloser Apathiegott gedacht werden, der durch diesen Gedanken wieder sich selbst sozusagen entgöttlicht. Denn ein Apathiegott wäre kein Gott. Oder aber: Gott müsse angesichts dieser Leiden als ein ohnmächtiger Gott gedacht werden. Doch ein ohmächtiger Gott wäre wiederum keiner, weil Gott selbst, wenn überhaupt, immer als Einheit von Macht und Sinn, von Güte und Stärke gedacht werden müsse. Das aber wird angesichts der akkumulierten, sinnlosen Leiden undenkbar und deshalb ist die einzige Rechtfertigung Gottes angesichts dieser Leiden die, dass es ihn gar nicht gibt. Das ist die Grundfigur und das Grundpathos dieser Destruktion des Gottesgedankens angesichts der menschlichen Leidensgeschichte. In diese Richtung läuft die Destruktion der theologischen Theodizee, also des theologischen Versuchs der Rechtfertigung Gottes im Blick auf die geschichtlichen und gesellschaftlichen Leiden.

---
[36] JBMGS 4, 83-88.

Hier liegt eine der tiefsten Wurzeln für die Bestreitung und schließlich Verwerfung des christlichen Gottesgedankens. Im Gefolge der Aufklärung wurde dann ja auch – bildlich gesprochen – dieser Gott vom Thron der Geschichte abberufen und der Mensch selbst eingesetzt als Subjekt dieser geschichtlichen Prozesse. Über diese Folgen werden wir zu reden haben. Gerade weil es sich hier um eine zentrale Bestreitungsfigur handelt, werden auch die einzelnen Inhalte des synodalen Bekenntnistextes, die auf ihre Art jeweils den Gottesgedanken neu variieren, am Leitfaden der Theodizeefrage erläutert.[37]

In dieser Grundperspektive müsste auch die Glaubenssprache der Christen nicht beiläufig, sondern wesentlich eine Sprache sein, in der der Schmerz der Negativität, die Erfahrung des Leidens nicht ausgeblendet bleibt und nicht in einer Art Überaffirmation verdrängt wird. Glauben und Beten im Sinne christlicher Traditionen dürfte nicht als ein Verdrängen von Leiden, der eigenen und der fremden, verstanden werden, sondern zunächst einmal als deren Zulassung. Glaubenssprache der Christen müsste immer eine Leidens- und eine Krisensprache sein. Die Schwierigkeit, Ja zu sagen zu diesem Gott, dürfte keineswegs verschwiegen oder durch eine Art angestrengter Zuversicht kaschiert werden.

In den großen Glaubens- und Gebetstraditionen des Alten Testaments, etwa in den Psalmen, auch bei Hiob, in den Klageliedern und in den Äußerungen der Propheten, wird es ganz deutlich, dass die Sprache des biblischen Glaubens eben nicht eine sich abschirmende Sprache ist, die sich gegen die Erfahrung des Leidens und der Trostlosigkeit verschließt und immunisiert. Sie ist selbst vielmehr eine solche Leidenssprache, Sprache der Klage und der Anklage, Sprache des Aufschreis und – wörtlich gesagt – des Murrens der Kinder Israels. „Ich will", heißt es in Hiob 7,11, „meinen Mund nicht halten, ich muss meine Verbitterung loswerden. Du, Herr, zwingst mich dazu." Die Sprache dieses Glaubens ist die Sprache einer *leidenschaftlichen* Rückfrage an Gott und darin die Frage jener leidvoll gespannten Erwartung, dass Gott an seinem Tage sich selbst rechtfertigen möge angesichts der dunklen Leidensgeschichte der Welt. In dieser

---

[37] Man kann sehen, dass die Gottesfrage, wo sie explizit im Teil I des synodalen Textes behandelt wird, angesichts der Leidensgeschichte angesprochen ist, zumindest in der Kürze, in der es dieser Text erlaubt. Es gilt dies auch für die christologischen Aussagen wie auch für die Erläuterung der apokalyptischen Wahrheiten, also der Auferweckung und des Gerichts; es gilt auch für die Schöpfung und nicht zuletzt für die Erlösung bzw. die Vergebung der Sünden, wie sie in diesem ersten Teil des Synodentextes erläutert wird. Sie alle werden entlang dieser Theodizeefrage verdeutlicht.

III. Der Glaube der Christen

Glaubensfrage wird nie der Versuch gemacht, diese Theodizeefrage sozusagen von uns aus zu beantworten. Bezeichnenderweise gibt Gott in der Hiobsgeschichte den Freunden des Hiob, die diesen Gott von sich aus vor Hiob rechtfertigen wollen, keineswegs recht. Diese Glaubens- und Gebetssprache ist keineswegs eine Art Jubelsprache. Aber gerade deswegen ist sie eben auch keine Unterwerfungssprache. In dieser Sprache wird deutlich, dass es sich in der Glaubenssprache um einen mit Gott ringenden Menschen und keinen wohlfeilen Jasager, um keinen Gehorsamsmasochisten handelt.

Ich erwähne speziell die Tradition alttestamentlicher Glaubenssprache in diesem Zusammenhang, weil gerade in der Glaubenssprache der Christen etwas von dieser Leidenssprache präsent sein müsste, und zwar mehr als üblicherweise deutlich wird. Vielleicht haben wir Christen in einem pointierten Unterschied zur biblischen Tradition des Alten Testaments doch allzu oft in der Geschichte den Eindruck erweckt, unsere christliche Religion lebe aus einem Überschuss an Affirmation, an Antworten und entsprechend aus einem Mangel an leidenschaftlichen Fragen. Aber auch das Christentum ist keine Antwort-Religion. Man muss ja nur auf Jesus selbst schauen, auf seinen Weg, auf seine Sprache, auf seine Gebetssprache vor allem. Das Gebet Jesu – darüber werden wir noch bei der Schöpfung ausführlicher reden – darf nicht als eine unmittelbare, als leidfreie Affirmation verstanden werden. Das Maß seiner Zustimmung im Gebet ermisst sich gerade am Maße seines Leidens. Sein Leiden war – wenn man es nicht komparativisch ausdrücken will – ein Leiden an Gott. Und hier wäre die Leidensmystik der alttestamentlichen Glaubens- und Gebetssprache eben nicht verdrängt oder herabgesetzt, sondern geradezu radikal, d. h. an der Wurzel gefasst. Sein Gebetsschrei am Kreuz ist schließlich der Schrei jenes Gottverlassenen, der seinerseits Gott nie verlassen hatte. Diese Leidenserfahrung gehört eigentlich in die Mitte christlicher Glaubenssprache.

2.3 Die anthropologische Destruktion des Gottesgedankens

Hier ist jene folgenreiche Reduktion aller Theologie auf Anthropologie angesprochen, wie sie programmatisch im Werk *Ludwig Feuerbachs* vorliegt. Im Versuch nämlich, den Gottesgedanken als eine Projektion menschlichen Bewusstseins zu entlarven, als Hypostasierung menschlicher Sehnsucht, als Verdoppelung menschlicher Wunschträume. In dieser Projektion sucht der Mensch das ideal ersehnte und durch Leid verweigerte Menschsein ungefährdet anzuschauen – jenseits seiner Bedrohung durch Sinnlosigkeit und Tod. Das Jenseits der Wunschprojektion verrät deshalb letztlich nicht etwas über einen dort angesiedelten und hypostatisch dem Menschen entgegenstehenden Gott, sondern etwas über die Situation des Menschen selber. Es verrät etwas über seine gefährdeten Sehnsüchte und über die Versuche, mit diesen Gefährdungen fertig zu werden. Diese Projektion, von der Feuerbach spricht, ist nämlich gleichzeitig eine Entlastungsprojektion. Der Mensch befriedigt seinen Schmerz, indem er ihn vergegenständlicht. Der Gottesgedanke als Projektion, Unsterblichkeit als metaphysische Verlängerung oder auch Stabilisierung eines eingeborenen und natürlichen Egoismus gegen Bedrohnisse des Todes. Kurz: Dieser entäußerte, vergegenständlichte Seelenschmerz ist in der Religionskritik Feuerbachs Gott. Dieser Projektionsvorwurf, den ich hier in dieser Kürze nur andeute, taucht in den Feuerbach nachfolgenden Kritiken des Gottesgedankens immer wieder auf. Er ist zentral in diesem Sinne.[38]

Die Grundargumentationsfigur ist im Synodentext nicht eine projektionsverdächtige Hoffnung pro me, sondern in ihrer Anlage eine Hoffnung pro te, d. h. eine Hoffnung für den und die Anderen und darin jeweils für den Hoffenden selbst.[39] Das ist z. B. die Grundintention der Argumentationsfigur in I.8 („Kirche als Gemeinschaft der Hoffenden") oder in I.3 („Auferweckung der Toten"). Wo der Unsterblichkeitsgedanke angesprochen ist, wird betont nicht von der Frage ausgegangen: Was ist denn mit mir im Tode, um sie sozusagen von da aus sofort als eine metaphysisch verkleidete Figur von ängstlichem Egoismus, von Selbstbespiegelungsangst entlarven zu können, sondern von der Frage: Was ist denn mit dir, was ist mit den Anderen, was mit den fremden Anderen im Tode?

2.4 Die psychoanalytische Destruktion des Gottesgedankens

Es würde sich nun als vierte Figur nach Ludwig Feuerbach die marxistische Religionskritik nahelegen. Doch wird hier die psychoanalytische Destruktion des Gottesgedankens als eine der dominierenden Grundfiguren erwähnt – übrigens durchaus ein Folgephänomen der Projektionsthese Feuerbachs. Sie knüpft sich vor allem an den Namen von *Sigmund Freud*. Während Karl Marx den Projektionsvorwurf Feuerbachs bis in seine gesellschaftlich-ökonomischen Wurzeln hinein verfolgte, um dann von da

---

[38] Nichts als Illusison (Projektion)? in Band II dieser Ausgabe.
[39] JBMGS 6/1, 145–164; JBMGS 6/1, 188 f.

III. Der Glaube der Christen

aus Befreiungsstrategien zu entwickeln, spürte Freud der religiösen Projektion gewissermaßen in ihre vorbewussten, in ihre sinnlichen Wurzeln hinein nach und suchte damit den Tod Gottes in der Seele des Menschen zu besiegeln. Der Gottesgedanke basiert nach Freud, z. B. in seinem Hauptwerk „Totem und Tabu"[40], auf einem kollektiven Urtrauma im Tiefenbewusstsein der Menschen, das durch die Ermordung des herrischen, des übermächtigen Vaters von Seiten der Söhne hervorgerufen wurde; jenes Trauma, in dem die Urgestalt des ermordeten Vaters unbewusst wieder auftaucht, und zwar jetzt ausgestattet mit einer bisher ungekannten und unerreichten Fülle der Macht und des an- und einklagenden Anspruchs. Nach Freud ist der Gottesgedanke Ausdruck dafür, dass der Mensch sich immer noch nicht von der tyrannischen Herrschaft des Vaters freigemacht hat und die Rebellion der Söhne gegen den Vater gewissermaßen traumatisch nachwirkt. Der Gottesgedanke ist Ausdruck dafür, dass das Leben des Menschen immer noch autoritär überfremdet und die Revolution der Söhne nicht geglückt ist.

Demgegenüber wäre die Abwerfung des Gottesgedankens die eigentliche seelische Geburt der beschreibbaren Freiheit, der wahre Beginn der Freiheitsgeschichte der Söhne, die nun nicht mehr durch Entzweiungsmythen in der Seele der Menschen gehemmt wäre.

Aber selbst wenn die mit einer solchen Befreiung der Söhne vom Vater und mit einer sozusagen durch den Tod Gottes in der Seele erreichten Freiheit auch schon jene durch die Jahrhunderte beschreibbaren Aporien der Freiheitsgeschichte der Söhne, der revolutionären, sozialen, politischen, technischen Freiheitsgeschichte gelöst sind, wäre natürlich vor allem theologisch zu fragen, inwiefern sich nicht der christliche Gottesgedanke gerade auf die Dialektik der Freiheitsgeschichte der Söhne richtet. Es muss also gefragt werden, ob der biblische Gott in der Tat nur ein mythisch überhöhter Tyrannengott oder ob er nicht – im Munde Jesu und gerade in ihm – schärfste Kritik an diesem Tyrannengott ist: Kritik an der Übermacht gesellschaftlicher und familiärer Autoritäten?

Es mag hier etwas von unserer zunächst ja sehr abstrakten Forderung nach dem *praktischen Fundament* einer christlichen Rede von Gott und eines christlichen Redens zu Gott deutlich werden. Angesichts dieser religionskritischen Einwände wird man die Fragen nicht unterdrücken können, ob nicht der antlitzlos schweigende Gott Jesu und der Gott unserer

---
[40] *Sigmund Freud*, Totem und Tabu, Einleitung von Mario Erdheim, Frankfurt am Main 1991.

Gebete als apathischer Götze, als ein Baal oder als ein Moloch gedacht werden muss, ob er nicht doch ein Tyrannengott ist, der nach archaischen Mythen in einem herrschaftlichen Oben thront, zu dem unsere Sehnsüchte und unsere Leiden keinen Zugang haben. Ist dieser Gott nicht die Spiegelung und Besiegelung feudalistischer Herr-Knecht-Verhältnisse, die als ein anti-emanzipatorischer Restbestand aus einer längst durchschauten archaischen Herrschaftsordnung die Mystik des Gebets in einen menschenfeindlichen Masochismus treibt? Werden das Beten und der Glaube nicht immer wieder mit archaischen Ängsten und Zweifeln und Zwängen vergiftet? Ich glaube, dass Christen hier – angesichts solcher Fragen, auch eigener Ängste, eigener Zweifel und fremder Kritik – letztlich keine andere Möglichkeit haben als auf *den* und *dessen* Weg zu schauen, von dem sie den Mut nehmen, zu beten, Vater zu sagen und archaische Ängste zu durchbrechen.

Um dies zu verstehen, muss das Gesamte des *Verhaltens* Jesu im Auge behalten werden. Nur an *seinem* Gesamtverhalten wird deutlich, dass der Gott seiner Gebete eben nicht ein demütigender Tyrannengott ist, nicht Projektion irdischer Herrschaft und Autorität oder traumatisches Relikt davon. Und das scheint mir eben auch für das Beten überhaupt und für die Versuche, Glaubenssprache und Gebetssprache zu üben, wichtig zu sein. Auch an unseren Wegen *gelebter Nachfolge* muss für Andere und für uns selbst erfahrbar werden, zu wem wir beten und wen wir meinen, wenn wir sagen: Gott. An unserem Verhalten muss man die Züge jenes befreienden und erhebenden Gottes erraten können, dem diese Gebete gelten. Und deshalb wird im Synodentext deutlich, dass der unbedingte Gehorsam Jesu, sein Sterben mit der Gebärde des Jasagens, des Schreies, zusammengesehen werden muss mit seinem Weg der unbedingten Menschenfreundlichkeit. Dass also der Gehorsam die Wurzel ist für diese Art jener Menschenfreundlichkeit, die ihn schließlich ans Kreuz brachte. Es gibt keine ein für allemal erfolgreiche theoretische Widerlegung des Verdachts, dass das Beten Opium sei für das Volk oder gar des Volkes, dass es klassischer Ausdruck falschen Bewusstseins sei, sozusagen ein falsch adressierter Seufzer der Kreatur. Denn es gibt auch keinen rein theoretischen Widerstand gegen den Versuch, das Beten und die Glaubenssprache in unsere Gesellschaften als willkommenes Mittel zur Absorption von gesellschaftlich produzierten Enttäuschungen und Frustrationen, als Instrument der sozialen Hygiene einzupassen. Es gibt hier nur den Widerstand durch jene Praxis, die in der abgekürzten Form, in der sie hier als christliche gekennzeichnet werden kann, ein Widerstand durch *Nachfolge* ist. Und dass diese Nachfolge nicht wieder in rein verinnerlichter Weise all den Projektionsverdächtigungen und dramatischen Einschlüssen ins Bewusstsein unterliegt, kommt daher, dass diese Nachfolge in der Tat von sich selbst her immer ein *mystisches* und ein *politisches* Element an und bei sich hat. Wir haben gar keine Möglichkeit, uns mit dem Rücken zu den Leidenden nur in Richtung des adressierten Vaters zu wenden: Dieses praktische Anbeten ist nicht in die Disposition der Betenden gestellt. Nachfolgende werden nur in dieser Praxis wissen, mit *wem* sie es zu tun haben, und dadurch werden sie überhaupt erst *Eindeutigkeit* in das Beten bringen. Und in diesem Sinne würde ich in der Sprache Freuds sagen: Das liegt in der Ebene der Söhne, und zwar einer gelungenen Abnabelung vom autoritären Urvater oder wie immer man das nennen mag.

Zu Sigmund Freud wäre selbstverständlich sehr viel Rühmliches und Bedeutsames zu sagen. Er gehörte ja zu jenen, die die Identitätsschwäche des modernen Menschen durch widerfahrene Demütigungen am deutlichsten diagnostiziert hat. Diese Demütigung etwa durch die Entthronung der Erde als Mittelpunkt der Welt, durch die Absorption der menschlichen Geschichte durch die Einebnung in eine universal anonyme Naturgeschichte und schließlich durch die Rückbindung der Helle des menschlichen Bewusstseins an die Tiefen des quasi animalischen Vorausgewussten, des naturhaft Unbewussten, wie Freud es zu Tage gefördert hat.[41]

2.5 Tod Gottes in der Sprache

Es ist hier nicht an jene Schwächung der religiösen Sprache gedacht, wie sie durch die religiösen Institutionen im Verlaufe der Geschichte selbst hervorgerufen worden ist. Es ist also nicht der Eindruck des Verbrauchtseins religiöser Worte und Formen gemeint, sondern der systematisch ausgearbeitete Unsinnigkeitsverdacht gegenüber jeder religiösen Rede, speziell gegenüber der Rede von Gott. Diese Kritik am Sinn religiöser

---

[41] Problematisch bei Freud ist freilich, dass er seine Verfahrensweisen zuweilen provisorisch nennt. Es gelingt noch gar nicht hinlänglich jene Analyse, die streng naturwissenschaftlich vorgeht. An einer Stelle seiner Schriften fordert er sozusagen den progressiven Übergang von dieser noch provisorischen Methode zu einer streng naturwissenschaftlichen Form der Bestimmung der Seele des Menschen, sozusagen zur Psychochemie. Ich glaube, dass hier sichtbar wird, welche Rationalität ihn zu einer solchen Aussage oder Voraussage, zu einer solchen Option bewegen kann. Es ist eine sehr eindimensionale, auch geschichtlich-gesellschaftlich unvermittelte naturwissenschaftliche Rationalität. Auch um des Menschen willen müsste man hier Vorsicht anmahnen.

Rede ist schließlich vom Ideal einer reinen Wissenschaftssprache geleitet, die sich als *Metasprache* zu unserer Umgangssprache versteht, also einer Wissenschaftssprache, die alle unmittelbaren Sinnansprüche und Sinnartikulationen in der sog. Alltagssprache nur gelten lässt, soweit sie in dieser Metasprache als reproduzierbar erscheinen. Nun gibt es natürlich diese extreme Position in Reinkultur eher selten. Aber im Neopositivismus und in Formen des Sprachstrukturalismus können natürlich sehr schnell triviale Sätze der Alltagssprache metasprachlich rekonstruiert werden. Bei komplexeren Sinnbefunden wird das gewiss schwieriger. Und das gilt nicht nur für Sprachinhalte wie „Gott", sondern z. B. auch, was strukturalistische Sprachmethoden zeigen, wie den der Freiheit. Inzwischen ist in der Diskussion viel stärker die nicht nur funktionale, sondern *konstitutive* Rückbindung der wissenschaftlichen Systemsprachen an eine geschichtlich vorgeprägte Alltagssprache in der Diskussion. Hier deutet sich das praktische Fundament der Rede von Gott an.

2.6 Tod Gottes in der Gesellschaft oder die ideologiekritische Destruktion des Gottesgedankens: Karl Marx und Georg W. F. Hegel

2.6.1 Die marxistische Religionskritik und Gotteswissen

Karl Marx und *Friedrich Engels* knüpfen an die Kritik Feuerbachs an. Sie setzen diese Kritik des Gottesgedankens bei Feuerbach als Projektion voraus und vergewissern sie in einem gesellschaftskritischen Paradigma. Denn nach Marx ist die Feuerbachsche Kritik selbst noch eine idealistische Kritik. Sie verharrt – wie Marx das nennt – in reiner Bewusstseinskritik. Religions- bzw. Gotteskritik soll in Gesellschaftskritik überführt werden, denn nur so kommt Feuerbachs Intention nach Marx und Engels an ihr Ziel. So kommt diese Kritik in ihrer Befreiungsintention zur Geltung. Warum? Denn zwischen den Projektionen des religiösen Bewusstseins und den gesellschaftlichen Verhältnissen besteht ein Bedingungs- und Wirkzusammenhang. Jedes projizierende Subjekt ist ein geschichtlich und gesellschaftlich verstricktes Subjekt. Und die Konditionen für diese religiösen Projektionen liegen nach Marx in diesen gesellschaftlich-geschichtlichen Verhältnissen. Wenn man sich im Gottesgedanken mehr oder minder über eigenes und fremdes Leid und Elend hinwegtröstet, dann müssen eben die Verhältnisse geändert werden, die den Menschen zu einer solchen Droge, zu solchem Opium greifen lassen. Es genügt demnach nicht, die Projektionsfigur des Gottesgedankens als solche entlarven zu wollen, es müssen

III. Der Glaube der Christen

nun die sozialen Ursachen für dieses falsche Bewusstsein des Menschen von sich und seiner Welt geändert werden, damit der Mensch in seine Identität finden kann. Es genügt nicht, den Tod Gottes gewissermaßen idealistisch zu proklamieren. Dieser Tod muss gesellschaftlich ratifiziert werden, um der gesamtmenschlichen Emanzipation willen, wie Marx das in der „Judenfrage" nennt.[42]

Eine Theologie nun, die dieser Kritik Rechnung trägt und sich nicht von vornherein an ihr vorbeiformuliert, muss die gesellschaftlichen und die politischen Implikationen des Gottesgedankens ausdrücklich miterläutern. Sie muss, wenn sie sich als Theologie nicht aufgeben will, angesichts dieser Kritik jenen praktischen Freiheitssinn des Gottesgedankens herausarbeiten, der immer wieder seiner Verzweckung für Unterdrückungsabsichten und für Stabilisierung von Unterdrückungsverhältnissen und Ungerechtigkeit widersteht. Das ist eine der Grundintentionen Politischer Theologie. Dabei kann eine solche Theologie, die diese marxistische Religionskritik ernstnimmt, nicht einfach das Religionsverständnis des Marxismus übernehmen und Religion auch nicht mit jener wohlwollenden marxistischen Definition als „Seufzer der bedrängten Kreatur" oder als ohnmächtige Protestation gegen das Elend einfach identifizieren. Die Definition dessen, was Religion ist, muss immer auch die historischen Selbstäußerungen von Religion in Betracht ziehen, will sie legitim und auch wissenschaftlich hinreichend verfahren.

Nun kennt jede Religion von Gewicht ein Heil und eine Identität auch für Menschen im unterdrückten Leben. Religion ist nie nur für die Freien, für die Befreiten oder die Sieger da. Es gibt authentische Religion unbedingt auch im unterdrückten Leben. Gerade der Gott der Christen, der Gott des Evangeliums ist sicher kein Gott der Sieger, schon eher einer der Sklaven. Also doch Opium! Nein, denn das darf diejenigen, die diesen Gottesgedanken denken, nicht dazu verführen, das damit verbundene Heil strikt zu spiritualisieren und zu verinnerlichen, und es dann in dieser Weise allen wieder anzubieten, jetzt sozusagen unterschiedslos, aber auch kostenlos. Im Kern dieses Heiles steckt nämlich eine universale Befreiungsintention: Dieses Heil proklamiert zumindest in biblisch-christlichem Sinn einen Gott, der alle Menschen ins solidarische Subjektsein vor seinem Angesicht ruft.[43] Eine solche Konzeption des Gottesgedankens kann

---

[42] „Zur Judenfrage" ist eine von *Karl Marx* 1844 erschienene Rezension über zwei Arbeiten von Bruno Bauer.
[43] JBMGS 3/1, 60–101.

m. E. die marxistische Religions- und Gotteskritik ernst nehmen, ohne sie apologetisch gleich zu nivellieren. Eine solche Konzeption des christlichen Gottesgedankens verweist natürlich immer auch von vornherein und ständig auf das praktische Fundament der Rede von Gott: Heil als Freiheit *und* Befreiung.

2.6.2 Georg W. F. Hegel: Bürgerliche Gesellschaft als System wechselseitiger Bedürfnisbefriedigung

Wenn der Tod Gottes in der Gesellschaft im Blickfeld steht, wäre auch *Georg W. F. Hegel* zu nennen. Der ideologiekritisch angestrebte Tod Gottes in der Gesellschaft hat sich längst vor Marx schon in den Entwicklungen der Neuzeit vorbereitet. Das religiöse Endziel gesamtgesellschaftlicher Entwicklungen verblasste immer mehr und verschwand schließlich seit der Aufklärung aus den Selbstdefinitionen moderner Gesellschaften. Eine religiöse Zielangabe für gesellschaftliches Leben gehört seitdem nicht mehr – so sieht es jedenfalls aus – zur Definition gesellschaftlicher Wirklichkeit des Menschen. Sie kann auch nicht mehr in jener direkten und unvermittelten Weise zu ihr gehören, wie das im antiken, mittelalterlichen und auch im frühneuzeitlichen Gesellschaftsverständnis der Fall war.

Hegel hat den gesellschaftlichen Tod der Religion in der Entwicklung des bürgerlichen Gesellschaftsprozesses gesehen und bedacht. In seiner Rechtsphilosophie nennt er die für ihn damals neue bürgerliche Gesellschaft ein System von Bedürfnissen, von wechselseitiger Bedürfnisbefriedigung und ein sich bewegendes System von Toten.[44] Was will Hegel mit dieser Definition bürgerlicher Gesellschaft und des implizierten Todes Gottes sagen? Zusammengefasst wohl dies: Er beobachtet, dass sich zum ersten Mal Gesellschaft auf der konstanten und konformen Bedürfnisnatur der Menschen und ihrer Arbeit zwecks Bedürfnisbefriedigung etabliert. Diese Gesellschaft wird damit unabhängig von den Herkunftsmächten der Geschichte, die sonst die Gesellschaftlichkeit der Menschen bestimmen. Menschen assoziieren sich nun dominierend und am Ende ausschließlich als Träger von Produktion, Verkehr, Konsum, Konkurrenz. Alle anderen menschlichen Werte und Beziehungen treten aus dem Gesellschaftszusammenhang heraus und werden in die individuelle Freiheit des Einzelnen, in seine Subjektivität hineingestellt. Der Gesellschaftsverkehr selbst

---

[44] *Georg W. F. Hegel*, Grundlinien der Philosophie des Rechts, hrsg. von Johannes Hoffmeister, Hamburg ⁴1955, § 189 bis § 208.

III. Der Glaube der Christen

wird *abstrakt*. Nun hat Hegel wohl gesehen, dass eine Gesellschaft, die das Arbeits- und Bedürfnissystem zur einzigen sozialen Bestimmung des Menschen zu machen sucht, in ihrer Abstraktheit das Menschsein gefährlich bedroht. Auch wenn man es vielleicht nicht so apodiktisch sagen möchte, hat Hegel hier etwas gesehen, was die gesellschaftlichen Verhältnisse für uns, und zwar gerade auch in der Bedrohung religiöser Identität, kennzeichnet.

2.7 Sehnsucht und Bedürfnis

Von der Erfahrung einer solchen – zumindest tendenziell – totalen Bedürfnisgesellschaft, geht deshalb auch der Synodentext aus. Es heißt dort:

„Der Gott christlichen Glaubens ist der Grund unserer Hoffnung, nicht der Lückenbüßer für unsere Enttäuschungen. Nun versteht sich die Gesellschaft, in der wir leben, immer mehr als eine reine Bedürfnisgesellschaft, als ein Netz von Bedürfnissen und deren Befriedigung. Wo jedoch die gesellschaftlichen und öffentlichen Interessen ausschließlich von dieser Bedürfnisstruktur geprägt sind, hat unsere christliche Hoffnung ein verschwindendes Dasein. Denn in dieser Hoffnung drückt sich eine Sehnsucht aus, die alle unsere Bedürfnisse übersteigt. Wer sich vom Zwang eines reinen Bedürfnisdenkens nicht freimachen kann, wird den ‚Gott unserer Hoffnung' letztlich nur als vergebliche Vorspiegelung, als eingebildete Erfüllung und vereitelter Bedürfnisse, als Täuschung und falsches Bewusstsein kritisieren können, und er wird die Religion der Hoffnung leicht als eine inzwischen durchschaute und eigentlich schon überholte Phase in der Geschichte menschlicher Selbstgestaltung ansehen. Die Gottesbotschaft unserer christlichen Hoffnung widersetzt sich einem schlechthin geheimnisleeren Bild vom Menschen, das nur einen reinen Bedürfnismenschen zeigt, einen Menschen ohne Sehnsucht, das heißt aber auch ohne Fähigkeit zu trauern und darum ohne Fähigkeit, sich wirklich trösten zu lassen und Trost anders zu verstehen denn als reine Vertröstung. Die Gottesbotschaft unserer Hoffnung widersteht einer totalen Anpassung der Sehnsucht des Menschen an seine Bedürfniswelt." (I.1)

Im Interesse einer kritischen Vermittlung christlicher Hoffnung in der hier so gekennzeichneten gesellschaftlichen Welt, bedient sich also dieser Text der Unterscheidung von *Sehnsucht* und *Bedürfnis*. Sie ist nicht unproblematisch. Es wäre vielleicht zutreffender, zwischen sog. primären Bedürfnissen, also Grundbedürfnissen, und sekundären Bedürfnissen, die sich kulturell ankristallisieren und die auch wechseln, zu unterscheiden. Wobei dann zu den primären Bedürfnissen auch das in einer historischen Anthropologie beschreibbare Bedürfnis nach einem unverzweckbaren Sinn gehören würde. Bei einer solchen Unterscheidung von Sehnsucht und Bedürfnis besteht nämlich einmal die Gefahr, Bedürfnisse abzuwerten. Dies geschieht nahezu immer dort, wo gesellschaftlich ermächtigte

Subjekte, die sozial und ökonomisch ihre Identität haben, sich davor ängstigen, dass die Bedürfniswelt derer, die diese Identität nicht haben, politisch aggressiv werden könnte. Dehalb spricht man abwehrend plötzlich nicht mehr von Bedürfnissen, sondern nun eben von Sehnsucht, von Sinn und von anderen Dingen. Sehnsucht als Beschwichtigungskategorie – diese Gefahr gibt es.

Darüber hinaus ist es schon rein sprachlich schwierig, mit diesen beiden Begriffen Sehnsucht und Bedürfnis zurechtzukommen. Warum? Sehnsucht ist umgangssprachlich ganz gewiss einer der unbestimmtesten Begriffe überhaupt. Und die Theologie kann nun einmal von diesen umgangssprachlichen Eigenarten nicht absehen und sich nicht in reinen Metasprachen aufhalten, weil für uns alle Metasprachen selbst noch einmal ein praktisches Fundament ihrer Rede haben und deshalb umgangssprachlich rückgebunden bleiben. Sehnsucht – das weckt Assoziationen an vage schweifende Gefühle. Bestimmtheit gewinnt dieses Wort hier nahezu ausschließlich aus dem gegensätzlichen Gebrauch von Sehnsucht und Bedürfnis. In der Euphorie sprachtheoretischer Reflexionen vergisst man heute gerne, dass nämlich dieses Wort „Sehnsucht" zunächst einmal an jener Unbestimmtheit partizipiert, die eigentlich allen Begriffen anhaftet, durch die eine Entzweiung, eine Art Widerstand in die herrschenden Plausibilitäten einer Bedürfnisgesellschaft eingeführt werden sollen.[45] Man kann diese Unbestimmtheit der Begriffe nicht gegen die Legitimität ihres Gebrauchs wenden. Auch die Unterscheidung „Arbeit und Interaktion" hat ihren durchaus bedeutsamen Sinn. Denn nur in der Entzweiung mit dem, was öffentlich gilt und mehr oder minder problemlos angenommen ist, kann man auch kritische Freiheit ihm gegenüber gewinnen. Ich

---

[45] Wenn man nicht der Meinung ist, dass die herrschenden Plausibilitätsvorstellungen in unserer Gesellschaft und die Sprachmuster, wie sie unsere Zivilisation liefert, in jedem Falle unbefragt akzeptiert werden können, dann gerät man sprachlich zwangsläufig zunächst einmal in diese Unbestimmtheit hinein. Ein solcher Mut zur Unbestimmtheit ist die Voraussetzung für wirklich kritisches Bewusstsein, wenn sich diese Kritik nicht nur als sich selbst durchschauende Funktion an bestimmten Zusammenhängen begreift, die ohnehin gelten. Die Worte, in denen sich kritische Freiheit artikuliert, werden zunächst einmal von den herrschenden Vorstellungen und Begriffen entmächtigt und entwichtigt. Schon die Philosophie darf, nicht zuletzt als Wissenschaftstheorie, diese fragile Identität ihrer Begriffe nicht zugunsten eines reinen Metawissens aufgeben, weil sie ja die eindeutigen, empirisch abdeckbaren Aussagen überschreiten muss, wenn sie sich nicht überflüssig machen will. Wenn also die Philosophie schon eine solche fragile Identität in Kauf nehmen muss, umso mehr wird das für die Theologie gelten.

III. Der Glaube der Christen

will noch einmal darauf hinweisen, dass Sehnsucht hier primär als eine *Widerstandskategorie*, als eine *Entzweiungskategorie*, als Kategorie *kritischer Sinnsuche* gedacht ist. Sie widersteht nämlich dem Versuch, als real und sinnhaft nur das gelten zu lassen, was sich in ihren wechselnden Bedürfnissen und ihrer Erfüllung ausdrückt und was Vernunft als Instrument und Organon zur Bedürfniserfüllung definieren lässt.

Der Gottesgedanke ist immer begleitet von einer praktischen Revision der Bedürfnis- und Interessenwelt – immer. Er ist nicht interesselos, aber er impliziert eine Revision der Bedürfnisse und Interessen, die uns unmittelbar bewegen. Und zwar um seiner Wahrheit willen, wenn der Mensch in diesem Gedanken nicht nur sich selber denken soll. Diese Metanoia des Denkprozesses ist ein inneres Moment am Gottesgedanken und in diesem Sinne Revision von Interessen- und Bedürfnisbefriedigung. Die Sehnsucht, die also hier apostrophiert ist, ist eine Kategorie *kritischer Sinnsuche* in einer Gesellschaft, die sich tendenziell als totale Bedürfnisgesellschaft versteht, sodass in ihr alle gesellschaftlich wirksamen Plausibilitäten, alle öffentlich zugelassenen und wirksamen Systeme von Sinn auf Bedürfnisentfaltung und Bedürfnisbefriedigung bezogen sind.[46]

Biblisch heißt diese Sehnsucht: Hoffnung auf vollendete, auf ungeteilte Gerechtigkeit für alle, gerade auch für die Zurückgebliebenen, für die „in the long run" Überrollten, für die Toten. In den Traditionen des Christentums gibt es Worte, die sich mit diesem Begriff „Sehnsucht" verbinden lassen, z. B. das „cor inquietum" des Augustinus. Wichtiger aber scheint mir die Unterscheidung von „desiderium" und „potentia" bei Thomas von Aquin zu sein. Wobei die sog. „potentia" des Menschen – in unserer Sprache jetzt – die Bedürfnisstruktur menschlichen Verhaltens meint und das

---

[46] Die soziologischen Sinnkategorien sind, zumindest soweit sie aus der sog. funktionalen Soziologie kommen, von daher geprägt. Es gibt durchaus soziologische Entwürfe, in denen Religion einen systemfunktionalen Stellenwert bekommen kann. Aber dies ist ein Sinn, der sich auf den Entwurf eines Gesellschaftszusammenhangs bezieht, der nicht etwa von vornherein eine religiöse oder theologische Definition dieser Gesellschaftlichkeit zulässt. Sinnhaftigkeit bekommt Religion nur dadurch, dass sie eine bestimmte *Funktion* in dieser gesellschaftlichen Totalität einnimmt, etwa die Funktion, Enttäuschungen, Frustrationen, die das gesellschaftliche System immer wieder produziert, zu absorbieren. Wo Religion sich auf diese Art von Sinnhaftigkeit einließe, hätte sie m. E. ihre Identität verloren oder stünde in extremer Bedrohung. Gegen diese Gefährdung sucht sich die zunächst einmal unbestimmte, etwas ohnmächtig und hilflos wirkende Unterscheidung von Sehnsucht und Bedürfnis zu wehren. In diesem Sinn ist sie nicht ein beliebiger Begriff.

„desiderium naturale" eine natürliche Sehnsucht nach *unverzweckbarem Sinn*, wofür der Mensch keine potentia hat, d. h. was er sich als Bedürfnis nicht erfüllen kann.

Doch wie steht es um den Verdacht, dass sich diese Unterscheidung einer religiös-metaphysischen Entzweiungsanthropologie verdankt, die eigentlich heute aufgegeben sein sollte, weil sie dem herstellbaren Glück des Menschen mit einer ineffektiv übersteigerten Sinnsehnsucht im Wege steht? Es steht also – so der Verdacht – eine Art religiöse Entzweiungsanthropologie gegen eine Bedürfnisanthropologie oder gegen die Verheißungen einer solchen Bedürfnisanthropologie, die sich ausschließlich an erfüllbarem Glück und auch an dem garantierbaren subjektiven Wohlbefinden der Menschen orientiert. Eine solche Bedürfnisanthropologie – gegen diese Entzweiungsanthropologie verstanden – möchte alle Sehnsucht, die nicht in Bedürfnisse umsetzbar ist, zumindest in ihrer Verbindlichkeit aufgeben oder aussterben lassen. Sie sucht ja eine solche Sinnsehnsucht, von der Religion spricht, als eine Art infantiles Bedürfnis zu entlarven, das sich durch bestimmte Traditionen aufgebaut und verfestigt hat. Die anthropologische Frage, die hier auftaucht, ist die, ob der Mensch an einer totalen Überführung von Sinn in mögliches Wohlbefinden und in Bedürfnissättigung interessiert ist oder ob er nicht lieber mit einer bestimmten Form von ohnmächtiger Sehnsucht unglücklich bleibt als sich sozusagen entzweiungslos für glücklich zu halten? An dieser Frage wird das Notwendige der Unterscheidung deutlich.

Auch wenn man um die Gefahr einer Tröstungs- und Beschwichtigungsfunktion dieser Unterscheidung weiß, muss man gleichwohl nach den Aporien eines Lebens fragen, das sich aus dem Spannungsfeld zwischen Sehnsucht und Bedürfnis, zwischen Sinn und Faktizität, zwischen symbolischer Kommunikation und Information herausbegibt. Es muss die Frage gefragt werden, ob dann nicht auch bestimmte Bedrohungen menschlicher Identität entstehen, ob der Mensch dann nicht seine Fähigkeit zu trauern und seine Fähigkeit zu feiern verliert. Bedürfnisse kann man nicht feiern, man kann sie nur erfüllen. Auch Informationen und Theorien kann man nicht feiern, sondern eigentlich nur eine unabgegoltene Sehnsucht. Und man kann drohende Sinnlosigkeit betrauern. Diese Balance von Sinnbejahung und dem Ernst, unterdrücktem Leben wirklich in seinen Bedürfnissen aufzuhelfen und Bedürfnisse der Anderen zu befriedigen, das ist der schwer festmachbare Ausgangspunkt einer Anthropologie, wie sie in der Gottesfrage angesprochen ist.

Schließlich bleibt auch die für Theologie die wichtige Frage: Gibt es nicht auch eine legitime Sehnsucht im unterdrückten Leben, eine Sehn-

III. Der Glaube der Christen

sucht nach Identität auch im ausgebeuteten Leben? Sind also die Lieder der Sklaven nur Selbstbetäubung, die Religion der Unterdrückten, soweit sie in diesen Verhältnissen leben, nur Opium? Der Sehnsuchtsschrei auch anderer Gefolterter, der Gottesschrei der in die Gaskammern Getriebenen, ist er nur eine barmherzige Illusion? Was wäre denn dann Barmherzigkeit? Diese Fragen, soweit vorgetrieben, sollen auch als Fragen stehen bleiben, die es problematisch erscheinen lassen, dass man eine Heilsgeschichte und eine sozio-ökonomische Befreiungsgeschichte total synchronisiert. Wo das gemacht wird, entsteht auch die Gefahr, dass Freiheit und Befreiung zu einer Ideologie der Sieger werden können, dass es Humanität, Identität, Sinn und Freiheit nur für die Späteren, für die erfolgreich Durchgekommenen, eben für die Sieger gäbe. Und das widerspricht nun jeder religiösen Tradition. Die in der christlichen Hoffnung sich artikulierende Frage nach Sinn bedeutet eben keine vage schweifende, unverbindliche Form von Sehnsüchtigkeit, sondern jenen Hunger und Durst nach *Gerechtigkeit*, wie er in den biblischen Traditionen ausgesprochen ist. Der Name für diesen Sinn heißt in diesen Traditionen: *Gott*. Deshalb erinnert auch abschließend der Synodentext selbst an das praktische Fundament eines solchen Gottesverständnisses und damit verbunden an das praktische Fundament der von uns hier versuchten Unterscheidung zwischen Sehnsucht und Bedürfnis.

Es heißt zu diesem ersten Abschnitt im Bekenntnisteil:

„So wird der Name Gottes nicht zum Deckwort für eine gefährliche Beschwichtigung oder vorschnelle Aussöhnung mit unserer leidvoll zerrissenen Wirklichkeit. Denn gerade diese Hoffnung auf Gott ist es ja, die uns an sinnlosem Leiden immer wieder leiden macht. Sie ist es, die uns verbietet, mit der Sinnlosigkeit dieses Leidens zu paktieren. Sie ist es, die uns immer neu den Hunger nach Sinn, das Dürsten nach Gerechtigkeit für alle, für die Lebenden und die Toten, die Kommenden und Gewesenen weckt und die es uns verwehrt, uns ausschließlich innerhalb der verkleinerten Maßstäbe unserer Bedürfniswelt einzurichten." (I.1)

3. Theologische Reaktionsweisen auf die Bestreitung des Gottesgedankens

3.1 Rückzug aus Bereichen, in denen der Tod Gottes proklamiert wurde

Die Theologie hat nun ihrerseits auf diese verschiedenen gesellschaftlichen Verwerfungen und auf die systematische Kritik des Gottesgedankens höchst unterschiedlich reagiert. Einmal dadurch, dass sie sich aus den Bereichen, in denen der Tod Gottes proklamiert und der Gottesgedanke theoretisch kritisiert wurde, systematisch zurückzog, zurück aus Natur, Geschichte, Bewusstsein, Seele, Sprache, Gesellschaft. Theologie hat diese Bereiche mehr oder minder als Quellen der Gotteserkenntnis preisgegeben: Keine Kosmologie mehr in der Theologie, keine Rede von Geschichte, sondern allenfalls von Geschichtlichkeit, Gesellschaft nicht mehr als Thema systematischer Theologie, sondern eher das Abheben auf gesellschaftslose Person und Existenz, dann auch neue Formen der negativen Theologie, die bereits – bevor sie überhaupt in Auseinandersetzungen eintritt – immer gleich beteuert, dass Gott der Unaussprechliche sei, also Rückzug aus der Sprache. Diese Rückzugsphänome begegnen der gegenwärtigen Theologie deutlich.

3.2 Preisgabe des Begriffs „Religion"

Eine andere Reaktion ist die, dass man im Sinne der Unterscheidung zwischen Glaube und Religion alle in die Geschichte hineinreichenden, in ihr artikulierbaren, gesellschaftlich beschreibbaren Formen dieses Glaubens nun aufgegeben hat oder jedenfalls aus theologischen Gründen für etwas Sekundäres bezeichnet. Man hat in diesem Sinne die Entzweiungen, die durch die symbolischen, die mythischen, die nur in Erinnerung und Erzählung festhaltbaren Gehalte unseres Glaubens auf Religion abgeschoben und an einem *weltlosen* Glauben festgehalten. Die Wiedergewinnung der Dimension Religion heute aus zum Teil sehr unterschiedlichen Motiven ist eine sehr positive Charakterisierung unserer Situation.

3.3 Konditionierung des Gottesgedankens

Es gibt neben diesen Reaktionen in der Theologie auch die Konditionierung des Gottesgedankens. Der Gottesgedanke, der nun unter der Hand oder explizit identifiziert wird mit Utopie, wird mehr oder minder in seinem funktionalen oder in seinem heuristischen Wert akzeptiert, weil er Menschen befeuert in ihrem Handeln und in ihrer Absicht, human zu sein und zu bleiben.

Eine abschließende Bemerkung: Alle unsere Überlegungen zu den einzelnen Gottesbestreitungen zielten immer wieder auf dieses *praktische* Fundament des Gottesgedankens und der Gottesrede; und das nicht, um der Härte theoretischer Auseinandersetzung und der Schärfe der Kritik auszuweichen, sondern weil die strengste theologische Theorie im Sinn der Theorie-Praxis-Dialektik unter dem Primat der Praxis steht. Zur Selbstvergewisserung der Theologie gehören konstitutiv die *Erinnerung*

III. Der Glaube der Christen

und die *Erzählung* einer Praxis, eines Weges, der Nachfolge. Deshalb ist auch der Bestimmung dieser Nachfolge im Bekenntnistext der Synode ein sehr breiter Raum eingeräumt. Die durch diese Praxis der Nachfolge gewonnene *Intelligibilität*, Mitteilbarkeit und Plausibilität des Gottesgedankens kann durch keine reine Theorie kompensiert werden. Was dem Gottesgedanken heute an Intelligibilität zu fehlen scheint, ist in erster Linie diese praktische Intelligibilität. Dadurch bestätigt sich erneut einer der Leitsätze unserer Überlegungen überhaupt: Die Krise des Christentums und damit auch spezifisch die Krise des christlichen Gottesglaubens ist nicht primär eine Krise der Inhalte, sondern der Subjekte und ihrer Praxis.

§ 3 Leiden und Sterben Jesu Christi

1. Christologie als Nachfolge-Christologie

Es handelt sich hier um den spezifisch christologischen Teil des Credos. Das kann und soll hier in geraffter Kürze erörtert werden. Christologie ist im Lichte der hier verfolgten Theorie-Praxis-Dialektik wesentlich Christologie der Nachfolge. Man unterscheidet heute gerne im Gefolge der christologischen Arbeiten zwischen einer Christologie „von oben" (dogmatisch in den Sätzen der großen christologischen Konzilien und ihrer Exegese) und einer Christologie „von unten". Doch ist diese Unterscheidung nicht unmissverständlich. Wenn wir sie hier gleichwohl benützen, dann handelt es sich bei der Nachfolge-Christologie um eine Christologie „von unten", in der das in der Nachfolge erworbene Wissen in das Thema und den Inhalt der Christologie konstitutiv hineingehört. Nachfolge und Christologie gehören dementsprechend innerlich zusammen. Das ist wichtig auch für die richtige Einschätzung des Umfangs der christologischen Aussagen im Synodentext.

Das in der Nachfolge-Christologie ausgedrückte Verhältnis von Theorie und Praxis kann also nicht als reine Begriffsdialektik, sondern muss als handlungsbezogene Geschichtsdialektik verstanden werden. „Gott" ist von vornherein – also sozusagen a priori – ein praktischer Gedanke.[47] In aller Schärfe betont, heißt dies: Es gibt kein Christus-Wissen ohne Christus-Nachfolge. „Nachfolge genügt" heißt es dazu im Synodendokument der Bistümer Deutschlands (III.). An dieser Christologie sucht man heute zuweilen „hermeneutisch" vorbeizukommen und vergisst die geschichtliche Dialektik, die den Wahrheitsgewinn gerade praktisch sichert. Für das Christentum gibt es m. E. nicht nur gnostische Gefahren, sondern auch hermeneutische – und zwar dann, wenn die theologische Hermeneutik sich den historischen Zusammenhängen vorschnell entzieht und am Ende nicht einen historischen Christus, sondern nur eine Christus-Idee versteht.

In diesem Text sind die Aussagen zum Christusbekenntnis nicht einfach auf den Teil I und womöglich auf I.2 („Leiden und Sterben Jesu Christi") beschränkt. Sie durchziehen in gleitender Funktion alle Teile dieses Bekenntnisses. Bei dem Versuch, in der Synode selbst das zu verdeutlichen, konnte ich nicht vermeiden, dass dieser kleine ausdrückliche christologische Abschnitt schließlich mit christologischen Prädikaten

---

[47] Wie dies in JBMGS 3/1 (bes. § 4, 69–101) ausdrücklich erörtert wird.

III. Der Glaube der Christen

überladen wurde. Ich habe immer darauf bestanden, wie wichtig es wäre, die Christologie nicht nur sektoral an einem bestimmten Punkt vollständig abzuhandeln, sondern die christologischen Implikationen im gesamten Text zu sehen, vor allem den Zusammenhang zwischen Teil I dieses Synodentextes („Zeugnis der Hoffnung in unserer Gesellschaft") und Teil III („Wege in die Nachfolge"). Aber offensichtlich wollte man alle vertrauten christologischen Begriffe in diesem Teil I.2 wiederfinden. Dadurch hat er auch eine gewisse begriffliche Überladenheit gefunden. Vor allem Teil III im Bekenntnistext („Wege in die Nachfolge") durfte nicht als von den christologischen Aussagen folgenlos abtrennbarer Anwendungsteil verstanden werden. Was über Nachfolge gesagt ist, bedeutet einen *integrierenden* Bestandteil des Christusbekenntnisses selber. Auf den Synodentext bezogen heißt dies: Die in diesem Teil III behandelten Wege in die Nachfolge sind nicht einfach als Folgen, sondern immer auch als *Verstehenszugänge* für Christologie verstanden, kurz: als Elemente der praktischen Vergewisserung über Jesus, den Christus.

Im Kern der Christologie steht keine Idee, sondern eine Geschichte, eine gefährliche Geschichte, die zum Nachgehen anleitet und die nur im Nachgehen ihre rettende Kraft offenbart. Christus, er selbst, ist nicht nur anbetunswürdige „Höhe", sondern immer auch „Weg" (Joh 14,6). Und jeder Versuch, ihn zu „wissen", ihn zu „verstehen", ist allemal ein „Gehen", ein Nachfolgen. Nachfolge ist daher nicht nur eine nachträgliche Anwendung der kirchlichen Christologie auf unser Leben; Nachfolgepraxis ist selbst ein zentrales Stück Christo-logie, wenn anders man den Logos dieser Christologie und überhaupt des Christentums nicht einfach mit dem – rein betrachtenden – Logos der Griechen in eins setzen will, für dessen Ideengott der biblische Geschichtsgott mit seinem Christus nur „Torheit" sein konnte.

Christus muss immer so gedacht werden, dass er nie nur gedacht ist. Christologie doziert nicht einfach über Nachfolge, sie repräsentiert kein subjektloses Systemwissen, sondern nährt sich, um ihrer eigenen Wahrheit willen, aus den Erfahrungen der Nachfolge; sie drückt wesentlich ein praktisches Wissen aus. Ihm nachfolgend wissen Christen, auf wen sie sich eingelassen haben und wer sie rettet. Weil sich das christologische Wissen primär in Nachfolgegeschichten tradiert, hat es auch in indispensabler Weise einen narrativ-praktischen Zug. Und die systematisch argumentierende Christologie behält ihren „Gegenstand" nur dann im Auge, wenn sie dieses in der Erfahrung der Nachfolge erworbene und in Nachfolgegeschichten artikulierte christologische Wissen nicht außer sich setzt, sondern wenn sie es als ihren genuinen „Stoff" betrachtet, den sie im gesamtkirchlichen Traditionszusammenhang zu entfalten und den sie zu schützen hat: einmal dadurch, dass sie sichtbar macht, wie wenig die von ihr öffentlich erinnerten und geschützten Nachfolgegeschichten unterhaltsame Geschichten sind, wie sehr sie „gefährliche Geschichten" sind, die jedem auch die Torheit des Kreuzes zumuten; und dann dadurch, dass sie, die systematisch-argumentierende Christologie, sich in der ihr innewohnenden Theorie-Praxis-Dialektik als Einladung und Anleitung zur Nachfolge ausarbeitet und dass sie nicht zuletzt darin ihre genuin kritische Kraft in Kirche und Gesellschaft bewährt.[48]

2. Mystisch-politische Doppelstruktur der Nachfolge

Christliche Nachfolgepraxis ist nicht nur dann verfehlt, wenn man sie ausschließlich auf Innerlichkeit und auf Gesinnung beziehen wollte. Auch dann wäre christliche Nachfolgepraxis noch verkürzt gesehen, wenn das Nachfolgehandeln ausschließlich auf die sittliche Praxis des Einzelnen begrenzt wird. Eine Verkürzung deswegen, weil Nachfolge eine gesellschaftlich-politische Komponente hat, also mystisch und politisch zugleich ist. Und das, weil Nachfolge am Ende nicht einen Weg zu gehen hat, sondern *seinen* Weg, der auf diesen beiden Grundelementen ruht. Wenn wir diese mystisch-politische Doppelverfassung von Nachfolge einmal unterstellen dürfen, dann wäre eine Nachfolge-Christologie durchaus als *politische* Christologie zu begreifen. Es genügt nämlich nicht, etwa mit Sören Kierkegaard und etwa mit Dietrich Bonhoeffer gegen eine rein idealistische Christologie zu protestieren und zu sagen, Christus müsse immer so gedacht werden, dass er nie nur gedacht ist; es genügt also nicht, nur auf das praktische Wissen der Christologie überhaupt hinzuweisen – was in unabgeholter Weise bis heute Kierkegaard gegen alle idealistischen Christologien wirklich getan hat, in denen Christus am Ende doch zur Idee geriet, vielleicht zur höchsten, zur geglücktesten, zur bewundernswertesten Idee, und das Christentum zu einer Art folgenloser Erbauungspoesie

---

[48] In dem Buch „Memoria passionis" (JBMGS 3/1) habe ich die christologische memoria passionis nicht einfach der „praktischen" memoria passionis der Menschheitsgeschichte untergeschoben, sondern – wenn schon – dann umgekehrt: Ich habe versucht, die Christologie in den Horizont einer universalen memoria passionis zu rücken und sie (die Christologie und die Eschatologie) für die Theodizeefrage neu zu öffnen, für eine Frage also, in der sich die Glaubensschwierigkeit des modernen Menschen nach meinem Ermessen am unvergesslichsten ausdrückt.

III. Der Glaube der Christen

zumeist gesellschaftlich etablierter Schichten wurde. Nachfolge, in der sich Jesu Art des Einstehens für die Ehre Gottes inmitten der individuellen und öffentlichen Widersprüche unseres Lebens fortsetzt, bleibt aus. Ihre theologischen Entsprechungen hat diese halbierte Nachfolge in der Gefahr eines modernen *Monophysitismus* hier, der sich aus Christus nur noch legitimieren möchte, ihm aber faktisch nicht nachfolgt, und in der Gefahr einer geheimnislosen *Jesulogie* dort, in der die Nachfolge zumeist zur Kopie ohnehin geltender Handlungsmuster wird.

Es kommt unseres Erachtens darauf an, die gesellschaftlichen und politischen Bedingungszusammenhänge des Nachfolgehandelns vor Augen zu haben. Denn wir sehen heute deutlicher – über Kant hinaus –, dass individuelles, sittliches Handeln keineswegs gesellschaftlich neutral oder politisch unschuldig ist.

3. Radikaler Gehorsam als politische Menschenfreundlichkeit

Gewiss, Nachfolge darf nicht einfach als Kopie oder religiöse Legitimation eines gesellschaftlichen und politischen Handelns verstanden werden, das bereits anderweitig in Geltung und in Kraft gesetzt ist, sozusagen nur noch als eine zusätzliche Motivation für dieses Handeln. Es gibt ein gesellschaftliches Handeln, das sich aus der Tiefe der *Mystik der Passion Jesu* nährt. Wir wissen, dass Jesu Leiden am Ende nicht ein komperativisch mitteilbares Leiden war, weil er etwa mehr gelitten hätte als jeder andere. Das Theologische daran ist vielmehr, dass er *an* Gott und an seiner Ohnmacht in der Welt gelitten hat.

Damit wäre sein Leiden noch etwas anderes als der Ausdruck solidarischen Mitleidens mit dem Unglück in der Welt. Deshalb hat auch sein Leiden nach biblischer Dokumentation nichts mehr vom Adel und von der Hoheit einer ohnmächtig mitleidenden Liebe. Es wird vielmehr in der Bibel selbst als das Leiden eines Verworfenen bezeichnet. Es ist diese Leidensform, in der Jesus gehorsam ist, wie Paulus sagt, bis zum Tod am Kreuz. Und *in* diesem Leidensgehorsam wurzelt auch seine eigentümliche radikale Menschenfreundlichkeit, seine Nähe zu den Ausgestoßenen, Gedemütigten, Sündern und Verlorenen. Die Nachfolge dieses Gehorsams führt deshalb in die Nähe von Bedrängten, Unterdrückten, Verlorenen oder Ausgestoßenen. Beide Züge dieser Nachfolge, der radikale Gehorsam und die Praxis einer durchaus politischen Menschenfreundlichkeit, sind unteilbar und konstituieren so die christliche Nachfolgepraxis.

Im messianischen Blick Jesu zeigt sich die Menschenfreundlichkeit Gottes. In ihm spiegelt sich nicht das Bild eines demütigenden Tyrannengottes, nicht das Gottesbild als Überhöhung von irdischer Herrschaft und Autorität, sondern vielmehr das leuchtende Bild eines Gottes, der erhebt und befreit. So führt die Nachfolge im Gehorsam Jesu zu seinem Gott, der diesem Gehorsam jede Zweideutigkeit nimmt. Hier soll nicht apathisch-desinteressiert, mit dem Rücken zu den Leidenden, gehorcht werden! Der Gott dieses Gehorsams treibt nicht in nervöse Identitätssuche, er saugt die Phantasie für fremdes Leid in uns nicht auf, er erweckt und nährt sie vielmehr.

Ich frage einmal: Was wäre denn für unser kirchliches Leben, aber auch für die gesellschaftlichen Kämpfe und Leiden heute wichtiger als eine solidarische Menschenfreundlichkeit, die sich aus der Mystik dieser Passion nährt? Was wäre für uns wichtiger als eine Nachfolgepraxis, die nicht etwa – unter der Berufung auf einen schwächlichen und verzerrten Begriff von Liebe – alle leidverursachenden Unterschiede und Gegensätze unserer Welt spannungslos überdeckt, sondern durchaus zur Parteilichkeit ermuntert, und die keine Solidarität, die alles wie ein Schaumteppich umschließt oder darüber hinweggeht, verkündet, sondern durchaus ohne menschenfeindlichen Hass zum parteilichen Kampf ermuntert? Zu einer Praxis, die in der Bereitschaft, für die Leidenden Verantwortung zu übernehmen, durchaus auch *betet*? Was wäre denn wichtiger als eine Nachfolgepraxis, die sich in der Einheit von *Gebet und Kampf*, von *Mystik und Politik* bewährt und die gerade so dem besinnungslosen oder dem kalkulierten Hass ebenso zu widerstehen versucht, wie einer heute grassierenden Apathie und Fühllosigkeit gegenüber fremdem Leid.

4. Die christologische Bedeutung der anonymen Leidensgeschichte der Welt

Christologie als Nachfolge-Christologie lässt es nicht zu, dass Christen über Jesu Leid die anonyme Leidensgeschichte der Welt, dass sie über seinem Kreuz die vielen Kreuze an den Straßen menschlicher Leidensgeschichte übersehen. Hier schlägt die sog. Theodizeefrage auch inmitten der Christologie durch. Und sie ist auch Leitfaden der christologischen Passagen in dem Bekenntnistext. In diesem Sinne sagt dieser Text am Schluss des christologischen Abschnittes kritisch fragend an die Situation von Christentum und Kirche:

> „Haben wir in der Geschichte unserer Kirche und des Christentums sein hoffnungsschaffendes Leid nicht zu sehr von der einen Leidensgeschichte der Menschheit abgehoben? Haben wir durch die ausschließliche Beziehung des christlichen Lei-

III. Der Glaube der Christen

densgedankens auf sein Kreuz und auf uns, die ihm ausdrücklich Nachfolgenden, nicht Zwischenräume in unserer Welt geschaffen, Zwischenräume des ungeschützten fremden Leidens? Sind wir Christen diesem Leiden gegenüber nicht oft in einer erschreckenden Weise fühllos und gleichgültig gewesen? Haben wir es nicht in den ‚rein profanen Bereich' ausgestoßen – so als hätten wir nie davon gehört, dass der, auf den unsere Hoffnung blickt, uns gerade aus dieser ‚profanen' Leidensgeschichte entgegentritt und den Ernst unserer Hoffnung prüft: ‚Herr, wann hätten wir dich je leidend gesehen?' ... ‚Wahrlich, ich sage euch, was ihr einem dieser Geringsten nicht getan habt, habt ihr mir nicht getan' (Mt 25). Nur wo wir Christen ein Ohr haben für die dunkle Prophetie dieses Leidens und ihm uns hilfreich zuwenden, hören und bekennen wir die hoffnungsvolle Botschaft von seinem Leiden zu Recht." (I.2)

Im Aufbau des Synodentextes ist das Thema des Geistes als eigenes nicht behandelt, und zwar nicht etwa aus Vergesslichkeit oder aus Rabulistik, sondern wohl erwogen. Es ist nämlich im Text durchaus vom Geiste Gottes und vom Heiligen Geist die Rede, aber primär in den Aussagen über kirchliches und christliches Leben. Das hat seinen guten systematischen Sinn. Der Heilige Geist ist jenes Geheimnis der Trinität, das sich am wenigsten in Ruhestellung betrachten lässt, wenn man das Geheimnis des Geistes heilsökonomisch, d. h. in seinem Wirken in Geschichte und Leben versteht. Und das geschieht auch in diesem Glaubensbekenntnis. Von daher wäre es auch wichtig, noch einmal an etwas zu erinnern, was ich schon öfter betont habe: Es liegt diesem Glaubensbekenntnis die Absicht zugrunde, nicht ein für allemal das Gottesthema und hernach das christologische Thema abzuhandeln und dann kategorial überzugehen zu den anderen Credoinhalten, vielmehr kommen in gleitender Funktion die Inhalte des trinitarischen Gottesverständnisses überall wieder vor.

§ 4 Auferweckung der Toten und Gericht

1. Kern der theologischen Argumentation

Diese beiden Glaubensinhalte, die hier zur Behandlung im Bekenntnis stehen, gehören zu den sog. apokalyptischen Wahrheiten biblischer und christlicher Überlieferung, die sehr schwer zugänglich und die gesellschaftlich, aber auch teilweise kirchlich und theologisch, einer gewissen Ächtung preisgegeben sind. Diese beiden Inhalte sind nicht willkürlich oder modernistisch an das Glaubensbekenntnis einfach herangetragen. Sie entwickeln vielmehr jene Sinnzusammenhänge, in denen sich die Botschaft von der Auferweckung und vom Gericht selbst auslegt. Jedenfalls lässt sich in der theologischen Erörterung eine gewisse Verlegenheit im Umgang mit diesen apokalyptischen Wahrheiten erkennen. Das gilt natürlich prototypisch für die Auferweckung der Toten und für das Gericht; es gilt aber auch für andere Traditionen und apokalyptische Bilder, wie etwa Verdammnis, Hölle, Antichrist usw. Wer kann damit heute etwas anfangen? In der Theologie zeigt sich eine Tendenz, bei den apokalyptischen Wahrheiten die sog. positiven Aussagen, wie etwa die der Auferweckung der Toten oder die vom kommenden, mächtigen Gottesreich zu akzeptieren, andere, wie die vom Gericht, vom Antichristen, von der Hölle usw. zu eliminieren, so als könnte man die Ökonomie der apokalyptischen Bilder und Aussagen beliebig stören, wo man gewissermaßen nur noch das Leuchten der Liebe und nicht mehr das Feuer der Verderbnis gelten lassen will. Muss sich der kritische Theologe nicht die Frage stellen, ob es eine zufällige Addition von positiven und negativen Aussagen über die apokalyptische Zukunft der Menschheit gibt, dass man dann die positiven Aussagen behalten und die anderen von vornherein unter Mythologieverdacht stellen kann. Der Preis, dass man von den einen spricht, scheint mir zu sein, auch die anderen ernst zu nehmen und nicht aufzugeben.[49]

„Unserer heutigen Lebenswelt scheint dieses Geheimnis unserer Hoffnung besonders weit entrückt. Offenbar stehen wir alle zu sehr unter dem anonymen Druck eines gesellschaftlichen Bewusstseins, das uns von der Botschaft der Auferweckung der Toten immer weiter entfernt, weil es uns zuvor schon von der Sinngemeinschaft mit den Toten überhaupt getrennt hat. Gewiss, auch wir Menschen von heute werden noch heimgesucht vom Schmerz und von der Trauer, von der Melancholie und vom oft sprachlosen Leiden am ungetrösteten Leid der Vergangenheit,

---

[49] Vgl. den einschlägigen Text „Vom inneren Antagonismus der Symbolwelt biblischer Gottesrede" in Band II dieser Ausgabe.

am Leid der Toten. Aber stärker, so scheint es, ist unsere Berührungsangst vor dem Tod überhaupt, unsere Fühllosigkeit gegenüber den Toten." (I.3)

Um bei der Rede von der Auferweckung der Toten nicht dem Verdacht der Projektion und der Selbsttäuschung zu erliegen, sucht der Text die gemäßen Proportionen für die Fragestellung zu finden. Er geht von den sog. gesellschaftlichen Gegenerfahrungen zu dieser Botschaft aus:

Einmal vom Verlust der *Sinngemeinschaft mit den Toten*, vom gewissen Verlust der Trauerfähigkeit, der Aufkündigung einer Koalition von Lebenden und Toten als dem Fundament für unsere Frage. Es ist also nicht primär und in erster Linie von der häufig besprochenen Verdrängung des Todes die Rede, sondern genauer von der Verdrängung der *Toten*, von der Verdrängung einer kollektiven Leidensgeschichte der Menschen in unserer eigenen Geschichte, vor allem auch der Toten von Auschwitz.

Zum anderen setzt der Text beim Verlust des Ideals einer strikt *universalen* und in diesem Sinn auch universal solidarischen Gerechtigkeit an. Anders ausgedrückt: Wir haben uns mit der Vorherrschaft eines Gerechtigkeitsideals abgefunden, das entweder auf Tauschgerechtigkeit, auf Vergeltungsgerechtigkeit oder auf Siegergerechtigkeit eingeschränkt ist oder doch eingeschränkt scheint.[50] Das setzt der Text voraus, wenn er in dem gleichen Abschnitt I.3 dann formuliert:

„Gerade weil es von einer Zukunft für die Toten spricht, ist es ein Wort der Gerechtigkeit, ein Wort des Widerstands gegen jeden Versuch, den immer wieder ersehnten und gesuchten Sinn menschlichen Lebens einfach zu halbieren und ihn allenfalls für die jeweils Kommenden, die Durchgekommenen, gewissermaßen für die glücklichen Endsieger und Nutznießer unserer Gesellschaft zu reservieren."

---

[50] Das Christentum lehrt und empfiehlt nicht nur eine offene und universale Solidarität aller mit allen in der Zukunft, sondern es mutet uns das Bewusstsein einer Solidarität nach rückwärts zu, eines geschichtlichen Bundes nicht nur mit den Kommenden, sondern auch mit den Opfern der Geschichte und deren ungesühnten Leiden. Demgegenüber bleibt ein revolutionäres Gerechtigkeitsideal für die kommenden Geschlechter, so entscheidend und eindrucksvoll hilfreich es im geschichtlichen Kampf sein mag, das aber keine Revolution für die Toten kennt, letztlich eine Ideologie für die Sieger. Gerechtigkeit für alle gibt es – wenn überhaupt – nur unter der Einschränkung, dass es sie für die Durchgekommenen gibt, für die Stärkeren, für die Überlebenden, für die glücklichen Endsieger der Geschichte der Freiheit. Geschichte ist und bleibt in diesem grundsätzlichen Sinne dann doch Siegergeschichte. Und Revolutionsgeschichte ist und bleibt dann dramatisch beschleunigte Evolutionsgeschichte mit den Gesetzen und Mustern anonymer Naturprozesse. Die Überlebenden, die Stärkeren erben das Reich der Gerechtigkeit.

Wenn wir die Predigt und das Leben Jesu zu erschließen suchen, müssen wir dabei etwas von dem apokalyptischen Ton mitbegreifen, der sie durchstimmt. Es gibt ja so etwas wie ein apokalyptisches Kriterium, das sich durch die apokalyptischen Traditionen zieht: der Ausdruck für Hunger und Durst nach Gerechtigkeit, nach universaler, nach vollendeter, nach göttlicher Gerechtigkeit.

Man sage nun nicht, dass das Christentum seinerseits einem Ideal halbierter Gerechtigkeit huldige, weil es ständig zwischen Weltgeschichte einerseits und Heilsgeschichte andererseits unterscheidet und deshalb auch und notwendigerweise zwischen einer weltgeschichtlich erkämpften und einer heilsgeschichtlich zugestandenen Gerechtigkeit.

Ich will Sinn und Berechtigung einer solchen Unterscheidung doch kurz relativieren. Jesus ist jedenfalls nicht in irgendeiner übernatürlichen Heilsgeschichte gestorben, sondern in dieser vom Tode gezeichneten Geschichte unserer Welt. In diesem Sinne lässt sich theologisch genau sagen: Heilsgeschichte ist eigentlich nichts anderes als der Ausdruck für jene Weltgeschichte, in der es auch um Jesu willen eine Hoffnung für die Unterlegenen und Besiegten, für die Opfer der Geschichte gibt, für ihre stummen und verstummten, längst vergessenen Leiden, kurz: die Hoffnung auf den Sieg der Gerechtigkeit für die Toten. Dabei klagt der Glaube die Gerechtigkeit für die Toten gegenüber jeder Ideologie ein, die da meint, sie könne den Sinn des Menschseins halbieren und ihn nur für die späteren Geschlechter reservieren.

Diese Konzeption der Einheit von Heils- und Weltgeschichte ist keine beschwichtigende Geschichtsideologie. Sie tritt ja im Gegenteil immer mit dem Gedanken einer universalen Gerechtigkeit auf, der die gegenwärtig Lebenden angesichts himmelschreiender Ungerechtigkeit immer neu und unbedingt in die Pflicht nimmt. Sie lässt deshalb auch prinzipiell all jene trostlos, die sich dem Maßstab dieser Gerechtigkeit nicht stellen wollen. Hier kann man auch christlich und theologisch nicht einfach durch eine friedliche Scheidung und Unterscheidung von Weltgeschichte und Heilsgeschichte sich aus allem zurückziehen und meinen, man könne auch nur eine heilsgeschichtliche Endgeschichte der Menschheit denken, ohne sie ständig als Gesamtgeschichte aufzufassen.[51]

---

[51] Übrigens: Nicht nur der Terminus „Heilsgeschichte", wie er in der Theologie häufig und vielleicht auch unvermeidlich gebraucht wird, ist im Sinne eines heute standardisierten Wissenschaftsverständnisses obsolet oder zumindest vorwissenschaftlich. Das gilt aufs Ganze gesehen eigentlich auch für den Terminus „Weltgeschichte". Jede Rede von Gesamtgeschichte ist heute dem Ideologieverdacht ausgesetzt und steht zumindest unter dem Verdikt der Vor- und Außerwissenschaftlichkeit. Das gilt durch-

Teil III: Gott unserer Hoffnung

Wenn das Verhältnis von Heilsgeschichte und Weltgeschichte, wie eben angedeutet, gesehen wird, dann wird auch sichtbar, dass das Christentum mitten im Ringen um den Sinn der *einen* Geschichte steht. Es ist am anhaltenden Streit um die Welt und die Geschichte beteiligt. Es ringt mit und sehr oft auch gegen andere Positionen um die Beantwortung der Frage: Wem gehört die Welt? Was ist der Sinn dieser Geschichte überhaupt?

Schon Thomas von Aquin hat auf seine Art davor gewarnt, gewissermaßen zwei Ziele des Menschen und der Menschheit anzunehmen, in unserer Sprache also: zwei Endzustände menschlicher Geschichte zu imaginieren, einen natürlichen und einen übernatürlichen. Er hat gegen die geläufigen Meinungen seiner Zeit und vor allem gegen seine eigenen kategorialen Ansätze in einer genialen Inkonsequenz immer wieder betont, dass es eben nur *ein* Endziel des Menschen gäbe, das übernatürliche. Formal heißt das, dass es in der Tat nur eine Geschichte gibt, deren Sinn freilich nur in Geschichten, d. h. durchaus narrativ und nicht spekulativ identifizierbar ist.

Das gilt nun auch für die menschliche Freiheitsgeschichte. Freiheit, so sagt man uns heute, ließe sich vollkommen nur in idealer Kommunikationsgemeinschaft verwirklichen – frei von Verdinglichung des Menschen durch Repression und durch Manipulation.

Nehmen wir einmal an, es gäbe eine ideale Freiheitsgemeinschaft, und versuchen es so zu sehen, wie es hier angedeutet ist: Es gäbe eine verwirklichte Freiheit in einer repressionsfreien Gemeinschaft aller mit allen, also einen solchen Endzustand der von uns erkämpften Geschichte menschlicher Freiheit.

Dieses vollendete Freiheitsbewusstsein müsste sich ja, wenn wir nicht alle unsere Vorstellungen von menschlicher Identität einfach revidieren wollen, in dem Bewusstsein vollziehen, dass die endzeitliche Freiheit eigentlich alles den Leiden und den Kämpfen der Väter, den Opfern der menschlichen Freiheitsgeschichte verdankt. Ein solches Freiheitsbewusstsein lebte seine Freiheit zu Lasten der geopferten Vorfahren. Ist aber so überhaupt Freiheitsbewusstsein als vollendetes Bewusstsein und in diesem Sinne auch als glückliches Bewusstsein zu denken? Oder wäre nicht die völlige Bewusstlosigkeit gegenüber der leidvollen Vorgeschichte er-

---

aus auch vom marxistischen Geschichtsverständnis. Für die Rede von Gesamtgeschichte gibt es deshalb auch nur indirekte Legitimationen, einmal durch den Hinweis darauf, dass z. B. Christentum und Marxismus, je auf ihre Art, ihre spezifische Kraft gerade aus jenen Ansätzen ziehen, die wissenschaftlich keineswegs voll abdeckbar sind; und dann auch im Blick auf jene szientivistisch-positivistische Konzeption, die jeden Versuch, von Gesamtgeschichte zu reden, als ideologisch demaskiert.

kämpfter menschlicher Freiheit die Voraussetzung dafür, dass es so etwas wie ein unangefochtenes, ungestörtes, glückliches Bewusstsein endlich erreichter Freiheit überhaupt gibt? Wenn das die Voraussetzung wäre, dann stellt sich natürlich die Frage, ob diese Voraussetzung nicht gerade wieder zur Aufkündigung jener Bedingung führte, die zunächst einmal als Voraussetzung eines gelungenen Freiheitsverständnisses angesetzt ist, nämlich die ganze und unteilbare Solidarität mit allen und nicht eine Freiheit, die sich bloß auf den Einzelnen bezieht.[52]

Ich sehe da zur Auflösung des Widerspruchs eigentlich nur zwei Wege: Einmal kann der Versuch gemacht werden, die Solidarität mit den Opfern der Geschichte, die zur Voraussetzung realer Freiheit geworden sind, in der Gestalt einer trostlosen Verzweiflung oder einer verzweifelten Trostlosigkeit festzuhalten. Hier hat der große Existentialismus in Konvergenz mit durchaus neo-marxistischen Versionen seine Wurzeln.

Aber einmal unterstellt, dass die Konsequenz nüchtern und realistisch Verzweiflung und Trostlosigkeit wäre, dann würde eben diese Verzweiflung als die einzig mögliche Gestalt einer solchen Solidarität nach rückwärts genau wieder das Gelingen und das Glück eines vollendeten Freiheitsbewusstseins schlechthin undenkbar machen. Denn wie sollen nun Verzweiflung und Vollendung miteinander vermittelbar sein?

Die andere Möglichkeit hingegen drängt in das Festhalten einer Solidarität nach rückwärts, eben in jenem Glauben an eine Revolution für die Toten, wie sie sich im biblischen Glauben an den Gott der Lebenden und der Toten und in der christlichen Hoffnung auf die Auferweckung der Toten artikuliert. Bei dieser Frage, ob und in welcher Form das Eingedenken der Toten zu jener Solidarität gehört, die Bedingung erkämpfter und schließlich gelungener Freiheit ist, liegt der Ort der Auseinandersetzung mit den großen Freiheitstheorien unserer Zeit. Sie bringt – wenn überhaupt – die zentralen Geheimnisse selbst ins Spiel und sie fordert, dass wir sie nicht am Rande, sondern aus der Mitte unseres Glaubens und seiner Geheimnisse heraus begrifflich erfassen.

2. Die Grundstruktur der paulinischen Argumentation

Auf diese Grundstruktur muss ich eigens aufmerksam machen, weil schließlich die paulinische Auferweckungsargumentation vielleicht der

---

[52] Hier zeigt sich der unaufgebbar-vorgängige Charakter menschlichen „Mitseins" gegenüber individualanthropologischen Ansätzen: dazu: JBMGS 1, 47; JBMGS 2,173–178; JBMGS 7,39–42.

zentrale neutestamentliche Topos für die Identität des Christentums geworden ist. Dabei hat man üblicherweise, weil 1 Kor 15 zur Urkunde neutestamentlicher, christlicher Identität wurde, auf die spezifisch christlichen Elemente in diesem Text geachtet und jüdische und damit auch schon – ganz gegen die Grundintention dieses Textes – apokalyptische Elemente stärker in den Hintergrund gedrängt.

Der Synodentext rückt von vornherein die Auferweckung Jesu Christi mit der Hoffnung auf die Auferweckung der Toten überhaupt zusammen. Das ist eine besondere argumentative Eigenart dieses Textes. Und er tut es nicht, um die Auferweckung Jesu Christi zu entwichtigen oder zu relativieren, sondern um sie in den biblisch und speziell paulinisch nahegelegten Sinnzusammenhängen zu interpretieren. Bei Paulus, dem wir das älteste Zeugnis über die Auferweckung Jesu verdanken, zeigt sich so etwas wie eine *wechselseitige* Priorität in den Begründungszusammenhängen zwischen der Rede von der Auferweckung Jesu als der Proklamation des Christus einerseits und der Rede von der Auferweckung der Toten anderseits. In 1 Kor 15 begegnet diese Doppelstruktur der paulinischen Argumentation ganz deutlich.

Es heißt dort nicht nur: *„Wenn Christus nicht auferstanden ist, dann ist euer Glaube leer"* (1 Kor 15,14.17), sondern auch: *„Wenn die Toten nicht auferstehen, so ist auch Christus nicht auferweckt worden."* (1 Kor 15,13.16) Ein geradezu apodiktisch formulierter Zusammenhang. Paulus beruft sich hier für den Glaubwürdigkeitserweis christlicher Auferweckungsbotschaft nicht nur auf die Erscheinungen des auferstandenen Herrn, also auf die historische Frage, sondern immer auch auf eine apokalyptische Geschichtshoffnung oder Geschichtstheologie, die eine Hoffnung auf die Auferweckung der Toten kennt und in deren Sicht er die Rede von der Auferstehung des Herrn entfaltet.

Die apokalyptischen Traditionen mit ihren zentralen endzeitlichen Symbolen von der Auferweckung der Toten und vom Gericht, werden von Paulus in seiner kritisch christlichen Argumentation nicht etwa verdrängt, vergessen oder gar eliminiert, sie dienen selbst hermeneutisch einer Sinnerschließung dessen, was er als das Spezifikum einer christlichen Auferweckungsbotschaft sagen will. Nun ist in den apokalyptischen Traditionen die Hoffnung auf die Auferweckung der Toten nachweislich Ausdruck einer Sehnsucht nach *universaler* Gerechtigkeit, die allein durch Gottes Macht zuteilwerden kann. Sie ist – nun auch neutestamentlich formuliert – Ausdruck von Hunger und Durst nach Gerechtigkeit. Diese Auferweckungshoffnung ist eine hoffnungsvolle Antwort auf die sog. Hiobfrage, also auf die Frage nach den sprachlosen und ungesühnten Leiden und nach den Maßstäben der Gerechtigkeit angesichts einer solchen Leidensgeschichte. Apokalyptik und Theodizee sind ganz eng beisammen. In den apokalyptischen Traditionen, etwa bei Daniel, ist die Erwartung der Auferweckung der Toten ein integrierender Bestandteil der Erwartung Gottes selbst. Die Hoffnung auf die universale Auferweckung der Toten ist Ausdruck des Glaubens an die den Tod und seine anonyme Gleichmacherei überwindende Gerechtigkeitsmacht Gottes. Diese Zusammengehörigkeit einer apokalyptischen Auferweckungshoffnung und der Theodizeefrage ist wichtig.

Die Krisenerfahrung, an die der Glaube von der universalen Auferweckung der Toten anknüpft, ist nicht einfach die individuelle Sterblichkeitserfahrung, also nicht einfach die Erfahrung des Vorlaufs in den je eigenen Tod, sondern die beunruhigende Frage nach der Rettung der Leidenden im Tode, der ungerecht Leidenden, Unterdrückten, Erschlagenen. Es ist die Frage nach der Aufrechterhaltung von Gerechtigkeit für die Opfer und für die Besiegten der Geschichte, zu Lasten derer wir weiterleben und an deren Schicksal kein noch so leidenschaftlicher Kampf der Lebenden verändernd rühren kann. Diese Frage setzt die Maßstäbe für das sog. Sinnproblem im Christentum und in der Theologie. Also: apokalyptische Hoffnung und Theodizeeproblem in einer inneren Einheit. Dies ist der Akzent, den ich bei der Struktur der Argumentation setzen möchte.

Nun dürfen wir natürlich nicht die andere Seite im Doppelansatz der paulinischen Auferweckungsbotschaft vergessen. Nämlich, dass Paulus selbstverständlich immer auch auf die *Erscheinungen* des auferstandenen Herrn selbst rekurriert und sie in die Mitte seiner Auferweckungsbotschaft rückt.[53] Wenn Christus nicht auferstanden ist, dann ist euer Glaube leer, dann werden auch die Toten nicht auferstehen (1 Kor 15,14.17). Er hat durch seine Auferstehung den Tod als Horizont dieser Geschichte und als die ständige Desavouierung unseres Hungers und Durstes nach Gerechtigkeit für alle durchbrochen. Das ist die andere Seite dieser Doppelargumentation.

---

[53] Das ist der Inhalt des österlichen Bekenntnisses, in dem wir mit Paulus und natürlich auch mit den synoptischen Evangelientraditionen sagen: Der Herr ist wahrhaft auferstanden. Der Verlassene und Ohnmächtige, für den also die Kategorien unserer Tausch- und Vergeltungsgerechtigkeit ebenso wenig wie eine Siegergerechtigkeit eine Rolle spielen können, der Geschändete, der zu unrecht Geschlagene, er ist es, von dem wir sagen: Er lebt. In ihm ist der Realismus christlicher Hoffnung verbürgt, dass die Gerechtigkeit stärker ist als der Tod.

Um sich dieser zweiten Seite zu nähern, müsste gefragt werden, ob die in der apokalyptischen Botschaft von Auferweckung und Gericht ausgedrückte universale Gerechtigkeitssehnsucht gerade auch für die Entrechteten, für die unglücklich Leidenden und Besiegten, mehr ist als ein Traum, mehr als ein letztlich verantwortungsloser oder gedankenlos hochgeschraubter Maßstab, der sich ständig desavouieren lassen muss und dessen einzige anthropologische Komponente darin zu bestehen scheint, dass Menschen offensichtlich dieses Ideal in irgendeiner Form auch immer neu aufrichten. Ist dieses Bild einer universalen und vollendeten Gerechtigkeit mehr als eine hochgemute Utopie, ein schöner Gedanke, zu schön, um wahr zu sein und sind wir dann als Christen mehr als Utopisten? Das Spezifische an diesem Gesichtspunkt für Christen ist, dass dieses Ideal einer universalen Gerechtigkeit mehr ist als Ausdruck einer ohnmächtigen Rebellion menschlicher Herzen. Der Inhalt des christlichen Bekenntnisses, der da sagt: „Der Herr ist auferstanden", will die Differenz setzen zwischen Glaube und Utopie und will sagen, da ist einer verlassen, da ist einer ohnmächtig, da ist einer, für den keine Kategorien unserer Gerechtigkeit mehr zutreffen können. Von *dem* sagen wir, er lebt in der Macht Gottes. Deswegen ist die *historische* Dimension an der Auferweckungsfrage nicht schlechthin etwas Sekundäres, was man auch besser lassen kann, weil man, wenn überhaupt, dann aus geschichtstheologischen Gesichtspunkten heraus argumentiert. Es ist vielmehr entscheidend zu sehen, dass diese historische Frage gerade von den Christen deswegen gestellt wird, um auf die Frage nach der Differenz zwischen unserer Hoffnung und einer hochgemuten Utopie aufmerksam zu machen. Es muss hier für unsere Absicht genügen, den Ort und die Bedeutung der historisch-exegetischen Fragestellung in Sachen Auferweckung und Gericht anzuzeigen. Beide gehören zusammen: der hermeneutische Horizont der Apokalyptik bzw. eine apokalyptische Geschichtstheologie, in der eine Auferweckungshoffnung für alle als universale, nicht halbierte Gerechtigkeit ausgearbeitet ist und in die historisch exegetische Diskussion führende Frage nach der Auferstehung des Herrn. Eine Theologie, die sich nur historisch exegetisch mit der christlichen Auferweckungsbotschaft beschäftigen wollte, bliebe *blind* und könnte eigentlich nur kasuistisch von irgendeinem historischen Vorkommnis sprechen, das als monströs und spektakulär abgelehnt wird. Und eine Theologie, die sich nur mit der apokalyptischen Geschichtstheologie beschäftigen wollte und dem darin erschlossenen Erwartungshorizont einer universalen Gerechtigkeit, bliebe *leer*. Zwischen jener Blindheit und dieser Leere versucht sich christliche Theologie in Verbindung von Geschichtstheologie und Historie durchzuarbeiten.

Aber lässt sich die uns vertraute, moderne kritische Geschichtswissenschaft überhaupt mit dem Interesse an universaler Gerechtigkeit verbinden? Und vor allem: Wie geht denn diese kritische Geschichtswissenschaft mit den Auferstehungsberichten, genauer mit den Erzählungen von der Auferweckung um? Diese Erzählungen sind klar so angelegt, dass nicht etwa der Glaube die Erscheinungen erzeugt, sondern dass die Erscheinungen den Glauben erzeugen wollen, also die Erscheinungen des Auferstandenen sind nicht Wirkung, sondern Ursache. Das Interesse der Erzählungen ist auf zwei Gesichtspunkte gerichtet. Es geht immer um denselben Einen, der da erscheint und begegnet. Und der, der da erscheint, ist immer der Gekreuzigte, ist immer das Opfer, ist immer der Erschlagene, ist immer der Getötete, ist genau der, nach dem wir fragen würden, wenn wir mit der Theodizeefrage unsere Geschichte befragen. Was da so berichtet wird, entzieht sich eben der historisch-kritischen Geschichtswissenschaft in und außerhalb der Theologie, so wie sie sich heute versteht.[54] Durch die von den Erzählungen vertretene Behauptung, geschichtliche Entwicklungen seien durch einen von dem Tod Auferstandenen ausgelöst worden, muss sich eine moderne Geschichtswissenschaft entweder düpiert oder überfordert fühlen. Denn Geschichte setzt ihrem modernen Begriff nach die Endgültigkeit des Todes voraus und die Vergangenheit des Vergangenen, damit sie Objekt wissenschaftlicher Rekonstruktion sein könne. Also Texte, die von der Präsenz eines Toten

---

[54] Ich habe in meiner theologischen Arbeit versucht, eine Art Kritik der historischen Vernunft mit den Mitteln einer anamnetischen oder erinnerungsbegabten Vernunft anzubieten. Warum? Das Problem heißt: wie vergewissert man sich über singuläre Ereignisse? Wie erinnert man ein singuläres Geschehen? Denn das war es ja, wenn es denn überhaupt eines war. Und als solches entzieht es sich der wissenschaftlichen Kategorienwelt. Singularität ist eine Kategorie der historischen Vernunft. Aber es gibt so etwas wie eine *Normalisierungsfalle* der historischen Vernunft. Das Postulat der historischen Vernunft nämlich lautet: Was man nicht vergleichen kann, kann nicht Gegenstand wissenschaftlicher Erkenntnis sein. Das Postulat der anamnetischen Vernunft heißt: Was man nicht vergleichen kann, weil es das nur einmal gibt, muss man unbedingt erinnern und erzählen. Mit einer Erinnerungskultur, die darum weiß, dass jede gegenständliche, verobjektivierende Art der Vergewisserung von Vergangenheit – das nennen wir historische Vernunft – immer auch eine Form des Vergessens enthält oder enthalten kann. Wenn ich das so sage, ist damit kein historisch schlüssiges Argument für die Auferweckung des Christus geliefert. Aber es ist der Raum der Geschichte eröffnet, der dort, wo nur historische Vernunft sie beherrscht, verstellt bleibt, jener Raum, in dem die Rede eben von einem absolut singulären Geschehen nicht einfach widersinnig erscheint – wie das im Horizont historischer Vernunft der Fall sein muss. Der wissenschaftlich-objektivierende Umgang mit Vergangenheit arbeitet mit der Prämisse, dass die Toten tot sind. Vgl. dazu: JBMGS 4, 53–58, 207–214.

erzählen, und zwar nicht nur in einem metaphorischen Sinn, müssen aus dem Kompetenzbereich von Geschichtswissenschaft, wie sie heute üblicherweise verstanden wird, herausfallen. Was tut denn die Geschichtswissenschaft, wenn sie innerhalb der Theologie betrieben wird? Sie benützt den Ausweg, dass sie solche Texte, etwa mit den Methoden formgeschichtlicher Verfahrensweisen als legendarisch kennzeichnet, und sie der Literaturwissenschaft anvertraut.

Damit jedoch die theologische Rede von der Auferweckung der Toten nicht einfach in die Literatur abwandert, sondern beziehbar bleibt auf diese unsere eine Geschichte und unser Geschichtswissen, muss Geschichte wirklich als „erzählte Zeit" (Paul Ricœur) begriffen werden. Erzählung darf für die Theologie nicht als defiziente Weise, als bloß archaische Weise von Geschichtswissen verstanden, sie muss vielmehr als eine Grundweise von Geschichtswissen erkannt und festgehalten werden. Das ist die Aufgabe, die m. E. die Theologie im interdisziplinären Disput hat und wo sie auch, wenn sie ihrer Sache hinreichend treu bleibt, Aufmerksamkeit erzeugen kann. Denn in der Erzählung bleibt die nichtkontinuierliche Zeit und die *unabgeschlossene* Vergangenheit weiterhin besprechbar. Wo diese Erzählung selber verschwindet, verschwindet natürlich auch die Möglichkeit, so etwas wie die Bekenntnisse des Glaubens zu besprechen. Und es ist deshalb für die Theologie von entscheidender Bedeutung, dass die Erzählung nicht nur als literaturwissenschaftliche, sondern als *geschichtswissenschaftliche* Kategorie geachtet wird. Der Satz: „Der Herr ist wahrhaft auferstanden" (Lk 24,34), ist ein Erzählsatz, der nicht in eine andere Weise des Geschichtswissens umgesetzt oder aufgelöst werden kann. Hier sind also die sog. historische und die sog. eschatologische Dimension an Geschichte zusammengenommen.

3. Innerer Zusammenhang der Rede von der Auferweckung der Toten und dem Letzten Gericht

Die apokalyptischen Wahrheiten sollen als Hinführungen und Einweisungen in das gelten, was Christen meinen, wenn sie Gott sagen. In diesem Sinne wäre die Rede vom Letzten Gericht der bestimmte Name für eine *freie* und *rettende* Transzendenz Gottes, die in geschichtliche und gesellschaftliche Kämpfe eingreift. Es wäre der Name für eine Transzendenz mit „tiefer Diesseitigkeit", wie das Dietrich Bonhoeffer einmal formuliert hat[55],

---

[55] *Dietrich Bonhoeffer*, Widerstand und Ergebung. Briefe und Aufzeichnungen aus der Haft, hrsg. von Eberhard Bethge, München ¹³1966, 404.

eine Transzendenz „mit Biss ins Lebendige". Die Rede vom Letzten Gericht erniedrigt deshalb nicht, wie man oft meint, den Gottesnamen in einen mythologischen Rächergott hinein, sie spricht vielmehr die Hoheit und Transzendenz dieses Gottes und seiner Gerechtigkeit *inmitten* unseres Lebens an.

Im Synodentext wird von vornherein auf den inneren *Zusammenhang* der Rede von der Auferweckung der Toten einerseits und der Rede vom Gericht andererseits abgehoben. Es besteht in der gegenwärtigen Theologie die Gefahr, dass man zwar die Rede von der Auferweckung der Toten aufrechterhält, dass man aber mit dem apokalyptischen Wort vom Gericht nichts oder kaum mehr etwas anzufangen weiß und es nach Möglichkeit zurückstellt. Diese Trennung von Auferweckung und Gericht hat aber bedenkliche Folgen. Warum? Wo diese beiden getrennt werden, wird die Auferweckungsbotschaft zu einem Erlösungssymbol für alles und jedes, sozusagen zur Chiffre für eine durchschaubare Versöhnung. Es gibt nicht mehr die Zumutung an den Menschen, er muss nicht mehr mit dem Verdacht leben, er könne etwas tun, was vielleicht nicht erlösbar ist. Es gibt so etwas wie eine Versöhnung für alle, mit der man auch operieren kann. Eine Versöhnung für alle: für die Opfer und für die Mörder, für die Gehängten und für die Henker, für die Unterdrückten und die Unterdrücker. Selbstverständlich soll jetzt nicht gesagt werden, es gäbe keine Versöhnung für die Henker und Unterdrücker. Was hier kritisch bedacht sein will, ist nur, dass eine christliche Theologie, die sich auf die Auferweckung von den Toten allein einlässt und die apokalyptische Gerichtsrede auslässt, in der Gefahr steht, in einer Art positiver Version diese Allversöhnung nahezulegen oder gar zu lehren. Origenes hat dieses Wort von der Versöhnung des Alls („Apokatastasis panton") als theologischen Begriff in die christlichen Traditionen eingebracht. Er blieb immer auch umkämpft.

Wenn die heutige Theologie von einem allversöhnenden Gott spricht, meint sie, menschenfreundlicher zu wirken als wenn sie vom Gericht redet. Dem möchte ich hier dezidiert widersprechen: Eine Religion, die in dieser Form von Allversöhnung spricht, ist nicht etwa menschenfreundlich, sondern überflüssig. Hier wird die Erlösung wie eine Art Schaumteppich über alle antagonistischen Erfahrungen des Lebens, alles unversöhnbar erscheinende Leid gebreitet – über alle Gegensätze hinweg. Das bringt die Religion m.E. am meisten in den Verdacht, ein reiner Überbau zu sein. Warum? Wenn man das zu sehr *weiß*, dass es einen Gott gibt, der sich mit allen versöhnt und alle untereinander, dann wird alles abgedrängt in eine Art unterschiedsloses Grau in Grau. Da es eine Erlösung für alle gibt, kann eigentlich am Ende auch alles so bleiben, wie es ist. Und deswegen lähmt gerade diese sog. menschenfreundliche These den Kampf um Gerechtigkeit für die Anderen. Die Auffassung von einer Allversöhnung wirkt wie ein verhängnisvolles Zeugnis letzter Unschuld für alles, was wir hier und jetzt tun; wie ein Zeugnis gerade auch der politischen und sozialen Unschuld unseres gegenwärtigen Handelns, weil eine Hoffnung besteht, dass dies alles am Ende versöhnbar ist. Die Zumutung apokalyptischer Traditionen, dass der Mensch als Gläubiger und als Hoffender mit dem Verdacht leben müsse, er könne etwas tun, was vielleicht nicht erlöst wird, ist nicht etwas Menschenfeindliches, sondern überhaupt erst die Kraft und die Dynamik dessen, was Hoffnung mit der *Verantwortung* für unser Tun sein kann.

Was für eine christliche Anthropologie gesagt werden soll, ist eigentlich dies: Christen müssen mit dem nicht zurückweisbaren und nicht durchschaubaren Verdacht leben, dass nicht alles, was sie tun oder auch nicht tun, was durch sie geschieht oder auch nicht geschieht, erlösbar ist, weil wir keine Harmonieträume verkünden, wenn wir von christlicher Hoffnung reden. Und diese innere Spannung, die in den eschatologisch-apokalyptischen Aussagen biblischer Tradition liegt, wollen wir ernst nehmen. Ich möchte einmal an ein Wort von Anatole France erinnern, der nämlich die Unmenschlichkeit des gegenteiligen Verdachts apostrophiert[56]: „Der Menschheit wurde noch nie so viel Leid zugefügt als durch den Verdacht, dass Menschen schlechthin gut seien." Wenn also Christen mit dem Verdacht arbeiten, dass sie ihre sittliche, politische und religiöse Sache so verfehlen können, dass sie nicht gutzumachen sei, dann ist das nicht Ausdruck eines wild gewordenen sadistischen Bewusstseins, sondern das Wissen um den Ernst geschichtlicher Verantwortung im Hier und Heute. Wir haben keinerlei Vorauswissen über eine definitive Entschuldigung oder Schuldlosigkeit unseres Handelns.

Gericht, Hölle usw. – das erinnert natürlich an die in der Kirchengeschichte mit bösen Folgen versehene Verwechslung von Froh- und Drohbotschaft. Diese Gefahr hat es real im Christentum immer wieder gegeben. Gerade dann und dort, wo diese apokalyptischen Inhalte des christlichen Glaubens bewusst oder unbewusst gegen die Ohnmächtigen, gegen die Kleinen, die Wehrlosen, die ohnehin Gedemütigten gewendet worden

---

[56] *Anatole France* (1844–1924), eigentlich François *Anatole* Thibault, französischer Erzähler, Lyriker, Kritiker und Historiker.

sind, um die Gedemütigten noch demütiger und die Mächtigen noch mächtiger zu machen. Ist das indes unsere Situation? Nicht als würde ich das entschuldigen, dafür gibt es keine Entschuldigung. Es besteht die Gefahr, dass das Bewusstsein für den Ernst geschichtlicher Verantwortung im Interesse der Anderen nicht gerade zunimmt, sondern eher sich – und ohne dass der Einzelne etwas dazutun müsste – zu zersetzen scheint. Wird diese Verantwortung in den immer unübersichtlicher werdenden Handlungssituationen nicht zum Verschwinden gebracht? Es gibt so viele Gründe, nicht zu handeln heute, so viele Möglichkeiten, sich angesichts dieser Situation zu entschuldigen. Die Versuchung ist deutlich, sich aus zugetragenen Verantwortungen hinwegzustehlen, die negativen Folgen dessen nicht wahrzuhaben, die negativen Folgen unseres Handelns umzuverteilen auf Alibisubjekte, auf Alibistrukturen hin: das Milieu, die Veranlagung, die gesellschaftlichen Gesamtzusammenhänge. So entstehen Entschuldigungsmechanismen, vor allem auch da und dort, wo man keine Möglichkeit mehr zu haben scheint, für Katastrophen in weltweiten Maßstäben womöglich Gott verantwortlich zu machen, denn ihn hat man ja als Subjekt dieser Geschichte längst abberufen.

In dieser Situation scheint sich mir etwas von dem kritischen und auch befreienden Sinn des Glaubensartikels vom Gericht zu zeigen, insofern er unsere unersetzbare und undelegierbare Verantwortung einklagt – für uns und für alle. Für uns Christen kommt dabei die beunruhigende Weite dieser Verantwortung hinzu, dass wir eigentlich angesichts der Komplexität unserer Situationen, angesichts der strukturellen Verschränktheit aller gesellschaftlich-ökonomischen Verhältnisse und vor allem angesichts der Universalität der Probleme, die es heute gibt, nicht sagen können: Gehen wir in uns, bleiben wir bei uns, nehmen wir uns selber ernst. Sondern Christen sind hinsichtlich dessen, wofür sie zuständig sind, ins Grenzenlose, ins Uferlose gewiesen. Denken wir an das bekannte Gleichnis vom barmherzigen Samariter (Lk 10, 25–37). Dieses Gleichnis antwortet präzise auf die Frage, für wen wir verantwortlich sind, für wen Christen, die ihm nachfolgen wollen, zuständig sind. Dieses Gleichnis definiert sozusagen den Kompetenzbereich christlicher Verantwortung. Und da zeigt sich in erschreckender Weise das Ausmaß dieses Verantwortungsbereichs. Denn in diesem Gleichnis wird deutlich gesagt: Du kannst den Umfang deiner Verantwortung von dir her selbst überhaupt nicht definieren, er wird dir von Situationen aufgedrängt. Soviel kann man aus diesem Gleichnis, das zunächst einmal in Bildern einer archaischen Landgesellschaft formuliert ist, ganz bestimmt strukturell entnehmen: Der Bereich der Verantwortung

Teil III: Gott unserer Hoffnung 155

ist tendenziell unbegrenzt, es wird dir etwas in den Weg geschoben, du kannst und darfst in keinem Fall daran vorbeigehen, du kannst nicht definieren, wer dein Nächster ist, du kannst nicht entscheiden, ob du den als deinen Nächsten zulassen willst oder nicht, er wird dir situativ zugemutet. Deshalb müssen Christen mit dem Verdacht leben, dass sie etwas tun könnten oder auch nicht tun könnten, was niemals entschuldigt wird, was nicht erlösbar ist. Mir scheint das sehr wichtig. Irgendwo muss sich der Ernst dieser Sache deutlich zeigen. Ich sage: „Christen müssen mit dem Verdacht leben" – nicht mehr, aber auch nicht weniger.

Das Christentum kennt viele derer, die es für gerettet hält, für erlöst, für entschuldigt. Es stellt ihnen das Zeugnis einer letzten Unschuld im geschichtlichen Leben aus. Die Kirche hat noch nie einen Namen dessen genannt, den sie endgültig für verloren hält. Mittelalterliche Theologen, voran Thomas von Aquin, haben ganz klar erkennen lassen, dass für ihre Überlegungen zu Gericht, Verderben, Hölle, nichts den Schluss zulässt, dass es so etwas wie Hölle nicht gäbe oder dass mit ihr nicht zu rechnen wäre. Aber sie haben gleichzeitig betont, dass nichts eindeutig gegen die Möglichkeit spricht, dass diese Hölle leer sei. Diese prekäre Problematik gehört in die Wurzeln christlicher Anthropologie hinein. Und wenn man einmal versuchte, von hier aus Grunddaten christlicher Anthropologie zu bestimmen, dann würde sich zeigen, dass sie durchaus auch für die gesellschaftlichen Auseinandersetzungen und für eine Menschheitskultur von heute und von morgen Gewicht haben, bzw. dass ihre Verdrängung gefährlich ist. Gewiss, mit dem Dogma von der Erbsünde sind in den Traditionen des Christentums schlimme Dinge passiert. Man hat es im politischen Kontext argumentativ gegen die Mündigkeit und Selbstregierung des Menschen verwertet. So wurde es immer wieder dazu verwendet, um reaktionäre politische Vorstellungen zu stabilisieren, alte Herrschaftsverhältnisse, restaurative Tendenzen zu befestigen usw. Anderseits muss man sehr darauf achten, dass diese Anthropologie auch vor jeder Form eines harmonistischen Optimismus in Sachen Menschheit warnt, vor jeder Selbstvollendungsideologie, die auch Konflikte und Katastrophen über die Menschheit gebracht hat und zu bringen in der Lage ist.

Noch ein klärendes Wort zur Verbindung von Auferweckung der Toten mit dem Letzten Gericht. Dieser Zusammenhang besagt einfach: *Gerechtigkeit ist stärker als der Tod.* Natürlich erhebt sich hier sofort die Frage, ob denn Christen so sehr den Gerechtigkeitsgedanken betonen können, weil sie doch axiomatisch an den Satz „Gott ist Liebe" gebunden sind. Doch wenn Gott als Liebe nicht zu einem Beschwichtigungswort für alle werden soll, das alle Gegensätze und alle Leiden versöhnlerisch am Ende vereinnahmt und dann doch wieder zum Zeugnis der Unschuld für all unser Versagen heute verkommen soll, kurz: wenn also Liebe, die da gemeint ist, selbst Geheimnis bleiben soll, über das man nicht verfügen kann, dann muss sie gerade als eine Form universaler und in diesem Sinne *transzendenter* Gerechtigkeit gedacht werden. Diese Gerechtigkeit ist immer primär als Gerechtigkeit für die Anderen, die Schwächeren gedacht. Und eben das ist ein anderer Name für Liebe.[57] Die universale Gerechtigkeit, die hier gesucht ist und die im Hunger und Durst nach Gerechtigkeit erfragt und ersehnt ist, ist etwas anderes als Tauschgerechtigkeit, die sich ausschließlich am Besitz und am Haben orientiert und das die Menschen immer wieder – wie Bertolt Brecht das ganz richtig ausgedrückt hat – zu „gegenseitigen Entreißern" macht. Diese universale Gerechtigkeit ist etwas anderes als reine Vergeltungsgerechtigkeit.[58]

---

[57] Damit die Gnade ein substantielles theologisches Wort bleibt, muss Gott als Macht der Gerechtigkeit verstanden werden. Denn nur dann werden die göttlichen Attribute wie Liebe, Gnade, Erbarmen eben nicht zu Beschwichtigungsworten oder zu Selbstbestätigungsworten in der Entwicklung der Menschheit. Liebe ist inzwischen zu einer Art Schlüsselwort bei den tiefenpsychologischen und psychoanalytischen Deutungen der Religion geworden. Im Hintergrund steht vielleicht der Versuch, Liebe zum Prinzip gesellschaftlichen Lebens zu machen wie in der Psychoanalyse *Erich Fromms*. Beispielhaft scheint mir das vor allem im Zusammenhang der Diskussion um die hermeneutischen Ansätze *Hanna Wolffs* in ihren Büchern zu sein. Dort wird gerade der Gerichtsgedanke massiv angegriffen und gesagt, Jesu Grundwort sei „Richtet nicht!", und das Christentum habe dieses „Richtet nicht!" verraten, habe überhaupt die neutestamentliche Botschaft dadurch verfehlt, dass es den neuen Wein, den Jesus uns gereicht und geboten hat, wieder in die alten Schläuche alttestamentlicher Traditionen gepresst und sich sozusagen dem Gerechtigkeits-Gott alttestamentlicher Traditionen versöhnlerisch angepasst habe. Vgl. *Hanna Wolff*, Neuer Wein – Alte Schläuche. Das Identitätsproblem des Christentums im Lichte der Tiefenpsychologie, Stuttgart 1981 u. ö.

[58] Alttestamentlich gilt als Klischeevorstellungen für das Gerechtigkeitsbild häufig: Aug um Aug, Zahn um Zahn. Und man macht es sich dann relativ leicht, wenn man dem dann das Bild der versöhnenden Liebe gegenüberstellt. Leicht schon deswegen, weil, wie man heute schon verlässlich weiß, dieser berühmte und oft zitierte Satz: Aug um Aug, Zahn um Zahn, nicht einfach ein Ausdruck von Vergeltungswillen ist, sondern ein Satz, der die Eskalation von Vergeltung und von Gewalt einschränken will. Im Entstehungskontext sieht man, dass er ein Widerstandssatz gegen den Versuch ist, durch Gewalteskalation die Gerechtigkeit zu verletzen. Jedenfalls wäre es ein zu spannungsloser Gegensatz, wenn man dem Neuen Testament eine Liebesgerechtigkeit, dem Alten Testament hingegen eine Vergeltungsgerechtigkeit zuordnen wollte. Die Haupttraditionen für die universale Gerechtigkeit stammen aus beiden Traditionen und der Maßstab für die Frage nach der Auferweckung der Toten ist uns aus dem Alten Testament als Frage nach der ungesühnten Gerechtigkeit der Anderen im Tode überliefert.

Wenn wir sagen: „Die Gerechtigkeit ist stärker als der Tod", dann hat das in einer anderen Hinsicht vor allem eine auch für uns heute entscheidende Bedeutung. Wo nämlich der Tod zum Horizont von Gerechtigkeit und damit – ob bewusst oder unbewusst – zum Maßstab unseres Gewissens wird, da gibt es eigentlich per definitionem keine Gleichheit in dieser Gerechtigkeit, also von vornherein keine Gerechtigkeit für alle, denn es ist sicher nicht wahr, dass der Tod alle gleichmacht. Nein, er lässt ja gerade die Unterschiede bis in unsere Grabsteine und unsere Beerdigungsriten hinein bestehen. Der Tod macht nicht alle gleich. Aus der Sterblichkeit für alle sind keine Gleichheitsaxiome abzuleiten. Solche Axiome sind eher Beschwichtigungssätze, die den Armen von den Mächtigen und Reichen eingeredet werden. Oder anders mit *Kurt Marti* gesagt: Der Tod „lässt eben die Herren Herren, die Knechte Knechte, die Opfer Opfer und die Mörder Mörder sein."[59] Wenn es schon eine Gleichheit geben soll, dann eben die der Idee eines Glaubens an eine zum Tode *transzendente* Gerechtigkeit, wie sie als Gottes Gerechtigkeit im Gericht angesprochen wird.[60]

Und genau dieser Gedanke steht hinter dem Gleichheitspathos neuzeitlicher *Demokratien*. Die Vorstellung von der politischen Gleichheit aller Menschen in der Demokratie kommt nicht aus der Einsicht, dass alle Menschen sterblich sind, sondern aus dem Wissen um die Transzendenz der Gerechtigkeit gegenüber dem Tod. Das fing an der Schwelle des späten Mittelalters zur Neuzeit an, als Dante in seinem „Inferno" plötzlich nicht nur Arme, Unterdrückte, Bösewichte, sondern auch Kaiser und Päpste auftauchen ließ.[61] Das ist ihm sehr schlecht bekommen. Erste Niederschriften der „Göttlichen Komödie" wurden deshalb verbrannt. Auch in Michelange-

---

[59] Vgl. *Kurt Marti*, Werkauswahl, Zürich 1996.
[60] Dieses Axiom, dass die Gerechtigkeit stärker sei als der Tod, bildet sozusagen die theologische Grundlage für das geschichtliche Ringen um universale Gerechtigkeit und für die Vision einer universalen Solidarität der Menschheit. Die Hoffnung auf eine Gerechtigkeit also für die Lebenden und die Toten, auf eine Gerechtigkeit für die ungesühnten Leiden, für die Opfer der Geschichte, verbürgt für Christen die Gewissheit der Maßstäbe, mit denen wir uns den herrschenden Verhältnissen immer neu widersetzen. Dies ist also nicht ein Ergebungswort, ein Beschwichtigungswort, sondern eine Motivation, sich herrschenden Verhältnissen zu widersetzen, wo sie als ungerecht erlebt und empfunden werden.
[61] *Dante Alighieri*, Die Göttliche Komödie, italienisch ursprünglich Comedia oder Commedia, in späterer Zeit auch La Divina Commedia genannt, ist das Hauptwerk des italienischen Dichters (1265–1321). Sie entstand während der Jahre seines Exils und wurde wahrscheinlich um 1307 begonnen und erst kurze Zeit vor seinem Tod vollendet. Erstveröffentlichung: 1472.

los Fresken vom Letzten Gericht tauchen plötzlich die Mächtigen, die Angesehenen, die Großen, die Starken, die Reichen in der Hölle auf. Das war in einer Art anfänglicher Bildersprache lebendiger Anschauungsunterricht in Demokratie an der Wiege der Neuzeit. Man bekam an diesen Bildern zu Gesicht, dass Gottes Gerechtigkeit kein Ansehen der Person kennt und in diesem Sinne alle gleichmacht. Dieses Pathos für eine Gleichheit, die nicht gleichmacherisch ist, aber doch die Gleichheit *in der Verantwortung* bezeugt, hat eine apokalyptische oder eschatologische Wurzel.

Die Verbindung von Auferweckung der Toten und Letztem Gericht besagt auch, dass Christen die Rede von der Auferweckung der Toten nicht als eine Art Symbol und Chiffre für eine geschichtlich-immanente Vollendung der Menschheit verstehen dürfen. Die Rede vom Letzten Gericht akzentuiert nochmals auf ihre Weise die *Initiative Gottes* in dieser Vollendung. Sie spricht von der verwandelnden Macht Gottes. Himmel, Reich Gottes, Ewigkeit, sind nicht Resultate der Selbstverewigung durch – wenn auch begnadete – Freiheit. Solche Vorstellungen spiegeln ein ganz bestimmtes mitteleuropäisch-bürgerliches Freiheitssubjekt, das sich problemlos dieser Freiheit zur Selbstverewigung zu bedienen vermag. Was ist denn mit allen jenen Menschen und Völkern und Gruppen, die keineswegs zu einer solchen Subjektfreiheit in der Lage sind? Wie können die denn in ein Verhältnis zur Ewigkeit, zum Himmel, zum Reich Gottes gebracht werden? Ist es denn nicht gerade für sie verkündet, die so leben müssen, als wären sie gerade „keines Menschen Sohn"? Das Zusammennehmen von Auferweckungsrede und Gerichtsrede möchte noch einmal den Initiativcharakter Gottes in dieser Vollendung betonen.

Die Rede von der Auferweckung der Toten und vom Letzten Gericht müsste in dieser angedeuteten Perspektive nicht als ein abgetaner Mythos betrachtet werden. Im Gegenteil, die Hoffnung auf eine universale Gerechtigkeit, auf eine Gerechtigkeit für die Lebenden und die Toten, auf eine Gerechtigkeit für ungesühnte Leiden, für die Opfer der Geschichte, verbürgt uns überhaupt das Wissen um jene Maßstäbe, mit denen wir uns den herrschenden Verhältnissen immer neu widersetzen, in denen es so viel Unglück für Gerechte und so viel Glück für Gottlose und Unterdrücker gibt. Woher denn die Kraft, aus welcher Hoffnungswurzel kommt denn der Aufstand gegen die Ungerechtigkeit?[62]

---

[62] Im Synodentext heißt es: „Und dies sollte kein Wort unserer Hoffnung sein? Kein Wort, das uns freimacht, für diese Gerechtigkeit einzustehen, gelegen oder ungelegen? Kein Ansporn, der uns den Verhältnissen himmelschreiender Ungerechtigkeit widerstehen lässt? Kein Maßstab, der uns gegen jedes Paktieren mit Ungerechtigkeit verbie-

Die Hoffnung auf eine universale Gerechtigkeit schließt Auferweckung und *Aufstand* in einer gewissen Weise zusammen. Hier wird keineswegs im Namen einer künftigen Auferweckung der Toten jeder Aufstand für die Lebenden ausgeredet oder gelähmt. Widerspruch scheint mir bei jenen vorzuliegen, die eine solche Gerechtigkeitsidee als Mythos oder auch als Opium abtun und die gleichwohl für eine universale Gerechtigkeit kämpfen. Ist es denn nicht gerade der Tod, an dem alle Maßstäbe einer ungeteilten, nicht halbierten Gerechtigkeit zerbrechen? Es scheint mir wichtig, dass wir um der anthropologischen und gesellschaftlichen Probleme heute willen diese apokalyptische Rede von der Auferweckung der Toten und vom Letzten Gericht und der damit zusammenhängenden Rede von der Verdammnis in dem expliziten Sinn nicht einfach verschämt verstecken und sie theologisch ächten und gering halten. Kritisches theologisches Bewusstsein erweist sich vielmehr daran, dass es diese tradierten apokalyptischen Inhalte und Aussagen immer neu richtig platziert und vor allem richtig adressiert und versucht, sie den falschen kirchlichen und gesellschaftlichen Verwertungszusammenhängen zu entreißen. In diesem Sinne heißt es auch im Dokument der Synode:

„Freilich: Haben wir in der Kirche diesen befreienden Sinn der Botschaft vom endzeitlichen Gericht Gottes nicht selbst oft verdunkelt, weil wir diese Gerichtsbotschaft zwar laut und eindringlich vor den Kleinen und Wehrlosen, aber häufig zu leise und zu halbherzig vor den Mächtigen dieser Erde verkündet haben? Wenn jedoch ein Wort christlicher Hoffnung dazu bestimmt ist, vor allem vor ‚Statthaltern und Königen' (vgl. Mt 10,18) mutig bekannt zu werden, ist es offensichtlich dieses!" (I.4)

Das kritische theologische Bewusstsein muss sich primär um eine Kritik der in Kirche und Gesellschaft erkennbaren Verwertungszusammenhänge dieser apokalyptischen Symbole bemühen und nicht schlichtweg um deren Zersetzung in eine symbolfreie oder von sekundären Symbolen besetzte Anthropologie hinein.

4. Notizen zur Semantik der Rede von Auferweckung und Gericht

Zunächst einmal eine genauere Präzisierung dessen, was Christentum und Theologie unter Auferweckung meinen, etwa im Unterschied zu den

---

tet und uns immer wieder zum Aufschrei gegen sie verpflichtet, wenn wir unsere eigene Hoffnung nicht schmähen wollen?" (I.4) religionsgeschichtlichen Redeformen von Unsterblichkeit usw. Heute geschieht es oft, dass der Sinn der christlichen Auferweckungsbotschaft durch Absetzung von den außerchristlichen Unsterblichkeitsvorstellungen erläutert wird. Als ob nicht auch die Auferweckungsbotschaft nahezu die gleichen Probleme menschlicher Identität angesichts drohender Vernichtung beinhaltet wie eben die Unsterblichkeitstraditionen der großen Religionen. Wenn schon eine Erläuterung über das Verhältnis von Auferweckung und Unsterblichkeit stattfinden muss, dann sollten wir einmal bedenken, dass durch Jahrhunderte die christliche Auferweckungstradition im Zusammenhang mit den metaphysischen und außerchristlichen religiösen Unsterblichkeitstraditionen erläutert wurde. Und wir sollten zum anderen festhalten, dass heute der Wille zu einer Koalition der großen religiösen Traditionen überhaupt notwendig ist, um den drohenden Gefahren einer rein weltlichen Interpretation des Menschseins glaubwürdig begegnen zu können und nicht bloß im Niederkritisieren der gegenseitigen religiösen Traditionen.[63]

Wenn Religion heute im Welthorizont etwas zu leisten hat, dann ist es im Grunde genommen eine Koalition aller Religionen im Widerstand gegen jene Banalität, die sich ausbreitet, wenn diese Unsterblichkeitsfrage nicht mehr gestellt wird. Es gibt Unsterblichkeitstraditionen auch innerhalb des Christentums, in denen die Sterblichkeit des Menschen durch eine Art anthropologischer Halbierung unterlaufen werden soll, in der also dann in der Tat die Sterblichkeit des Menschen nicht hinreichend ernst genommen wird. Dann besteht natürlich die Gefahr, dass diese Unsterblichkeitsvorstellungen sehr schnell der modernen Religionskritik zum Opfer fallen, weil sie unter dem Verdacht stehen, ihrerseits eigentlich nichts anderes als ein ins Metaphysische, ins Unendliche, ins Transzendente verlängerter und projizierter Egoismus des Menschen zu sein, der von sich nicht lassen will. Dies ganz im Gegensatz zu dem Grundaxiom neutestamentlicher Botschaft vom Weizenkorn, das in die Erde zu fallen hat und sterben muss, damit es begreife, was denn Leben sei (Joh 12,24).

4.1 Eine kurze Information zum *eschatologischen* Sinn der Rede von Auferweckung. Die biblischen Traditionen lassen es eigentlich nicht zu, den Auferweckungsgedanken im Stile der Wiederbelebung etwa eines Leichnams im Sinne einer Rückkehr ins bisherige Leben zu denken. Gemeint

---
[63] Zur gesamtmenschlichen Solidarität der Religionen im Zeitalter der „Globalisierung" vgl. oben § 1 und JBMGS 4, 150–194.

ist eine radikale *Verwandlung* in ein neues Leben durch die – biblisch gesprochen – Gerechtigkeit schaffende Macht Gottes. Hier ist von vornherein klar, dass man die Auferweckungsbotschaft des Neuen Testaments nicht von den einzelnen Machtbezeugungen Jesu, etwa der Totenerweckung des Lazarus u. a., her interpretieren soll, sondern, wenn überhaupt, dann umgekehrt. Bei den Perikopen über die Machttaten Jesu selbst, scheint es sich um eine ganz unmetaphorische, deskriptive Rede zu handeln. Sie kommt auch mehr oder minder ohne Symbole aus, sie spricht eben von einer Wiederkehr ins Leben. Bei der Auferweckungsbotschaft im Zentrum des Christentums handelt es sich um ein *eschatologisches* Geschehen. Und dieser eschatologische Sinn wird nun nicht zufällig und beiläufig, sondern wesentlich metaphorisch ausgedrückt. Er hat deshalb eine metaphorische und narrative Verfassung. Der Satz „Der Herr ist auferstanden" ist als Erzählsatz nicht umsetzbar in irgendeinen Argumentationszusammenhang. In ihm ist die eschatologische und historische Dimension in eins genommen. Die sprachliche Struktur der neutestamentlichen Rede von der Auferweckung des Herrn gibt schon Hinweise, dass es sich um ein Bildwort handelt: wie man vom Schlaf aufgeweckt wird und aufsteht, so soll das auch den Toten widerfahren. Das Unerhörte und in seiner Wirklichkeit unvorstellbare Geschehen, das als Zukunft aller, der Lebenden und der Toten erwartet wird, wird bildlich vorgestellt nach der Analogie des alltäglichen Vorgangs des Erwachens vom Schlafe. Diese Art von Metaphorik kann nicht übersetzt und nicht ersetzt werden. Es gibt Bildworte und Metaphern biblischer Tradition, die es zu verteidigen gilt, weil an deren Ausdrucksform die Identität der christlich-biblischen Rede unbedingt hängt. Man kann nicht einfach das Bild von der Mahlgemeinschaft, das Bild von dem Vater, der die Tränen abwischt, auch das apokalyptische Bild vom Feuer, in ein anderes, vielleicht heute zeitgemäßeres übersetzen. Zumeist werden dann nur schlechtere Bilder oder in ihrer Bildgestalt verblasste Begriffe dafür eingesetzt.

4.2 Sehr viele Unsterblichkeitstraditionen sind von der Vorstellung geprägt, dass es so etwas wie eine unsterbliche, vom Tod unberührbare Qualität am Menschen gäbe, sozusagen eine Art Seelensubstanz, die der Tod nicht trifft. Hellenistische Traditionen, die in der Gestalt eines vulgären Platonismus ins Christentum eingewandert sind, haben solche Vorstellungen auch ins Christentum einfließen lassen. Solche Vorstellungen gibt es auch in den älteren Lehren der Stoa und in anderen religiös-metaphysischen Traditionen, die auf dem Wege über die Geschichte mit dem Christentum in Verbindung gekommen sind. Es sind Formen, in denen die radikale Sterblichkeit des Menschen nicht ernst genommen wird, sozusagen das Menschsein angesichts des Todes halbiert wird. Ich glaube, dass diese Formen einer Unsterblichkeitslehre durch die Religionskritik des 19. Jahrhunderts, ansetzend bei Ludwig Feuerbach, kritisiert sind. Aber nicht nur etwa, weil wir dieser Kritik hier Recht geben wollen, sondern weil wir unseren Traditionen, auf die Theologie als christliche verpflichtet ist, das Wort geben wollen, müssen wir hier zunächst einmal auf einen ganz eigentümlichen Befund hinweisen, den es in den Traditionen des Alten und partiell auch des Neuen Testamentes gibt.

Vor allem beobachten wir im Alten Testament die merkwürdige Tatsache, dass es nämlich über weite Strecken der alttestamentlichen Geschichte hinweg eine Religion gibt, in der ein Volk an einen lebendigen, mächtigen, Gerechtigkeit schaffenden Gott glaubt und gleichwohl keine ausgearbeitete Frage oder gar Antwort in Richtung dessen hat, was wir die Frage nach einem Leben nach dem Tode nennen. Das hat lange Zeit die Exegeten und Systematiker beschäftigt und beschäftigt sie immer wieder. Und es gibt die unterschiedlichsten Versuche, damit fertig zu werden, zumal dies ja in einer besonderen Weise auch bis in die neutestamentlichen Traditionen hinein durchschlägt. Das Neue Testament ist in einer für uns spätbürgerliche Individualisten erschreckenden Weise an der Frage desinteressiert: Wie ist denn das mit dem Einzelnen nach dem Tod?

Nun hat man diese Tatsache, dass auf der einen Seite ein lebendiger Glaube an Gott gegeben sein kann und andererseits ein Schweigen über die Frage nach der Unsterblichkeit z. B. kulturanthropologisch interpretiert, indem man davon sprach, dass dies noch Ausdruck eines archaischen Bewusstseins sei, in dem die Menschheit gewissermaßen die Schwelle zur Individualisierung noch nicht überschritten hatte; dass dort also das Bewusstsein des Menschen über seine eigene unantastbare Würde noch nicht hinreichend entwickelt war, dass sozusagen der Einzelne sich noch viel zu sehr als Teil einer Gesamtgesellschaft gefühlt und erfahren hat, sodass sich da auch noch nicht diese Frage gestellt habe. Daran ist historisch sicher etwas Wahres. Aber die Meinung, in einem archaischen Glauben könnte noch gar kein Interesse an unverletzlicher, endgültiger, unantastbarer, auch durch den Tod nicht zerstörbarer Würde durchschlagen, erscheint mit äußerst problematisch.

Jede Religion hält den Gedanken von der *Einheit* aller Menschen hoch. Was ist denn mit denen, die vor dieser Individualisationsschwelle waren? Ist die Gefahr nicht groß, dass in dieser kulturanthropologischen Sicht genau das übersehen wird, was es doch ganz offensichtlich im Alten und Neuen Testament deutlich gibt, nämlich: das Verständnis eines *Volkes*, das sich seiner unantastbaren Würde bewusst ist und in diesem Sinne auch Unsterblichkeit erahnt. Ich selbst neige dazu, diesen spätindividualistischen Interpretationen nicht einfach Recht zu geben, sondern möchte angesichts dieses merkwürdigen Befundes sagen: Hier soll deutlich werden, dass der Glaube an den Gott der Lebenden und der Toten, von dem wir sprechen, nicht den Menschen über den Tod hinweg und an ihm vorbei retten will, sondern dass Glaube zunächst einmal die radikale Sterblichkeit des Menschen im Ganzen anzunehmen gebietet. Das scheint mir wichtig zu sein, weil wir ja in der nachbiblischen Geschichte eine Art semantischer Verwechslung vorgenommen haben, als wir aufhörten, vom Fleisch zu reden und dann vom Leibe sprachen. In den christlichen Traditionen hörte irgendwo die dominierende Rede vom Fleisch auf, und es schlägt die Rede vom Leib durch. Wenn von der Auferstehung und Auferweckung des Fleisches die Rede ist, ist in der Tat der ganze Mensch gemeint.[64] Entsprechend ist natürlich auch der ganze Mensch ein Sterblicher.

Im Anschluss an Hegels Unterscheidung von einer schlechten Unendlichkeit und von einer schlechten Endlichkeit könnte man hier von einer *schlechten Unsterblichkeit* und von einer *schlechten Sterblichkeit* sprechen. Was meine ich damit? Sterblichkeit und der darin bedachte und

---

[64] Darin sind Spuren eines Subjektseins enthalten, das als Korrektiv in Richtung eines sog. *solidarischen* Subjektseins wichtig ist, in dem das Subjekt nicht als die isolierte Monade betrachtet wird, die sich sozusagen immer nur im Nachhinein der Koexistenz mit Anderen ängstlich vergewissert, sondern wo das Mitsein mit Anderen konstitutiv zum eigenen Selbstsein und auch zum eigenen Selbstbewusstsein gehört. Wie weit wir das im Sinne einer individualistischen Gnoseologie getrieben haben, das kann man an der Christologie sehen, wenn dort ein Traktat über das Selbstbewusstsein Jesu entfaltet wird und über seine Gottessohnschaft und das Bewusstsein davon in ihm. Da habe ich lange Zeit die kühnsten Versuche gehört, was er denn da alles von sich wusste, während man im Neuen Testament deutlich sehen kann, dass Jesus im Grunde genommen das Entscheidenste von sich selber dadurch weiß, dass Andere ihm das zutrauen. Also diese intersubjektive Grundstruktur, auch in der Verfassung des Wissens, ist gewissermaßen in diesen biblischen Traditionen in einer Weise da, die uns in einer spätabendländisch sehr individualistisch geprägten Erkenntnislehre doch ziemlich abhandengekommen ist. Eine ähnliche Veränderung kann man auch daran sehen, dass in den Traditionen aus der biblischen Auferweckung des Fleisches – wobei Fleisch den großen geschichtlichen Zusammenhang der Menschen, in dem sie leben, meint – eine Auferweckung des Leibes wurde, der schon enorm individualistisch geprägt ist und eigentlich diese geschichtliche und solidarische Dimension nicht mehr hat. Die müssen wir uns aus unseren Traditionen zurückholen.

erfahrene Tod sind nur als hinausgeschobene negative Grenze, die im Leben selbst keinerlei Präsenz und Bedeutung hat. Dem entspricht dann auch Unsterblichkeit als der Vorgang, in dem diese Grenze entfällt, sodass es dann weitergeht mit „gewechselten Pferden", wie es bei Ludwig Feuerbach heißt. Unsere Rede vom Leben nach dem Tod leistet dieser Vorstellung auch Vorschub, so als gäbe es doch eine tendenziell-unendliche Zeit, und zwar hier mit der Zäsur Tod, und dann geht es weiter. Es war eine der entscheidenden Absichten meiner Überlegungen zur Apokalyptik, dass hier nicht etwa eine andere Zeit oder ein Weitergehen in der Zeit nur mit „gewechselten Pferden" möglich ist, sondern ein *Ende*. Und dass auch Gott nicht das Andere gegenüber Zeit ist, sondern ihre Befristung.[65]

Die schlechte Unsterblichkeit – eine Art synthetisch gedachter Unsterblichkeit im Sinne der unbegrenzten Verlängerung irdischen Lebens – ist eine der großen Gefahren, in denen die Ideale der Unsterblichkeitstradition in der Religionsgeschichte wie auch der christliche Auferweckungsglaube stehen.[66]

---

[65] Vgl. den einschlägigen Text in Band II dieser Ausgabe („Der apokalyptische Gott – Annäherungen") und die Beiträge in: JBMGS 5.

[66] Es gibt eine sehr eindrückliche Schilderung dieser schlechten Unsterblichkeit in einem der bekannten Romane von *Simone de Beauvoir*, „Alle Menschen sind sterblich" (1946), in dem sie das Gespräch zwischen zwei Männern schildert, von denen der eine durch eine Art Lebenselixier unsterblich geworden ist und der andere den Freund beneidet und sagt: „Könnte ich nur auch unsterblich sein wie du!" Und dann sagt der Unsterbliche: „Aber warum denn?" „Dann wäre ich ganz sicher, die Durchfahrt nach China zu finden." Darauf sagt der Unsterbliche bezeichnenderweise: „Nein, denn bald würdest du dich für China überhaupt nicht mehr interessieren, weil du eigentlich allein wärst auf dieser Welt. Du würdest keinen Freund haben, alle würden dich als Fremden und wie einen Toten betrachten." Später sagt dann dieser Unsterbliche auch von seiner Frau: „Trotz all meiner Liebe zu ihr, war ich von anderer Art. Jeder sterbliche Mensch stand ihr im Grunde näher als ich." Die Interessen, die er hatte, die das Leben sozusagen bewegen, die Dynamik, die Kämpfe, die Leiden, die Ängste, die Hoffnungen sind alle weg. Bezeichnenderweise endet der Roman mit den Sätzen: „Ich hatte nichts zu hoffen, ich ging zur Tür hinaus; ich konnte mein Leben nicht einsetzen, ich konnte nicht mit ihnen lächeln, nie waren Tränen in meinen Augen, nie Feuer in meinem Herzen. Ein Mensch von irgendwo her, ohne Vergangenheit, ohne Zukunft, ohne Gegenwart. Ich wollte nichts, ich war niemand." Diese künstliche, ins Unendliche verlängerte Unsterblichkeit, die als Vorstellung zuweilen doch eine beträchtliche Rolle spielt, ist die ärgste, feindlichste Gefährdung dessen, was wir Leben nennen. Es gibt in der Literatur eine Reihe von Beispielen, in denen der Versuch gemacht worden ist, etwa die Geschichte des Jünglings von Naim und die Geschichte des auferweckten Lazarus, weiterzuerzählen und zu fragen: „Was ist eigentlich mit diesen beiden – einmal unterstellt, dass sie wieder in dieses Leben zurückgekehrt sind – geschehen?" Da gibt es auch von einem russischen Autor des 20. Jahrhunderts eine Geschichte, die ähnlich läuft: Lazarus als der Ausgestoßene, als

Wir sollten die axiologische Präsenz des Todes im Leben, d. h. seine ständige Gegenwart in ihm als entscheidendes Moment der Identität des Lebens nicht vergessen und man nicht ein Leben konzipiert, das eigentlich unbedrohter, dynamischer, lebendiger, voll Glück und Freude und Hoffnung wäre, wenn es den Tod und die Sterblichkeit nicht gäbe. Die Gefahr ist groß, gerade heute, wo die Möglichkeiten einer Art synthetischer Unsterblichkeit des Lebens wissenschaftlich-technologisch immer näher rücken. Es gab einmal vor Jahren ein Fernsehspiel, wo die Menschen auch nicht mehr sterben mussten und in einer grauenhaften Langeweile und Banalität dahinlebten und per Zufall entdeckte Archive öffneten, in denen sie ganz andere Lebensformen entdeckten und herausbrachten, dass diese Menschen gerade deswegen glücklich waren, weil sie nicht unsterblich waren. Und dann gingen sie auf die Straße und demonstrierten für das Recht auf Sterblichkeit. Besser als der Versuch, in irgendwelchen Begriffen das zu erläutern, kann man durch solche Bilder wenigstens andeuten, was mit einer schlechten Unsterblichkeit gemeint sein könnte, die hier besprochen sein muss, weil sie als Vorstellungen immer wieder in unsere christliche Verkündigung und in die christliche Theologie einschießen.

Ich möchte auch etwas zur *schlechten Sterblichkeit* sagen dürfen. Das Pathos geht um, Christen seien jene, die die Augen vor der Realität schließen, die mit ihrem Auferweckungsglauben nur Beschwichtigung betreiben und die nicht nüchtern sein können. Durch alle Jahrhunderte hat es eine Art *stoizistischen* Umgangs mit dem Tod gegeben – verbunden mit einer Art elitärem Todesdenken. Bezeichnenderweise sind die Träger dieses Sterblichkeitskultes immer die gesellschaftlich privilegierten Schichten gewesen. Diese Schichten konnten es sich sozusagen leisten, eine Kultur der Sterblichkeit zu entwickeln, die dann auch die Auferweckungshoffnung des Volkes als eine Art Opium für das Volk abgetan hat.

Wir müssen uns von hier aus auch fragen, ob wir zuweilen ein religiöses Todesverständnis und ein Sterblichkeitsideal kultivieren, das nichts anderes als der Ausdruck eines solchen bürgerlichen Individualismus ist, wo der Protest gegen den Tod von vornherein aus Unbescheidenheit abgelehnt wird. Ein Satz z. B. von einem Neostoiker in diesem Zusammenhang: „Du willst", sagt er zum Tod, „dass ich das Fest verlasse. Ich gehe, dir von Herzen dankend, dass du mich gewürdigt hast, an deinem Feste teilzunehmen und deine Werke zu schauen und dein Walten zu erkennen ... Das

---

der Fremde, der eigentlich nun erst so richtig als der wirklich Tote von allen betrachtet wird.

Fest muss ein Ende haben und man möge sich dankbar verabschieden von dieser Gemeinschaft des Mahls." Die, die dieses Leben als ein Fest feiern konnten, denen es vergönnt war, aufgrund der Privilegien, in denen sie gelebt haben, denen mag es leicht sein, am Ende des Lebens sich aus dieser Welt zu verabschieden. Christlich ist das in meinen Augen jedenfalls nicht. Und wir sollten uns auch hüten, das theologisch zu überhöhen und vielleicht darin die wahre Einstellung zur Sterblichkeit zu sehen und das in christlicher Demut hinzunehmen und zu sagen: Ja, jetzt trete ich ab, ich habe genug gehabt. So ist es nicht gemeint. Wir Christen stehen für einen ein, der mit einem Schrei starb, der sich keineswegs freundlich aus dieser Welt verabschiedet hat, nachdem er die Harmonie erlebt hatte und der dann alltagssatt und müde leicht sagen konnte: „Nun bin ich am Ende." Wir haben überhaupt keine Modelle, wie man alt wird als Christ. Jesus hat uns keinerlei Vorbilder darüber hinterlassen, wie man denn in seinem Namen überhaupt alt und glücklich sein kann. Auch das muss bedacht sein, damit wir nicht irgendwelchen humanitären Idealen der Sterblichkeit aufsitzen. Es gibt nämlich eine Reihe von Theologumena, die von daher geprägt sind. Was ist denn, wenn man sagt: Ewigkeit, das ist der Mut, sein Leben selbst in Freiheit zu vollbringen? Was ist denn mit denen, die das alles nicht können, die gar nicht so viel Identität auszubilden vermögen, dass sie in eine große erfüllte Freiheit in diesem Leben kommen? Was ist denn mit den Zerstörten, mit denen, die vielleicht eine rauschhafte Identität, wenn überhaupt eine, irgendwann einmal gefunden haben? Für die muss ja Religion nur noch Opium sein.

5. *Versuch einer gesellschaftskritischen Vermittlung des christlichen Auferweckungsglaubens*

5.1 Auferweckung und Gericht – Kategorien des Widerstands gegen gesellschaftlichen Trauerverlust, gegen die Verhältnislosigkeit zu den Toten und damit auch als Versuch, den Bann des herrschenden Sinnlosigkeitsverdachts gegenüber der Trauer zu durchstoßen

Im Synodentext ist in diesem Zusammenhang von Trauerverboten die Rede. Dabei ist die hier gemeinte Unfähigkeit zu trauern nicht als sozialpsychologische Diagnose, etwa über das Deutschland nach dem Nationalsozialismus gemeint, wie es in dem bedenkenswerten Buch von Alexander und Margarete Mitscherlich geschieht.[67] Sie kennzeichnet vielmehr eine Gesellschaft, die sich ihrerseits immer mehr als eine Tausch- und Bedürfnisgesellschaft versteht und in der Trauer ein verschwindendes Dasein hat. Die Rede von Auferweckung und Gericht fordert eine ganz besondere Aufklärung über unser eigenes Leben.

Mitten in dem christlichen Glaubensbekenntnis steht das Wort vom Abstieg in das Reich der Toten, das Wort vom Mitsein des Christus mit den Toten. Leicht ist das als ein mythologischer Einschub abzutun; und es sah eine zeitlang so aus, als sollte es auch aus dem christlichen Credo möglichst herausgenommen werden. Aber das ist so wenig ein mythologischer Einschub, als er uns über eine fundamentale Voraussetzung unseres Menschseins aufklärt, nämlich über die Solidarität oder Schicksalsgemeinschaft mit den Toten. Das gesellschaftlich fassbare Bewusstsein davon heißt eben Trauer. Ihr Verschwinden fördert den Einmarsch in die Inhumanität. Darauf kommt der Synodentext ausdrücklich zu sprechen. Dies ist nicht gesagt aus einem kulturellen Defäitismus oder eines typisch theologischen Pessimismus, sondern es ist einer Erfahrung willen gesagt, die einmal *Theodor W. Adorno* in einem seiner ansprechendsten Bücher so formuliert hat: „*Der Schritt aus Trauer in Trost ist nicht der größte, sondern der kleinste.*"[68] Die Unfähigkeit, uns trösten zu lassen, hängt sehr eng mit der Unfähigkeit zu trauern zusammen. Und der Eindruck der Trostlosigkeit, das Grau in Grau in unserem gesellschaftlichen Leben, westlich und östlich, nördlich und südlich, kommt nicht etwa aus einem Übermaß an Trauer, sondern aus ihrer nahezu vollständigen Abwesenheit oder aus ihrer völligen Privatisierung und Verinnerlichung. *Ernst Bloch* sagte einmal:

> „Wir haben im Westen eine gönnerische pluralistische Langeweile, und im Osten eine befohlene, verordnete, gedrückte monolithische Langeweile. (...) Es sieht aus wie bei einer partialen Sonnenfinsternis. Alles ist so merkwürdig grau. Die Vögel singen nicht oder anders. Irgendetwas ist los. Das transzendierende Wesen ist schwach."[69]

---

[67] *Alexander/Margarete Mitscherlich*, Die Unfähigkeit zu trauern. Grundlagen kollektiven Verhaltens, München 1967.
[68] *Theodor W. Adorno*, Kierkegaard. Konstruktion des Ästhetischen (Gesammelte Schriften, hrsg. von Rolf Tiedemann u. a., Bd. 2), Frankfurt am Main 1962, 200.
[69] *Ernst Bloch*, „Herr und Knecht in der Bibel. Zweiter Teil der Rede ‚Materialismus als Enthüllung'", in: Neues Forum. Internationale Zeitschrift für kulturelle Freiheit, politische Gleichheit und solidarische Arbeit, hrsg. von Günther Nenning u. a., Nr. 158, Wien 1967, 127–130.

Es sei erneut auf einen wichtigen christlichen Autor hingewiesen, der schon in der bürgerlichen Gesellschaft seiner Zeit die Bedeutung des Auferweckungsglaubens in diesem Zusammenhang betont hat. Es ist *Sören Kierkegaard*, der auf die *transzendierende Kraft* der Trauer verwies und auf ihren Protestcharakter in einer Gesellschaft der völligen Verzweckung, der Instrumentalisierung von Humanität und des vorherrschenden Tauschprinzips. Er sprach selber pointiert davon, dass die trauernde Liebe zu den Toten die einzige Gestalt von Liebe überhaupt sei, die nicht in den Verwertungszusammenhang einer reinen Tausch- und Bedürfnisgesellschaft einbezogen werden könne. Diese Liebe zu den Toten nämlich, die ein inneres Moment am christlichen Auferweckungsglauben ist und bleibt, ist nach Kierkegaard im wahrsten Sinne des Wortes *zwecklos* und durchstößt so immer neu, wenn auch ohnmächtig, den Bann öffentlicher Vorstellungen unseres gesellschaftlichen Lebens. In einer Rede auf die Toten hat Kierkegaard das einmal so formuliert:

> „Wahrlich willst du dich recht vergewissern was von Liebe in dir oder in einem anderen Menschen sei, so achte nur auf das Verhalten gegen einen Verstorbenen ... Denn ein Verstorbener ist ein hinterlistiger Mann; er hat sich wirklich ganz aus der Sache gezogen, hat nicht den mindesten Einfluss, der seinem Gegenüber, dem Lebenden, hinderlich oder förderlich wäre ... Dass wir in Liebe Verstorbener gedenken, ist eine Tat der uneigennützigsten Liebe"[70]

Trauer nimmt hier für Kierkegaard unversehens die Gestalt der uneigennützigen Liebe an. Und er insitiert, gerade auch in seinen Tagebüchern, auf dieser Gestalt von Liebe gegenüber dem, was er verächtlich und kritisch die Christenheit seiner Zeit nennt.

Ein Moment aus diesem Zusammenhang möchte ich noch erwähnen: Widerstand gegen den verdrängten Tod. Wir leben in einer Gesellschaft, die den Tod verdrängt. Und wir erleben gleichzeitig – dies lässt sich auch an soziologischen Analysen gut überprüfen – die verhängnisvolle Rache des verdrängten Todes in dieser Gesellschaft. Warum und inwiefern? Weil eine Gesellschaft, die den Tod und seine relativierende Macht verdrängt, die Kontingenz ihrer eigenen Ordnungen, Ansprüche und Normen nicht mehr durchschaut. Sie wird zu einer Gesellschaft, in der plötzlich die

---

[70] Zitiert nach der im Eugen Diederichs Verlag erschienenen deutschen Ausgabe: *Sören Kierkegaard*, Leben und Walten der Liebe. (Übersetzt von Albert Dorner und Christoph Schrempf), Jena 1924 (Erbauliche Reden, 3), 355 ff.; vgl. *Martin Kiefhaber*, Theologie als Korrektiv. Untersuchungen zur Theologie Sören Kierkegaards, Mainz 1997.

selbst gesetzten Normen eine solche Macht über den Menschen gewinnen, dass er geradezu kollektiv an ihnen scheitert wie an Zwängen, aus denen keiner glaubt aussteigen zu können. Es ist ein Zeichen dafür, dass wir bei aller Rede von der Endlichkeit all dessen, was wir tun, gerade wegen der Verdrängung des Todes nicht mehr wissen, was eigentlich Kontingenz ist. Dass wir zwar davon reden, aber dann plötzlich unsere eigenen Maßstäbe so sehr verabsolutieren, dass daran und darunter Menschen zugrundegehen. Die Tatsache, dass es in unserer Bundesrepublik z. B. genauso viele Selbstmorde wie Straßentote gibt, hat etwas mit dieser Problematik zu tun. Und das wäre ein Feld, an dem Religion gerade die Rache des verdrängten Todes erkennen müsste.

5.2 Auferweckungshoffnung – Kategorie des Widerstands gegen ein am Haben und Besitz orientierten gesellschaftlichen Ideal menschlicher Identität

In diesem Sinne ist christliche Auferweckungshoffnung die Wurzel theologischer Kapitalismuskritik. Im Synodentext heißt das in einer so konfessorischen Sprache, dass man es wie eine folgenlose Predigt liest:

„Die Hoffnung auf die Auferweckung der Toten, der Glaube an die Durchbrechung der Schranke des Todes macht uns frei zu einem Leben gegen die reine Selbstbehauptung, deren Wahrheit der Tod ist. Diese Hoffnung stiftet uns dazu an, für Andere da zu sein, das Leben Anderer durch solidarisches und stellvertretendes Leiden zu verwandeln. Darin machen wir unsere Hoffnung anschaulich und lebendig, darin erfahren wir uns und teilen uns mit als österliche Menschen. ‚Wir wissen, dass wir vom Tod zum Leben hinübergeschritten sind, weil wir die Brüder lieben; wer nicht liebt, der bleibt im Tode' (1 Joh 3,14)". (I.3)

Gibt es für dieses Wort noch gesellschaftliche Plausibilität oder jedenfalls mehr als das ohnmächtige Festhalten an einem Ideal archaischer Vorstellungen über den Menschen? Wo schlägt denn dieser Sinn der Liebe, der hier proklamiert wird, als der Grundsinn des Auferweckungsgedankens in gesellschaftlichen Handlungszusammenhängen durch? Wenn man sich natürlich inzwischen damit beschieden hat, dass wir Christen ohnehin nur noch von jenem Scheinsubjekt reden, das sich längst aus allen gesellschaftlichen, geschichtlichen, natürlichen Zusammenhängen auf irgendeine Innerlichkeit zurückgezogen hat, die Jesus nie gemeint hat, dann hat man mit solchen Sätzen kein Problem. „Wir wissen, dass wir vom Leben zum Tod hinübergeschritten sind, weil wir die Brüder lieben" (1 Joh 3,14). Wie ist das aber in den gesellschaftlichen Zusammenhängen? Wir wissen doch genau, dass die viel zu sehr und viel zu eindeutig im Unterschied zum Sinn der Liebe, der hier gemeint ist, vom *Sinn des Habens* und *des Besitzes* als den entweder explizit verkündeten oder doch unterschwellig herrschenden Identitätsidealen geprägt sind. Hat nicht der Sinn des Habens alle anderen Existenzweisen zumindest verdunkelt, sozusagen in die Unanschaulichkeit abgedrängt, in die private Ohnmacht, in die Kommunikationslosigkeit, sodass man darüber auch gar nicht mehr miteinander sprechen kann. Und ist er nicht vor allem längst auch in unsere religiöse Vorstellungswelt eingedrungen bis hin zu einem volkstümlichen Unsterblichkeitsgedanken, bei dem auch der Sinn des Habens eindeutig dominiert, das menschliche Ego sich gewissermaßen festhält und sich nun ins Unendliche hineinverlängert glaubt und man dann heimlich oder offen einen solchen Unsterblichkeitsglauben ablehnt? Herrscht der hier angesprochene Sinn des Habens und des Besitzens nicht weit über die ökonomischen Kategorien hinaus – und durch sie hindurch – in alle Selbstverständnisformen des Menschen hinein, in sein Verständnis von Leib und Leben, sodass es mit Zähnen und Klauen gegen den „Entreißer Tod" (Bertolt Brecht) zu verteidigen gilt? Und liegt nicht vielleicht hier eine der Wurzeln für die gesteigerte und keineswegs etwa geminderte Todesangst in unserer bürgerlichen Gesellschaft? Ganz abgesehen davon, dass der verdrängte Tod auch der Religion alle exakte Phantasie genommen hat, von Unsterblichkeit genauer zu sprechen. Das kann man eben nur im Angesicht des Todes und nicht etwa in einer Gesellschaft, in der die Todeserfahrung bewusst und kalkulatorisch verdrängt ist.

Wo Identitätsideale an Haben und Besitz und das gesellschaftliche Miteinander wesentlich am Tausch orientiert sind, da wird sowohl das christliche Todesverständnis als auch der Unsterblichkeitsgedanke korrumpiert. Um das zu erkennen, muss man sich, wie so oft bei den Sensibleren, bei den Kritischeren, bei denen, die meist auch der Religion sehr skeptisch gegenüberstehen, erkundigen. In einer Wirtschafts- und Gesellschaftsordnung, die auf dem äquivalenten Tausch beruht und in einer Lebenswelt, in der das eigene Leben dominierend als Besitz aufgefasst wird, kann natürlich auch die Hingabe des Lebens nicht ohne Gegenleistung akzeptiert werden. Die Problematik dieser Vorstellung, die wir Theologen eigentlich jeden Tag zu diskutieren hätten, hat z. B. *Bertolt Brecht* in einem Exilgedicht formuliert.

> „Aber vor allem der Tod! Da wird uns das Leben entrissen. Aber wie sollen wir Entreißer uns etwas entreißen lassen? Immer haben wir etwas bekommen dafür,

dass wir lebten. Sollen wir für unseren Tod nichts bekommen? Gott schenkt uns ein besseres Leben."[71]

Das bessere, das jenseitige Leben wird so zur angemessenen Bezahlung für die Hergabe des diesseitigen. Und gleichwohl ganz unwahrscheinlich, weil der längst vom Tauschprinzip fundamental angekränkelte Mensch gar nicht daran glauben kann, dass es einen solchen Tausch noch geben könne. Nun könnte man fragen: Was fangen wir mit dem Lohngedanken im Neuen Testament an? Wie oft wird dort davon gesprochen, dass es hundertfältig vergolten wird? Ich glaube, dass hier der Lohn nicht etwa am Haben orientiert ist, sondern wenn schon, dann am *Sein*. Dass es hier nicht darum geht, dass man für das eine mehr bekommt und anderes bekommt, sondern mehr *ist* und anderes ist, dass man sozusagen ein anderer wird.[72] Diese Art von Veränderung hat mit dem äquivalenten Tausch, mit dem „do ut des", die uns alle zu Entreißern gemacht hat, nichts zu tun.

Weil das an die Wurzeln zentraler christlicher Geheimnisse geht, möchte ich es gerne noch etwas mehr verdeutlichen. Es gibt die Vorherrschaft von Haben und Besitzen als Medium des Identitätsideals in sehr sublimen Formen, die tief eingreifen in unser religiöses und gesellschaftliches Selbstverständnis. Sie sind nicht leicht zu beschreiben, weil sie sehr oft im Gewande des Unschuldigen auftreten. Und zwar im Gewande eines Idealismus, der das Leben des einzelnen Ich unterscheidet von dem Leben, das wir exponiert in unseren Handlungen sozusagen im Leib unserer Gesellschaft führen. Man empfiehlt uns, dieses Ich zurückzuhalten, also sich nicht zu sehr zu exponieren im Namen von Objektivität und Neutralität. Das Ich soll herausgehalten werden aus den Widersprüchen und Konflikten, aus dem Streit und aus den Kämpfen, die das gesellschaftliche Leben eigentlich definieren. Ein Ideal, das man sich nur in einer Gesellschaft leisten kann, wo man zu den gesellschaftlich etablierten Subjekten der bürgerlichen Gesellschaft gehört. Denn wenn wir uns in den Leib zwischenmenschlicher gesellschaftlich-politischer Verhältnisse und Streitigkeiten exponieren, dann werden wir natürlich plötzlich *einseitig*, dann werden wir *angreifbar, verwundbar, enttäuschbar*. Es ist gar nicht zu um-

---

[71] *Bertolt Brecht*, Gesammelte Werke, Band 10 (Gedichte 3: 1941–1947), Über den bürgerlichen Gottesglauben, Frankfurt am Main 1967 (1990), 865.
[72] Vgl. *Erich Fromm*, Haben oder Sein. Die seelischen Grundlagen einer neuen Gesellschaft, München 1976; *ders.*, Vom Haben zum Sein. Wege und Irrwege der Selbsterfahrung, hrsg. v. Rainer Funk, Berlin [10]2005.

gehen, dass da Leiden drohen bis an die Wurzeln der Identität. Wäre es vielleicht besser, dass wir unsere *Rollen* im Bereich des Gesellschaftlichen spielen? Das gibt es ja auch. Und sehr viel von dem, was wir Politik nennen und politisches Leben, ist nichts anderes als arbeitsteiliges Rollenspiel in einer Gesellschaft, in der man das eine und das andere tun muss. Auf diese Weise aber gerät das, was wir „Seele" nennen, in einer sehr sublimen Form noch einmal unter die Herrschaft des Habens und des Besitzens. Und die Folge ist dann eine Gesellschaft, in der eigentlich alles, soweit es gesellschaftlich relevant ist, austauschbar und ersetzbar ist, auch alle gesellschaftlich beschreibbaren Beziehungen, also bis hin etwa auch zu der gesellschaftlich beschreibbaren Beziehung der Partner in der Ehe. So weit reicht auch die Dominanz des Tauschprinzips.

Und erregend ist es für mich, dass sich das Christentum als kirchliche Religion so sehr dem Ideal eines bürgerlichen Tauschprinzips angepasst hat, dass es oft gar nicht mehr merkt, wie genau diese gesellschaftlichen Lebensformen an den Wurzeln dessen frisst, was Religion verteidigen möchte. Christliche Identität ist jedenfalls so nicht zu retten. Es heißt: „Wer sein Leben behalten will, wird es verlieren; wer es verliert, wird es gewinnen" (vgl. Mt 10,39). Ich habe es einmal irgendwo auf einem Grabstein so formuliert gefunden: „Mitnehmen kann man nur, was man nicht mehr besitzt." Im Grunde genommen ein ungeheuerliches, ein revolutionäres, anthropologisches Grundaxiom der Auferstehungsbotschaft. Die Liebe nämlich, in der da einer sich in die umkämpften Dimensionen des gesellschaftlichen Lebens exponiert, biblisch gesprochen, die Armut wagt, diese Liebe und die christliche Hoffnung auf die Auferweckung der Toten gehören *untrennbar* zusammen.

Der Synodentext erinnert beiläufig an eine alte theologische Tradition, die von der Armut Jesu spricht, mit der er, wie die Väter das nannten, den Tod überlistet haben soll, da er am Ende buchstäblich nichts mehr hatte, was der Tod ihm hätte entreißen und rauben können (III.2). Er hatte sich ganz exponiert, da gab es keinen „Entreißer Tod" mehr. Und dazu kommentiert die deuteropaulinische Tradition: „Darum hat Gott ihn erhöht und ihm den Namen gegeben, der über alle Namen ist." (Phil 2,9) Solche Liebe, politische, ausgesetzte Liebe, in die gesellschaftlichen Kämpfe eingreifende Liebe und Hoffnung auf Auferweckung gehören zusammen. Und deswegen ist es nicht falsch, von einem Zusammenhang von Aufstand und Auferweckung zu sprechen, von einem Aufstand im Interesse derer, von denen es uns die Liebe der Christen gebietet, dass wir uns für sie einsetzen.

Ich habe den Eindruck, dass der eben von mir skizzierte Idealismus, in dem wir unser Ich zurückhalten, heraus aus den Konflikten und aus den Widersprüchen, aus den gesellschaftlichen Kämpfen, auch das herrschende Verständnis des Verhältnisses von Religion und Politik ist, von dem aus man darin wohlfeil und sehr leicht natürlich auch Politische Theologie kritisieren kann. Religion behält reine Hände, sie hält sich zurück, sie hält sich heraus, sie steht weder rechts noch links, sondern über allen Gegensätzen. Aber ist dieses Weder-Noch, dieses Über-Allem, mit dem wir dieses spezifisch Christliche gern kennzeichnen, ist das wirklich etwas anderes als eine Ausrede dafür, dass wir uns nicht exponieren wollen oder dass wir identitätsmüde sind, dass wir eine gefährdete Identität nicht mehr wollen?

5.3 Auferweckungsglaube – Kategorie des Widerstands gegen das gesellschaftliche Ideal einer halbierten Gerechtigkeit

Hier ist nun das Feld einer immer auch kritischen Begegnung mit dem marxistisch-sozialistischen Kampf um den neuen Menschen.

Das Christentum besteht darauf, dass durch keinen sozialen Fortschritt, und sei er noch so groß und sei er noch so unbedingt notwendig und kämpferisch auch durchzusetzen, eine einzige Ungerechtigkeit, die einem Toten widerfuhr, wirklich gesühnt werden kann. Das klagt Christentum als Religion in unserer Gesellschaft als Frage ein. Und ich meine, ein Christentum oder eine Religion, die diese Fragen nicht mehr einklagen will, sollte sich dann lieber nicht Religion nennen.

Es ist das, was man theologisch das Offenhalten der *Theodizeefrage* nennt. Nicht das Beantworten, sondern der Kampf dagegen, dass wir unser Menschsein zurückzüchten auf Maßstäbe, innerhalb derer diese Frage nicht mehr zugelassen wird, weil sie schon durchschaut scheint als eine Frage früherer mythologischer Selbstbeschäftigung des Menschen. Der Hunger und Durst nach universaler Gerechtigkeit, der sich im Neuen Testament aus alttestamentlichen Traditionen anmeldet, meint genau auch dies. Hier sind die leidenden Väter einbezogen in die Maßstäbe der Gottesgerechtigkeit, die in der Botschaft von der Auferweckung und vom Gericht aufgerichtet sind und von denen wir sagen, dass die Hoffnung auf eine solche Auferweckung uns die Gewissheit jener Maßstäbe von Gerechtigkeit verbürgt, die so oft und so radikal durch die Überherrschaft und die Übermacht von Ungerechtigkeit in dieser Welt in Frage gestellt werden. Das Christentum versucht hier auch als Religion – im Gleichklang mit den großen Religionen der Menschheit – das Pathos für die

Einheit der gesamten Menschheitsgeschichte aufrechtzuerhalten. Es bleibt beunruhigt darüber, dass es eine Menschheit geben soll, nämlich die vergangene, an der nichts mehr zu ändern wäre. Und es glaubt und artikuliert einen Gott, den es allein dadurch definiert, dass er auch das Vergangene nicht in Ruhe lässt. Das ist das eschatologische Spezifikum christlicher Religion. Und es befragt jedes revolutionäre Gerechtigkeitsideal für die kommenden Geschlechter, das keine Revolution für die Toten kennt, es fragt eben, ob hier nicht am Ende doch eine Siegerideologie herausentstehen muss, eine Gerechtigkeit für die Durchgekommenen, für die Späteren, ganz einfach für die Stärkeren; als ob die Stärkeren das Recht hätten, die Glücklicheren zu sein! Es befragt Karl Marx, ob er ohne Religion nicht zwangsläufig *darwinistisch* werden muss, d. h. ob dann nicht die Geschichte als Ganze unter die Gesetze einer *anonymen Naturgeschichte* gerät, in der dann auch das Recht der Stärkeren gilt, also ganz einfach das „vae victis" der Natur – das fragen wir. Und wir fragen, ob Revolution mehr ist als beschleunigte Evolution. Und wenn es mehr wäre, dann gehört das, was in der Religion mit der Revolution nach rückwärts, mit einer Solidarität mit den Toten, mit der Beunruhigung über ihre Leiden gemeint ist, dazu; dann schließt sie wenigstens eine Vision darüber ein, dass es eine Geschichte geben könnte, in der auch die toten Gebeine der Vergangenheit nicht in Ruhe gelassen werden. Davon redet der Synodentext. Es ist vielleicht einer der verlässlichsten Teile dieses ganzen Textes und gleichzeitig, wie das nun mal mit der Religion ist, auch einer der wichtigsten.

In dem Text dieses Synodenpapiers heißt es dazu, dass man die Frage nach einer universalen Gerechtigkeit, also auch einer Gerechtigkeit für die Toten, nicht einfach suspendieren könne, so als wäre es folgenlos für die gegenwärtige politische Kultur der Menschheit. Es heißt dort:

> „Doch diese Frage nach dem Leben der Toten zu vergessen und zu verdrängen, ist zutiefst inhuman. Denn es bedeutet, die vergangenen Leiden zu vergessen und zu verdrängen und uns der Sinnlosigkeit dieser Leiden widerspruchslos zu ergeben. Schließlich macht auch kein Glück der Enkel das Leid der Väter wieder gut, und kein sozialer Fortschritt versöhnt die Ungerechtigkeit, die den Toten widerfahren ist. Wenn wir uns zu lange der Sinnlosigkeit des Todes und der Gleichgültigkeit gegenüber den Toten unterwerfen, werden wir am Ende auch für die Lebenden nur noch banale Versprechen parat haben." (I.3)

Wo sich der Glaube der Christen an den Gott der Lebenden und der Toten, an den Gott einer universalen und nicht halbierten Gerechtigkeit kritisch einschaltet in den geschichtlichen Kampf um das solidarische Subjektwerden aller Menschen, begegnet ihm natürlich sofort die Gegenfrage: Wo denn zeigt sich die historische, wo denn die soziale Basis, die den Anspruch der Christen abdeckt, Anwalt einer solchen universalen, ungeteilten Gerechtigkeit zu sein, sozusagen die Phantasie Gottes von der universalen Gerechtigkeit für alle in der Welt sichtbar zu machen? Wo sind denn die konkreten Befreiungsgeschichten im Christentum? Tradieren wir als Christen die Verheißung einer solchen universalen Gerechtigkeit in der Auferweckung der Toten nicht zu sehr als ohnmächtige und subjektlose Idee? Und wird sie dadurch nicht immer wieder als Opium verdächtigt, als Beschwichtigung im geschichtlichen Kampf um dieses Subjektwerden aller? Und deshalb mag sich hier an dieser Frage noch einmal deutlich zeigen: Die Krise dieses Glaubens ist keine seiner Inhalte, es ist eine Krise der Subjekte und der christlichen Praxis, es ist also unsere Krise, die wir zu beheben haben.

§ 5 Vergebung der Sünden

Im Text der Synode wird auch dieser Artikel des Glaubensbekenntnisses auf dem Hintergrund sog. gesellschaftlicher Kontrasterfahrungen und Kontrasthaltungen erläutert, die oft wie kollektive Gegenstimmungen zur christlichen Hoffnung wirken und es deshalb auch besonders schwer machen, die Inhalte der christlichen Botschaft und die Erfahrungen dieser gesellschaftlichen Welt zusammenzuführen.[73]

> „Dieses Bekenntnis unserer Hoffnung trifft auf eine Gesellschaft, die sich von dem Gedanken der Schuld selbst immer mehr freizumachen sucht. Christentum widersteht mit seiner Rede von Sünde und Schuld jenem heimlichen Unschuldswahn, der sich in unserer Gesellschaft ausbreitet und mit dem wir Schuld und Versagen, wenn überhaupt, immer nur bei ‚den anderen' suchen, bei den Feinden und Gegnern, bei der Vergangenheit, bei der Natur, bei Veranlagung und Milieu. Die Geschichte unserer Freiheit scheint zwiespältig, sie wirkt wie halbiert. Ein unheimlicher Entschuldigungsmechanismus ist in ihr wirksam: die Erfolge, das Gelingen und die Siege unseres Tuns schlagen wir uns selbst zu, im Übrigen aber kultivieren wir die Kunst der Verdrängung, die Verleugnung unserer Zuständigkeit, und wir sind auf der Suche nach immer neuen Alibis angesichts der Nachtseite, der Katastrophenseite, angesichts der Unglücksseite der von uns selbst betriebenen und geschriebenen Geschichte." (I.5)

Es soll nicht der Eindruck entstehen, dass sich die kirchliche und theologische Rede von Sünde und von Schuld von vornherein eine pessimistisch getönte kulturkritische Gegenwartsauslegung zurechtlege, um so unangefochtener die christliche Sündenpredigt praktizieren und verteidigen zu können – typisch für die Kirche und typisch für die Theologen, denen immer mehr an Schuld und Sünde denn an Freiheit und Befreiung zu liegen scheint. Wie steht es z. B. mit dem ziemlich ungeheuerlichen Wort vom Unschuldswahn, von dem hier die Rede ist? Ich möchte hier keineswegs sofort im engeren Sinne theologisch argumentieren, denn das Ziel dieser Überlegungen liegt in dem Aufweis, dass der Kampf um das Schuldbewusstsein der Menschen vor Gott eigentlich auch ein Kampf darum ist, dass die Menschen Subjekte ihrer Geschichte werden können oder bleiben müssen.

1. Schwierigkeiten mit dem Schuldbegriff

Unsere Überlegungen zum Schuldbegriff müssen zunächst einmal ernst nehmen, was man eine Aporetik des Schuldbegriffes nennen könnte. So

---

[73] Vgl. eine Kurzfassung dieser Thematik: *Johann Baptist Metz*, „Vergebung der Sünden", in: Stimmen der Zeit 195, Nr. 2 (1977), 119–128 (JBMGS 6/1, 176–187).

bringt man Sünde immer unmittelbar direkt mit Gott in Zusammenhang, während Schuld – mehr oder weniger problematisch – im zwischenmenschlichen Bereich angesiedelt bleibt. Doch ist nicht auch Schuld ein heute ziemlich überflüssiges, ein obsoletes Wort? Ist es nicht Ausdruck eines falschen Bewusstseins? Und Ausdruck schließlich dafür, dass der Mensch wissenschaftlich noch nicht hinreichend über seine „conditio humana" aufgeklärt ist? Ist es nicht Zeichen für jene der Menschheit vom Christentum aufgedrängte „moralische" Perspektive der Wirklichkeit, die Menschen nie frei werden lässt – Ausdruck also einer Knechtsmentalität? Oder ist diese Rede nicht das Ergebnis einer inzwischen auch längst als falsch durchschauten Erziehung, die Menschen dazu brachte, ihre anerzogenen sog. Schuldgefühle nun mit dem realen Tatbestand von Schuld zu verwechseln? Zeigen nicht schon die im Laufe der Geschichte wechselnden Inhalte von Schuld, wieviel Vorsicht geboten ist, gerade wenn Schuldinhalte ausgemacht werden sollen? Was wurde nicht alles schon als Schuld angesprochen und angesehen, und zwar durchaus bezogen auf unsere biblisch-christlichen Traditionen? Krankheit als Schuld, Sexualität als Schuld, Kinderlosigkeit, Armut als Schuldzustände. Wurden nicht allzu lange alle Abweichungen von den vorgefassten Ordnungen unserer gesellschaftlichen und privaten Institutionen sofort als Schuld erklärt? Also abweichendes Verhalten gegenüber den vorgefassten Ordnungen der Familie, der Schule, der Kirche, des Staates; und wurden deshalb nicht auch von vornherein alle Veränderungen und – wie wir heute historisch wissen – auch alle Befreiungsprozesse von vornherein mit dem Stigma der Schuld belegt? Und gilt das nicht auch heute noch weithin: Disziplinierung durch Schuldverdacht? Hat diese Eskalation des Schuldverdachts in der Geschichte des Christentums und die Erfahrung der doch wechselnden Inhalte von Schuld nicht dazu geführt, dass die Rede von Schuld gerade unter Ideologieverdacht gerät und dass sie deshalb folglich immer mehr und nicht selten im Namen von Freiheit und Emanzipation fallengelassen wurde und wird? Klären uns die Wissenschaften, Humanwissenschaften, Naturwissenschaften nicht immer mehr über die sehr komplexen Determinationen auf, denen unser Handeln unterliegt? Spricht man nicht auch längst schon von Schuldgefühlen als Ausdruck sog. ekklesiologener Neurosen? Genereller: Ist inzwischen nicht, so wie das Böse durch Konrad Lorenz zum „sogenannten Bösen" geworden ist[74], auch die Schuld zur

---

[74] *Konrad Lorenz*, Das sogenannte Böse, Wien 1963.

„sogenannten Schuld" geworden? Die Geschichte der modernen und speziell humanen Wissenschaften kann in diesem Sinn geradezu als eine Geschichte der wachsenden Entschuldigung des Menschen angesehen werden. Niemand kann diesen Prozess wissenschaftlicher Anthropologie ungeschehen machen oder auch nur ungeschehen machen wollen. Es wäre zynisch, zu behaupten, dass unter ihm nur zerstört worden ist, und dass sozusagen die alte Welt, in der man noch wusste, was Schuld und was Vergebung bedeutet, dadurch zugrundeging. Sehr viel Befreiungsarbeit ist in diesen Prozessen geleistet worden. Die Erforschung der Abhängigkeiten und Determinanten von Schuld und Verantwortung muss nämlich keineswegs – das zeigt auch die Geschichte der Wissenschaft – zur Liquidation von Schuld und Verantwortung führen, obwohl es heute auch und gerade in den Humanwissenschaften ganz offensichtlich Tendenzen gibt, nur noch Techniken an die Hand zu geben, mit denen wir mit den nun einmal indoktrinierten Schuldgefühlen einigermaßen zurechtkommen.[75]

Entscheidend ist dabei wohl, ob dieser Prozess zur Aufhebung von Schuld und Verantwortung dazu anhält, Schuld und Verantwortung differenzierter zu bestimmen. Gleichwohl wird man von der humanwissenschaftlichen Aufklärung des Menschen über seine Abhängigkeitsbedingungen sagen können, dass sie eben nicht auf eine völlig angepasste, in diesem Sinne gewissenlose Subjektivität, also ohne Verantwortungsbewusstsein und Schuldgefühl hinauswill. Doch können die Humanwissenschaften ihrerseits kaum Kriterien und Maßstäbe entwickeln, die über diese Abhängigkeitsforschung hinausführen. Der Vorschlag, in welche Richtung das gehen soll, fällt je nach der gesellschaftlichen und weltanschaulichen Bildung des jeweiligen Wissenschaftlers aus. Hier greifen

---

[75] In einer geradezu grotesk überzogenen Weise ist das z. B. bei dem amerikanischen Anthropologen *Burrhus Frederic Skinner* etwa, der nicht nur die Schuld, sondern auch unsere historisch gewachsene Vorstellung von Freiheit und Verantwortung auf eine Erziehung mit einer Art übersteigerter Sinnerwartung zurückführt, sodass es also darauf ankäme, zunächst einmal diese übersteigerte Sinnerwartung zu reduzieren, um die Widersprüche, die die Menschen leidend machen und mit Schuldgefühlen belasten, aufzuheben. Bahnt sich hinter all dem nicht eine Apotheose der Banalität an: der Mensch sozusagen als das total angepasste Wesen, ohne Bereitschaft und ohne Fähigkeit, Widerstand zu leisten, und ohne Fähigkeit nun wirklich Neues und Anderes zu erleben – der Mensch, fast schon zurückgezüchtet auf eine sanft, reibungslos funktionierende Maschine? Vgl. *Burrhus Frederic Skinner*, Wissenschaft und menschliches Verhalten (Science and Human Behavior), München 1973; *ders.*, Jenseits von Freiheit und Würde (Beyond Freedom and Dignity), Reinbek bei Hamburg 1982.

nämlich auch die Wissenschaftler in einer Arbeitsteiligkeit auf jene anthropologischen und moralischen Reserven zurück, die sich eben in der Gesellschaft noch vorfinden und die sich in ihr noch abrufen lassen oder auch nicht. Das Christentum ist eine viel gefragte anthropologische Reserve. Wissenschaftstheoretisch heißt das im Umgang mit humanwissenschaftlichen Problemstellungen: die Wert- und Zieldiskussion kann nie eigentlich auf dem direkten Weg im Vergleich zwischen Theologie und naturwissenschaftlich ansetzenden Anthropologien geschehen, sondern immer über den Versuch, dass Theologie und naturwissenschaftlich orientierte Humanwissenschaften über ihre gesellschaftlichen Zusammenhänge reflektieren und sich zusammenkämpfen.

2. *Christlicher Schuldbegriff*

Das Christentum nun sieht den Menschen als *schuldfähig* an. Nach christlicher und gesamtbiblischer Auffassung gehört es geradezu zur *Würde* des Menschen, dass er schuldig werden kann. Im Christentum und vor allem auch in den jüdischen Traditionen gilt der Mensch als Freigelassener der Schöpfung, der nicht einfach nach vorgegebenen Gesetzen und Strukturen agiert und dem deshalb die Unschuld der Natur, das Vergessen der Natur, die Gleichgültigkeit der natürlichen Prozesse nicht gegönnt ist. Biblisch gesehen ist die Zumutung der Schuld eine Zumutung der Freiheit und der Verantwortung; beide gehören zusammen wie die zwei Seiten einer Münze. Dazu sagt auch der Synodentext, dass die Schuldrede zunächst einmal nicht als eine Verdächtigungsrede gesehen werden müsse, sondern als eine Freiheitsrede, als der Versuch, Freiheit aufzudecken und zu retten, auch dort, wo wir heute häufig nur noch gewohnt sind, Zwänge, Mechanismen am Werk zu sehen.

> „In all dem ist unsere christliche Rede von Schuld und Umkehr keineswegs eine freiheitsgefährdende Rede; sie ist geradezu eine freiheitsentdeckende Rede, eine freiheitsrettende Rede. Denn sie wagt es, den Menschen auch noch dort in seiner Freiheit anzurufen, wo man heute vielfach nur biologische, wirtschaftliche oder gesellschaftliche Zwänge am Werke sieht und wo man sich unter Berufung auf diese Zwänge gern von jeglicher Verantwortung dispensiert." (I.5)

Nun steht natürlich ein Menschenbild mit solchem Schuld- und Freiheitsverständnis heute auch unter Ideologieverdacht. Das gilt es auch zu sehen und ernst zu nehmen. Ist die Freiheitsrede und Schuldrede am Ende nicht doch eine religiöse Übertreibung, durch die Menschen nur wieder unglücklich gemacht werden sollen? Nun kann man im Sinne der uns zur Verfügung stehenden sozialen und historischen Anthropologien auch sagen, dass man Menschen nicht nur durch Übertreibungen, sondern ganz gewiss auch durch Untertreibungen schädigen kann; dass also Menschsein gerade auch dort verloren geht, wo die Zumutungen der Freiheit versagt sind. Ist es nur ein theologischer oder doch ein anthropologischer Satz, dass - vorsichtig gesagt - die Majorität der Menschheitszeugnisse von Menschen berichten, die lieber mit einem Willen zur Freiheit unglücklich sind als ohne Freiheit glücklich. Was ist das Kriterium „Glück" für ein Kriterium, wenn es von Freiheit und damit auch in unserem Sinne von Schuldfähigkeit losgelöst wird? Bei der Rede von Freiheit und Schuldfähigkeit ist Übertreibung mindestens in dem Sinne im Spiel, dass diese zwei Kennzeichnungen heute alles andere als selbstverständlich erscheinen. Die Entschuldigungsmechanismen und die Entlastungsmechanismen sind zu groß und zu komplex; und der Wille derer, die herrschen, den Beherrschten den Freiheitsgedanken auszureden oder sich mit Unfreiheit besänftigen zu lassen, ist zu stark. Wenn wir hier an der Rede von Schuld und Freiheit festhalten, dann müssen wir vorsichtig eines sehen: Es geht nicht primär darum, einzelne Schulderfahrungen und Freiheitserfahrungen gegen den Determinationsverdacht zu verteidigen, sondern darum, das Ganze des Lebens in den Zusammenhang von Schuld und Versöhnung und von Unfreiheit und Befreiung zu rücken.

2.1 Grenzenlosigkeit unseres Verantwortungsbereichs

Wie sehr die Rede von Schuld und Sünde in den biblischen Traditionen geradezu eine übertriebene Form solidarischer Menschenfreundlichkeit zum Ausdruck bringt, zeigt sich dann, wenn man die Rede von Sünde und Schuld nicht primär unter dem Gesichtspunkt der apokalyptischen Drohung, sondern unter dem der *Herausforderung* der Verantwortung sieht. Das Maß und der Umfang der hier gesuchten Verantwortung ist eines der zentralen Themen der Botschaft Jesu. Ich glaube, dass sie am eindrucksvollsten in jener Parabel ausgeführt sind, die die Erinnerungen der Menschen nicht von ungefähr als die zentrale Parabel festhalten, nämlich die vom barmherzigen Samariter (Lk 10, 25-37). Hier antwortet eine biblische Tradition auf die Frage: Für wen sind wir denn verantwortlich? Für wen sind wir zuständig? Wie weit reicht eigentlich unsere Kompetenz in Sachen Freiheit und damit auch unsere Schuldfähigkeit? Man muss über das uns hier Zugemutete erschrecken. Denn diese Zuständigkeit kann hier nicht von vornherein a priori, sozusagen durch Reflexion und Gesetze festgelegt werden; sie wird zugetragen, sie ist historisch konstelliert, sie ist eine *praktische* Zumutung. Der Nächste nach dieser Parabel und damit der Partner der Solidarität und der Zuständigkeit ist nie nur der, den wir uns selber aussuchen und den wir auch selber zulassen; er ist vor allem nie nur der Bündnispartner auf gleicher Ebene. Und das heißt: die dort zugemutete Form der Kompetenz für Andere redet nicht auf der Ebene des Austausches, sie fordert eine Solidarität nicht mit Gleichen, sondern mit Ungleichen und in ungleichen Situationen.

Die Geschichte vom barmherzigen Samariter zeigt mit den sozialen Vorstellungen und Symbolen der archaischen Dorfgesellschaft zur Zeit Jesu, dass man dieses Feld nicht begrenzen kann. Und die *Grenzenlosigkeit* dieser Zumutung sollte eigentlich die erste Einsicht sein, von der hier die Rede ist. Verantwortungsbereiche werden hier aus Situationen zugeschoben, geschichtlich aufgedrängt, sozusagen unvermutet in den Weg gelegt, so wie der Unter-die-Räuber-Gefallene im Gleichnis Jesu. Der Umfang dieser Kompetenzen und damit auch das Ausmaß unseres Schuldig-werden-Könnens wird jeweils neu definiert. Und deshalb erdreistet sich der Synodentext nun auch ein Schuldverständnis anzubieten, das als eine ungeheure Übertreibung wirkt, dass wir nämlich im Grunde genommen gerade auch für das schuldig sind, wofür wir eigentlich nichts können. Es ist dort von der Verantwortung für jene strukturellen Schuldverstrickungen die Rede, die weit über die nachbarschaftlichen Beziehungen hinaus in die weltweiten Verflechtungen und Abhängigkeiten hinein reichen. Es heißt im Text:

„Die christliche Rede von der Schuld ... muss darauf bestehen, dass wir nicht nur durch das schuldig werden können, was wir anderen unmittelbar tun oder nicht tun, sondern auch durch das, was wir zulassen, dass es anderen geschehe." (I.5)

Damit ist gesagt, dass hier eine ganz neue Sensibilisierung für die Verantwortungs- und damit für die Schuldfähigkeitssituationen gesehen und gefordert ist. Wir dürfen den Test darauf, ob wir in Sachen Freiheit und Befreiung heute noch versagen können, nicht mit den verkleinerten Maßstäben einer bürgerlichen Freiheit machen, sondern mit jener *zugemuteten* Freiheit, die im Neuen Testament auftaucht. Und diese Schuld, will sie christlich sein und bleiben, wollen wir sie uns nicht doch am Ende psychoanalytisch ausreden lassen, muss *politisch* sein. Die Politisierung des Gewissens ist keine einseitige und den Menschen von Gott ablenkende Sache. Was wäre dies für ein Gott, der diese politische Sensibilisierung nicht zulässt oder verlangt?

2.2 Notwendigkeit einer Politisierung des christlichen Gewissens

Wie schon gesagt, geht es primär darum, das ganze Leben im Zusammenhang von Schuld und Versöhnung oder auch von Freiheit und Unfreiheit zu sehen. In diesem Sinne wird der Mensch im Christentum als schuldfähig angesehen. Deshalb ist die Rede von Schuld nicht etwa eine archaische Rede von der inneren Gespaltenheit des Menschen, sondern eigentlich eine freiheitssuchende Rede, gerade auch dort, wo vielfach nur Zwänge und strukturelle Abhängigkeiten gesehen werden.[76]

Es ist ein Leitsatz in dem Synodentext, dass wir nicht nur durch das schuldig werden können, was wir anderen unmittelbar tun oder nicht tun, sondern auch durch das, was wir *zulassen*, dass es Anderen geschehe. Die Beunruhigung darüber, dass etwas von dem vielleicht nicht erlösbar ist, was wir tun oder nicht tun oder auch nur zulassen, dass es Anderen geschehe, – diese Unruhe hat eigentlich nichts mit Gerichtsdrohungen zu tun, sie will nur Verantwortung und Freiheit gegen jene Gleichgültigkeit retten, in der am Ende doch alles gut wird.

Welche Dimensionen der Verantwortung sind hier eigentlich ausgesprochen? Die Verantwortung, die diesem Schuldbegriff unterlegt ist, ist nicht primär und schon gar nicht ausschließlich sozusagen eine weltlose Verantwortung hinter dem Rücken der Menschen zwischen mir und Gott – keine rein reflexive Selbstverantwortung etwa vor Gott. Sie ist Verantwortung, Zuständigkeit für *Andere*, die sich als christliche Verantwortung durch die menschlichen Verhältnisse durcharbeiten muss. Und sie wird dadurch zur Verantwortung vor Gott, dass der Mensch dem Ausmaß und Umfang dieser ungeheuerlich übertreibenden Verantwortung *standzuhalten* sucht, dass er diese Verantwortung nicht einfach halbiert oder willkürlich herabsetzt, weil er ihr ohnehin nicht nachkommen kann. Ich möchte jedenfalls sagen: die Schuld, die dieser Verantwortung entspricht, hat einen politischen Charakter. Das Schuldgewissen, das sich in

---

[76] In diesem Sinne kann der Synodentext (I.5) resümierend sagen, dass die kirchliche Schuldpredigt sich nicht nur vor der Gefahr der Indoktrination falscher Schuldgefühle hüten müsse, sondern auch den Mut haben müsse, das Bewusstsein von Schuld zu wecken, gerade auch im Blick auf die immer zunehmende gesellschaftliche Verflechtung unseres Handelns und unserer Verantwortung, die heute weit über den nachbarschaftlichen Bereich hinausreicht.

dieser Verantwortung und an dieser Verantwortung bildet, ist ein *politisches Gewissen*. Wenn Christen die vom Evangelium und der Nachfolge gesetzten Maßstäbe der Verantwortung nicht eigenmächtig verkleinern und christliches Verantwortungsbewusstsein nicht mit dem Selbstverantwortungsbewusstsein des frühneuzeitlichen Bürgers vor Gott einfach identifizieren, dann erfahren sie sich auch immer als solche, die nicht genug getan haben, die nie genug geliebt haben, die Brüder nicht und die Feinde nicht, die nie genug solidarisch waren. Die Sensibilisierung für diese politische Verfassung der christlichen Verantwortung – und entsprechend auch des christlichen Schuldgedankens – scheint mir geradezu eine providentielle Aufgabe für das Christentum heute zu sein. Allein diese Dimension kann uns davor bewahren, dass uns Schuld doch immer mehr als Projektion oder als Trauma, als indoktriniertes Gefühl, als Produkt falscher Erziehung – oder was immer – ausgeredet wird. Im Bereich des politischen Gewissens dürften wir ruhig einen Schuss neuer Skrupellosität entwickeln.

Politische und individuelle Schuld sind hier nicht etwa als Gegensätze oder gar als Alternativen verstanden, dass die einen auf den Ernst der individuellen Schuld setzen und die anderen sozusagen in den gesellschaftlichen Dimensionierungen der Schuldverstrickung sich aufhalten möchten und dann wahrscheinlich nichts tun und das nur als Ausrede für ihr Nichtstun gebrauchen. Es geht vielmehr um eine Priorität bei der Festlegung von Schulderfahrung und Schuldverständnis. Ich sehe keinen anderen Weg, als dass wir auch die individuelle Schuldgeschichte in Verbindung mit jener politischen sehen, in der sie uns aus den biblischen Traditionen aufgetragen ist. Man kann darin einen ins Kollektivistische versenkten Schuldbegriff sehen. Man kann vermuten, hier würde die Individuationsgeschichte der Schuld – der Einzelne in Verantwortung vor seinem Gott – unterschätzt oder vielleicht sogar rückgängig gemacht. Nein, es soll hier nur im Blick auf alttestamentliche Traditionen eine Gefahr überwunden werden, die sich speziell in den paulinischen Traditionen im neutestamentlichen Schuld- und Sündenverständnis abzeichnet, nämlich eine Individualisierung sowohl des Sündenbegriffs wie des Heilsbegriffs als entpolitisierendes Geschehen. Wenn etwa eine der Grunddefinitionen paulinischer Sündhaftigkeit das Sich-Rühmen des Menschen vor seinem Gott[77] ist, dann ist mir das zu weltlos. Ich muss doch dieses Sich-

---

[77] 1 Kor 1,29.

Rühmen, dieses Sich-Festhalten an bestimmten Dingen, dieses Nicht-hergeben-Wollen, dieses Seine-Seele-nicht-loslassen-Wollen immer gerade an der Welt erfahren, in der ich lebe. Und das würde z. B. bedeuten, dass man ein solches Verständnis von Sünde durchaus auch auf unsere gesellschaftlichen Verhältnisse umlegen kann.

Gewiss, es gibt Gefahren bei der hier vorgeschlagenen Politisierung des christlichen Gewissens, Gefahren einer Fremden-Ethik als Alibi-Ethik, die von dem Nächsten und von dem Verhalten zu dem Nächsten dispensiert, eine Art Moral aus zweiter Hand, wie man das zynisch genannt hat, oder eine abstrakte Überforderung des Menschen, der eben gar nicht dazu geschaffen sei, solche Dimensionen in sein sittliches Bewusstsein aufzunehmen. Doch gibt es dafür einen Prüfstein. Er heißt: Keine Rede von Vergebung der Sünde ohne *Umkehr*. Dieses alte biblische Wort „Metanoia" ist das praktische Fundament der Rede von der Vergebung der Sünden. Es gibt im Christentum so etwas wie eine gefährliche Inflation des Vergebungsgedankens. Das Fatale, das geradezu Unmoralische an einer solchen Rede kann man nur dann erleben, wenn man es in ganz konkretbestimmte Situationen hineinprojiziert. Entschuldigung, Vergebung, Verzeihung sind bis in die Alltagssprache hinein in eine Unverbindlichkeit abgerutscht, die ungeheuerlich ist. Sie hat etwas mit einem fast durchschauten Versöhnungsbewusstsein im Christentum zu tun.[78]

2.3 Umkehr als Prüfstein für die Rede von der Vergebung der Sünden

Nehmen wir Worte wie „Metanoia" nicht weltlos. Sagen wir nicht: Erst muss ich umkehren und dann werden sich die Verhältnisse schon ändern. Aber auch nicht: Ändert die Verhältnisse, dann kehren wir uns auch um. Nein, diese Einheit beider Elemente ist genau das, was wir nicht aufgeben

---

[78] Hier hat mich eine Bemerkung von *Dorothee Sölle* in einem ihrer Texte beeindruckt, weil ich Ähnliches auch schon ganz persönlich erlebt habe. Ich möchte es aber mit ihren Worten sagen. „Ich habe in einigen Gesprächen mit Juden etwas gelernt, was ich den jüdischen Ekel an der christlichen Vergebung nennen möchte. Eine sehr präzise Empfindung dafür, wie rasch das bei Christen geht; wie schnell sie ihren Gott aus der Tasche ziehen und gerade bei Protestanten ist dann alles wieder gut, hat gut zu sein. Wie verbal das bleibt, wenn sie ‚Reue' sagen oder ‚Verzeih mir', wie verlogen. Die Juden haben demgegenüber eine Art Stolz, sie winseln nicht; und ihr wichtigstes Wort für unsere Sache ist eben nicht Vergebung, sondern Umkehr". In: *Dorothee Sölle*, Vergebung der Sünden. Eine Ansprache 1970 in der Westerkerk nahe des Anne-Frank-Hauses in Amsterdam, in: Das Recht ein anderer zu werden: Theologische Texte (Theologie und Politik Bd. 1), Berlin 1971, 139–144, hier 142.

können. In den frühen christlichen Gemeinden war der soziale Ort, an dem die Umkehr geschah, nicht der Einzelne irgendwo betend, sondern die Gemeinde, in der er lebte. Diese Art von Individualisation, die wir da durch die Jahrhunderte mitgemacht haben, das ist keine eindeutig gute Geschichte. Und es ist nicht gut, uns auf jene spätabendländische nervöse Individualität festzulegen, weder in dieser Frage noch in den anderen Fragen. Und hier täte uns ein Schuss Neubeerbung der so verdrängten jüdischen Traditionen gut. Es gibt so etwas wie ein geistiges Auschwitz, fast eine Ausrottung jüdisch-religiöser Phantasie im Christentum. Wir haben uns zu sehr in Gegensätzen bewegt und haben Traditionen, die im Alten Testament standen, in ihrer Korrekturkraft auch gegenüber dem Neuen Testament, wie wir sie vielleicht an der jüdischen Geschichte hätten ablesen können, nicht ernst genug genommen.

Auch die Umkehr muss politisch verstanden werden, nicht nur individuell für den Einzelnen vor seinem Gott. Es gibt so etwas wie eine kollektive Gewissenlosigkeit im Christentum und in den sog. christlichen Gesellschaften. Ein Beispiel: 1945 hat die Evangelischen Kirche angesichts der moralischen und politischen Katastrophen der NS-Zeit ein Schuldbekenntnis gesprochen („Stuttgarter Schuldbekenntnis"[79]). Sie hat davon gesprochen, dass wir Christen zu wenig aufrecht gewesen wären, zu viel geschwiegen und zu wenig geliebt hätten. Dieses Schuldbekenntnis war der Versuch, Religion und Politik in dem Sinne zu verbinden, dass nun die Kirche ein Stück politischer Trauerarbeit initiieren wollte angesichts der Katastrophen, an denen die Menschen, die das damals gesprochen haben, auf irgendeine Weise mehr oder minder alle beteiligt waren. Gegenwärtig ist dieses Schuldbekenntnis in eine merkwürdige zwielichtige Situation geraten. Kürzlich habe ich einen Zeitungsausschnitt bekommen, in dem ein Autor Karl Rahner und mich, nicht im Zusammenhang mit dem Schuldbekenntnis, sondern mit irgendwelchen seiner merkwürdigen Analysen gebracht hat. Er sagte: „Damals fing alles schon an. Da hat man also ein politisches Bekenntnis gemacht und die Einzelnen fühlten sich dann nicht genügend angesprochen. Die Schuld wurde plötzlich zur politischen Dimension erhoben und das ist eine der Wurzeln des gegenwärtigen[80] Terrorismus."

---

[79] Am 19. Oktober 1945 hat die Evangelische Kirche ihre Mitverantwortung für die Verbrechen des NS-Regimes bekannt.
[80] Ende der 1960er und Anfang der 1970er Jahre.

In der Katholische Kirche wird davon geredet, als wäre sie eine verfolgte Kirche gewesen, die sich in der Verfolgung sehr tapfer benommen hätte. Doch sie hat geschwiegen und Orientierungen gab es keine. Deswegen hätte auch unsere Kirche damals sehr wohl ein solches Wort sagen müssen; das hätte ihr gut angestanden, und das hat mit einer Art Kollektivierung des Schulddenkens eben nichts zu tun. Und wenn man schon auf den Terrorismus in diesem Zusammenhang kommen will, dann würde ich sagen: Nicht, dass es ein solches Schuldbekenntnis politisch gab, ist der Anfang dafür, dass dann das individuelle Schuldbewusstsein degenerierte in der Art, wie der Terror als eine Art Moralersatz entstand, sondern dass die dort durch dieses Schuldbekenntnis der Gesellschaft aufgedrängte Trauerarbeit eigentlich nicht stattfand, das ist eine der Wurzeln.

2.4 Frage nach der theologischen Dignität des politisch geprägten Schuldbegriffs: Transzendenz nach unten

Nun wollen wir uns aber ausdrücklich der Frage nach der sog. *theologischen* Würde oder theologischen Dignität dieses politisch geprägten Schuldbegriffs zuwenden. Reicht dieser Schuldbegriff bis hin zum Gedanken einer quasi strukturellen Schuldverstrickung denn überhaupt an den theologischen Begriff der Sünde, also zuletzt an Gott heran? Da wäre zunächst mit einer Gegenfrage zu antworten: Woran sonst rührt die Erfahrung solcher weitdimensionierten Schuld, wenn man ihr standhält? Und wenn man also nicht sofort in jene Entschuldigungsstrategien hinein ausweicht, von denen ich noch ein wenig zu reden habe.

Es ist also zunächst einmal ganz einfach dieses *Standhalten*, dem ich eine Art theologische Dignität zusprechen möchte. *Wo der Mensch als geschichtliches Subjekt in einer unbegrenzt dimensionierten Verantwortung der Schuld standhält, wo er also angesichts dieses Schuldbegriffs nicht einfach sein Subjektsein leugnet oder herunterspielt, da nimmt er einen Standpunkt ein, der nur möglich ist – vor Gott.* Mit anderen Worten: Die religiöse Rede von der Schuld missachtet, genauer gesehen, so wenig das geschichtliche Subjektsein des Menschen, dass sie es in Situationen und Augenblicken der stärksten Gefährdung dieses Subjektes gerade fordert. Die biblisch-christliche Religion ermutigt, dass wir uns der Unterdrückung stellen, um Subjekte zu werden. Und sie fordert auch, sich der Schuld zu stellen, um Subjekte zu bleiben, wenn wir hier von einem Axiom ausgehen dürfen, dass Gott, von dem hier die Rede ist, alle Menschen in das solidarische Subjektsein vor seinem Angesicht ruft. Religion in diesem Sinne betont also – angesichts der menschenfeindlichen Unterdrückungen – das *Subjekt-werden-Müssen*, und sie betont das *Subjekt-bleiben-Müssen* angesichts der Schuld.[81] Und auch umgekehrt: So wie es eine religiöse Erfahrung im Ringen um das Subjektwerden der Menschen im Kampf um ein menschenwürdiges Leben gibt, so auch eine religiöse Erfahrung in der Bereitschaft, angesichts der Schuld Subjekt zu bleiben und weder zu fliehen noch zu verzweifeln.

Von dieser Art anfänglicher Gotteserfahrung ist auch im Synodentext unter dem etwas merkwürdigen Stichwort einer *Transzendenz nach unten* die Rede. Auf diese Art der Gotteserfahrung müsste die christliche Schuldpredigt alle jene aufmerksam machen, die in ihrer geschichtlich-gesellschaftlichen Verstrickung der Erfahrung von Schuld standzuhalten suchen, und weder – mit Hilfe der Psychoanalyse – sich letztlich an den eigenen Haaren aus dem Sumpf ziehen noch die gesellschaftlichen Schuldzusammenhänge verharmlosen wollen und sie umdeuten in jenes Grau in Grau aller Verhältnisse. Das macht uns ja ohnehin immer fühlloser, immer apathischer und lässt uns bei der Frage unserer politischen Verantwortung als Christen am Ende doch immer mit den Maßstäben eines Zweckhumanismus, eines Tauschhumanismus operieren, obwohl er nicht christlich ist. Mit einem solchen Prinzip kann man die Verelendungsverhältnisse in der Welt in keinem Fall durchbrechen. Der Bann dieses Zweckhumanismus, der immer das jeweilig mächtige Geschichtssubjekt begünstigt, kann, wenn überhaupt, nur mit dem Beistand von Religion gebrochen werden. Und das ist unsere anspruchsvolle theologische Vermutung. Ich möchte zeigen, dass andere angebotene Theorien des Subjektseins des Menschen in der Geschichte, und geben sie sich noch so anspruchsvoll, eigentlich vor dieser Verantwortungsgestalt zurückschrecken, indem sie das Subjektsein des Menschen geschichtlich halbieren.

Positiv ließe sich das Ziel dieser Argumentation so charakterisieren: Das Festhalten an einem Schuldbewusstsein im theologischen Sinn, also an einer Schuld vor Gott darf als eine Bemühung darum verstanden werden, dass die Menschen – in einem realen und konsequenten Sinn – solidarische Subjekte ihrer Geschichte werden oder bleiben. Die Theologie ist nicht dazu da, um im Interesse Gottes das Subjektsein der Menschen in der Geschichte doch nur halb ernst zu nehmen und zu sagen: Lasst auch noch diesem Gott einen Platz! Wo soll der dann noch eine Rolle spielen? – Die theologische Argumentation jedenfalls geht von ei-

---
[81] Vgl. die ausführliche Begründung in: JBMGS 3/1, 69–101.

nem anders gearteten Gesichtspunkt aus und sagt: Wo Gott für diese Geschichte keine Rolle mehr spielt, da treten wie immer geartete Irritationen, Halbierungen, Gefährdungen, irrationale Überlagerungen dessen auf, was man das geschichtliche Subjektsein des Menschen nennt.

Nun soll diese theologische Begründung des Schuldgedankens nicht situations- und kontextlos, also nicht ohne Rücksicht auf die konkrete Praxis der christlichen und kirchlichen Rede von Sünde und Schuld erörtert werden. Wir müssen also bei unserer theologischen Reflexion immer die Frage im Auge behalten, ob wir bei all diesen theologischen Überlegungen genug Empfindlichkeit für den Missbrauch sichtbar machen, der mit der Rede von Sünde und Schuld getrieben werden kann und in der Geschichte des Christentums und der Kirche auch getrieben wurde und wird. Nur wenn Christen die hier notwendige Revision, die notwendige Umkehr kirchlicher Praxis im Auge behalten, werden sie überzeugend einen Schuldbegriff mit theologischer Dignität vertreten können. Der Synodentext sucht seinerseits auch für dieses Problem ein Gespür zu wecken. Und er fragt im Blick auf die geschichtliche Praxis der Kirche:

„Hat die Praxis unserer Kirche nicht zuweilen den Eindruck genährt, dass man die kirchliche Schuldpredigt bekämpfen müsse, wenn man der realen Freiheit der Menschen dienen wolle? Und war so die kirchliche Praxis nicht ihrerseits am Entstehen dieses verhängnisvollen Unschuldwahns in unserer Gesellschaft beteiligt?" (I.5)

Wenn ich diese kontextuelle Problematik noch in Frageform weiter verdeutlichen darf: Hat sich die christliche Sündenpredigt nicht zu sehr und zu ausschließlich an bestimmte Adressaten gewendet, vor allem aber – dies ist der Verdacht und der historisch keineswegs ausgeräumte Vorwurf – zu sehr an die Kleinen und die Wehrlosen, an die Ohnmächtigen, sodass dann diese kirchlich-theologische Sündenpredigt fast zwangsläufig den Anschein auf sich zog, als wäre sie eine Strategie der Entmündigung, ein Instrument zur Disziplinierung der Freiheit, zur Unterdrückung und Beherrschung? Hat die Kirche nicht im Verlauf der Kirchengeschichte den Gedanken der staatlichen Gerechtigkeit zu spannungslos identifiziert mit dem Gedanken der eschatologischen Gottesgerechtigkeit, mit der Folge, dass dann die Untertanen sehr wohl, soweit sie Schwierigkeiten mit dieser staatlichen Gerechtigkeit hatten, in den Verdacht gerieten, nun auch schuldig vor Gott zu sein? Gerieten die Repräsentanten dieser staatlichen Gerechtigkeit nicht zu wenig unter das Gericht der eschatologischen Gottesgerechtigkeit, weil sie sozusagen schon eine Art Entschuldigtheit allein dadurch hatten, dass sie Repräsentanten dieser staatlichen Gerechtigkeit waren, die mehr oder minder als gleichwertig oder gleichsinnig mit der Gottesgerechtigkeit empfunden worden ist? Natürlich hat die Kirche immer auch den Kaiser oder König angeklagt als Person, aber sie hatte eine Aura der Unschuld sehr häufig gelten lassen, die ihn als Repräsentanten staatlicher Gerechtigkeit ansah und die hier doch Vorschub für ein obrigkeitsstaatliches Denken leistete.

Man darf auch, wenn man heute über Sünde und vor allem auch z. B. über Erbsünde spricht, nicht die Erinnerung daran vergessen, wie sehr in der Geschichte – und gerade auch im katholischen Christentum – der Begriff der Sünde und der Erbsünde für ganz bestimmte, restaurative, politische Tendenzen eingesetzt worden ist. Man hat z. B. im Französischen Traditionalismus ganz bewusst auf den Sünden- und speziell auch auf den Erbsündenbegriff zurückgegriffen, nicht aber um dessen theologische Dignitäten in sich festzuhalten, sondern um mit Berufung auf Sünde und Erbsünde gewissermaßen den Gedanken der politischen Selbstregierung der Menschen und des Volkes zu diskreditieren. Und das vielleicht Ernste an dieser Problematik wird schon dadurch fragwürdig, dass man das bewusst gegen die in der durch Aufklärung und Revolution erzeugten bürgerlichen Freiheiten ausgespielt hat. Man hat die Frage nach der Schuld der Könige und derer, die für ein Feudalprinzip dann doch politische Verantwortung tragen, nicht in der gleichen Form gestellt, wie man diese Frage an das Volk gerichtet hat.

Es ist ja nicht von ungefähr, dass die kirchlichen, die katholischen Zeiten in der Neuzeit ausgesprochene Zeiten des „Anti" zu den neuzeitlichen Freiheitsgeschichten sind, die hier keineswegs als problemlos unterstellt werden. Aber die katholischen Zeiten, das sind die Zeiten der Gegenreformation, Zeiten der Gegenaufklärung, Zeiten der Restauration, der Romantik – das sind also in einer merkwürdigen Weise immer, historisch beschreibbar, Gegenströmungen. Und die sind sehr oft so *undialektisch* gegen die aufgebrochene Geschichte der Freiheit ausgefallen, dass dann die berechtigten Vorbehalte gegen so eine Art Entwicklungsoptimismus in Sachen Freiheit, gegen eine Vorstellung, dass man gewissermaßen die Freiheit ruhig einem fast natürlichen Stufengang des Fortschritts überlassen könnte, nicht gehört worden sind. Und hier spielt die kirchlich-theologische Rede von der Schuld, von der Sünde eine beträchtliche Rolle.

Wenn diese Probleme bestehen, dann müssen sich natürlich die, die heute theologisch von Schuld und Sünde reden, auch fragen oder fragen lassen, für wen sie eigentlich mit ihrer Rede von Sünde und Schuld einstehen; wessen Ehre und Hoheit sie wirklich schützen; wessen Interessen sie bei dieser Rede tatsächlich vertreten. Und sie müssen sich doch heute die Frage gefallen lassen, ob nicht die kirchliche Sündenpredigt selbst daran mitschuldig geworden ist, dass die religionskritische These von Sünde als falschem Bewusstsein eine so weite Verbreitung gefunden hat und heute viel mehr wirksam ist in dem Verdacht, dass die Rede von Sünde und Schuld entmündigend, verängstigend, disziplinierend wirkt. Der Synodentext folgert aus diesen Überlegungen:

> „Unsere christliche Predigt der Umkehr muss immer wieder der Versuchung widerstehen, Menschen durch Angst zu entmündigen. Sie muss gegen jeden Versuch kämpfen, der die christliche Rede von Schuld und Sünde missbraucht, einer unheiligen Unterdrückung von Menschen durch Menschen den Anschein von Recht zu verleihen, sodass schließlich die Ohnmächtigen mit mehr Schuld und die Mächtigen mit noch mehr ‚unschuldiger' Macht ausgestattet würden." (I.5)

3. Theorien vom Menschen als geschichtlichem Subjekt

Wir blicken auf die gegenwärtig praktisch einflussreichen und auch theoretisch meist diskutierten Theorien vom Menschen als geschichtlichem Subjekt. Es sind bei näherem Zusehen gewissermaßen nach-theologische Theorien. Sie reagieren alle auf eine Frage, die Theologie nicht einfach lösen und beantworten kann, wenn sie sich nicht in den Verdacht der Unredlichkeit bringen lassen will; auf eine Frage, die sie zwar nicht beantworten kann, der sie sich aber auch offensichtlich nicht einfach entledigen kann, wenn sie sich nicht selbst als Theologie aufgeben will. Es ist die hier schon oft erörterte *Theodizeefrage*, also die Frage nach der Rechtfertigung Gottes angesichts der Schuld und der Leiden in der Welt. Diese Frage begleitet, verschlüsselt oder auch offen entfaltet, die gesamte Geschichte der jüdisch-christlichen Theologie von Anbeginn. Die systematische Leistung der Theologie besteht hier nicht in einer Antwort, sondern in dem Kampf darum, dass diese Frage unter Menschen immer neu zugelassen und nicht einfach durch Übertragungsvorgänge aufgelöst wird. Die Theologie hat immer versucht, eine Hoffnung auszuarbeiten, derzufolge Gott selber sich an seinem Tag angesichts der Leidensgeschichte der Welt rechtfertigen wird. Es wäre das spezifisch Christliche der Theologie im Anblick dieser Fragestellung eben dies, das Ja zu Gott – angesichts der Leidensproblematik – als ein *An-Gott-leiden-Müssen* zu verstehen, das aus jenem Leid der Gottverlassenheit kommt, wie es den Christen im Kreuzesschrei Jesu unvergesslich geworden ist.

Wichtig ist nun aber für unsere Argumentation: Zumindest seit der Aufklärung oder seit der späteren Neuzeit wird in dieser Theodizeefrage ein unüberwindliches Dilemma für die Existenz Gottes überhaupt formuliert. Entweder ist dieser Gott, der das Leiden unschuldiger Kinder zulässt, obwohl er es verhindern könnte, nicht gütig. Wie aber könnte ein nichtgütiger Gott ein anbetungswürdiger Gott sein und kein Moloch? Oder aber: dieser Gott ist zwar gütig und eigentlich bereit, solches zu verhindern, aber er ist nicht mächtig genug, das zu tun. Wie aber könnte ein ohnmächtiger Gott überhaupt Gott sein? Die Schlussfolgerung, die daraus gezogen worden ist, ist in prägnantester Form in der Französischen Aufklärung formuliert worden: Die einzige Entschuldigung Gottes angesichts der Leiden in der Welt ist die, dass es ihn eben überhaupt nicht gibt. Es war jedenfalls diese Theodizeefrage, die dazu geführt hat, dass Gott seit dem Zeitalter der Aufklärung und der Religionskritik als Herr dieser Geschichte entthront wurde, dass der Thron der Geschichte frei wurde für den Nachfolger Gottes. Der Mensch wird also hier als derjenige definiert, der sein geschichtliches und gesellschaftliches Schicksal endlich selber in die Hand nimmt und nun nicht mehr gewissermaßen nur als halbes, taubes und dumpfes, nicht zu sich selbst erwachtes, noch nicht aufrecht gehen könnendes, geschichtlich und politisch verwildertes Halbsubjekt durch die Geschichte tanzt, die mehr Schicksal als Geschichte ist. Er wird jetzt derjenige, der diese Dinge in seine eigene Hand und Verantwortung nimmt.

In dieser Situation verschwindet aber überhaupt nicht das Leid am Leiden der Anderen als anklagende Instanz. Wer ist denn schuld? Wem ist das alles zuzuschlagen? Wer trägt denn nun die Verantwortung? Da Gott als Zurechnungssubjekt nicht mehr zur Verfügung steht, scheint nun alle Schuld angesichts der Leidensgeschichte auf den Menschen als den Täter dieser Geschichte zurückzufallen. Auch das Schicksal steht nicht mehr zur Verfügung. Die Leiden, von denen wir heute sprechen, sind in zunehmender Weise wirklich Leiden, die etwas mit unseren Haltungen, Erfahrungen, gewissermaßen mit unserer Verantwortung zu tun haben und immer weniger eigentlich reine Schicksalsleiden sind. Natürlich gibt es Krankheiten, die keiner beheben kann. Alle anderen Leiden verlieren immer mehr ihr Wesen als Unglück und Schicksal und gewinnen immer mehr die Züge des Versagens. Warum Menschen Opfer von Naturkatastrophen werden, hat sicher etwas mit der Entwicklungspolitik und der sozialen Struktur der Länder zu tun, in denen diese Dinge geschehen. Wer trägt da die Verantwortung? Wer ist daran schuld, wenn es die Möglichkeit, es etwa auf Gott oder ein anonymes Schicksal abzuwelzen, nicht mehr gibt? Wo das alles auf den Menschen als Subjekt von Geschichte zurückfällt, geschieht nun etwas Eigenartiges: Menschen suchen Selbstentschuldigung angesichts der Frage: „Wer ist denn für diese Leidensvorgänge und für diese Leidensgeschichte verantwortlich?" Ein Entschuldigungsprozess mit einem höchst differenzierten und diffizilen Rechtfertigungsmechanismus setzt ein, der die Widersprüche und die Zwiespältigkeit in diesen nachtheologischen Theorien vom Menschen als geschichtlichem Subjekt kaum verbergen kann. Worin besteht denn diese Entschuldigung? Sie besteht darin, dass der Mensch als Zurechnungssubjekt der leidverursachenden geschichtlichen und gesellschaftlichen Prozesse, für die leidschaffenden Widersprüche in der Welt nun doch nicht so ernst genommen wird. Seine Verantwortung wird – mindestens tendenziell – halbiert. Er schleicht sich sozusagen fort vom Thron der Geschichte, auf den er sich erst kurz gesetzt hatte. Er praktiziert, wie das der Philosoph Odo Marquard ebenso geistreich wie genau formuliert hat, die Kunst des „Nicht-gewesen-seins".[82] Ich kann nur in einer sehr knappen, thesenhaft gerafften Form andeuten, inwiefern in diesen Theorien das theologische Thema der Schuld nicht einfach endgültig abgestreift ist, sondern in einer sehr verschlüsselten Entschuldigungsdiplomatik am Werk bleibt.

Es gibt *drei* Theorien des Subjekts heute, die praktisch relevant sind und die gleichzeitig auch theoretisch sehr explizit ausgearbeitet sind: der *bürgerliche Idealismus*, der *historisch-dialektische Materialismus* und der *Positivismus*.

Bei diesem Thema könnte man den Eindruck gewinnen, dass hier eine Reihe von Positionen völlig vergessen werden, die gerade in der Theologie, wenn von Subjektsein, von Person, Existenz die Rede ist, ganz vorne stehen wie etwa Existentialismus und Personalismus. Wenn überhaupt, dann müsste man den Existentialismus, eine gewisse Art vielleicht auch von Phänomenologie, speziell auch den Personalismus als auslaufende Phänomene des bürgerlichen Idealismus einordnen. Diese Existentialismen und Personalismen reden – vor allem in ihrer theologischen Verwertung – sozusagen unmittelbar und direkt vom Menschen und meinen dann vom wirklichen Menschen zu reden, obwohl dieses direkte Zugehen auf den Menschen eine besondere Form von Abstraktion ist und den Verdacht auf sich zieht, dass hier ein Existenzsinn quasi konstruiert wird,

---

[82] Vgl. *Odo Marquard*, Schwierigkeiten mit der Geschichtsphilosophie, Frankfurt am Main 1973.

obwohl sich, wenn man näher zusieht, diese Position – empirisch, geschichtlich, gesellschaftlich, ökonomisch, psychologisch – wieder auflöst. Existentialistische Anthropologien sind eigentlich defensive Rückzugsanthropologien, Schrumpfanthropologien, die, gerade weil sie nur vom Menschen reden wollen, jedenfalls nicht von dem in Geschichte und Gesellschaft hineingestellten Menschen reden und nicht von dessen auch durchaus in Geschichte und Gesellschaft geschehenen Leiden und Hoffnungen, Ängste und Zweifel.

3.1 Bürgerlicher Idealismus: Entschuldigung des Menschen als geschichtiches Subjekt durch Halbierung der Geschichte

So findet man zum Beispiel in idealistisch-liberalen Geschichts- und Gesellschaftstheorien eine Auffassung von Geschichte als subjektlosem Prozess. Oder genauer: als universales Geschichtssubjekt wird hier, etwa im Gefolge von Hegel, der „Weltgeist" benannt oder – mehr im Anschluss an Schelling – die „Natur". Solche und ähnliche Wesenheiten fungieren nun als anonyme, quasi-transzendentale Subjekte der Geschichte, denen man gewissermaßen folgenlos die Nachtseite unserer Geschichte, die Schuldgeschichte und die Rätsel der Leidensgeschichte zuschlagen kann, während natürlich die Erfolge, die Siege, die Fortschritte „auf der Erde bleiben" und der Geschichtstat des Menschen zugerechnet werden. Diese nachttheologische Theorie der Geschichte ist zwar das Theodizeeproblem losgeworden, ist sie aber so nüchterner, realistischer, weniger irrational geworden? Oder entlarvt sie sich nicht als Konzept einer halbierten Geschichte, einer abstrakten Erfolgs- und Siegergeschichte – mit einem schwer durchschaubaren Rechtfertigungs- und Entschuldigungsmechanismus für den Menschen als verantwortlichem Geschichtssubjekt? Liegt darin nicht eine merkwürdige, nicht leicht durchschaubare Tendenz zur Entschuldigung des Menschen als Subjekt der Geschichte? Eine bürgerliche Siegergeschichte oder eine Siegergeschichte des bürgerlichen Subjekts?

3.2 Historisch-dialektischer Materialismus: Frage nach dem Verhältnis von Befreiungs- und Schuldgeschichte

Wenn wir nun zu der komplexesten Form kommen, nämlich zu der, was wir hier als die marxistische Grundkonzeption, eben den „historisch-dialektischen Materialismus" nennen, wäre zunächst einmal zu sagen: Hier wird sowohl in der Theorie der Geschichte und der Gesellschaft wie in den anthropologischen Aussagen davon ausgegangen, dass es für die gesamtgeschichtlichen Prozesse durchaus ein sozial und politisch identifizierbares Subjekt gibt, und zwar die unterdrückte Klasse des Proletariats. Diese soll nun diese geschichtliche Rolle auch übernehmen. Und der Kampf geht darum, dem noch nicht in seinem geschichtlichen Rang zu sich selbst gekommenen Proletariat seine Rolle bewusst zu machen. Gleichwohl steht hier die Geschichte im Ganzen in der Gefahr, eine reine Erfolgsgeschichte oder Siegergeschichte zu werden. Warum? Nun, für das Versagen, für die Schuld angesichts der Leidensgeschichte der unterdrückten Leute, des unterdrückten Volkes, werden nun mehr oder minder ausschließlich, die Anderen, die Klassengegner, die Feinde des neuen Geschichtssubjektes haftbar gemacht. Die Feinde werden hier doch in einer gewissen Weise zum Anlass dafür, die eigene Geschichte schuldfrei zu verstehen, schuldlos zu halten. Ich meine, dass in diesem Sinne diese evolutionäre Geschichtstheorie mit einem durchaus angebbaren Subjekt für die kommende Geschichte und mit einem genau bezeichneten Subjektsein des Menschen in der Geschichte, auch wieder von einem merkwürdigen Willen zur Unschuld diktiert zu sein scheint, so, als könnte man nur dann, wenn man unschuldig ist, das Recht haben, Verantwortung zu tragen und Geschichte weiterzutreiben.

Nun wissen wir freilich, dass gerade innerhalb dieser neomarxistischen Positionen die beunruhigende Frage nach dem Versagen, nach der möglicherweise innerrevolutionären Schuld auftaucht, also die Frage nach dem Verhältnis von Befreiungskampf und Schuld. Es zeigt sich, weniger in der politischen Theorie als in der Kunst, in der Literatur des Marxismus, ein Bewusstsein davon, dass das Elend und die Schuld womöglich nicht nur in den vorgegebenen Verhältnissen, sondern eventuell auch *in* den Kämpfenden selbst liegt. Wo sich eine solche Vermutung meldet, verbietet es sich, die Geschichte der Freiheit und der Befreiung als eine reine Erfolgsgeschichte und eine reine, mehr oder minder undialektische Siegergeschichte zu leben. Eine solche Vermutung zwingt dazu, auf die anhaltende Paradoxie von Befreiungsgeschichte und Schuldgeschichte aufmerksam zu machen. *Ernst Bloch* hat schon 1930 einmal gesagt: „*Im citoyen steckte der bourgeois; gnade uns Gott, was im Genossen steckt.*"[83] Das wurde nicht gehört, das wurde revisionistisch sehr schnell abgedrängt.

---

[83] *Ernst Bloch*, Spuren, Gesamtausgabe der Werke, Band I, Frankfurt am Main 1969 (erste Ausgabe: Berlin 1930), 30.

Ein anderes Dokument, das ich hier nennen möchte, weil es etwas von der inneren Verstrickung, von Kampf und Schuld zeigt, von jener Verstrickung, die den revolutionären Freiheitskämpfer nicht einfach entschuldigt und die Revolutionsgeschichte nicht zur schuldlosen Geschichte, zur Erfolgsgeschichte hochstilisiert, findet sich z. B. in dem bekannten Emigrationsgedicht von *Bertolt Brecht* „An die Nachgeborenen". Der Schlussabschnitt dort heißt:

> „Ihr, die ihr auftauchen werdet aus der Flut, in der wir untergegangen sind, gedenkt, wenn ihr von unseren Schwächen sprecht, auch der finstern Zeit, der ihr entronnen seid. Gingen wir doch, öfter als die Schuhe die Länder wechselnd, durch die Kriege der Klassen, verzweifelt, wenn da nur Unrecht war und keine Empörung. Dabei wissen wir doch: auch der Hass gegen die Niedrigkeit verzerrt die Züge, auch der Zorn über das Unrecht macht die Stimme heiser. Ach, wir, die wir den Boden bereiten wollten für Freundlichkeit, konnten selber nicht freundlich sein. Ihr aber, wenn es so weit sein wird, dass der Mensch dem Menschen ein Helfer ist, gedenket unser mit Nachsicht."[84]

Hier ist der Wille zur Unschuld irritiert, der in der Theorie zu liegen scheint. Der Marxismus wird sicher nicht weiterkommen, wenn er diese Fragen nicht gelten lässt; er wird sonst dem Verfeindungszwang immer mehr verfallen.

Er muss sich doch die Fragen stellen: Was ist denn mit dem Hass? Was mit der Verfeindung? Kann man denn gerecht oder ungerecht, also das Schuldthema am Freund-Feind-Schema, am antagonistischen Muster der Klassengegensätze adäquat festmachen? Wenn man hier schon keine theologischen Kriterien gelten lassen will, müsste man dann nicht wenigstens in Rechnung stellen, was *Ernst Bloch* einmal „Motive der Verborgenheit in Sachen der Identifizierung der Menschen" genannt hat? Es gibt da nachdenkliche Überlegungen und Geschichten in seinem schon erwähnten Buch „Spuren".

> „Erst recht vor andern können wir fast immer nur scheinen. Zuweilen durchscheinen, aber es bleibt fraglich, ob auch dies Halbe, Werdende stimmt. Denn nicht nur das Jetzt ist noch dunkel, in dem wir uns jeweils befinden. Sondern es ist eben vor allem dunkel, weil wir uns als Lebende in diesem Jetzt befinden, es ganz eigentlich sind. In diesem und als dieses zerstreute Jetzt lebt der noch zerstreute Mensch selber, nach seiner inneren, zeitinneren Bewegung. Aus diesem immer nur erst „Augenblicklichen" kommt das Viele, weiterhin das individuelle Sosein, in das

---

[84] *Bertolt Brecht*, Gesammelte Werke. Band 9 (Gedichte 2: 1933–1938), Frankfurt am Main 1967 (1990), 724–725.

kein Fremder leicht eintritt, und man selber nur uneigentlich und selten. Je ‚böser‘, das heißt, ichsüchtiger ein Mensch ist, desto ‚dunkler‘ wird er auch sein, im gleichen Zug; doch eben darum, auch hier: man kann nie wissen, nie bereits völlig hineinsehen, gar richten ... Das ist das echte fruchtbare Inkognito, um dessen Lichtung das ganze Geschäft geht."[85]

Bloch treibt nun eine solche Auflichtung des Inkognito bezeichnenderweise durch einige Geschichten.

Ich möchte zwei kleine, die in den „Spuren" stehen, deswegen nennen, weil sie von einem Mann erzählt werden, der mehr als viele etablierte Marxisten von dem etwas begriffen hat, was der Marxismus wahrscheinlich wollte; zwei Geschichten, die etwas von der Unbestimmtheit, von dem Ernstnehmen der Verborgenheit der Sache Schuld und Unschuld sichtbar machen.

„Einst, wird hier erzählt, wurden Bauern auf dem Felde vom Wetter überrascht. Sie retteten sich in einen Heustadel, aber der Blitz zog nicht ab, kreiste um die Hütte herum. Da begriffen die Bauern, dass der Blitz einen von ihnen meine, und sie kamen überein, ihre Hüte vor die Tür zu hängen. Wessen Hut der Sturm zuerst abreiße, der solle hinausgejagt werden, damit nicht wegen eines Sünders die Schuldlosen mit verderben. Kaum hingen die Hüte draußen, so packte ein Windstoß den Hut des Bauern Li und riss ihn weit übers Feld. Sogleich stießen die Bauern Li hinaus; und im selben Augenblick schlug der Blitz ein, denn Li war der einzige Gerechte."[86]

Hier ist der „Gute" verborgen, in einer anderen Geschichte bei Bloch der „Böse":

„Ein Pächter ritt vom Feld zurück, hielt an einem Bach, um sein Pferd zu tränken. Da sah er wenig unterhalb einen Drachen liegen, vom Gebüsch halb verdeckt, leise zischte ihm die Flamme aus Maul und Nase. Der Pächter riss sein Pferd zurück und jagte durch den Wald, dass die Bäume sausten, fiel erst in Schritt, als er sein Dorf erblickte. Da kam ihm sein Nachbarsohn entgegen, ein Knabe von zehn Jahren, gerade auf dem Weg zum Bach: – Der Pächter packt den Jungen noch vom Pferd herab, setzt ihn hinter sich und erzählt ihm von dem Ungeheuer, nicht ohne sich umzusehen, als ob ihn der Drache noch hören könne. Der Knabe hält sich an dem Reiter fest, vor großer Angst, und fragt doch immer weiter: ‚Hatte der Drache große Augen? und seine Zähne, hörte man sie knacken? und zischte die Flamme, als er das Wasser soff?' Der Pächter fuhr den Knaben an, zu Hause, in der Stube sei zu allem Zeit, aber der Junge ließ nicht nach: ‚So sieh mich doch an mit meinen

---

[85] *Ernst Bloch*, Spuren, Gesamtausgabe der Werke, Band I, Frankfurt am Main 1969, 121.
[86] A. a. O., 122.

Faxen, sah der Drache vielleicht so aus?' Wütend dreht sich der Mann um: der Drache hockte hinter ihm und zerriss ihm die Brust. Am Abend war der Nachbarsohn wieder zu Hause am Tisch und die Wedel vor den Türen wurden neu geweiht, gegen die Dämonen, als man den zerfleischten Pächter gefunden hatte."[87]

Die afrikanischen Märchenerzähler sagen: Ist die Geschichte nichts, so gehört sie dem, der sie erzählt hat. Ist sie etwas, so gehört sie uns allen. Worum es mir geht, ist die Frage, ob eine Theorie vom Subjekt und der geschichtlichen Verantwortung vom Subjekt ohne die Motive und die Symbole, die der Verborgenheit in Angelegenheit Schuld und Unschuld, gerecht und ungerecht, auskommt? Eine Theorie vom geschichtlichen Subjekt, die die Symbole der Verborgenheit schlechthin missachtet, die sich also in ihrem System des Subjektseins nicht von der Sprache solcher Symbole – und sie ist nun einmal immer auch zwangsläufig narrativ – unterbrechen lässt, treibt in die Negation des Subjekts. Eine marxistische Theorie vom Menschen als Subjekt der Geschichte, die diese Motive der Verborgenheit überhaupt nicht anerkennt, führt in praktischer Konsequenz zur Negation des Individuums und des Vorhofes der Unbestimmtheit, die mit ihm gegeben ist. Diese Theorie entreißt nämlich die Differenz zwischen gerecht und ungerecht, zwischen schuldig und unschuldig, jener Ambiguität, jener Verborgenheit, die sie an den offen zu Tage liegenden politischen Differenzen erläutert, als ob die ausschließlich das Politische und das Menschliche umschlössen. Dort, wo man am politisch beschreibbaren Gegensatz zwischen Freund und Feind, und sei es im antagonistischen Muster des Klassengegensatzes, die Frage von Schuld und Unschuld für gelöst hält, stellt sich die Frage, wie man sich hier dem Verfeindungszwang und der Institutionalisierung des Hasses entziehen kann.

3.3 Positivismus: Entschuldigung des Menschen durch Bestreitung seines Subjektseins

In den positivistisch-wissenschaftsgläubigen Geschichts- und Gesellschaftstheorien, die die Frage nach Sinn und Subjekt der Gesamtgeschichte als ideologisch ansehen und deshalb überhaupt fallenlassen, ist der genannte Entschuldigungszwang angesichts der Leidensgeschichte nicht etwa durchbrochen, sondern vielleicht in seiner unheimlichsten Gestalt am Werk. Geschichtliche und gesellschaftliche Prozesse werden nämlich hier unter Berufung auf „Utopielosigkeit" (auf die man sich viel

---

[87] Ebd.

zugutehält) faktisch mit technologisch-ökonomischen Fortschrittsprozessen mehr oder minder synchronisiert. In diesen Prozessen aber werden die handelnden Mächte immer subjektloser, immer anonymer. Geschichte wird in neuer Weise zur Naturgeschichte, zur subjektlosen Teleologie des wissenschaftlich-technologischen Fortschritts, zum „Schicksal zweiter Ordnung", zum gesellschaftlichen Strukturalismus. Der Entschuldigungsmechanismus führt hier zur Auflösung eines zurechnungsfähigen geschichtlichen Verantwortungssubjekts überhaupt. Und so wie eine gewisse „Theodizee" der Aufklärungszeit Gott angesichts der menschlichen Leidensgeschichte dadurch zu entschuldigen suchte, dass sie seine Existenz einfachhin leugnete, führt der Entschuldigungsmechanismus hier schließlich dazu, den Menschen angesichts der Leidensgeschichte dadurch zu entschuldigen, dass seine Existenz als Subjekt freier Verantwortung einfach bestritten wird. Der Mensch in Freiheit und Verantwortung gilt selbst als ein Anthropomorphismus, als eine „Erfindung des 18. Jahrhunderts" (Michel Foucault).[88] Der systematische Wille zur Unschuld treibt hier fatale Konsequenzen aus sich hervor. Er verlegt dem Menschen den Weg in die Freiheit, die ohne Verantwortung und Schuld nicht ist. Er züchtet ihn zurück auf ein anpassungsschlaues Tier, das nun zwar der Entzweiung und des Unglücks der Schuld entledigt ist, aber eben auch des Glücks anschaulicher, unangepasster Freiheit, einer Freiheit mit ihren Träumen und Hoffnungen, die sich nicht den anonymen Zwängen einer von fühlloser Rationalität konstruierten unschuldigen und überraschungsfreien Welt unterwirft.

Zum Abschluss: Deutet sich am Ende in den geschilderten Entschuldigungstheorien nicht die unerledigte Theodizeefrage noch einmal an? Wirken die Irrationalismen dieser modernen Theorien nicht wie ein spiegelverkehrter Verweis auf das verdrängte Thema Religion und Gott? Gewinnt durch diese kritische Überlegung unsere anfängliche Vermutung nicht an Plausibilität? Nämlich die Vermutung, dass der Standpunkt, von dem aus der Mensch seine Rolle als Subjekt der Geschichte ganz und ungeteilt behalten und diesem Standpunkt standhalten kann, „im Angesicht Gottes" liegt. Das praktische Fundament dieser theologischen Vermutung ist die Bereitschaft zur ständigen Überprüfung und Revision der eigenen Interessen.

---

[88] Vgl. *Michel Foucault*, Die Ordnung der Dinge. Eine Archäologie der Humanwissenschaften (aus dem Französischen übersetzt von Ulrich Köppen), Frankfurt am Main 1974.

Müssen die christlichen Motive, die so schwer in einer modernen Theorie des Subjektes unterzubringen sind, wie etwa das Motiv der Feindesliebe, das Motiv des Misstrauens gegen Hass und Gewalt und gleichwohl das Motiv einer unbedingten Solidarität nicht als Irritationen bleiben? Und keine christliche Theologie soll, will sie nicht überflüssig werden, diese Motive aufgeben. Es kommt dabei darauf an, dass die Rede von der Feindesliebe nicht versöhnlerisch blind macht für alle leidverursachenden Gegensätze in der Welt; dass die Feindesliebe nicht ein schwächlicher Begriff von Liebe ist, sondern ein bis zum Zerreißen angespannter Begriff, an dem Jesus z. B. zugrunde gegangen ist. Dass es wirklich eine kämpferische Solidarität gibt, die auf die Strategie des Hasses verzichten kann und dass diese Solidarität einen Aufruhr der höchsten Empfindungen der Menschen verlangen würde, wenn Religion das noch wäre, was sie einmal war: das Arsenal der größten Empfindungen der Menschen.

§ 6 Reich Gottes

1. Kritische Erläuterungen zum Aufbau des einschlägigen Synodentextes (I.6)

Gemessen an seiner Bedeutung sowohl für die Botschaft Jesu wie für heutige Fragestellungen ist dieser Textabschnitt I.6 im Synodentext wohl am wenigsten geglückt. Es gibt in diesem Textabschnitt auch eine ganze Reihe von im Synodenprozess selbst hineingestimmten Einschüben, die m. E. die Einheit des Gedankens eher stören und sie verdunkeln.

Zunächst einmal zur Platzierung des Themas „Reich Gottes". Es mag verwunderlich erscheinen, dass hier das eschatologische Thema „Reich Gottes" unmittelbar vor dem sog. protologischen Thema „Schöpfung" steht. Die Schöpfung wird also hier nach dem Reich-Gottes-Thema behandelt. Der systematische Grund dafür soll im nachfolgenden Kapitel über die Schöpfung noch einmal erläutert werden. Hier möchte ich nur sagen, dass die Legitimation für diese Vorordnung zunächst einmal in der *Hoffnungsperspektive* des gesamten Bekenntnistextes liegt. Die Begründung für diese Vorordnung ist durchaus exegetisch und systematisch legitim. Denn Schöpfungsgeschichten sind selbst auch Hoffnungsgeschichten. Es besteht also nach den biblischen Befunden zumindest so etwas wie ein gegenseitiger Begründungszusammenhang von sog. protologischen und eschatologischen Aussagen, d. h. der Gott, der in den „Exodos", in die Befreiung führt, ist dieser Befreiung auch mächtig, weil er eben der Herr des Himmels und der Erde ist, weil er also in den Geschichten des Alten Testaments als Schöpfergott gelobt und angeklagt wird.

Dieser Synodentext I.6 zerfällt seinerseits in zwei Textabschnitte: *Erstens* in zwei kleinere hermeneutische Aussagen über die Eigenart der Rede vom Reich Gottes. *Zweitens* in eine quasi systematische Aussage über die kritisch befreiende Wirkkraft der Reich-Gottes-Botschaft angesichts zeitgenössischer Zukunftsbilder und Zukunftsentwürfe.

> „Wir Christen hoffen auf den neuen Menschen, den neuen Himmel und die neue Erde in der Vollendung des Reiches Gottes. Wir können von diesem Reich Gottes nur in Bildern und Gleichnissen sprechen, so wie sie im Alten und Neuen Testament unserer Hoffnung, vor allem von Jesus selbst, erzählt und bezeugt sind. Diese Bilder und Gleichnisse vom großen Frieden der Menschen und der Natur im Angesichte Gottes, von der einen Mahlgemeinschaft der Liebe, von der Heimat und vom Vater, vom Reich der Freiheit, der Versöhnung und der Gerechtigkeit, von den abgewischten Tränen und vom Lachen der Kinder Gottes – sie alle sind genau und unersetzbar. Wir können sie nicht einfach ‚übersetzen', wir können sie eigentlich

Teil III: Gott unserer Hoffnung

nur schützen, ihnen treu bleiben und ihrer Auflösung in die geheimnisleere Sprache unserer Begriffe und Argumentationen widerstehen, die wohl zu unseren Bedürfnissen und von unseren Plänen, nicht aber zu unserer Sehnsucht und von unseren Hoffnungen spricht." (I.6)

Es gibt hier eine hermeneutische Basis für die anthropologische Aussage, die eine Unterscheidung zwischen *Sehnsucht* und *Bedürfnissen* oder auch „zwischen Hoffnung und Plänen" erlaubt und nahelegt. Ausführlicher ist dies schon im Synodentext selbst einmal besprochen und zwar früher in dem Punkt I.1 („Gott unserer Hoffnung"). Dort wird diese anthropologische Unterscheidung ausdrücklich eingeführt und im Blick auf das gesellschaftliche Leben verwendet.[89]

Daher möchte ich hier, weil die hermeneutischen Sätze in I.6 sehr anspruchsvoll sind und weil sie eigentlich als Aussage auch über die anderen neutestamentlichen Inhalte des christlichen Credos die Frage wiederholen: Was sagen denn solche eschatologischen Bilder? Welche Leucht- und Orientierungskraft besitzen sie denn wirklich für uns, also welche Kraft der Verheißung und der Inspiration? Warum fallen sie nicht längst unter die wissenschaftlich-hermeneutische Mythenkritik? Warum sind sie also nicht aufgegeben als Opfer des Entmythologisierungsprozesses? Es geht, wenn man so fragt, um das Problem der Hermeneutik eschatologischer Aussagen.[90]

Von hier aus ist es nun sehr wichtig, dass die Reich-Gottes-Thematik und die im Teil III („Wege in die Nachfolge") abgehandelte Nachfolgethematik sehr eng zusammengehören, dass das eine im anderen sich spiegelt und das eine im anderen eingelöst wird.[91]

---

[89] Doch sind hier gewisse Gesichtspunkte noch nicht hinreichend durchgearbeitet. Es heißt dort: „Die Gottesbotschaft unserer christlichen Hoffnung widersetzt sich einem schlechthin geheimnisleeren Bild vom Menschen, das nur einen reinen Bedürfnismenschen zeigt, einen Menschen ohne Sehnsucht, das heißt aber auch ohne Fähigkeit zu trauern und darum ohne Fähigkeit, sich wirklich trösten zu lassen und Trost anders zu verstehen denn als reine Vertröstung. Die Gottesbotschaft christlicher Hoffnung widersteht einer totalen Anpassung der Sehnsucht des Menschen an seine Bedürfniswelt." (I.6) Diese anthropologische Prämisse scheint mir vor allem sehr abstrakt zu sein und in diesem Zusammenhang wohl auch zu unbegründet. Sie scheint mir vor allem zu wenig geschichtlich und gesellschaftlich geprägt und insbesondere zu wenig aufgebaut von dem her, was diese Fundamentaltheologie „Primat der Praxis" nennt.
[90] Vgl. dazu den Exkurs im Band II dieser Ausgabe: „Sitzhermeneutik und Weghermeneutik". Dazu grundsätzlich: JBMGS 4.
[91] Diese Nachfolge enthät ihrerseits eine mystisch-politische Doppelkonzeption. Das ist eben folgenreich für das Verständnis der Reich-Gottes-Botschaft und der in ihr enthaltenen und uns bis heute immer wieder neu aufgedrängten Bilder. Ich möchte immerhin darauf hinweisen, dass der Zusammenhang zwischen Reich-Gottes-Botschaft

Es wurde anfangs erwähnt, dass der Synodentext in zwei Teile aufgeteilt ist: in die quasi hermeneutische Aussage und den anderen viel längeren Teil, den man als quasi systematische Aussage betrachten kann. Diese systematische Aussage hat einen legitimen Ausgangspunkt, der auch in seinem Spannungsreichtum in der Geschichte Jesu selbst verfolgbar ist: Die Verheißungen und die Verheißungsbilder des Reiches Gottes haben ihre allemal gefährdete Gegenwart in unserem geschichtlichen Leben. Sie sind nicht oberhalb dieses Lebens angesiedelt, sie schlagen in dieses Leben ein. Das Wort dafür würde Apokalyptik lauten. Aber dann kommt in diese Systematik eine doch prekäre Vereinfachung der Darstellung dieses gegenwärtigen Lebens in seinen Zukunftsperspektiven, an denen sich die Verheißungen des Reiches Gottes brechen und verdeutlichen. Es sind dann nämlich dort zwei gegenwärtige Zukunftstendenzen, die alle entweder in ihrem monolithischen Charakter oder in ihrer pluralistischen Unbestimmtheit den Reich-Gottes-Gedanken zu verschlucken drohen: es wären dies die Anti-Utopie des *technokratischen Prozesses* und es sind die *revolutionär-politischen Utopien*. Wie verhält sich denn nun der Reich-Gottes-Gedanke zu diesen beiden gegenwärtigen Ansätzen? Mir scheint aber hier schon der Ansatz selbst zu wenig differenziert zu sein. Es ist hier eigentlich keine Rede von den inneren Problemen und Widersprüchen der bürgerlichen Gesellschaft, keine Rede von den ökonomischen Implikationen in diesen Ansätzen. Es ist also keine Rede von der Spannung zwischen Kapitalismus und Sozialismus und deshalb auch keine Frage nach der womöglich christlichen Basis einer Kapitalismuskritik ebenso wie eines kritischen Einspruches gegen marxistische Anthropologien andererseits.

Gewiss, dieses Thema ist gerade im Blick auf die innerkirchlichen Zustände unter uns nicht besonders aktuell. Der ideologische Kampf zwischen den großen Systemen scheint in einer sehr stark individualisiert

---

und Nachfolge auch im Synodentext selbst angesprochen ist, zumindest in einer kleinen Formel, die sich natürlich hier jener konfessorischen Sprache bedient, in der dieses Glaubensbekenntnis abgefasst ist. Im vorletzten Abschnitt von I.6 heißt es gegen Ende: „Indem wir uns unter das ‚Gesetz Christi' (Gal 6,2) stellen und in seiner Nachfolge leben, werden wir auch mitten in unserer Lebenswelt zu Zeugen dieser verwandelnden Macht Gottes: als Friedensstifter und Barmherzige, als Menschen der Lauterkeit und Armut des Herzens, als Trauernde und Streitende, im unbesieglichen Hunger und Durst nach Gerechtigkeit (vgl. Mt 5,3 ff)."

Es käme darauf an, diese mehr paränetische Sprache in ihrem systematischen und allgemein zugänglichen Rang aufzuschließen.

denkenden und lebenden Kirche keinen Ort zu haben. Und es ist so, als wären das nur Fragen der Außenpolitik der Kirche. Aber dass sie ins Herz reichen, dass sie christliche Identität prägen und bestimmen, davon soll hier auch die Rede sein.

2. Reich-Gottes-Botschaft und Praxis der Nachfolge

Es handelt sich hier um biblisch-frühchristliche Perspektiven und Tendenzen. Sie sind zur Vergewisserung dieses sehr schwierigen Begriffes in der Theologie unerlässlich.[92]

„Βασιλεία του Θεού" ist der Inbegriff dessen, was Jesus verkündet hat, die Kurzformel des Inhalts seiner Botschaft. Es ist ein Sammelwort, für das in Christus angebrochene und durch ihn verkündete Heil. Das Wort Heil verdeutlicht sich durch diese Inhalte und Sinnangaben der Reich-Gottes-Botschaft. Diese bezeichnen, wenn die exegetischen Auskünfte darüber stimmen, in erster Linie den Vollzug der *Herrschaft Gottes* über die Welt und damit also die Konstitution des Reiches Gottes und nicht seinen Zustand. Es ist also, wenn man das modern ausdrücken wollte, mehr ein Prozessbegriff. Wir bleiben beim Terminus „Reich Gottes", weil es hier unsere Absicht ist, eingeschliffene Begriffe ernst zu nehmen und sie in ihrem Gehalt zu verdeutlichen. Und es kann keine Frage sein, dass dieser Begriff auch unter dieser Bezeichnung zu den Grundtermini christlichen Glaubens gehört.

Ich möchte auf etwas aufmerksam machen, was doch nicht immer gleich so gesehen wird. Nicht nur etwa bei den Synoptikern, bei denen man das am ehesten erwarten mag, sondern auch bei Paulus und bei Johannes wird dieses endzeitliche Reich Gottes in Begriffen ausgedrückt, die man zunächst einmal dem sozialen und politischen Leben zuordnet: Königtum, Königreich, Königsherrschaft; aber auch paulinisch etwa: Bürger dieses neuen Reiches; und johanneisch, bei Johannes selbst und wer immer der Verfasser der „Geheimen Offenbarung" sein mag, bei ihm auch: die himmlische Polis, die herabsteigt – Begriffe aus dem politischen Leben. Das ist nicht beiläufig so. Denn Heil, wird es einmal ausgedrückt als Reich Gottes und Herrschaft Gottes, muss sich offensichtlich facie ad faciem des politischen Lebens artikulieren, also nicht mit dem Rücken zu den Widersprüchen, die sich in diesem politischen Leben zeigen. Diese

---

[92] Vgl. *Heinrich Schlier*, Die Zeit der Kirche, Freiburg i. Br. ⁴1956; ders., Besinnung auf das Neue Testament. Exegetische Aufsätze und Vorträge, Freiburg i. Br. 1964.

Perspektive ist nicht nachträglich und quasi modernistisch angesonnen, sondern aus den Inhalten und Intentionen der Botschaft, aus ihrer Begriffswelt selber zunächst einmal aufgedrängt.

Nun stellt sich natürlich hier sofort gerade auch im Blick auf die Verwendung des Wortes „Reich" und „Reich Gottes" die Frage, ob nicht Jesus selbst in seiner Verkündigung die Problematik, die hier vorgestellt werden soll, mehr oder minder von vornherein bereinigt hat, ob er nicht selbst von vornherein eine schiedlich-friedliche Unterscheidung und Klarstellung der Verhältnisse zwischen Reich Gottes und den Reichen dieser Welt, den Reichen des Glücks, des Friedens, den politischen Reichen der Herrschaft getroffen habe. Vor allem durch jenes urkirchlich überlieferte Wort aus Joh 19,36: „Mein Reich ist nicht von dieser Welt".

Im Hintergrund dieser und ähnlicher Aussagen stehen zunächst Anschauungen der jüdischen apokalyptischen Schriften. So etwa schildert das Buch Daniel im 7. Kapitel, wie die Weltreiche des alten Orients eins nach dem anderen aus den Wassern des Chaos aufsteigen, aus jenem Nichts, das entsprechend den Mythologien dieser Traditionen der Weltschöpfung vorausging. Das Reich Gottes hingegen kommt in diesen Bildern und Berichten nicht aus einem solchen Chaos „von unten", sondern eben „von oben" mit den Wolken des Himmels. Für uns ist wichtig, dass in diesen apokalyptischen Traditionen dieses Reich Gottes nun erstmals und ausschließlich als Symbol die Gestalt des *Menschen* bekommt, im Gegensatz zu jenen Reichen, deren Leitsymbole Tierbilder sind. Das mag uns, ohne dass wir in exegetische Überlegungen hier eintreten könnten, nahelegen, dass erst dieses „von oben" kommende Reich Gottes die Menschlichkeit des Menschen zu verwirklichen verspricht, also die Hoffnung auf einen universalen Frieden und eine große Gerechtigkeit enthält, die in der alttestamentlichen Prophetie immer mit der Erwartung verbunden ist, dass Gott selbst zur Herrschaft kommt, dass er sein Recht und seine Gerechtigkeit durchsetzt in dieser „von unten" kommenden Welt, als Gerechtigkeit für die Leidenden, kurz: als Antwort auf jene Hiobfrage, die diese Erwartungen immer begleitet hat. Die Rede vom Reich Gottes ist eigentlich von Anfang an im Umkreis dieser merkwürdigen Theodizeefrage angesiedelt. Denn bei dem Monotheismus biblischer Traditionen handelt es sich nicht eigentlich um einen machtpolitischen Monotheismus, sondern um einen, der die Gerechtigkeitsvision angesichts geschichtlicher Leidenserfahrungen aufrechterhalten will.[93]

---

[93] Vgl. dazu die Überlegungen von *Johann Baptist Metz* in: Religion und Politik an den Grenzen der Moderne. Versuch einer Neubestimmung (JBMGS 3/2, 143-173).

Nun einige Perspektiven zur neutestamentlichen Motivation dafür, dass der Reich-Gottes-Gedanke in einer ständigen, lebendigen *Konfrontation* mit den Mächten und Mächtigen des politischen Lebens zu bestimmen ist. Ich beziehe mich da auf den Exegeten *Heinrich Schlier*, der über Neues Testament und Staat gesagt hat:

> „Alle Autoren des NT sind der Überzeugung, dass Christus nicht eine Privatperson und die Kirche nicht ein Verein ist. So haben sie auch von der Begegnung Jesu Christi und seiner Zeugen mit der politisch staatlichen Welt und ihren Instanzen berichtet. Keiner hat diese Begegnung so grundsätzlich verstanden wie der Evangelist Johannes. Er sieht schon im Allgemeinen die Geschichte Jesu als einen Prozess, den die von den Juden repräsentierte Welt gegen Jesus führt, bzw. zu führen meint. Dieser Prozess kommt aber zum öffentlichen, richterlichen Austrag vor Pontius Pilatus, dem Vertreter des römischen Staates und Inhaber der politischen Gewalt."[94]

Man kann und darf exegetisch betonen, dass auf diese Szene sich in der Tat die Komposition der Leidensgeschichte bei Johannes zusammenzieht. In diesem Sinne ist es für die Theologie wichtig, dass sie ihrerseits immer neu das Bewusstsein von dem *anhängenden Prozess* zwischen der eschatologischen Reich-Gottes-Botschaft Jesu einerseits und den Herausforderungen, Ansprüchen, Selbstlegitimationen politischer Wirklichkeit andererseits zu reklamieren hat.[95]

Bei Johannes und auch in der sog. „Geheimen Offenbarung" sieht man durchaus die Herausforderung der antiken politischen Mächte durch das Christentum. Das in seinen Symbolen schwer zugängliche Buch der „Geheimen Offenbarung" kann ohne eine politische Hermeneutik wohl überhaupt nicht gelesen werden. Es gibt einen doch weittragenden Konsens, dass gerade dieses symbolträchtige Buch des Neuen Testaments nicht ohne die politischen Zusammenhänge und vor allem nicht ohne die Kritik am politischen Leben der damaligen Zeit gedeutet werden kann.

Auch Matthäus kennt in seiner Grundkonzeption das Christsein als ein Gerufensein vor Könige und vor Richter zur öffentlichen Apologie des Reiches Gottes bzw. des göttlichen Herrschaftsanspruchs gegenüber den Herren und der Herrschaft der politischen Mächte.

---

[94] *Heinrich Schlier*, Der Staat nach dem Neuen Testament, in: Besinnung auf das Neue Testament. Exegetische Aufsätze und Vorträge, Freiburg i. Br. 1964, 193–211, 193.
[95] Übrigens war das einer der Ausgangspunkte der sog. Neuen Politischen Theologie, der aus den Grundperspektiven neutestamentlicher Theologie sichtbar wird. Die Reich-Gottes-Botschaft wird im Angesicht der Macht und der Mächte verkündet. Nachfolge geschieht und bewegt sich entlang dieses Konfrontationsverhältnisses.

Von der lukanischen Theologie und der Komposition des Lukasevangeliums darf generell gesagt werden, was Heinrich Schlier auch in seinem Aufsatz betont:

> „Zwar reflektiert Lukas das Phänomen des Politischen nicht so durch wie etwa Johannes, aber er schenkt ihm im Einzelnen viel mehr Beachtung. Wir denken z. B. an seine bekannte Synchronisierung des Heilsgeschehens in Jesus Christus mit den Daten des politischen Geschehens im römischen Imperium und in den jüdischen Klientel-Staaten (Lk 1,5; 2,1f; 3,1 f)."[96]

Zuletzt gibt es auch für ihn in der Welt zwei Gegenspieler: Jesus und seine Apostel auf der einen Seite und der römische Kaiser mit seinen Beamten auf der anderen Seite. Vor den politischen Gewalten fallen auch nach Lukas die Entscheidungen in der Welt. Hier, an dieser neutestamentlich bezeugten und festgemachten Frontlinie zwischen der Reich-Gottes-Botschaft Jesu und der in und von ihr angeforderten Nachfolge auf der einen Seite und der politisch-staatlichen Welt und ihrer Instanzen andererseits – hier ist die politische Reflexion in einer christlichen Theologie wurzelhaft mitbegründet. Sie bezieht sich nicht auf gewisse Äußerlichkeiten der Sache, sondern darauf, was denn wirklich in der Botschaft Jesu mit seiner Rede vom Reich Gottes für uns gemeint sei. Die Reich-Gottes-Botschaft soll nicht etwa in einer platten Weise politisiert und das Reich Gottes gewissermaßen unbefragt zum Ziel von Ökonomie und Politik erhoben werden. Aber es geht darum, diese Botschaft von vornherein richtig zu platzieren, sie sozusagen in die richtige *Konfrontations- und Konfliktlinie* zu bringen, sie also in ihrem ursprünglichen, angemessenen hermeneutischen Horizont und Ort aufzusuchen.

Das antagonistische Verhältnis der Reich-Gottes-Botschaft zu den Selbstverständnissen der Reiche dieser Welt ist nicht eine Frage der Außenpolitik des Reiches Gottes, so als könnte man diese eschatologischen Reich-Gottes-Bilder zunächst einmal adäquat in sich selber verstehen, um sie dann nachträglich apologetisch oder konspirativ zu den politischen Verhältnissen und zu den politischen Symbolen des Friedens, der Befreiung, des Glücks in Beziehung zu setzen. Das Verhältnis beider ist unrein, und es ist nicht zu bereinigen. „Reinheit" der Verhältnisse zwischen den beiden – Reich Gottes, Reich der Welt – ist keine positive biblische Vorstellung. Sie ist eine höchst fragwürdige Haltung. Ich habe sie

---

[96] A.a.O., 201.

schon des Öfteren als eine Pilatushaltung charakterisiert, die sich mit dem Versuch einer schiedlich-friedlichen Unterscheidung aus dem Prekären dieses Verhältnisses herauszieht und heraushält. Sie ist also eigentlich eine Haltung der allemal schuldigen Unschuld.

Das prekäre Verhältnis zwischen den beiden Reichen durchzieht die gesamte Geschichte der Christenheit. Und zwar immer in der Gestalt einer doppelten Versuchung, wobei jede dieser beiden Versuchungen eben auf eine Entspannung dieses Verhältnisses hinausläuft. Die beiden Versuchungen sind auf der einen Seite die mehr katholizistische Versuchung, d. h. die *konstantinische Versuchung*, mit der Tendenz zur Aussöhnung und zur Konvergenz des eschatologischen Reiches mit der existierenden politischen Macht, also: eine Art überhöhende Legitimation einer politischen Ordnung. Das ist die eine Versuchung. Die andere ist die *augustinisch-lutherisch-reformatorische Versuchung*, die unter dem Stichwort der sog. Zwei-Reiche-Lehre doch wiederum zu einem reinen, politisch unschuldigen Christentum tendiert, das aus der Profanität des politischen Lebens herausdrängt. Diese Versuchung steht in der Gefahr einer strikten Individualisierung und somit Entpolitisierung des eschatologischen Heils, ohne verhindern zu können, dass sich unter der Decke eines solchen unpolitischen Christentums natürlich gewaltige politische Entscheidungen angebahnt haben und auch gefallen sind.

Nun muss ich einen Topos im Neuen Testament doch kurz eigens besprechen, weil er in der landläufigen Argumentation eine Rolle spielt. Es ist das Schlusswort der sog. Zinsgroschenperikope: „Gebt dem Kaiser, was des Kaisers und Gott, was Gottes ist." (Mk 12,17) Hier – so scheint es – hätte man diese Aufforderung zur schiedlich-friedlichen Unterscheidung. Doch warnen Exegeten davor, in diesem biblischen Wort eine gewissermaßen schiedlich-friedliche Aufteilung sanktioniert zu sehen.[97]

---

[97] Der verstorbene Münchener Exeget *Josef Schmid*, der in dem Regensburger Kommentar zum NT das Markus-Evangelium interpretiert hat, warnt davor, hier eine allzu selbstverständliche, mehr oder minder gleichwertige Bewertung von staatlich-politischem Leben einerseits und Religion andererseits zu sehen. Er meint, ohne das näher zu begründen, der Kaiser, der hier mehr gönnerisch als jemand hingestellt wird, dem auch gehören soll, was seiner sei, der „jedoch dadurch, dass neben ihn sofort Gott gestellt wird, um allen Glanz und Eigenwert gebracht, von ihm förmlich erdrückt wird. Und darum kann man mit Recht von einem ironischen Parallelismus zwischen Kaiser und Gott sprechen (Dibelius)". In: Das Evangelium nach Markus. Übersetzt und erklärt von Josef Schmid, Regensburg [5]1963, 224 f.

Um aber die Herausforderung oder Provokation gegenüber dem politischen Leben der damaligen Zeit herauszuhören, muss man natürlich auf jene Situation achten, in der dieses Wort gesagt ist und in die hinein es dann weitergesprochen bleibt. Nur so kann man sehen, wie ein Satz ungefähr das Gegenteil seiner eigentlichen Intention bewirken kann, wenn man ihn subjekt- und situationslos einfach über die Zeiten hinweg weiter zitiert.

Es herrschte damals eine offizielle *politische Staatsideologie* im römischen Herrschaftsbereich, zu dem das Land Jesu gehörte, der sog. *Gott-Kaiser-Mythos*, die religiöse Apotheose des Staates im römischen Kaiser, also die Vorstellung von der Göttlichkeit des Kaisers und auch der entsprechende religiös-totalitäre Kaiserkult. Es dominierte also eine der angeschärftesten und totalsten Formen einer sog. politischen Religion, die nun durchaus auch argumentativ ausgearbeitet worden ist in den Systemen der politischen Staatsmetaphysik bzw. der damaligen politischen Theologie Roms, wenn man sie so nennen mag. Nun gab es zwar – historisch gesprochen – in diesem römischen Reich auch zur Zeit der ersten Gemeinden in Rom so etwas wie einen Pluralismus von religiösen Nationalkulten. In diesem Pluralismus konnten sich durchaus auch fremde Religionen, etwa aus asiatischen Traditionen oder eben aus jüdischen kommend, einrichten. Freilich immer unter der Voraussetzung, dass sie ihrem eigenen religiösen Interesse eine strikt private Interpretation gaben und den Staatsabsolutismus und die Staatsreligion Roms mit nichts angriffen. Eine solche „private" Versöhnung zwischen ihrem Gott oder ihren Göttern einerseits und dem totalen Anspruch des römischen Kaisertums andererseits war möglich und unterstreicht nochmals den religiösen Anspruch der politischen Staatsideologie des Römischen Reiches.

Christen haben nie einen Zweifel daran gelassen, dass sie sich nicht als Privatkult unter anderen Religionen in dieses Panorama von Religionen einordnen konnten, in denen der römische Kaiser ja eigentlich nur seine Macht noch einmal anschauen würde, weil es sich ja meistens um Religionen aus den eroberten Gebieten handelte. Wenn man nun in diese Situation hinein das Wort hört: „Gebt dem Kaiser, was des Kaisers, aber Gott, was Gottes ist", dann spürt man etwas von der Dramatik dieses Wortes und von der Irritation, die dieses – bei uns heute so harmlos und meistens in abwieglerischer Tendenz gesprochene – Wort an sich haben kann. Es intendierte dieses Wort, wenigstens tendenziell, eine Art Befreiungsbewegung von jenem archaischen Totalitarismus des römischen Kaisertums. Es zeigt eine erste Säkularisierung jenes ungeheuerlichen antiken Staatsgedankens an, wie er sich in seiner mächtigsten Form im römischen Kaisertum zur Zeit Christi artikulierte. Dieses Wort versucht auf seine Art, den Staat herauszulösen aus jener religiösen Überlegitimation, zu der er durch die politischen Mythen und die politische Theologie Roms gebracht worden war. Es nahm diesem Staat sein hoheitliches Ansehen als Sakralstaat und griff damit, ob es wollte oder nicht, natürlich den Kaiserkult direkt in seinen Wurzeln an.

Nun kann man natürlich diese Wirkung nicht einfach isoliert für dieses kleine Markuswort aus der Zinsgroschenperikope beanspruchen. Es gewinnt seine provokative Kraft eben im Kontext des Lebensschicksals Jesu im Ganzen. Man achte nur auf seine Passionsgeschichte! Jesus erlebt nicht etwa die Strafe der Gotteslästerung, die es im römisch verwalteten jüdischen Raum durchaus gab und die aus jüdischen Traditionen vorgesehen war. Diese Strafe der Gotteslästerung war, wie man aus der Apostelgeschichte weiß (Apg 7, 54–8,1a), die Steinigung. Jesus aber wurde von der römischen Staatsmacht vielmehr als Unruhestifter und Aufrührer aus politischen Gründen gekreuzigt. Kreuzigung nämlich war die Strafe der Römer für entlaufene Sklaven und für Aufrührer gegen die pax romana; eine Strafe also zum Schutz der damaligen politischen Ordnungen, eine Strafe zum Schutz des Staates. Pilatus hatte, eben als Statthalter, für Ruhe und Ordnung in diesem von den Römern besetzten Land zu sorgen. Die Reich-Gottes-Botschaft Jesu – das sah er wohl – brachte nun subversive Gedanken gegen die politische Religion Roms unter die Leute. So konnten die Römer Jesus durchaus mit einem politischen Rebellen verwechseln und ihn im Namen des römischen Gesetzes hinrichten. Jene christlichen Märtyrer, die den Kaiserkult verweigerten, die sich dagegen wehrten, die christliche Religion einfach als eine Art Privatkult in den öffentlichen Kaiserkult Roms einzuordnen, haben die politische Bedeutung und auch die Gefährlichkeit der Treue zur Botschaft Jesu erwiesen.[98]

Der entscheidende Punkt daran ist das politische *Inkognito* Jesu oder die politische Travestie des Menschensohnes. Wieso denn tritt er so auf?

---

[98] Dabei ist es für uns wichtig zu sehen, dass in einem konsequenten tieferen Sinne Pilatus durchaus jene revolutionäre Unruhe, die von Jesus ausging, geahnt und gemerkt hatte, denn man darf und muss sagen, dass dieser Menschensohn die Machtpolitik der Weltherrscher aus den Vorstellungen der apokalyptischen Traditionen heraus und speziell die des Römischen Reiches viel radikaler in Frage stellte als die jüdischen Zeloten und auch als die einzelnen Befreiungsaufstände, die es im Römischen Reich gab, weil sich hier Jesus vom Ansatz her gegen diese religiöse Totalität und Autonomie des Römischen Staates wendet.

Wieso hat er diese Verwechslung nicht vermieden? Hätte er sich denn nicht doch vorsichtiger und deutlicher ausdrücken können? Hätte er nicht unmissverständlicher machen können, dass seine Sache mit diesen politischen Dimensionen eigentlich nichts zu tun hat? Wie konnte er sich vor seinem eigenen Volk in den Geruch eines Verräters bringen lassen? Hat er durch seine Haltung nicht eine tiefe Zweideutigkeit über sich, über seine Botschaft und schließlich über das ganze Christentum gebracht? Und haben wir uns denn nicht längst ein Bild von ihm gemacht, das, wenn wir Nachfolge sagen, eine solche Verwechslung mehr oder minder von vornherein ausschließt? Wo liegen da die Kriterien? Welche liefert er uns? Warum hat er dieses Inkognito, diese politische Verwechslung nicht vermieden? Dieses politische Inkognito des Menschensohnes ist konstitutionell und kein bloßer Zufall. Zwischen Mystik und Politik ist nicht schiedlich-friedlich zu scheiden. Das heißt also: mit dieser Verwechslung ist zu rechnen, ja sie ist ein Kriterium. Das alles steht auch im Synodentext. Es heißt dort:

> „Jesus war weder ein Narr, noch ein Rebell; aber offensichtlich beiden zum Verwechseln ähnlich. Schließlich wurde er von Herodes als Narr verspottet, von seinen Landsleuten als Rebell ans Kreuz ausgeliefert. Wer ihm nachfolgt, wer die Armut seines Gehorsams nicht scheut, wer den Kelch nicht von sich weist, muss damit rechnen, dieser Verwechslung zum Opfer zu fallen und zwischen alle Fronten zu geraten – immer neu, immer mehr." (III.1)

Was ist denn nun der Skandal oder die Not oder die Krise bei uns heute? Die Reinheit, in der wir unser Christentum bewahren oder nicht bewahren? Oder eben die Tatsache, dass uns keiner mehr verwechselt, dass gar keine Gefahr mehr für Verwechslungen besteht? Die frühe Christenheit konnte sich diesem politischen Inkognito der Mystik des Kreuzesgehorsams nicht entziehen. Diese frühen Christen sind zu einem beträchtlichen Teil dieser Verwechslung zum Opfer gefallen. Das ist sicher keine apologetische Erfindung der ersten christlichen Historiker gewesen, dass jene Christen, vor allem jene, die sich in Rom versammelt hatten, sich als politische Aufrührer und als Atheisten rechtfertigen mussten, was zumeist ihr Todesurteil bedeutete.[99] Die Leidensgeschichte dieser frühen

---

[99] Der römische Geschichtsschreiber *Tacitus* berichtet in seinen um 115–117 geschriebenen Annales (15,44) von dem durch Nero im Jahre 64 angestifteten großen Brand, der ausgedehnte Teils Roms zerstörte. Nero habe die Schuld abwälzen wollen auf die Anhänger der Sekte, die „das Volk die Christen („chrestiani") nannte". Er fährt dann fort: „Christus, auf den dieser Name zurückgeht, war unter der Regierung des Prokurators Pontius Pilatus hingerichtet worden. Der verderbliche Aberglaube war damit zu-

Christenheit, die dieser Verwechslung aufsaß, ist bekannt. Der englische Literat und Journalist Gilbert K. Chesterton hat diese Situation einmal so ausgedrückt: „*Als Nero meinte, die Christen hätten Rom angezündet und als er sie deshalb auch verbrennen ließ, hatte er faktisch unrecht. Er hatte aber in einem tieferen Sinn durchaus recht.*" Die Christen haben die religiös-politische Ordnung des Römischen Reiches angezündet und radikaler verändert, als alle Aufstände, die damals als rein politische innerhalb dieses Reiches immer wieder aufbrachen. Also jene christlichen Märtyrer, die den Kaiserkult verweigerten, die sich also widersetzten, die christliche Religion als einen Privatkult zu leben, haben die jetzt ganz gefährliche politisch-subversive Bedeutung der Reich-Gottes-Botschaft und ihrer Hoffnungsbilder erwiesen. Es hat sie viel gekostet. Als Aufrührer und Atheisten sind sie gebrandmarkt worden, als jene, die Ordnung und die Loyalität gegenüber dem Staat verachteten, und die alle Werte, die es aus diesen Traditionen gab und in diesen Traditionen hochgehalten worden sind, verrieten.

Dieses Leben aus der Nachfolge, das hier in einem politischen Inkognito gelebt werden muss, das also den Verwechselungen nicht zufällig zum Opfer fällt, ist nicht einfach die Kopie eines politischen Verhaltens, das es sonst auch schon gibt, weder das der Mächtigen, noch das unmittelbar derer, die gegen diese Macht angehen; es ist ein Verhalten, das sich Jesus anzuschließen sucht. Und eine Politische Theologie der Nachfolge kann natürlich nicht Theologie der Herrschaft und der Macht sein und in diesem Sinne niemals eine Politische Theologie im klassischen Sinn. Im klassischen Sinn war sie nämlich Legitimation und Überhöhung der in der Polis geltenden Ordnungen, sie war eine *Legitimationsideologie.* Jesus wurde von diesen Ordnungen der Polis verworfen. Er wird draußen vor den Toren der Stadt gekreuzigt. Es gibt keinen zugelassenen Ort innerhalb dieser Polis. Eine Theologie, die sich darauf beschränken würde, eine politische Ordnung nur zu sanktionieren, muss sich diese Frage immer stellen und muss darüber Bescheid wissen, dass der Ort, von dem her die Nachfolge gelebt werden müsste, also der Ort, an den Jesus hindrängt und hinführt, exterritorial gegenüber den Ordnungen der Polis ist. Das hat etwas mit dieser prekären, sehr schwer festlegbaren Stellung Jesu, mit

---

nächst unterdrückt worden, brach aber dann wieder hervor und zwar nicht bloß in Judäa, wo das Übel seinen Ursprung hatte, sondern auch in Rom, wo alles Häßliche und Schändliche zusammenfließt und Anhang findet." Vgl. *Albert Lang*, Die Sendung Christi, München ³1962, 196 f.

diesem politischen Inkognito des Menschensohnes zu tun, aus den ich ihn selber, ich mag es drehen und wenden wie ich will, nicht herauslösen kann. Es geht nicht darum, das Unmittelbare, mit dem er dem Einzelnen in sein Herz hinein anredet, zu entschärfen und alles ins rein Politische zu wenden, sondern es geht um das Wissen, dass die Traumbilder und die Hoffnungsbilder vom Reich Gottes in diese Frontlinie, in diese Konfrontations- und Konfliktlinie hineinzwingen.

3. Auf dem Weg in die Moderne: Paulus – Augustinus – Luther

Die Überlegungen, die ich hier vortrage, sind durchaus in systematischer Absicht gemeint und sollen nicht einfach einer historischen Information dienen, um den gegenwärtigen Problemen, die mit dem Begriff des Reiches Gottes verbunden sind, auszuweichen. Man wird erkennen können, dass sich an diesen Überlegungen die Punkte festmachen lassen, die heute bei dieser Frage theologisch wichtig sind. Es geht hier auf dem Weg in die Moderne um die Achse: *Paulus, Augustinus, Luther*. Diese Achse kennzeichnet einen Fragestand, ohne den die Reich-Gottes-Diskussion heute nicht geführt werden kann.

3.1 Perspektiven und Wirkungen paulinischer Theologie

Bei Paulus findet sich keine einheitlich durchgeführte Reflexion über das Verhältnis der eschatologisch verstandenen Gemeinde des Christentums zu den politischen Mächten. Das mag verwunderlich erscheinen, weil Paulus ja eher als der große Theologe des Neuen Testaments, ja als der Systematiker gelten kann, der die Botschaft Jesu durchreflektiert und in einer gewissen Weise sozusagen auf den Begriff seiner Zeit zu bringen sucht. Gleichwohl bleibt, dass die Äußerungen des Paulus zu unserer Frage hier, wie wir sie bisher aus den synoptischen Traditionen vor allem, oder aus Johannes ermittelt haben, uneinheitlich wirken und schwer systematisierbar sind. Gesagt wurde schon, dass etwa bei Lukas eine ständige Synchronisierung des Heilsgeschehens mit der Geschichte der politischen Gewalten und Mächte ins Auge fällt. Bei Paulus gibt es auch eine durchgängige Konfrontation mit Gewalten und Mächten, aber doch in einer Weise, dass diese Gewalten und Mächte nicht unmittelbar politisch verstanden sind; sie sind eher Kategorien metaphysischer und kosmologischer Art.

3.2 Schwierigkeiten mit Röm 13,1-7

Einmal etwas zu dem prekären Verhältnis zur staatlichen Gewalt bei Paulus. Der Text, um den es hier geht, hat eine beträchtliche, bis heute anhaltende Wirkungsgeschichte, die man kennen muss. Es handelt sich um den bekannten Text aus dem Römerbrief 13, 1-7. Paulus sagt dort:

> „Jeder leiste den Trägern der staatlichen Gewalt den schuldigen Gehorsam. Denn es gibt keine staatliche Gewalt, die nicht von Gott stammt; jede ist von Gott eingesetzt. Wer sich daher staatlicher Gewalt widersetzt, stellt sich gegen die Ordnung Gottes, und wer sich ihm entgegenstellt, wird dem Gericht verfallen. Vor den Trägern der Macht hat sich nicht die gute, sondern die böse Tat zu fürchten; willst du also ohne Furcht vor der staatlichen Gewalt leben, dann tue das Gute, sodass ihre Anerkennung findest. Sie steht im Dienst Gottes und verlangt, dass du das Gute tust. Wenn du aber Böses tust, fürchte dich! Denn nicht ohne Grund trägt sie das Schwert. Sie steht im Dienst Gottes und vollstreckt das Urteil an dem, der Böses tut. Deshalb muss man Gehorsam leisten, nicht allein aus Furcht vor der Strafe, sondern vor allem um des Gewissens willen. Das ist auch der Grund, weshalb ihr Steuern zahlt; denn in Gottes Auftrag handeln jene, die pflichtgemäß die Steuern einziehen. Gebt allen, was ihr schuldig seid, sei es Steuer, Zoll, Furcht oder Ehre."[100]

Es kann keine Frage sein, dass dieser Text einen heutigen Leser zumindest verwundern mag und ihm eigentlich, so mag man nur hoffen, Fragen aufdrängt. So etwa die doch sehr ins Grundsätzliche reichende Frage, ob hier nicht im Verhältnis von Reich-Gottes und staatlicher Gewalt eine Art christlicher Obrigkeitsstaat schon vorweggenommen und quasi anempfohlen ist. Das legt sich deswegen als beunruhigende Frage nahe, weil ja die Redeweise hier bei Paulus, wie eigentlich häufig, sehr subjektlos, abstrakt ist – die Gewalt, der Staat, als wären das mehr oder minder unschuldige, zumindest neutrale Angelegenheiten. Nochmals: es handelt sich um den gleichen Staat wie bei den Synoptikern, also um den durch das römische Gott-Kaisertum sanktionierten und ideologisch zusammengehaltenen Staat. Deshalb müssen die Fragen, die sich hier an den Text aufdrängen, durchaus gefragt werden, weil wir gegenüber den neutesta-

---

[100] Das synpoptische Wort „Gebt dem Kaiser, was des Kaisers, Gott, was Gottes ist" enthält schon allein von seiner Formulierung her mehr innere Spannung als diese allzu problemlos anmutende Bejahung der staatlichen Gewalt bei Paulus. Man sollte sich durchaus einmal vor Augen führen, dass Paulus – vielleicht gerade weil er so sehr durchreflektiert wirkt und in einer großen Theologie die biblische Botschaft vorlegt – uns fremder geworden ist als manche Partien der synoptischen Traditionen, die vielleicht naiver und in diesem Sinne unmittelbarer von diesen Fragen sprechen.

mentlichen Schriften ja nicht so tun können, als hätten sie für uns ohnehin nur historische und keine normative Bedeutung. Gerade der Anspruch, den diese Schriften im kirchlichen Bereich und im christlichen Raum erheben, zwingt uns zu Fragen, die über die historische Relativierung solcher Texte hinausgehen.

Wird bei diesem Text die neuzeitliche Idee der Volkssouveränität nicht nur ignoriert, sondern eigentlich ausgeschlossen? Ist hier überhaupt ein Ort der Kritik staatlicher Herrschaftsformen erkennbar und womöglich, wie die christlichen Traditionen dann sporadisch gelehrt haben, auch bis hin zum Sturz einer tyrannischen, menschenfeindlichen Regierung? Ist das überhaupt hier noch zugelassen? Werden in diesem Text nicht zu unterschiedslos alle bestehenden, vorgegebenen, den Menschen zunächst einmal als Ordnungen umschließende politische Größen, die Paulus „die Herrschaft des Schwertes" nennt, akzeptiert und in einer für uns bedenklichen Weise geradezu in ihrer Legitimation dadurch verstärkt, dass sie zu Trägern des Schwertes im Namen Gottes werden? Kann das nicht sehr schnell zu einer Art reaktionärer Tarn-Ideologie für ganz bestimmte obrigkeitsstaatliche Interessen werden? Bleibt von hier aus überhaupt noch die Möglichkeit, eine staatlich-politische Ordnung so zu begreifen, dass sie eben nicht einfach vorgegeben, sondern durch freie Entscheidungen der Bürger und des Volkes errichtet wird und zur Geltung kommt? Ist hier überhaupt noch ein Ansatz für das, was man dann neuzeitlich die politische Selbstregierung der Menschen nennen wird? Eine Form von politischem Leben, die sich ja ihrerseits wiederum durchaus auch auf christliche Traditionen und – wie wir historisch wissen – nicht zuletzt auch auf paulinische berufen hat, wenn man etwa an jene demokratischen Traditionen denkt, die gerade auch durch die reformatorische Theologie sichtbar in Bewegung gebracht worden sind. Wo ist hier also ein Ort für legitime politische Veränderungen? Dominiert hier nicht die Vorstellung, dass in jedem Falle die bestehenden, schlechten oder ungerechten Ordnungen besser seien als ein Versuch, sie zu ändern?

Die Hauptschwierigkeit bei diesem Text ist die Abstraktheit, in der da argumentiert wird, ist die Allgemeinheit, in der dieser Gedanke vorgetragen wird, wenn eben nur die Bösen das Schwert des Staates zu fürchten hätten. Als ob es selbstverständlich wäre, dass dieses Schwert immer im Namen des Guten und der Gerechtigkeit geführt wird. Ist hier nicht vielleicht doch noch einmal ein Stück massiver altantiker Politischer Theologie zur Staatslegitimation am Werke? Was sagt uns denn dieser Text, wenn wir heute nicht in einer gewissen Schizophrenie theologisch leben können, indem wir einerseits faktisch politisch vom Brot jener Freiheit leben, das uns die Französische Revolution geschenkt hat, und andererseits theologisch einen Begriff vom politischen Leben haben, der so etwas wie Revolution im Interesse der Freiheit überhaupt nicht zulässt? Da entsteht natürlich eine Art Schizophrenie, die sicher eine der Ursachen ist, warum sich gerade das katholische Leben mit den neuzeitlichen politischen Prozessen nicht angefreundet hat und eine gewisse Fremdheit ihnen gegenüber geblieben ist. Hier soll nicht einfach das, was damals etwa in der Französischen Revolution geschah, billig und dümmlich einfach gerechtfertigt werden. Aber Theologie, die weiß, dass sie von geschichtlichen Errungenschaften dieser Art lebt und gar nicht mehr ohne sie in ihrer heutigen Situation denkbar ist, muss doch versuchen, auch ein Selbstverständnis im Verhältnis zu den politischen Wirklichkeiten zu entfalten.

Ich will mich also hier nur darauf beschränken, einige Gesichtspunkte zu diesem prekären Text bei Paulus zu nennen, die erkennbar machen können, warum man ihn ernst nehmen soll, ihn aber nicht einfach als einen situations- und subjektlosen Traktat in Sachen Reich Gottes und Staat übernehmen kann. Der Exeget, der sich mit diesen Fragen zu Römer 13 vor allem auch besonders beschäftigt hat, ist *Ernst Käsemann*.[101] Zum Teil geht das, was ich hier sagen kann, auch auf ihn zurück. Ich möchte es nur kurz zusammengefasst in eine Grundorientierung bringen.

Erstens: Diese Stelle Römer 13, 1–7 darf nicht sozusagen zeit- und situationslos als theologisches Lehrstück über Staat und Staatsgewalt überhaupt verstanden werden. Sie ist vielmehr eine situationsbezogene Paränese, ein pastorales *Mahnwort* über politisches Verhalten von Christen in einem ganz bestimmten Kontext.

Zweitens: Im Mittelpunkt dieser Rede steht deshalb auch nicht die Frage nach einer allgemeinen theologischen Legitimation des Staates und der staatlichen Gewalt, sondern die Frage nach der politischen Loyalität bzw. nach dem Ausmaß der politischen Loyalität von Christen, die sich ja als Bürger des eschatologischen Reiches zu verstehen haben, wie Paulus das auch im Kontext formuliert.

Drittens: Diese hier angesprochene Loyalität wird so überpointiert, vermutlich weil sich dieser Text eben als ein Mahnwort an ganz *bestimmte* gemeindliche Situationen richtet, sowohl in Rom als auch in anderen

---

[101] Vgl. *Ernst Käsemann*, An die Römer, Tübingen 1. Auflage 1973 (⁴1980).

Gemeinden. Wir wissen z. B. aus dem Thessalonicher-Brief, dass es auch in den griechischen Gemeinden frühchristliche Gruppen gab, die die Rede von der Wiederkunft des Herrn und die Tradition der Parusieerwartung so ernst nahmen, dass sie sich darin von allen Bindungen und Verpflichtungen gegenüber den Mitbürgern und gegenüber der staatlichen Gewalt suspendiert fühlten. Paulus würde bei dieser überpointierten Herausarbeitung der Loyalität dem Staat gegenüber und bei dieser Herausarbeitung der legitimen staatlichen Funktionen gegen Formen eines apokalyptisch gestimmten Anarchismus kämpfen, sodass man das zum Gehorsam Gesagte aus dieser Situation verstehen müsste.

Viertens: Dieser Text lehrt nicht einen christlichen Obrigkeitsstaat, in dem die staatliche Autorität unproblematisch an die Stelle der Autorität Gottes treten würde. Das kann natürlich nur aus einer Kontextinterpretation ermittelt werden. Käsemann versucht das, indem er z. B. den hier auch eingeführten Gewissensbegriff diskutiert. Vor allem wichtig erscheint mir, zunächst einmal auf die problematische, ja verhängnisvolle Wirkungsgeschichte zu schauen, die dieser Text hatte und eigentlich vielfach auch noch hat. Ich möchte *drei* Tendenzen nennen.

Wie immer man ihn heute exegetisch interpretieren und legitimieren mag, dieser Text hat in seiner Wirkungsgeschichte *erstens* die Tendenz zum *obrigkeitsstaatlichen* Denken im Christentum angeleitet und verstärkt. In den katholischen Traditionen wurde dieser Abschnitt von Röm 13 doch sehr oft als eine Art *naturrechtlicher* Traktat über staatliche Gewalt verstanden und verwertet. Und in der Allgemeinheit und Beziehungslosigkeit, in der Paulus ihn vorträgt, bietet er sich für eine solche Überlegung auch geradezu an. Der Text wurde häufig als eine Art Legitimationstext für eine Ordnungsmetaphysik und für ein *politisches Ordnungsdenken* gebraucht, das man als genuin christlich ausgab und was es dann Christen schwer machte, politisch nicht nur affirmativ, sondern auch kritisch zu sein und auf Veränderungen zu bestehen. Das reicht z. B. tief in die Schwierigkeiten hinein, die die christlichen Traditionen mit dem sog. Widerstandsrecht hatten. An einem der größten Theologen, die sich auch mit dieser Frage befasst haben, kann man das sehr gut verdeutlichen. Thomas von Aquin spürt, dass es einerseits doch geboten sein müsste, eine menschenfeindliche, tyrannische Herrschaft im Namen des Evangeliums zu bekämpfen; andererseits weiß er aus den ihm vorgegebenen Formen politischer Metaphysik gar nicht, wie er da zurechtkommen soll. Wichtiger aber für die Wirkungsgeschichte ist, dass auf protestantischer Seite Martin Luther seine Zwei-Reiche-Lehre auch unter Berufung auf Römer 13 entwickelte und dabei ungewollt bis in die Gegenwart hinein einem *obrigkeitsstaatlichen Denken* Vorschub geleistet hat.

Die *zweite* Tendenz, die man aus Paulus herauslesen kann und die faktisch aus ihm herausgelesen worden ist, läuft auf eine gefährliche Parallelisierung, ja schließlich *Identifizierung* von staatlicher Gerechtigkeit und dem eschatologischen Gericht göttlicher Gerechtigkeit hinaus.

Es konnte deshalb in der Geschichte des Christentums immer wieder dazu kommen, dass der Gedanke der Gottesgerechtigkeit für viele zu einer praktizierten staatlichen Gerechtigkeit verflachte. Der eschatologische Gedanke der Gerechtigkeit konnte zum sanktionierenden Gedanken für errichtete staatliche Rechtsordnungen werden. Und das barg nun eine Fülle von Gefahren. Ein derart explizit oder implizit überlegitimierter, quasi eschatologisch übersanktionierter Staat mit seinen Rechtsordnungen verführte dazu, dass dieser Staat nun selber in den Immunitätsbereich der Gottesherrschaft einrückte. Diese Institutionen wirkten nun sozusagen als a priori unschuldige Institutionen. Und Adressat der christlichen Predigt von Schuld und vor allem auch von Umkehr wurden dann immer nur die Einzelnen als Privatpersonen.

In dieser Parallelisierung lag die Gefahr, dass bestimmte theologische Inhalte mehr oder minder als *Legitimationsinhalte für bestehende politische Ordnungen* gebraucht werden konnten. Man denke an den Verwertungszusammenhang der Rede von der Erbsünde. Sie wurde benützt, um den Gedanken der politischen Selbstregierung der Menschen, also einer politischen Mündigkeit gegenüber staatlichem Absolutismus zu desavouieren: Wie können Menschen, die erbsündlich belastet sind, überhaupt politisch verantwortlich handeln? Der Mensch ist ob dieser Erbsünde zu einer Selbstregierung gar nicht fähig. Aber die wichtigste, gefährliche Folge scheint mir die zu sein, dass jene demokratisch verstandene Volkssouveränität, wie sie sich ja neuzeitlich entwickelt hat, sich immer mehr als ihre eigene Macht verstand und immer weniger als eine gottgegebene Macht. Warum? Nicht etwa deswegen, weil dieser Gedanke sich nicht auch wurzelhaft als theologischer begreifen ließe, sondern vielmehr historisch, weil sich diese Art von Volkssouveränität gegen ein Gewalt- und Machtverständnis und ein Staatsbild durchsetzen musste, das sich ausdrücklich als von oben kommend legitimierte und das ja auch weithin den Segen der Kirche hatte. In diesem Sinne wurde die Säkularisierung des Staates und die Privatisierung der Religion in diesem Staat durchaus auch mitbedingt durch die Art, wie man bestimmte Staatsbilder kirchlich und christlich gefördert und sanktioniert hat. Von hier aus gibt es ganz ohne Zweifel Folgen, die bis ins politische und religiöse Leben heute reichen.

Ich möchte nun eine folgenreiche Unterscheidung bei Paulus nennen, die wirklich zum Herzstück seiner Theologie gehört. Es handelt sich um die bei Paulus wirksame Unterscheidung von *innerem* und *äußerem* Menschen, die auch bei Augustinus wirksam ist und die zu einer Basisunterscheidung bei Martin Luther wird. Der „innere Mensch" ist der ganze Mensch, der sich nicht selbst hervorbringt, sondern Gott verdankt. Und der „äußere" ist jener, der diese Gottverdanktheit seiner Identität entweder praktisch bewährt oder niederhält und verwirft. Es ist die Anbahnung jener Unterscheidung von Person und Werk, die auch eschatologisch und politisch große Bedeutung gewonnen hat. Die paulinischen Kategorien des eschatologischen Reiches werden gerade von diesem anthropologischen Modell her immer wieder neu bestimmt. Eben das geschieht auch weithin in der Reformation und bringt bis heute Fragen zum Verhältnis von Reich Gottes und politischer Wirklichkeit mit sich.

Als *dritte* Tendenz wäre abschließend noch der immer neu auftauchende Hang zur Wiederbelebung der antiken Politischen Theologie zu nennen, nun aber unter christlichem Vorzeichen. Diese antike Politische Theologie war der Versuch, Theologie und Religion als sanktionierende Überhöhung einer ganz bestimmten bejahten staatlichen Rechts- und Herrschaftsordnung zu verstehen. Sie war in diesem Sinne „Siegertheologie" oder auch Ausdruck einer Siegerreligion, weil sie sich eben im Grunde genommen als der Versuch zeigte, die Religion mit den herrschenden politischen Mächten affirmativ zu vermitteln. – Demgegenüber will die Neue Politische Theologie darauf achten, dass die eschatologische Gottesgerechtigkeit wesentlich *exterritorial* zur Polis bleiben muss.[102] Bildlich ausgedrückt in dem Hinweis darauf, dass gekreuzigt wird, dass Heil gestiftet wird, draußen vor den Toren der Stadt, und nicht innerhalb der Gesetze und der Gerechtigkeiten des städtischen politischen Lebens selbst. Jede Theologie, die vom Bewusstsein der Exterritorialität des Heils zur Polis geprägt ist und die sich in *diesem* Sinne „Politische Theologie" nennt, ist nie einfach ordnungs- und herrschaftslegitimierende Theologie. Sie ist *herrschaftskritische* Theologie im Bewusstsein der Transzendenz der Gottesgerechtigkeit. Dabei ist diese Herrschafts- und Ordnungskritik nicht freischwebend und beliebig und in einem gewissen Sinne anarchis-

---

[102] Vgl. die Beiträge in: JBMGS 3/2.

tisch; sie ist vielmehr von jenen Optionen geprägt, die auch die Optionen Jesu selbst waren, auf den sich diese Theologie beruft.

4. Aurelius Augustinus

Der Zweite auf dieser Achse in die Moderne ist Augustinus. Seine politische Geschichtstheologie ist bekannt unter dem Namen „De civitate dei". Dieser „Gottesstaat" gehört zu den unvergesslichen Werken der Christenheit, wie überhaupt der abendländischen Kultur.[103] Dieses Werk kann nur vor seinem historischen Hintergrund verständlich gemacht werden. Einmal theologie- und kirchengeschichtlich als Auseinandersetzung mit der sog. byzantinischen Reichstheologie, aber auch im historischen Kontext. Augustinus schreibt im Angesichte einer katastrophischen Erfahrung der Eroberung Roms durch den Ansturm der Westgoten im Jahre 410.

Um die augustinische Position für unsere Frage erkennbar zu machen, möchte ich eine kurze idealtypische Charakterisierung der sog. *byzantinischen Reichstheologie* vornehmen. Wir haben aus Johannes und den Synoptikern entnommen, dass politische Unschuld in der Verkündigung der Reich-Gottes-Botschaft dem Christentum und der Kirche nicht gegönnt ist; dass es zwischen der Verkündigung der Reich-Gottes-Botschaft und den politischen Mächten den anhaltenden und in seiner Dialektik eben nicht stillzustellenden Prozess gibt. Eine Theologie des Reiches Gottes hat deshalb immer explizit oder implizit so etwas wie eine Auslegung jener gesellschaftlichen und politischen Wirklichkeit bei sich, in der diese Theologie des Reiches Gottes entfaltet wird. Das zeigt sich in der frühchristlichen Geschichte ganz deutlich.

Eine dramatische Zuspitzung hinsichtlich der unterschiedlichen Auffassungen im Christentum über das Verhältnis von Reich Gottes und politischer Wirklichkeit findet sich in der Auseinandersetzung zwischen dieser sog. byzantinischen Reichstheologie und Augustinus mit seiner Lehre „De civitate dei". Auch diese byzantinische Theologie des Reiches Gottes und des Römischen Reiches ist der Versuch, die damalige politische Wirklichkeit des 3. und 4. Jahrhunderts vor allem theologisch zu verarbeiten und sie in einer eschatologischen Begrifflichkeit auch zu bestimmen.

---

[103] *Aurelius Augustinus*, Der Gottesstaat (dt. von Carl Johann Perl), 3 Bände, Salzburg 1966.

4.1 Die byzantinische Reichstheologie, eine Siegertheologie mit christlichem Vorzeichen

Was ist denn mit dieser Reichstheologie gemeint? Zunächst einmal die in der Geschichtstheologie des *Origenes* ansetzende Konzeption eines sog. christlichen Kaisertums. Eusebius von Caesarea preist in seinem berühmten „Lob Konstantins"[104] die bekannte, inzwischen berüchtigte konstantinische Wende der römischen Reichsgeschichte und nennt dabei auch sofort die theologischen Motive seines Lobes:

> „... der große König (Gott) ... erwählte sich seinen Diener als unbezwingbaren Elite-Kämpfer (denn der Kaiser freut sich so angesprochen zu werden wegen seines Überschwangs an Frömmigkeit): diesen machte er zum Sieger über jedes Geschlecht der Feinde, indem er einen gegen viele erhob."

Diese Art von Theologie verrät tatsächlich noch die Züge der antiken byzantinischen und römischen Politischen Theologie. Sie ist eine Art Siegertheologie mit christlichem Vorzeichen. Der Kaiser und der in ihm repräsentierte Staat tragen nun christologische und eschatologische Hoheitszeichen. Es gibt durchaus inhaltliche Differenzen gegenüber jenem Gott-Kaisertum der Politischen Theologie Roms wie der Antike überhaupt. Der Kaiser, der hier angesprochen ist, ist nicht Gott, aber immerhin höchster vicarius Dei bzw. vicarius Christi. Die Kirche als institutionalisierter Ausdruck der Religion unterliegt nicht einfach diesem Kaisertum. Auch der christliche Kaiser bleibt Glied der Kirche und ist damit einer kirchlichen Orthodoxie unterstellt, die nicht vom Kaiser, sondern von den Bischöfen repräsentiert wird. Die politische Autorität des Kaisers war also im Prinzip nicht absolut autonom und selbstherrlich, sie war nicht die totale Autorität des römischen Gott-Kaisers. Ihr gegenüber stand, zumindest formal und im Prinzip, die seine eigene Autorität begrenzende geistliche Autorität der Bischöfe. Faktisch jedoch geriet diese geistliche Autorität der Kirche und der Bischöfe durch das praktische Selbstverständnis des konstantinischen Kaisertums in die unerträgliche Abhängigkeit eines Staatskirchentums, das nun tatsächlich weit mehr an orientalische Herrschaftsformen als an die Freiheit des Evangeliums selbst erinnert. Und

---

[104] *Eusebius von Caesarea*, De laude Constantini – Lobrede auf Konstantin / De verbo dei – Über den Logos Gottes. Eingeleitet, übersetzt und kommentiert von Horst Philipp Schneider (Fontes Christiani. Zweisprachige Ausgabe christlicher Quellentexte aus Altertum und Mittelalter, hrsg. von Marc-Aeilko Aris u. a., Bd. 89), Freiburg i. Br. 2020, 33.

von dem sich erst sehr mühsam und wiederum sehr zweideutig die mittelalterliche Kirche zu befreien suchte. Der sog. Investiturstreit (11./12. Jahrhundert) ist eigentlich ein Kampf um die sog. libertas ecclesiae, um die Freiheit der Kirche von weltlicher Herrschaft; ein Freiheitskampf, der seinerseits, nachdem schließlich das Kaisertum unterlegen war, eine Privilegierung der Bischöfe und des Klerus mit sich brachte. Das führte schließlich zu einer neuen Phase von Befreiung im Stil einer Freiheit aller Christenmenschen in der Reformation.

In dieser byzantinischen Reichstheologie wird „neuer Wein in alten Schläuchen" verkauft. Neue Inhalte und durchaus auch neue Wertungen des Verhältnisses von Eschatologie und Politik werden in alter Fassung angeboten. Es bleibt das formale Gerüst der antiken Politischen Theologie erhalten, und es zersetzt sich auch nur sehr langsam. Auch bei Augustinus ist es nicht so problemlos, wie man es vielleicht gerne hätte. Das Verhältnis Gottes oder des erhöhten Christus einerseits zu dem Kaiser andererseits wird nicht eschatologisch gefasst, sondern mit den Kategorien der *kosmologischen und politischen Metaphysik der Antike*. Es ist das Verhältnis des Urbilds zum Abbild. Und politisch gewendet, heißt diese Urbild-Abbild-Vorstellung dann, dass natürlich aller Glanz des Urbildes auf dieses Abbild fällt und dass dann der Kaiser als vicarius Dei oder vicarius Christi auftreten kann. Das gleiche gilt übrigens dann auch vom Verhältnis des *eschatologischen* Reichs zum *politischen* Reich. Da das Urbild all seinen Glanz auf das Abbild überträgt, kommt es zu einer problemlosen nicht-antagonistischen Konvergenz der beiden. Diese byzantinische Reichstheologie ist weder wiederholbar noch wäre es wünschenswert, sie zu wiederholen. Nur glaube man nicht, dass die gescheiterten Versuche der Verhältnisbestimmung von Eschatologie und Politik dazu führen könnten, nun in einer schiedlich-friedlichen Form die beiden auseinanderzuhalten und – was heute etwa im Namen einer sog. Zwei-Reiche-Lehre oder einer bürgerlichen Säkularisierungstheologie geschieht – die Politik als das Säkulare und das Religiöse als private Innerlichkeit zu fassen.

Gegen diese Reichstheologie richtet sich das geschichtstheologische Werk „De civitatae dei". Augustinus macht hier zunächst einmal durchaus ähnlich wie die ihm vorausgehenden Theologien den Versuch, die geschichtlichen Erfahrungen mit den politischen Mächten seiner Zeit theologisch zu begreifen. Er entzieht sich durch seine Unterscheidung „de civitate dei" und „de civitate terrena" oder „civitas diaboli" nicht schiedlich-friedlich dieser Aufgabe. Dabei hat er die Kurzschlüssigkeit der byzantinischen Reichstheologie aufgedeckt und zunächst einmal diese frühere Politische

Theologie des Reiches an bei ihr unterschlagene theologische Elemente erinnert.

Augustinus hat herhorgehoben, dass diese Theologie eigentlich keine *Sündentheologie* mehr kennt. Sie ist eine optimistische Vollendungstheologie in seinen Augen. Er hat darauf hingewiesen, dass in dieser Reichstheologie der Gedanke des Gerichtes Gottes und der darin wieder durchbrechende Gedanke der eschatologischen Souveränität Gottes gegenüber allen geschichtlichen und gesellschaftlichen Prozessen zurückgetreten sei. Augustinus hat den „eschatologischen Vorbehalt" gegenüber jenen raschen Identifizierungen von eschatologischen Hoffnungsinhalten mit politischen Verhältnissen zur Geltung bringen wollen. Er wendet sich mit vollem Recht gegen die verdeckte Aufhebung der eschatologischen Differenz in der byzantinischen Reichstheologie. Er scheidet also scharf und mit Recht zwischen „civitas dei" und „civitas terrena". Es ist wichtig, dass er diese Unterscheidung, die auch eine Unterscheidung zwischen pax christi und pax romana bedeutet, also zwischen eschatologischem und politischem Reich, ganz eindeutig hervorhebt. Das ist ihm aufgrund geschichtlicher Erfahrungen auch leichter geworden als dem Eusebius. Er tut das aber nun in einer Schärfe, die freilich leicht geschichtslos zu werden droht. So wie die byzantinische Reichstheologie sich einer Hypothek aus der griechischen Tradition bediente, um das Verhältnis von Gott und Kaiser, von eschatologischem Reich und politischem Reich zu erläutern, so führt nun Augustinus eine andere, zunächst auch aus diesen Traditionen kommende Unterscheidung ein, nämlich die Unterscheidung von *Zeit und Ewigkeit,* die keineswegs problemlos als typisch christlich angesehen werden kann.

Es bleibt die Frage, ob und inwieweit der bei Augustinus auftretende kritische, ja geradezu pessimistische, der apokalyptische Zug der Eschatologie nicht doch wieder eine geradezu direkte Spiegelung einer bestimmten geschichtlich-gesellschaftlichen Erfahrung ist, nämlich der Erfahrung des Untergangs des Römischen Reiches oder zumindest der Stadt Rom. Es bleibt die Frage, ob also nicht auch hier eine freilich negativ vermittelte Form einer unmittelbaren Verbindung von politischer Erfahrung und christlicher Eschatologie vorherrscht. An dieser Frage kann sich zeigen, dass auch bei Augustinus eine problemlose Bereinigung dieser Zusammenhänge nicht gegeben ist. Ich möchte eher auf einige Einseitigkeiten bei Augustinus hinweisen, weil die dann bei Martin Luther Folgen haben, die uns bis heute beschäftigen. Es sind drei Momente:

4.2 Einseitigkeiten bei Augustinus

4.2.1 Gefahr der Entgeschichtlichung der Eschatologie durch die Unterscheidung von Zeit und Ewigkeit

Augustinus stand in geistiger Auseinandersetzung mit griechischen Denktraditionen. Und so sehr er durchaus auch das Recht hatte und die Pflicht sogar, diese Traditionen ernst zu nehmen, so wird man auch sagen dürfen, dass er mit dieser Unterscheidung auch die Probleme, die in der Unterscheidung zwischen Zeit und Ewigkeit für eine christliche Eschatologie liegen, mitübernommen hat. Von daher könnte man von der Gefahr sprechen, dass nun ein Moment der Entgeschichtlichung in die Eschatologie hineingerät, dass er um den Preis einer solchen Entgeschichtlichung die klare Scheidung zwischen „civitas dei" und „civitas terrena" trifft.

4.2.2 Gefahr forcierter Verinnerlichung eschatologischer Verheißungsgehalte

Jetzt, wo eine klare Scheidung zwischen dem politischen Frieden der pax romana und dem eschatologischen Frieden Gottes gegeben ist, wird dieser Gottesfriede zu sehr und überpointiert als Herzensfriede vorgestellt und herausgearbeitet. Diese überbetonte Verinnerlichung der Verheißungsgehalte kann in seinen Kämpfen gegen die ihm vorausliegenden Theologien als legitimes Korrektiv verstanden werden. Wo sie aber abgelöst in sich als eine zeitlose, von allen polemischen Auseinandersetzungen und geschichtlichen Erfahrungen befreite Grundunterscheidung auftritt, wird sie außerordentlich problematisch. Wir, die wir heute Augustinus rezipieren, sind immer in der Gefahr, nicht mehr das Korrektivische an diesem Ansatz zu begreifen, sondern ihn als System zu verstehen.

4.2.3 Gefahr der Identifizierung von Kirche und Reich Gottes

Bei allem Recht der Kritik an der byzantinischen Reichstheologie entgeht auch Augustinus nicht einer bestimmten Identifizierung. Der vom Kaiser regierte und repräsentierte Staat wird als das geschichtliche Sakrament Gottes abgelehnt. Aber an seine Stelle tritt wie die augustinische Forschung durchaus zeigt, oft zu schnell und vielleicht auch zu undifferenziert, die *Kirche als Institution*. Das, was die ganze Geschichtstheologie des Augustinus durchaus auch belastet, ist, dass die Differenz zwischen der „civitas Dei" und der ecclesia, also der Unterschied zwischen Eschatologie und Ekklesiologie theologisch nicht mehr recht deutlich wird.

Weil die augustinische Position eine einzigartige Wirkungsgeschichte hatte und hat, müssen wir auch auf diese kritisierten Punkte achten; nicht zuletzt, weil sich an der Schwelle der Neuzeit – in keineswegs wiederholender Neuaufnahme dieses Themas – eine ganz bestimmte große Augustinusrezeption findet: bei Martin Luther.

5. Zu Martin Luthers Zwei-Reiche-Lehre

Ich möchte zwei wichtige Schriften von Luther nennen: *„Von weltlicher Obrigkeit, wie weit man ihr Gehorsam schuldig sei" (1523)*[105], und dann *„Von der Freiheit eines Christenmenschen" (1520)*.[106] Die Schrift über den Gehorsam gegenüber der weltlichen Obrigkeit war durch das Verbot von Schriften Luthers, speziell auch seiner Übersetzung des Neuen Testaments durch bestimmte Landesherren veranlasst, und zwar unter Berufung auf das „Wormser Edikt" (1521).[107] Hier hat seine Frage nach der Grenze des Gehorsams gegenüber den Landesherren ihren Sitz im Leben. Das muss berücksichtigt werden, weil Luther sich in dieser Frage schon durchaus unterschiedlich geäußert hat. In seiner Rede „An den christlichen Adel deutscher Nation"[108] z. B. klingt das alles viel affirmativer. Von einem großen Theologen und Reformator wie er, der sozusagen in sich selber einen Umbruch darstellt, wird man nicht erwarten können, dass bei ihm undialektisch alles homogen-systematisch dargelegt ist. Das ist auch kein Kriterium der Wahrheit in Sachen theologischer Arbeit.

In der Schrift „Von der weltlichen Obrigkeit", von der wir hier ausgehen, geht es ihm um den Versuch der Begrenzung des Gehorsams. In drei Teilen erörtert Luther diese Frage. In einem grundsätzlichen Teil behandelt er das Verhältnis von geistlicher und politischer Macht. Es geht uns hier um diesen ersten Teil, in dem er nämlich seine *Zwei-Reiche-Lehre* entwickelt. In dieser Lehre stellt Luther sehr scharf – oft in geradezu

---

[105] Die Werke *Martin Luthers* in neuer Auswahl für die Gegenwart, hrsg. von Kurt Aland, Bd. 7, Stuttgart ²1967, 9–51.
[106] A. a. O., 251–274.
[107] Das Wormser Edikt war ein Erlass Karls V., mit dem 1521 über Martin Luther die Reichsacht verhängt und die Lektüre und Verbreitung seiner Schriften verboten wurde. Luther selbst sollte von jedermann, der seiner habhaft werden konnte, an Rom ausgeliefert werden, und es war verboten, ihn zu beherbergen.
[108] „An den christlichen Adel deutscher Nation von des christlichen Standes Besserung. 1520", in: Die Werke *Martin Luthers* in neuer Auswahl für die Gegenwart, hrsg. von Kurt Aland, Bd. 2, Stuttgart 1962, 157–170.

paradoxen Formulierungen – den Gegensatz zwischen dem Reich Gottes und dem Reich der Welt heraus oder auch in unterschiedlich variierenden Formulierungen zwischen dem Reich Gottes „zur Rechten" und dem Reich Gottes „zur Linken". Es soll hier nur auf die Bedeutung dieser Differenz eingegangen werden.

Diese Unterscheidung geht einmal auf die bereits erwähnte augustinische Unterscheidung von „civitas Dei" und „civitas terrena" zurück und zum anderen auf die mittelalterliche Unterscheidung von den sog. zwei potestates, von den zwei Mächten, von – modern formuliert – zwei Kompetenzen. Eine Unterscheidung, in der sich die mittelalterlichen Kämpfe zwischen Papst und Kaisertum um die libertas ecclesiae spiegeln. Nun werden diese beiden Traditionslinien nicht einfach äußerlich verbunden, sondern dadurch vermittelt, dass Luther mit einer anthropologischen Unterscheidung ansetzt und hier ganz genuin paulinisch ist.

> „Wir müssen hier Adams Kinder und alle Menschen in zwei Teile teilen: die ersten zum Reich Gottes, die anderen zum Reich der Welt. Die zum Reich Gottes gehören, das sind alle Rechtgläubigen in Christus und unter Christus. Denn Christus ist der König und Herr im Reich Gottes ..."[109]

Aber weil eben jeder Christ für Luther auch ein Heide ist, weil jeder nicht einfach unter der Gnaden- und Vergebungsherrschaft Christi steht, sondern auch von der Sünde beherrscht wird, ist auch jeder Christenmensch de facto unter der Gnadenherrschaft des Reiches Gottes und unter der Zornesherrschaft des „Schwertes" (Römer 13, 4). Also *einmal* das Reich Gottes „zur Rechten", gewissermaßen als das geistliche Reich Christi als Ausdruck dafür, dass Christen unter dem Regiment Christi im Namen des königlichen Priestertums aller Getauften stehen. Das Gebot Christi in diesem Regiment ist nicht mehr Gesetz und Werk, sondern Gnade und Vergebung. Auf der *anderen* Seite Reich Gottes „zur Linken" oder Reich der Welt, das durchaus jetzt als weltlich-politisches gemeint ist unter dem Regiment des Kaisers und der weltlichen Obrigkeiten, die mit dem Schwert herrschen und in dem die Sünde Macht hat. Wichtig für uns ist, dass diese Unterscheidung zunächst einmal nicht als Interpretation der vorherrschenden politischen Wirklichkeit und auch nicht von der eschatologischen Reich-Gottes-Botschaft aus getroffen ist, sondern dass Luther

---

[109] *Martin Luther*, Von weltlicher Obrigkeit, wie weit man ihr Gehorsam schuldig sei, in: Die Werke Martin Luthers in neuer Auswahl für die Gegenwart, hrsg. von Kurt Aland, Bd. 7, zweite, erweiterte und neubearbeitete Auflage, Stuttgart 1967, 13.

hier – und hier verdankt er sich der paulinischen Tradition – eine theologische Auffassung des Menschen vorträgt.

Diese Unterscheidung der Zwei Reiche ist bei ihm an der Unterscheidung von *innerem* und *äußerem* Menschen gebildet. Es müssen die Kinder Adams in zwei Gruppen geteilt werden und deshalb die Welt in das Reich des inneren und des äußeren Menschen. Das ist nicht nur terminologisch, sondern der Sache nach der paulinischen Theologie entnommen. Diese Unterscheidung hat nun ihre Folgen. Die Gefahr, die in dieser ungeschichtlichen Unterscheidung liegt, ist jedoch, dass dann auch eine Zwei-Reiche-Lehre ohne Rücksicht auf die konkreten politischen Konstellationen entfaltet wird. Sie wird aus einer gewissermaßen zeitlosen theologischen Anthropologie entwickelt. Das ist deswegen wichtig, weil Luther, der hellsichtige, der große Reformer, in einer merkwürdigen Weise unempfänglich bleibt, wie seine Zwei-Reiche-Lehre von jenen verhängnisvollen Tendenzen der territorialen christlichen Obrigkeitsstaaten eigentlich nichts erfassen kann und auch nichts ausdrücken kann; Tendenzen, die ja schon damals, wie wir wissen, zum feudalistischen Absolutismus geführt haben. Kein Wunder, dass die reformatorische Kirche, die sich ja zunächst einmal gar nicht als eine zweite neben der römischen verstand, bald mehr oder minder hilflos, in die Strudel solcher feudalistisch-absolutistischer Tendenzen geriet, weshalb man im Protestantismus durchaus auch von einem staatskirchlichen Absolutismus, von einem neuen Konstantinismus nun also auf fürstlicher, also feudalistischer Basis gegenüber dem Kaisertum Konstantins sprechen kann.

Ich möchte einige Symptome nennen, die bis heute wichtig sind:

Einmal das für uns heute sehr schwer verständliche Verhältnis Luthers zu den *Bauernkriegen*. Luthers Theologie verstand sich durchaus als eine spezielle Form der Freiheitsbewegung und ist als solche verstehbar. Und auch die Bauernkriege hatten sich, wenn auch unterschiedlich und nicht im gleichen Recht, biblisch motiviert. Man wird nicht einfach der einen oder anderen Seite das historische Recht zuschlagen.[110] Aber dass hier keine Vermittlung zustandekommen konnte, ist wohl eine große Tragik der deutschen Geschichte; dass die Reformation sich hier doch abdrängen ließ, mehr oder minder undialektisch auf die andere Seite, das ist sicher proble-

---

[110] Die historische Wahrheit im Rückblick lag vermutlich weder bei Luther noch bei Thomas Müntzer, aber vermutlich doch irgendwo in einer Zwischenlage, die nicht erreicht werden konnte. Dass sie nicht erreicht werden konnte, das lag auch an der bewusst unpolitischen Konzeption der Zwei-Reiche-Lehre bei Luther selber.

matisch und hängt etwas mit dieser Zwei-Reiche-Konzeption zusammen, die gar nicht in der Lage war und auch gar nicht die Absicht hatte, die konkreten politischen Wirklichkeiten in ihre theologischen Begriffe aufzunehmen und darin kriteriologisch und praktisch zu verarbeiten.

Zweitens: Karl Barth war einer der leidenschaftlichsten Kritiker dieser Zwei-Reiche-Lehre und er hat – das sollte man im Blick auf unsere jüngste Vergangenheit auch einmal sagen – die Frage gestellt, ob nicht gerade Christen, speziell vielleicht evangelische, aber nicht nur sie, in der Zeit des nationalsozialistischen Terrors deswegen versagt hatten, weil es keine unmittelbar aus dem eschatologischen Glauben kommende Motivation dafür gab, in diese Zerstörung und Korruption des Staatsbegriffes hineinzureden, weil man eben doch mehr oder minder von einer säuberlichen schiedlich-friedlichen Teilung und von einer Überlegitimiertheit der staatlichen Obrigkeit gegenüber den Einzelnen abhängig war. An dieser Frage wird sichtbar, wie diese Theoreme und Theologumena sehr praktisch sein können.

Drittens: Es gibt so etwas wie eine spät wirksam werdende Rezeption der Zwei-Reiche-Lehre im gegenwärtigen Katholizismus. Der Weg geht zunächst über die Rezeption der sog. *Säkularisierungsthese*, die sagt: Der Glaube, der sich richtig versteht, setzt das politische, das gesellschaftliche Leben in seine Autonomie hinein frei, sodass im Politischen nur noch die Sachzwänge herrschen. Diese Säkularisierungsthese hatte durchaus eine wichtige kritische Funktion. Sie löste nämlich doch in der christlichen Eschatologie sehr viel von der Verhaftetheit an politische Bilder und Vorstellungen ab, die eigentlich vor der Schwelle der Neuzeit lagen. Aber in dieser Säkularisierungsthese ist etwas nicht zum Durchbruch gekommen, was man die berechtigte konservative Phantasie im Katholizismus nennen kann, nämlich das Wissen, dass das Glaubensleben immer in einem geschichtlich-gesellschaftlichen Prozess steht und dass es sich von diesen Verstrickungen eigentlich nicht freimachen kann. Theologisch problematisch ist diese Säkularisierungsthese, weil der Preis zu hoch ist, der hier gezahlt wird. Zurück bleibt ein weltlos entkräfteter Glaube, der situationslos wiederum unter allen historischen und gesellschaftlichen Bedingungen gleich realisierbar ist und deshalb auch gar kein Einspruchsinteresse und schließlich auch keine Einspruchsfähigkeiten hat. Dann wird natürlich ein solcher weltloser Glaube schnell zu dem, was man dann religionskritisch Überbau nennen kann.[111]

---

[111] Näheres dazu findet sich in § 2 des Buches „Glaube in Geschichte und Gesellschaft": JBMGS 3/1, 36–52.

Das Verhältnis zwischen dem eschatologischen Reich-Gottes-Glauben einerseits und den geschichtlich-gesellschaftlichen Prozessen andererseits kann nicht a priori ein für allemal festgelegt werden. Es gibt für diese Verhältnisbestimmung keine zeitlose Antwort, soviel ist sicher zu sagen. Sie muss immer neu in Auseinandersetzung zwischen eschatologischem Glauben und den politischen Mächten ermittelt und dieser Auseinandersetzung abgerungen werden. In diesem Sinne muss Theologie „politisch" sein, wenn sie Theologie der christlichen Existenz, Theologie des christlichen Subjekts, Theologie der christlichen Person sein will.

6. *Eschatologischer Glaube und Praxis der Nachfolge*

Hier sind wir bei der zentralen Fragestellung unseres Paragraphen. Ich möchte noch einmal bei Luther ansetzen; und zwar diesmal bei seiner Freiheitsauffassung bzw. bei seiner Freiheitsschrift. Diese berühmte Schrift ist programmatisch ein christliches Manifest: *„Von der Freiheit eines Christenmenschen"* aus dem Jahre 1520. Wenn ich hier bei Luther ansetze, so dient das nicht jener kontrovers-theologischen Polemik, bei der man alle Verlegenheiten des Christentums immer auf den Rücken des anderen Konfessionspartners abwälzt – keineswegs. Luther hat eine Thematik angeschlagen, die bis heute nach vorne weist und zurück zu den paulinischen Ansätzen in der Schrift.

Luther arbeitet in dieser Freiheitsschrift auch wiederum mit der paulinischen Unterscheidung zwischen dem inneren und dem äußeren Menschen. Er charakterisiert die Freiheit eines Christenmenschen als die Freiheit, die unantastbare und unwiderrufliche Würde des inneren Menschen, der sich Gott verdankt. Von dieser Freiheit sagt Luther und dabei spielt er durchaus wieder auf paulinische Kategorialität an: sie sei nicht leiblich, noch äußerlich, sodass den Christenmenschen „kein äußerlich Ding frei noch fromm machen kann". Diese Freiheit wird jedoch in einem anthropologischen Modell erläutert, bei dem Praxis – und zwar die geschichtlich-gesellschaftliche Praxis – nicht vorkommt. Der Ansatz besteht also auf einer Unterscheidung zwischen Person und Werk, zwischen Täter und Tat; oder anders ausgedrückt, zwischen Subjekt und Praxis. Und die von Luther gemeinte Freiheit eines Christenmenschen liegt in diesem Sinne dem Werk, der Tat der Praxis voraus. Diese Unterscheidung hatte zunächst einmal durchaus auch politisch erkennbare oder sozial beschreibbare Befreiungseffekte, also die in der Innerlichkeit der Person begründete Transzendenz der Freiheit gegenüber allen bestehenden gesellschaftlichen Verhältnissen, Mächten und Autoritäten. Diese Transzendenz zeigt so etwas wie einen anti-autoritären Effekt in der Beschreibung irdischer Verhältnisse. Sie ist der Dreh- und Angelpunkt der Lutherischen Autoritätskritik am römischen Papsttum und an der damals herrschenden kirchlichen Autorität. Hegel hat einmal in seiner Geschichtsphilosophie dieses Freiheitsverständnis Luthers als Beginn der Freiheit des Geistes, wenn auch erst im Kern, wie er sagt, gefeiert.[112]

Freilich, die anthropologische Unterscheidung zwischen Person und Werk, Tat und Täter, Subjekt und Praxis ist von vornherein keineswegs ohne Probleme und Gefahren. Die Gefahr liegt in der Tendenz zur *undialektischen* Verinnerlichung der Freiheit. Ich möchte das an zwei nicht-theologischen Kritiken dieses Lutherischen Freiheitsverständnisses erläutern: an Max Scheler, der in Luthers Freiheitslehre den Anfang einer typisch deutschen Ideologie der reinen Innerlichkeit feststellt. Und an Herbert Marcuse, der in Luthers Freiheitsverständnis die bürgerliche Freiheit vorgebildet sieht.

Zunächst *Max Scheler*. In einem Aufsatz „Von zwei deutschen Krankheiten" aus dem Jahre 1919 kommt er auf das zu sprechen, was uns in immer neuen Tönen als das hohe Gut der deutschen Innerlichkeit gilt, die kritiklos, wie er meint, angeboten wird. Scheler kennt durchaus einen sehr positiven Begriff von Innerlichkeit. Er bezieht sich dabei auf Meister Eckhart und die Tradition der deutschen Mystik, sagt aber dann, dass er jene reine Innerlichkeit angreife, die auf jede Darstellung und Verwirklichung im Äußerlichen verzichten wolle. In ihrer angeblichen Reinheit ist diese reine Innerlichkeit deshalb die falsche Innerlichkeit. Und deshalb ist die Proklamation einer sog. reinen Innerlichkeit das verdeckte Zugeben einer typischen Krankheit. Er verwendet sehr sozialkritische Bezeichnungen, die geradezu an marxistische Analysen erinnern, wenn er sagt, dass

> „für jene Schwächen, ja Laster, deren Dasein für die Selbsterhaltung des neupreußischen Staatssystems und seiner Fortbildung zum Klassenstaate der Koalition von Junkern und Schwerindustriellen eine allerdings nicht unbeträchtliche soziale Zweckmäßigkeit an den Tag gelegt hat."[113]

---

[112] *Georg W. F. Hegel*, Sämtliche Werke. Jubiläumsausgabe in zwanzig Bänden (hrsg. von Hermann Glockner), 5. Auflage, Stuttgart – Bad Cannstatt 1971, 11. Band, Dritter Abschnitt, Erstes Kapitel: Die Reformation: 519-536.
[113] *Max Scheler*, Schriften zur Soziologie und Weltanschauungslehre, Gesammelte Werke, Bd. 6, ²1963, 204-219. Die Arbeit wurde zuerst 1919 verfasst, dann überarbeitet und schließlich mit den eingearbeiteten Randnotizen in den Gesammelten Werken veröffentlicht. Hier: 208.

Und die Begründung:

„In den unsagbaren Tiefen der reinen Innerlichkeit wird der Geist, werden die Ideen, werden Taten und Gesinnung, werden Schönheitssinn und Religion, ja wird selbst Christus in der Tat schlechthin harmlos, verantwortungslos, bedeutungslos. Und je mehr sie dies alle werden, desto hemmungsloser können Herrschsucht, Klassenegoismus, ideenlose Beamtenroutine, Militärdressur und ebenso blinder Arbeits- und Betätigungsdrang, wie geschmack- und geistfreie Genusssucht sich bei denen auswirken, die zur Innerlichkeit, zu diesem einzigen Luxus der Dienenden und Gehorchenden, nicht verpflichtet sind."[114]

Dieses Lob der Innerlichkeit wird als eine große Ideologie der Deutschen entlarvt. Für das allgemeine Auftreten des Wortes werden auch die deutsche Philosophiegeschichte und die Situation verantwortlich gemacht, von der Scheler sagt, dass in ihr der Materialismus der äußeren Lebenspraxis zur allgemeinen Lebensform des Volkes geworden war. Doch sollen die deutschen protestantischen Prediger, Theologen, Philosophen besondere Erbpächter der Innerlichkeit sein. Was diese lehren, ist nach Scheler zum größten Teil schon in Luther selbst begründet.

Um seine Auffassung zu erläutern, konfrontiert Scheler das vorreformatorische Deutschland mit den Folgen der Reformation.

„Das vorprotestantische Deutschland hatte sein inneres Leben in großen sichtbaren Symbolen dargestellt. Süddeutsche und rheinische Kultur und ihre ethnologischen Träger bestimmten im wesentlichen Deutschlands Antlitz. Dichtung, Dome, Kathedralen, Germanisches Recht und die alte deutsche Stadt zeigen alle diese Harmonie, diese Durchdringung von Seele und Welt, Innerem und Äußerem, von Form und Gehalt. Demgegenüber ist Innerlichkeit schon als Wort ein Ideal, das keinen Ideeninhalt, keinen positiven Wert, keine Angabe einer Vernunftkraft, keine zielbestimmte Tätigkeit der Seele oder des Geistes in seiner Bedeutung aufnimmt, sondern nur mit einem Raumgleichnis eine Daseinssphäre bezeichnet, in der Gutes und Schlechtes, Wahres und Falsches, Sinnfreies und Sinnvolles, verdrängte Magenschmerzen und heiligste Gefühle und Gesinnungen gleichmäßig auftreten können."[115]

Und dafür wird nun Luthers Freiheitstheologie verantwortlich gemacht:

„In Luther verzichtete der deutsche Geist zuerst und auf dem Boden der höchsten, d. h. alle anderen Werte nach sich formierenden Weise auf den Einbau des Innerlichen in die äußere, reale Welt, auf die Harmonie von Innerem und Äußerem."

---

[114] A. a. O., 208 f.
[115] A. a. O., 209.

Die freischwebende Innerlichkeit des deutschen Menschen entwickelte sich also zuerst auf religiösem Boden. Scheler macht dafür verantwortlich die religiöse Zerteilung des deutschen Menschen in eine Seele, die mit Christus auf dem sonnenumglänzten Berg des Herrn und der Freiheit steht, und einen fleischlichen Leib, der unter dem nur endlichen Gesetze seufzt und schmachtet, und sich im Schweiße des Irdischen herumwälzt. Das wirft Scheler dieser Unterscheidung vor. Jetzt zur fast gleich lautenden Position Herbert Marcuses:

Herbert Marcuse sagt in einer relativ frühen Studie aus dem Jahre 1935[116]:

„In Luthers Schrift ‚Von der Freiheit eines Christenmenschen' sind alle Elemente zum ersten Mal beisammen, die den spezifisch bürgerlichen Freiheitsbegriff konstituieren und zur ideologischen Grundlage auch der spezifisch bürgerlichen Autoritätsgestaltung werden. Zuweisung der Freiheit an die ‚innere' Sphäre der Person, an den ‚innerlichen Menschen' bei gleichzeitiger Unterwerfung des äußeren Menschen unter das System der weltlichen Obrigkeiten; Transzendierung dieses Systems irdischer Autoritäten durch die private Autonomie und Vernunft; Trennung von Person und Werk (Person und Amt) mit ‚doppelter Moral'; Rechtfertigung der wirklichen Unfreiheit und Ungleichheit als Folge der ‚inneren' Freiheit und Gleichheit, die gewissermaßen allen angeboten ist in der Gnade."[117]

Nach Marcuse ist die lutherische Freiheit des inneren Menschen eigentlich immer schon verwirklicht, wenn der Mensch zu handeln anhebt. Sie kann also nie auch das Resultat seiner Handlung sein. Das wahre menschliche Subjekt

„ist hier niemals das Subjekt der Praxis. Damit ist in einem bisher ungekannten Maße die Person von der Verantwortung für ihre Praxis entlastet, in eins aber auch freigeworden für jede Art von Praxis. Die in ihrer inneren Freiheit und Fülle ruhende Person kann sich nun erst ganz in die äußere Praxis stürzen, da sie weiß, dass ihr darin im Grunde doch nichts geschehen kann. Mit der Trennung von Tat und Täter, von Person und Praxis ist auch schon die doppelte Moral gesetzt, die als Trennung von Amt und Person einen der Grundpfeiler der lutherschen Ethik bildet."[118]

Diese Kritik an der reformatorischen Freiheitslehre Luthers ist heute weit verbreitet und scheint sich auch auf hohe gesellschaftliche Plausibilität

---

[116] *Herbert Marcuse*, Studie über Autorität und Familie, in: *ders.*, „Ideen zu einer kritischen Theorie der Gesellschaft", Frankfurt am Main 1969.
[117] *Herbert Marcuse*, a.a.O., 59.
[118] Ebd.

stützen zu können. Die Vorwürfe, die hier erhoben werden, können als Einwand gegen jede Form eines Glaubens gewendet werden, der von einer Freiheit, einer Gerechtigkeit, einem Frieden spricht, der nicht einfach Resultat menschlicher Kämpfe und geschichtlicher Prozesse ist. Deshalb ist diese Frage eine zentrale Frage an die Reich-Gottes-Botschaft.

Eberhard Jüngel wehrt sich ganz energisch gegen diese Vorwürfe und plädiert durchaus für die Legitimität der von Luther unter Berufung auf Paulus getroffenen Unterscheidung von Person und Werk.[119] Denn, so meint Jüngel, der Mensch könne niemals das Ergebnis seines Wirkens sein. Die Anthropologie, die also hier die Basis für die Kritik an diesem lutherischen Ansatz bildet, wäre eigentlich eine Art Prozessualismus, in dem der Mensch sich durch sich selbst verwirklicht. Das lehnt Jüngel energisch ab und betont, dass jede Theologie, die hier von einem Primat der Praxis ausgehen wollte, eigentlich die Beziehung des Menschen zu Gott ihrerseits dem menschlichen Handeln unterwerfen würde. Ich glaube, dass hier Eberhard Jüngel zu kräftig zuschlägt, weil nämlich in der Frage der Unterscheidung tatsächlich ein großes Problem steckt.

Zunächst einmal: Es gibt für Theologie und Christentum eine unantastbare *Würde* und *Freiheit* des Menschen, auch im unterdrückten und im unfreien Leben. Davon geht Christentum unterschiedslos aus. Würde und Freiheit dürfen nicht zu Kategorien der Sieger werden. Sie dürfen also nicht einfach als Endpunkte eines Prozesses verstanden werden. Und der Gott, der Freiheit schenkt, ist nach christlicher Lehre ganz sicher nicht ein Gott der Privilegierten, die sich ihre eigene Freiheit schon erworben haben, kein Gott der Sieger, schon eher ein Gott der Sklaven. Aber – und es ist das Entscheidende für uns – das erlaubt bürgerlicher Theologie heute noch lange nicht, eine adäquate Trennung zwischen Person und Werk, zwischen Subjekt und Praxis oder, anders ausgedrückt, zwischen Glaube und Nachfolge zu vollziehen, um aus dieser adäquaten Trennung dann doch eine völlig verinnerlichte Freiheit des Menschen vor Gott abzuleiten und diese Freiheit dann allen, vor allem den Sklaven und Unterdrückten, anzubieten. So kann es sicher nicht sein. Hier zeigen sich also gleichzeitig die Notwendigkeit einer Unterscheidung und die Gefahr, sie adäquat durchzuführen. Es geht deshalb für mich darum, deutlich zu machen, dass Person und Werk, Subjekt und Praxis oder Glaube und Nach-

---

[119] So in seiner Kommentierung Martin Luthers „Von der Freiheit eines Christenmenschen", in: *Eberhard Jüngel*, Zur Freiheit eines Christenmenschen. Eine Erinnerung an Luthers Schrift, München 1978, 28–120.

folge, in der Tat wegen der Komplexität christlichen Daseins eine ursprünglich ganze *Einheit* und eine ständig ganze Struktur bilden. Das muss ich so betonen, weil damit eigentlich eine Art Fundamentalproblem im Christentum überhaupt angesprochen ist, das für die Konstitution christlicher Theologie auf die Bibel selbst zurückgeht. Man könnte sichtbar machen, wie, je nach Typ, die Akzente mehr auf die Unterscheidung oder mehr auf das Zusammengehören der beiden gelegt sind.

7. Perspektiven im Bekenntnistext

Ich möchte nun einige kritische Fragen in der Auseinandersetzung zwischen der christlichen Reich-Gottes-Botschaft und der Utopie vom Reich der Freiheit nennen, wie sie primär in sozialistischen Utopien und mit marxistischem analytischem Instrumentarium und marxistischer Ökonomietheorie entwickelt und in der gegenwärtigen Situation fundiert werden; kritische Fragen, die in eine Fragestellung hineinsprechen wollen, von der niemand meinen sollte, dass sie schon überschaubar oder gar in jeder Hinsicht erledigt sei.

Das *Erste*: Die Differenz zwischen Religion und Utopie sollte und müsste aufrechterhalten werden, wenn überhaupt der Gedanke dessen, was Religion ist und wie sie sich in ihrer eigenen Geschichte als Religion identifiziert hat, nicht aufgegeben werden soll. So gehört z. B. zur Religion sicher das *Gebet*. Das Gebet aber, der Schrei nach Gott und seiner Macht und seiner Kraft und Barmherzigkeit, ist nicht eigentlich ein utopisches Verhalten in eine unabgegoltene Zukunft hinein, sondern ist das *Anreden* einer gegenwärtigen Macht. Das Beten selber ist in diesem Sinne eine *anti-utopische* Größe. Wenn die Religion sagt: Auch im unterdrückten Leben muss es Gebet geben und nicht nur Kampf gegen die Unterdrückung, weil sonst immer nur die, die durchkommen würden, überhaupt eine Hoffnung haben können. Weil die Religion dies sagt, bedeutet das noch lange nicht, dass sie gegenüber dem Phänomen und dem heute weltweiten Problem der Unterdrückung indifferent wäre und sich auf dem Weg über das Gebet von dieser Frage davonschleichen könnte. Es ist ja etwas ganz anderes, ob eine Religion sich so versteht, dass sie für die Unterdrückten nur betet, auch weil sie das im Katalog ihrer Aufgaben und im Inhalt ihrer Gebete kennt, oder ob sie *mit* den Unterdrückten betet, ob sie nur für die Armen Eucharistie feiert oder ob sie *mit* den Armen Eucharistie feiern muss.

Das *Zweite*: Wenn man das Reich der Freiheit als Utopie und das Reich Gottes miteinander vergleicht, dann bestehen die Religion und das Christentum darauf, dass Reich Gottes eine *Hoffnung für alle* ausdrückt, auch für die Toten, auch für die Besiegten, dass in dem Reich Gottes von einem Gott die Rede ist, der als Gott der Lebenden und der Toten apostrophiert ist. Dann besteht Religion darauf, dass das Reich der Freiheit eben nicht ein erspähtes Reich der Sieger sein wird, sondern eigentlich ein Reich für alle.

Das *Dritte*: Wenn man das Reich Gottes mit sozialpolitischer Utopie eines Reiches der klassenlosen Freiheit vergleicht, dann muss man zunächst einmal entschieden betonen, dass es sich im Reich ganz offensichtlich auch um ein Reich der Erlösung von Sünde und Schuld handelt, d. h. es muss in dieser Konzeption so etwas wie ein *Sündenbewusstsein* geben und nicht nur ein Elendsbewusstsein.

Das Sündenbewusstsein ist in diesem Sinne auch wieder *anti-utopisch*; weil es nicht von einem aufhebbaren Elend schlechthin spricht und sich gleichzeitig doch weigert, eine Anthropologie zu machen, in der dann der Mensch von vornherein als jenes elende Subjekt interpretiert wird, das man eben nur mit Herrschaftsinstrumenten dauernd domestizieren kann und das von daher dann immer wieder herrschaftliche Formen stabilisiert.

So wahr es ist, dass Umkehr nicht nur eine Umwendung der Verhältnisse, sondern immer auch eine Umkehr nach innen bedeutet, so wichtig ist es, darauf zu achten, wo und wie dies gesagt wird. Wo nämlich angesichts der radikalen Herausforderungen von Ungerechtigkeit immer dann auf diese Umkehr nach innen abgehoben wird, wirkt sie nicht etwa als Bekenntnis zur biblischen Tradition, sondern als eine Entschuldigung und Beschwichtigung.

Das Festhalten an dem anti-utopischen Charakter von Sünde und damit das Festhalten einer Differenz von Sünde und Elend steht dem Kampf um mehr Gleichheit und gleiche soziale Konditionen, in diesem Sinne auch um mehr Gerechtigkeit, keineswegs entgegen. Das wäre nur dann gegeben, wenn man voraussetzen würde, dass mit abnehmenden sozialen Gegensätzen und mit zunehmender sozialer Schicksallosigkeit des Menschen ein sog. glücklicher Mensch entstünde, für den der Gedanke der Sünde und des eigenen inneren Elends vor dem absoluten Anspruch Gottes schlechthin undenkbar wäre. Aber weder die tatsächliche Entwicklung bei uns noch eine utopisch orientierte Anthropologie können das so sagen.

Es ist durchaus der Gedanke denkbar, dass dann, wenn der Mensch eines Tages nicht mehr abgelenkt sein wird von sozialen Differenzen und sozialen Kämpfen und nicht mehr in der Gefahr steht, seine tiefste Fraglichkeit in diese Kämpfe hinein total zu objektivieren und aus der Überwindung dieser Gegensätze sein Glück zu erwarten, dass dann überhaupt erst wieder neue Formen der Selbstkonfrontation auftauchen, die die Voraussetzung auch und gerade christlichen Sündenbewusstseins ist.

Das *Vierte*, was in diesem Zusammenhang zu sagen wäre: Auch die Rede vom eschatologischen Vorbehalt, unter dem die Verwirklichung des Reiches Gottes steht, darf nicht, wie so oft, eingesetzt werden zur Vergleichgültigung der Christen im Kampf um mehr Gerechtigkeit, Freiheit und Frieden. Man kann nämlich auch diesen eschatologischen Vorbehalt so benützen, dass er dann schlechthin lähmend und paralysierend wirkt, weil eben alles unter dieser Abberufungssituation durch Gott steht; und weil alles unter diesem göttlichen Vorbehalt steht, ist letzten Endes auch alles wieder radikal in unserer eigenen Tätigkeit in Frage gestellt, ob rechts, ob links, ob unten oder oben. Und es entsteht dann eine völlige Vergleichgültigung im Einsatz; alles wird dann in den Unernst entlassen. Es gibt dann allenfalls noch eine ästhetisch radikal erscheinende Krise in unserer Welt und nicht mehr eine als sozial und politisch radikal erscheinende Auseinandersetzung. Die gibt es aber ganz sicher. Schließlich sind wir Christen nicht von ungefähr daran erinnert, dass eben Jesus am Holz des Kreuzes gestorben ist als einer, der sich so gerierte, dass man ihn zumindest als Narr oder Rebell ansehen konnte und dass seine Geschichte eben diese Verwechslungsgeschichte geworden ist. Uns ist es verboten, den eschatologischen Vorbehalt so unterschiedslos an alles anzuwenden und dadurch alle Tendenzen und alles Engagement letzten Endes wieder zurückzunehmen oder zu neutralisieren, weil wir ja auf die Optionen Jesu in seiner Botschaft verpflichtet sind, die uns immer neu angesichts seiner Person, seines Lebens und seiner Botschaft die Frage stellen, in welchem Interesse wir denn handeln, in welchem Interesse wir denn dieses Reich verkünden. Diese Frage können wir von uns keineswegs abweisen und müssen sie uns immer neu stellen lassen.

§ 7 Schöpfung

Die Platzierung und Anlage des Schöpfungsthemas in unserem Credotext ist ungewöhnlich, weil in den Glaubensbekenntnissen üblicherweise das Prädikat „Schöpfer" und „Schöpfung" zumeist gleich am Anfang als Ausdruck der Allmacht Gottes behandelt wird.[120]

In unserem Text ist Schöpfung als „Hoffnungsthema" angesprochen und der Schöpfer-Gott im Horizont einer *Hoffnungsgeschichte* platziert. Dies ist durchaus biblisch legitim. Auch unsere biblischen Schöpfungsberichte stehen ja im weiteren Kontext einer hoffnungsgeschichtlich orientierten Geschichte Gottes mit dem Volk Israel: im Kontext des *Exodusthemas*. Im Alten Testament wird auf den Schöpfer-Gott immer dort rekurriert, wo nach dem Grunde der Hoffnung gefragt wird, nach dem, was im Gang der Geschichte Zuversicht verleiht.

1. *Schöpfer-Gott und Erlöser-Gott*

Es wäre also von den biblischen Traditionen her in jedem Falle ungemäß, den eschatologischen Akzent der Rede von der Schöpfung so exklusiv zu verstehen, dass er gegen den Schöpfer-Gott ausgespielt werden könnte. Es ist also nicht möglich, Schöpfer-Gott gegen Erlöser-Gott und Vollendungs-Gott zu setzen, wie das in der Geschichte des Christentums sehr früh geschehen ist.[121] Aber Gott kann eben nicht als Omega gedacht werden, wenn er nicht zugleich als Alpha gesehen wird. Sonst bleibt er allemal eine Utopie, eine Chiffre für die Selbstvollendung der Menschheit.[122]

---

[120] In dem vorliegenden Credotext gibt es auch noch einige andere Bezugspunkte zum Thema „Schöpfung", die man im Kontext mit dieser Fragestellung berücksichtigen sollte. Einmal eine Passage aus I.6 zum Thema „Reich Gottes", dort vor allem die kritische Darstellung dessen, was man eine „technokratische Utopie" nennen könnte. Dann im Teil IV der Abschnitt 4 („Für eine lebenswürdige Zukunft der Menschheit"). Dort wird die Fragestellung Schöpfungstheologie und Grenzen des Wachstums angesprochen und spielt in diesem Zusammenhang eine Rolle. Schließlich III.4 im Nachfolge-Teil zum Thema „Freude", weil die Frage der Affirmation der Welt als sinnhafte Schöpfung Gottes in unserem Zusammenhang behandelt und erörtert werden muss.

[121] Näheres zum gnostischen Dualismus: JBMGS 1, 271; JBMGS 3/1, 18A; JBMGS 3/2, 278; JBMGS 4, 26 f., 67, 141 f.,143 f.; JBMGS 5, 29, 41, 72, 87, 94, 104A; JBMGS 6/2, 127 f., 129, 137.

[122] In diesem Sinne ist dem Philosophen *Robert Spaemann* zuzustimmen, wenn er sagt: „Ein Gott, der nicht Alpha ist, kann auch nicht Omega sein. Ohne Schöpfungslehre keine Eschatologie; ein Gott, der mit dem Alpha des Zentauren nichts zu tun hat, kann auch für uns nichts bedeuten; denn wir sind ein Stück Natur."

Diese Platzierung im eschatologischen Kontext darf nicht als Funktionalisierung missverstanden werden. Es geht nicht primär darum, ein Gottesattribut zu besprechen, sondern ein Attribut der *Welt*, in der wir leben: Welt als Schöpfung. Wir hatten bereits in den bisher erörterten Abschnitten des Credos eine Gottesbestimmung vorweg im Auge: Gott als Gott der Lebenden und der Toten. An ihr versuchte ich auch die Eigenart dieses Gottes, seine *Transzendenz* zu unserer Geschichte, seine *Universalität* und *praktische Sinnkraft* in unserem Leben sichtbar zu machen.[123]

2. Zustimmungsfähigkeit zur Welt

Aufgrund der untrennbaren Zusammengehörigkeit von Hoffnungs- und Schöpfungsglauben sagt unser Text, dass zu unserer Hoffnung die Bereitschaft gehöre,

„diese unsere tödliche, in sich verfeindete und leidvoll zerrissene Welt ohne Zynismus und schlechte Naivität als letztlich zustimmungsfähig anzuerkennen, als verborgenen Anlass zur Dankbarkeit und zur Freude: als Schöpfung Gottes." (I.7)

Zu unserer Hoffnung gehört also

„die Fähigkeit, ja zu sagen, und die Bereitschaft, zu feiern und zu loben – obwohl es so viel Verneinungswürdiges gibt und obwohl keineswegs alles gut ist, so wie es ist. Die Zustimmungsbereitschaft zur Welt, die in unserer Hoffnung steckt, insofern sie Glaube an die Schöpfung ist, bedeutet keineswegs eine kritiklose Bejahung der bestehenden Verhältnisse; sie betreibt keine religiöse Verschleierung der Ungerechtigkeiten, die in unserer Welt tatsächlich herrschen und die das Gute der Schöpfung, das uns zu Freude und Dankbarkeit führt, oft übermächtig entstellen." (I.7)

Schöpfungsglaube wird hier als eine fundamentale *Zustimmungsbereitschaft* gegenüber der Welt charakterisiert, als eine Form des Sinnvertrauens gegenüber dem Ganzen der Welt, ohne dabei die Negativität des er-

---

[123] *Johann Baptist Metz*, Zur Theologie der Welt, Mainz – München 1968, ⁵1985 (JBMGS 1, 17-145); *ders.*, Technik – Politik – Religion im Streit um die Zukunft des Menschen, in: *Wilhelm Heinen / Josef Schreiner (Hrsg.)*, Erwartung – Verheißung – Erfüllung, Würzburg 1969, 157-183 (JBMGS 3/2; 73-89); *ders.*, Von der Schwierigkeit, ja zu sagen, in: Concilium 10 (Mai 1974) H.5, 307-309 (JBMGS 6/1: 224-227). Vgl. in einer Reihe von Passagen auch das Buch von *Helmut Gollwitzer*, „Krummes Holz, aufrechter Gang. Zur Frage nach dem Sinn des Lebens" (München 1970), das sich mit dem Thema der Sinnfrage in der Theologie überhaupt beschäftigt und in diesem Zusammenhang die Kategorie „Sinn" im Blick auf das Schöpfungsthema ausführlich behandelt.

fahrbaren Leidens zu verdrängen oder zu verklären. Schöpfungsglaube sagt: Es ist in diesen Gefährdungen der Schöpfung ein Sinn, der *im* Ringen mit Gott, *im* Ruf und *in* der leidenschaftlichen Sehnsucht nach ihm mächtig und lebendig bleibt – und dies, weil wir ihn zuletzt nicht selbst realisieren oder produzieren können. Der biblische Schöpfungsglaube fordert und beansprucht den Menschen in diesem Ruf nach Gott selbst und gewinnt so seine praktische Basis der Verantwortlichkeit für die ihm zugedachte Schöpfung.

Das ist das Ungewöhnliche, das allemal Mythologieverdächtige, das Schwierige am Schöpfungsglauben – ganz gewiss. Aber es ist die einzige Form von Sinngestalt, in der ein Sinn affirmiert wird, den man feiern, den man in der Feier anbetend verwahren und als „das Gute" der Schöpfung Gottes selber bejahen kann. Darauf kommt es zunächst einmal an. Der gegenwärtigen Unfähigkeit zu trauern korrespondiert eine eigentümliche Unfähigkeit zu feiern, die auf dem Verlust eines solchen Sinnvertrauens basiert, wie es sich im Schöpfungsglauben ankündigt.

Zunächst soll hier die *dialektische* Doppelseitigkeit des christlichen Schöpfungsglaubens hervorgehoben werden. Die Freisetzung in die weltliche Welt und die in ihr angelegte Vermissungserfahrung als negative Vermittlung des positiven Schöpfungssinns.[124] Das Ja der Zustimmung ist durch die wachsende Erfahrung der Schöpfungsgefährdung bedroht. Es durchbricht eine zeitlose Ontologie mit ihren kosmologischen Kategorien. Der „Logos" der Schöpfungstheologie ist nicht der einer betrachtenden Vernunft, sondern der einer „anamnetischen Vernunft", die den geschichtlich tradierten Schöpfungsglauben erinnernd lebendig erhält. Deshalb sind Schöpfungserzählungen das Medium seiner Vermittlung.

3. *Weltlichkeit der Welt*

Diese eine Seite sagt nämlich, dass es der Schöpfungsglaube des Christentums gerade war, der uns dazu befreit hat, die Welt endlich als eine *weltliche* Welt anzuerkennen, als nicht-göttliche Welt zu sehen, sie ihrer „archaischen Numinosität" zu entkleiden und in diesem Sinne zu profanisieren und zu säkularisieren.[125]

Dies ist einer der inzwischen zum Gemeinplatz gewordenen Hintergründe für die durch das Christentum initiierten Säkularisierungsprozesse. Um

---

[124] Vgl. JBMGS 4, 39–45.
[125] Vgl. *Johann Baptist Metz*, Zur Theologie der Welt (JBMGS 1, 17–147).

das für uns im Umgang mit „Welt" deutlicher zu machen, müssen wir uns immerhin den Hintergrund vor Augen führen, von dem her sich christlicher Schöpfungsglaube selbst so wirkungsgeschichtlich durchgesetzt hat.

Der archaische Mensch, auf den hin die Bibel sprach und in dessen Welt hinein sie Gott als den Schöpfergott verkündete, wusste sich ja in seinem innerweltlichen Tun jeweils in einen umgreifenden Naturzusammenhang aus- und eingesetzt. Er wusste sich umfangen und getragen, aber auch bedroht und radikal in Frage gestellt von einem Naturganzen, das ihm und seinem eigenen Dasein in der Welt schlechthin überlegen schien und dem er sich ja auch letztlich fraglos unterwarf. Seine Kultur, seine Weltgestaltung war jeweils ein kleiner ausgesparter Sektor, umschlossen von einer größeren, schlechthin als unbeherrschbar empfundenen Natur. Diese Natur entzog sich ihm auch immer wieder abweisend als eine letztlich unantastbare, geheimnisvolle Größe. Er besprach sie und deutete sie als Schoß und Mutter, in der er sich huldvoll geborgen wusste, aber auch als rächende Göttin, die ihn mit ihren Katastrophen verfolgte und die immer wieder gelassen zu zerstören schien, was er sich so schuf.

In diesem Sinne war das Dasein des archaischen Menschen in der Welt bestimmt von der Erfahrung einer Natur, die in der Souveränität ihres Waltens gegenüber dem Menschen geradezu göttliche Züge zu tragen schien. Sie wurde zur Folie seiner Anthropologie. Er interpretierte sich selber auch in der großen Philosophie dieser frühen Zeit als ein Mikrokosmos. Er verstand sich als Abbild dieses umgreifenden, in prästabilierten Ordnungen ruhenden Naturkosmos. Sie war für ihn und auch für die religiöse Geschichte des Christentums auf lange Zeit hin das vorzügliche kategoriale Mittel, um religiöse Erfahrung, auch spezifische christlich-religiöse Erfahrung, auszudrücken.

Nicht zuletzt musste nämlich dem gläubigen Menschen eine so erfahrene Weltnatur als ein Numinosum erscheinen, das den heiligen Glanz Gottes widerspiegelt als Epiphanie, als emanative Selbstdarstellung Gottes in die Welt hinein. Das Walten solcher Weltnaturen nach unverfügbaren Gesetzen konnte ihm schließlich wie Gottes Walten im Aggregatszustand erscheinen. Deshalb hat natürlich auch das Christentum seine Heilsgeschichte selbst durch lange Zeit auf einer Kosmosgeschichte aufgetragen und in den Kategorien einer solchen Kosmologie gedeutet und darin im Hintergrund einen nahezu unbemerkbaren, nahtlosen Übergang zwischen Naturwirken und Gotteswirken gesehen, wenn es auch immer die vor allem apokalyptisch motivierte Infragestellung einer solchen harmonisierenden Kosmologie gegeben hat, auf der dann Gottes Wirken aufgetragen und interpretiert wurde.

Jedenfalls war dies einer der Hintergründe der Welterfahrung, die bis in die jüngste Zeit hinein im religiösen Raum allemal, aber auch lange noch im neuzeitlichen Denken selbst, dominierend war und die schließlich dann auch noch zum Hintergrund ganz bestimmter neuzeitlicher, schon längst nicht mehr christlich-theologisch geprägter Verständnisse der Welt geworden ist, vor allem in jenen Gestalten eines neuzeitlichen Pantheismus, eines deus-sive-natura-Denkens, wie es z. B. in großartiger und folgenreicher Form von Baruch Spinoza entwickelt worden ist.[126]

Inzwischen hat sich diese Situation in der Selbstdeutung und damit natürlich auch in der religiösen Selbstinterpretation des Menschen völlig verwandelt.

Unsere Welterfahrung ist keineswegs mehr durchstimmt von jenem umgreifenden Naturganzen, in dessen Unverfügbarkeit der Mensch innesteht und in dessen Hoheit und numinosem Glanz sich das Anwesen, die Gegenwart Gottes selbst wie das weiße Licht im Prisma brechen würde. Die Natur ist inzwischen vom Umgreifenden zum Angegriffenen geworden, von der majestätischen Natur zur unterworfenen Natur, vom Statthalter Gottes zur Beute des Menschen, wenn man es so kurz ausdrücken und so bildhaft formulieren darf.[127] Die Bilder haben hier ihre Prägnanz, weil wir den geschichtlichen Prozess mittlerweile genauer kennen.

Natur ist inzwischen allemal Kultur menschlicher Arbeit, sie ist durch die verändernde Tat des Menschen geprägte Natur. Der Mensch selber versteht sich im Verhältnis zu dieser Natur als Weltbaumeister, der aus dem zuhandenen Stoff solcher Natur seine Welt schafft: die Welt des Menschen.

Zu diesem Vorgang sagt nun die Theologie in dieser einen Seite der Interpretation ihres Schöpfungsglaubens: Eben dies sei wirkungsgeschichtlich durch den Schöpfungsglauben des Christentums entstanden. Es war der Glaube an den welttranszendenten Schöpfer, der nicht erst in seiner Schöpfung – wie immer auch geartet – zu sich kommt, sondern in seiner Transzendenz diese seine Schöpfung jeweils in ihre eigene Endlichkeit hinein distanziert. Theologie sagt, dass es gerade dieser Glaube an die aus dem Nichts entstandene Welt ist, der es möglich machte, diese Welt nun ganz entschieden als *nicht-göttliche* Wirklichkeit anzusehen und da-

---

[126] *Baruch Spinoza*, Opera Omnia, CD-Rom a cura di Roberto Bombacigno nach der Volltextausgabe der Werke Baruch Spinozas auf der Grundlage der von Carl Gebhardt im Auftrag der Heidelberger Akademie der Wissenschaften herausgegebenen Werkausgabe, Heidelberg 1925, Milano 1998.
[127] Vgl. JBMGS 3/2, 61-72.

mit als eine, die dem Menschen ein zu behandelndes und verfügbares Material seiner Arbeit werden konnte: Schöpfungsglaube als motivierender und wirksamer Grund für die *Säkularisierung* der Welt.

In einer Art Gegenprobe lässt sich ja auch durchaus verdeutlichend sagen: Dort, wo es keinen Glauben an einen transzendenten Schöpfer-Gott gab, gibt es auch keine echte Verweltlichung der Welt und keine echte Zuhandenheit solcher Welt für den Menschen, wie hoch immer auch sonst die Kultur solcher Religionen gewesen sein mag. So fehlte ja der gesamten heidnischen Antike auch in ihren großen philosophischen Gestalten die Vorstellung eines transzendenten Schöpfergottes. Dies wird man nicht einmal aus den großen platonischen Traditionen in der Form herausbringen können, in der es in den Traditionen jüdisch-christlicher Überlieferung gedacht ist. Dort wird Gott weit mehr als eine Art Weltidee, als Weltprinzip gedacht und damit als das letzte, doch immanente Regulativ einer kosmischen Totalität. Das Göttliche war dort selbst Element der Weltanschauung. Deshalb war auch die Welt für die Griechen immer mit dem Glanz des Numinosen überworfen, sie war der dumpfe, noch nicht selbst gelichtete Aufgang Gottes für sie selber, Gottesdämmerung in allen Horizonten des Bewusstseins. Aber diese sich unmittelbar an der Welt selber zeigende Göttlichkeit, diese Art Apotheose der Natur war es eben, gegen die sich ein jüdisch-christliches Schöpfungsdenken sehr früh durchsetzen musste. Sie ihrerseits war es auch, die auf einer sehr einfachen wie bestimmten Weise das verhinderte, was zum Schicksal neuzeitlichen Menschentums geworden ist, nämlich die Interpretation der Welt durch Wissenschaft und Technik.

Warum haben die Griechen keine Wassermühlen gebaut? Dass sie klug genug dazu gewesen wären, das wissen wir doch aus literarischen Dokumenten, die wir von ihnen haben. Warum nicht? Weil sich das Verständnis etwa des Wassers und die Art, wie man es empfand und mit ihm umging, es gar nicht zuließ, es zu einem reinen, unter Zweckinstrumentalität gestellten Objekt zu machen. Hier wirken und wirkten Gesetze, die dann als theologisch bedeutsam sichtbar werden, wenn man die Zusammenhänge so sieht.

Schöpfungsglaube ist also in dieser einen Dimension als ein Glaube der Weltgestaltung und Weltveränderung zu sehen. Religion wird in diesem Ansatz zu einer Art „Hintergrundmoral" für die weltverändernde, weltgestaltende, für die *hominisierende* Tat des Menschen. Diese Art der Interpretation des Schöpfungsglaubens soll doch festgehalten werden. Sie führte nämlich auch dazu, dass die moderne Schöpfungstheologie sehr stark vom *Primat der Ethik* geprägt worden ist und man dieses Ethos der Weltgestaltung des neuzeitlichen Menschen für das moderne Bewusstsein sichtbar zu machen versuchte.

4. Kein undialektisches Verhältnis von Ethik und Ästhetik

Die *andere* Dimension des christlichen Schöpfungsglaubens, die bewusst in dem Credotext angesprochen ist, ist nun der Versuch, Schöpfungsglauben als *Zustimmung* zu einem Sinn von Welt zu interpretieren, der gerade nicht durch technische Produktion und Arbeit gestiftet ist, den nicht wir produzieren, dem wir in seinem Hervorgang und in seiner Wirksamkeit allenfalls beistehen. Es geht also um eine Sinnvergewisserung gegenüber der Welt, die nicht in der Kategorie der Tat, auch nicht in der Kategorie der moralischen Anstrengung ausgedrückt wird, sondern die nun in Kategorien der Zustimmung, der Affirmation, und zwar der feiernden Bejahung im Sinne des Lobes und der Anbetung ausgedrückt wird, eben letztlich feierliche Zustimmung zum Sinn der Welt, weil und insofern sie Schöpfung Gottes ist.

Hier tritt der in der gegenwärtigen Theologie deutlich präsente Primat des Ethischen sehr stark zugunsten eines Primats zurück, den man heute kaum mehr zu artikulieren wagt, weil man sehr schnell in den Verdacht entweder der Banalisierung oder in den Verdacht der Entproblematisierung und Entdifferenzierung unserer Situation gerät. Dieser Ansatz erinnert an den *Primat der Ästhetik* in der Theologie.

Was heißt es, dass Religion als Schöpfungsglaube nicht nur eine moralische, sondern auch eine ästhetische Dimension hat? Das ist heute sehr schwer zu fassen. Verdeutlichend lässt sich die Schwierigkeit auch daran zeigen, dass es diesen Primat des Ethischen unter dem Diktat praktischer Vernunft immer wieder durch alle neuzeitlichen Formen von Religion gibt. Das, was neuzeitlicher Religion – ich wage zu sagen: seit der Reformation – zu fehlen scheint, ist nicht etwa der Ernst der Anstrengung, ist nicht etwa das Puritanische an der Entschiedenheit von Religion, sondern dieses Leichte, Gelassene, das Legere an der Religion, was mit der Unschuld des Feierns und des Bejahens zu tun hat.

Man soll nun nicht meinen, mit diesen Hinweisen diese Fragen und diese Probleme gelöst zu haben – in keinem Fall. Dennoch scheint es mir sehr wichtig, auf diesen Gesichtspunkt einer Schöpfungstheologie auch eigens einzugehen, damit man nicht den Eindruck gewinnt: Nun geht man aus der Dimension des praktischen Ringens heraus und im Namen des Schöpfungsglaubens in die Ästhetik über.

Nein, denn der moralische und politische Ernst des geschichtlichen Kampfes soll hier nur selber noch einmal in seiner Durchstimmtheit von einer letzten Affirmation, einer gelassenen *Freude* verdeutlicht werden. Dadurch bekommt dieser Kampf Züge, in denen er gegen Dämonie und gegen Verzweiflung geschützt ist. Das Ja zur Schöpfung schützt davor, dass angesichts des Eindrucks unendlicher Verantwortung, die wir haben, der Verantwortungsgedanke nicht selber entweder fanatisch verzerrt oder einfach paralysiert und ruiniert wird. Er schützt, wie es im Text selbst an einer anderen Stelle heißt, gegen Vollkommenheitswahn, gegen Erfüllungswahn und Resignation.[128]

Das zusammenzusehen und zusammenzudenken, ist ganz außerordentlich wichtig, weil der Schöpfungsglaube keine kritiklose Affirmation bestehender Verhältnisse bedeutet. Ganz im Gegenteil. Denn ohne diesen Kampf, ohne die sozialen und politischen Veränderungen werden alle lieblichen Lieder und alle Gesänge des Feierns der Schöpfung natürlich zur reinen und hohlen Phrase. Hier zeigt sich die Verzahnung von Sinnaffirmation und Praxis der Verantwortung: Das Ja der Zustimmung bewährt sich im Widerstand gegen menschenverachtenden Hass und Terror und kann – unter bestimmten Voraussetzungen – durchaus die Figur des revolutionären Protestes annehmen.

Ich erinnere an ein Wort von Dietrich Bonhoeffer, der es wahrhaftig glaubwürdig sagen konnte: *„Nur wer für die Juden schreit, darf gregorianisch singen."*[129] Er sagte das in der nationalsozialistischen Situation der Verfolgung der Juden, und er sagte das gegenüber einer Kirche, die sich exklusiv auf dieses andere Motiv des Feierns und der Zustimmung *undialektisch* berufen hat und die angesichts dieser Leidensgeschichte in die Liturgie, in das reine Feiern emigrierte. Bonhoeffer wusste, dass dieses Feiern mit dem Rücken zur Leidensgeschichte der Welt nicht möglich ist und möglich sein kann. Diese beiden Stränge definieren eigentlich das

---

[128] Vgl. Synodentext I.5.
[129] Dieses Zitat ist uns in der Biographie von *Eberhard Bethge*, dem Freund und Biographen Dietrich Bonhoeffers, in zweifacher Ausführung erhalten (*Dietrich Bonhoeffer*. Theologe – Christ – Zeitgenosse. Eine Biographie von *Eberhard Bethge*, Gütersloh ^{9}2005). Einmal in Bonhoeffers Vorlesung aus Finkenwalde (1935) vor den Kandidaten der Predigerausbildung (*Bethge*, a. a. O., 506). Die zweite Fassung stammt aus der Zeit der sog. „Kristallnacht" (9. November 1938), bevor Bonhoeffer die Entscheidung getroffen hatte, sich dem aktiven Widerstand anzuschließen (*Bethge*, a. a. O., 685). Diesen Hinweis verdanke ich dem Bonhoeffer-Kenner *Franz Eichinger*. Vgl. *ders. u. a. (Hrsg,)*, Glauben lernen in einer mündigen Welt: Linzer Bonhoeffer Symposion 2006, Evangelischer Presseverband in Österreich 2006.

Besondere und Spezifische an einer christlichen Einstellung zur Welt im Horizont von Schöpfungsglauben.

Das Festhalten an dieser dialektischen Verbindung macht überhaupt erst das Theodizeethema sichtbar, nämlich das Ernstnehmen des Leidens in der Welt und das immer wieder neue Ringen darum, an der Sinnlosigkeit solchen Leidens nicht zu verzweifeln.

Ludwig Feuerbach hat in einer schon selbst wieder kapitalistischen Produktionsvorstellung gemeint, dass Religion doch letzten Endes nur die Produktion der Wünsche des Menschen sei und dass es wichtig für den Menschen wäre, sich das Kapital dieses Produzierens auch selber anzueignen. Karl Marx lässt die Religion, auch dort, wo er sehr differenziert und mit Respekt von ihr spricht, doch aus Not und Unterdrückung geboren sein. Er sieht das Große an der Religion in dem ohnmächtigen Schrei, in der Protestation des Elends gegenüber den übermächtigen Verhältnissen. Sigmund Freud hat vor allem die Verwurzelung der Religion in Angst betont.

Der archaische Mensch, belastet von größter Not, hat gerade in dieser Art spielender Selbstdarstellung eine Form von Identität gesucht, die nicht nur durch die Mittel sozialer Entfremdung bzw. sozialer Identität beschrieben werden kann. Dieses Element muss in eine ernst genommene Schöpfungstheologie eingebracht werden. Dann kann sichtbar werden, dass der Schöpfungsglaube ein radikaler Widerstand gegen die Erfahrung der *Fremdheit* und der wachsenden *Gleichgültigkeit* der Welt uns gegenüber ist, die wir uns als die Produzenten dieser Welt zu begreifen versuchen. Diese Erfahrung schlägt uns heute immer deutlicher entgegen.

5. *Zwei Grundaspekte des Schöpfungsglaubens – primäre und sekundäre Bedrohungen des Schöpfungssinns*

5.1 Der *eine* Aspekt ist – wie schon erwähnt – eine Art fundamentaler Zustimmung zum Sinn des Ganzen, in dem wir leben, den wir weder konstruieren noch rekonstruieren, sondern eigentlich nur „gutheißen" können. Liturgie, Anbetung, Dank und Feier sind Ausdrucksformen dieser grundlegenden Zustimmung zur Welt als Schöpfung Gottes. In *primärer* Hinsicht ist „Schöpfung" durch die Frage der Zustimmungsfähigkeit angesichts der abgründigen Leidengeschichte dieser Welt bedroht; eine heute dramatisch angeschärfte Herausforderung, die so alt ist wie der Schöpfungsglaube selbst. Eines der wichtigsten Explikationskapitel biblischen Schöpfungsglaubens findet sich nicht zufällig im Buche Hiob.

5.2 Der *andere* Aspekt des Schöpfungsglaubens ist als Impuls zur Weltgestaltung und Weltveränderung zugunsten des Menschen, der Ebenbild Gottes ist, dem die Erde untertan sein soll, anzusehen. Schöpfungsglaube als Impuls zum Eingriff in Welt als Natur mit der Tendenz zur *Hominisierung* dieser Welt, zur Befreiung von Naturzwängen, zur Umgestaltung des umgreifenden Raums der Natur zu einer Lebenswelt des Menschen.

Die daran anknüpfende Krisenerfahrung ergibt sich aus der Geschichte und der geschichtlichen Wirkung dieses Schöpfungsglaubens. Sie manifestiert sich in der Naturbeherrschung zugunsten des Menschen und den daraus resultierenden Folgen der Weltveränderung, wie sie in der Neuzeit sichtbar geworden sind. Diese Krise ist nicht eigentlich die des Schöpfungsglaubens in sich, sondern des Schöpfungsglaubens, wie er innerhalb des Kulturraums abendländischer Geschichte der Menschheit zutage getreten ist.

Man kann sich heute diese Krisenerfahrung durch drei Aspekte verdeutlichen. Es gibt heute so etwas wie eine Krise der wissenschaftlichtechnischen Naturbeherrschung (technologische Krise), eine Krise des sog. ökologischen Gleichgewichts in unserer natürlichen Welt (ökologische Krise) und eine Krise der Produktions- und Verwertungsgesellschaft unter den Prioritäten von Wachstum- und Gewinnmaximierung angesichts der Begrenzungen der Rohstoffe in unserer Welt (Wachstumskrise).

Selbstverständlich hängen diese drei Krisenphänomene heute eng untereinander zusammen, und es kann kein Aspekt isoliert hinreichend behandelt werden. In der Diskussion gehen diese Gesichtspunkte ständig ineinander über, und wir isolieren sie hier mehr operational, nicht grundsätzlich, um uns zu verdeutlichen, worum es geht.

Wenn hier von einer Krise, die das Christentum angeht, die Rede ist, dann geht es vor allem darum, dass das Christentum sich selbst kulturell ausgelegt hat und wirksam geworden ist als Hintergrund genau jener neuzeitlichen Weltgestaltungsprozesse durch Technik und Wissenschaft und sich auch selber als der Hintergrund dieser Prozesse theologisch interpretiert hat, die heute in dieser Form in eine manifeste Krise geraten sind. Diese Krise unserer Lebenswelt ist dann reduktiv eine solche auch unserer Schöpfungstheologie.[130] Ich beginne mit dieser sekundären Krisenerfahrung.

---

[130] Hier wäre einiges an Literatur zu nennen, die Informationen zu dieser Fragestellung bietet. Der, der das historisch als Problem entwickelt hat, inwiefern es heute eine Situation gibt, die durchaus und gerade wirkungsgeschichtlich etwas mit den Grundimpulsen christlicher und biblischer Schöpfungstheologie zu tun hat, ist *Carl Amery*, in einem Buch: „Das Ende der Vorsehung. Von den gnadenlosen Folgen des

6. Sekundäre Krisenerfahrungen des Schöpfungssinns

6.1 Zur technologischen Krise

In einer gewissen Weise fasziniert von den Erfolgen der technologischen Entwicklung, hat wenigstens die breitere Öffentlichkeit das nicht wahrgenommen, was von den Repräsentanten neuzeitlicher Wissenschaft und Technologie, wo sie genug sensibel sind und waren, durchaus gesagt worden ist, nämlich dass von Anfang an der Aufgang eines an technischer Vernunft orientierten wissenschaftlichen Zeitalters einen ungeheuren Angriff auf das bislang vorherrschende Bild der Identität des Menschen, seine Würde und Einmaligkeit bedeutet hat. Während die Theologie die technologischen Prozesse der Welteroberung eigentlich kausal aus dem Auserwählungspathos der Schöpfung, aus dem Gott-Ebenbildlichkeits-Gedanken und aus dem Gedanken der Unterwerfung der Erde unter die Souveränität des Menschen positiv ableitete, hat die Wissenschaft selbst sichtbar gemacht, dass eben dieser Prozess zu einer tiefen Verletzung, Irritierung, ja Demütigung menschlicher Identität progressiv führt.

Derjenige, der das in einer knappen Skizze besonders deutlich ausgedrückt hat, ist *Sigmund Freud*. Er spricht von einer *dreifachen Verletzung* des Menschen und des menschlichen Selbstbewusstseins innerhalb der neuzeitlichen Wissenschafts-, Forschungs- und Technikgeschichte, nämlich *einmal* von der Relativierung des Menschen durch die Entthronung der Erde als Mittelpunkt der Welt (Kopernikus). Es war der Beginn der Verletzung der Einmaligkeit, Hoheit und Singularität menschlicher Lebenswelt, die ja in der Geozentrik ganz offensichtlich viel unmittelbar

---

Christentus" (Hamburg 1972). Dazu auch einige Arbeiten von *Ivan Illich*, einer der doch auch am meisten der Romantikgefahr ausgesetzten Kritiker der modernen Technologie und der in ihr implizierten Ideologie, z. B. *ders.*, „Selbstbegrenzung. Eine politische Kritik der Technik", Reinbek bei Hamburg 1975. Oder *ders.*, „Die sog. Energiekrise oder die Lähmung der Gesellschaft", Reinbek bei Hamburg 1974. Vor Illich und in einer philosophisch und gesellschaftstheoretisch gesehen sicher differenzierteren und bestimmteren Weise wäre natürlich *Herbert Marcuses* Kritik der Technik in „Der eindimensionale Mensch" aus dem Jahre 1976 (deutsche Ausgabe) zu nennen, eine Art Kritik der Technik, die uns bis heute eigentlich wenigstens in gewissen Aspekten begleiten sollte und die auch durchaus in der Konzeption von Illich wieder in einzelnen Gesichtspunkten auftaucht. Ein Buch von *Erhard Eppler*, dem früheren sozialdemokratischen Entwicklungsminister: „Ende oder Wende. Von der Machbarkeit des Notwenigen" (1975); es ist ein Buch, das sich aus politischen Perspektiven der Bundesrepublik in den 1970er Jahren mit dieser Thematik auseinandersetzt.

anschaulicher garantiert schien als in der kopernikanischen Wende, die dann die Erde ins Abseits, in die Marginalität des Kosmos drängte.

Die *zweite* Irritation und Verletzung sieht Freud in Darwin, d. h. in der neuen Rückbindung der menschlichen Geschichte selbst an die Naturgeschichte, in der Rückbeziehung der großgeschichtlichen Zusammenhänge, die der Mensch erwirkt hat, auf naturgeschichtliche Prozesse.[131]

Die *dritte* tiefe Verletzung sieht er in dem, was die Psychoanalyse in ihm und durch ihn begonnen hat, nämlich die Relativierung der in der Helle des Bewusstseins gesuchten Identität des Menschen auf Vor- und Ungewusstes, eine erneute Anonymisierung der Identität des Menschen, Relativierung seines Bewusstseins, also Auslieferung des Menschen an die unbegriffenen Mächte vorbewussten Daseins.

Diese sehr kurze, aber in langer Geschichte beschreibbare Relativierung ist die unterschwellig anthropologische Krise, die von Anfang an im Prozess neuzeitlich technologischer Wissenschaft und ihrer Fortschritte, ihrer Weltgestaltung lag und wenig – in der Theologie jedenfalls – besprochen worden ist. Sichtbar wird schon hier, dass durch diese Art der Weltveränderung die Welt nicht etwa im Sinne des Schöpfungsauftrages konvivialer, gastlicher, bewohnbarer wurde, sondern dass sie aufs Ganze gesehen immer unzugänglicher erschien, weniger freundlich, vor allem *gleichgültiger, fremder, anonymer*. So sieht man sehr viele der neuzeitlichen Kulturphilosophien, Lebensphilosophien, Existentialphilosophien als Versuche an, diese offenkundige Gleichgültigkeit der Welt, die, je mehr sie kenntniswissenschaftlich beherrscht wurde, umso deutlicher ihre Gleichgültigkeit zeigte, zu kompensieren, ihr zu widerstehen, da man ja die religiösen Symbole der Überholung der Gleichgültigkeit der Welt und des Widerstands gegen diese Fremdheit und Gleichgültigkeit nicht mehr zur Verfügung hatte.

Im engeren Sinne gibt es etwa in den letzten Jahren ständig Reflexionen auf eine Kritik des technologisch gesteuerten Optimismus, die die Implikationen technologischer Prozesse aufzudecken versuchte.

Eine entscheidende Beobachtung war sicher, was *Herbert Marcuse* in seiner Kritik der technischen Vernunft versucht hat: Der Aufweis, dass die

---

[131] Vgl. *Charles Darwin*, Über die Entstehung der Arten (englisch: On the Origin of Species ...) ist das Hauptwerk des britischen Naturforschers Charles Darwin (1809–1882). Es wurde am 24. November 1859 veröffentlicht und gilt als grundlegendes Werk der Evolutionsbiologie. Deutsche Standardübersetzung von Julius Victor Carus, Stuttgart 1876.

Rede von den Sachzwängen, denen die technischen Produktionsprozesse unterliegen, selbst noch einmal ideologisch ist, weil in ihr eine ganz bestimmte Vorstellung von Herrschaft über Mensch und Dinge impliziert ist, weil in ihr ganz bestimmte Anpassungsmechanismen eine Rolle spielen, also eine ganz bestimmte Form sozialer Kontrolle am Werke zu sein scheint. Dies alles führte dazu, die Technik nicht mehr als ein unschuldiges Instrument zu sehen, das man ideologisch so oder so einsetzen konnte. Man verdächtigte nun die Apparaturen und Instrumente selber.

In diesem Zusammenhang spielt eine Technikkritik der letzten Jahre eine beträchtliche Rolle, wie ich sie ganz kurz noch einmal an dem Namen *Ivan Illich* verdeutlichen möchte: Bei Illich führt es zur These, dass der Mensch inzwischen durch die Instrumente, die ihm einmal dienen sollten, selber versklavt wird, weil er nun seinerseits zum Geschöpf der Instrumente und der technischen Apparaturen wird.

Die Thesen, die bei Illich eine Rolle spielen, sind vielfältig verschränkt; sie beziehen sich einmal auf die Technologiekrise, zum anderen auch auf die Wachstums- und Ökologiekrise.

Es gibt eine kritische Stufe und Phase des Energieverbrauchs und auch der Technisierung, die zu überschreiten bedrohlich, ja identitätsgefährdend für die Menschheit ist. Es ist der Einfluss der Technik auf die soziale Umwelt tendenziell ebenso destruktiv wie ihre Auswirkungen auf die physisch-biologische Umwelt im Sinne der ökologischen Krise. Die Struktur der Produktionsverhältnisse, ob sie nun – so meint er – kapitalistisch sei, privatwirtschaftlich oder sozialistisch, hört auf, eine abhängige Variable zu sein, sie verselbständigt sich gewissermaßen; die politische Lenkbarkeit dieser Prozesse nimmt nämlich zunehmend ab und führt schließlich zu einer Paralyse des politischen Lebens selbst innerhalb dieser Produktionsverhältnisse. Die so erzeugte soziale Desintegration wird auf jeweils verschiedenen Kostenniveaus für die reichen wie für die armen Länder gleich fatal sein.[132]

Die einzige Möglichkeit, dies zu vermeiden, bestünde nach Illich darin, das Wachstum zu begrenzen, zu beschränken und den über einen kriti-

---

[132] Zu dieser Diktatur der sich verselbstständigenden Instrumente hat der Mensch keine Alternativen. Er kann sich dem Zwang unserer neuen Kommunikationsstrukturen mit ihren tendenziell sich erweiternden Geschwindigkeiten gar nicht entziehen, sondern muss zusehen, dass im Grunde genommen es eine Eskalation von einer Geschwindigkeitsphase in die andere gibt usw. Wenn man es so beschreibt, wird das Ganze zu einer ziemlich romantisch getönten Kritik unserer technologischen Zivilisation.

schen Wert hinausgehenden Energieverbrauch zu untersagen. An der Entscheidung, in und mit der dies untersagt und der Energieverbrauch begrenzt wird, muss natürlich ein möglichst breites Subjekt beteiligt werden. Da verlässt ihn allerdings sehr schnell seine politische Phantasie.

Illich spricht von einem Zurück zu einem ursprünglichen werkzeuglichen Verhalten. Doch ein „Zurück zur Natur", eine Euthanasie der Technik, ist zu einfach gedacht. Es wäre schon gut, wenn man – statt einer Alternative zur Technik – alternative Techniken entwickeln könnte. Man spricht ja heute sehr oft schon von sog. „weichen" Technologien, die viel weniger in die Natur eingreifen als unsere bisherigen. Die große Frage ist hier, ob wir überhaupt Zeit und Möglichkeit haben, so etwas zu entwickeln.

Vorsicht ist bei der Radikalität einer solchen Analyse technologischer Krise deswegen auch geboten, weil, solange man keine Alternativen entwickeln kann, einem am Ende nichts anderes bleibt als auf den Zusammenbruch dieses gesamten technologischen Systems zu warten. Wer sich davon nun womöglich Freiheit erwartet, der scheint mir politisch naiv. Da ist die Gefahr, dass dann eine techno-faschistische Diktatur entstehen würde, doch viel größer.

Wenn man der Theologie schon einen unmittelbaren Einblick in technologisch-wissenschaftliche Prozesse nicht zutrauen kann und schon gar nicht in wirtschaftliche Produktionsvorgänge, dann wäre es doch wichtig, dass die Theologie zu jenen Instanzen in unserer Gesellschaft gehörte, die uns vor der geistlosen Reproduktion dieser Schwierigkeiten bewahren könnte. Eben diese Aufgabe wird von von der Kulturphilosophie eines Ivan Illich, von der Gesellschaftstheorie eines Herbert Marcuse und vielen anderen geleistet; die Theologie hat in ihrer Schöpfungstheologie dazu bis heute sehr wenig beigetragen.

Doch hätte hier die Theologie mit ihrer Schöpfungstheologie in der Tat auch etwas zu sagen. Es wäre an der Zeit, in jedem Falle jenes klassische, hierarchologische Modell der Auslegung von Weltwirklichkeit und Schöpfungswirklichkeit aufzugeben, an dem traditionelle Theologie bis heute orientiert ist; hierarchologisch in dem Sinne, dass die Materie als das ganz Untere angesetzt wird, darüber die untersten Lebewesen hin zum Tier und zum Menschen bis hinauf zu Gott, der als der ganz Oberste gedacht wird. Hier bietet sich Abwertung und disfunktionale Behandlung des Untersten wie selbstverständlich und von vornherein an. Theologie hätte heute auch etwas zu tun, indem sie eine Unterscheidung trifft zwischen der im biblischen Schöpfungsauftrag gegebenen und zweifelsfrei vorliegenden Anthropozentrik der Welt einerseits und jener technologischen Anthropozentrik andererseits, wie wir sie besprochen haben. Sie hat eine Aufgabe bei der Herausarbeitung des Schöpfungsgedankens als eines Entwurfs der Einheit und Entsprechung von Naturgeschichte und Menschengeschichte – das fordert die ständige Berücksichtigung dessen, was wir theologisch die eschatologische Dimension des Schöpfungsgedankens nennen, denn die unübersehbare Naturgeschichte kann – wenn überhaupt – nur *eschatologisch* mit der Geschichte des Menschen und der Menschheit verbunden und zur Anschauung gebracht werden.

All dies zusammen würde durchaus eine glaubwürdige, legitime und nötige theologische Kritik an einem eindimensionalen Begriff technologischer Rationalität ermöglichen, wie er unser Naturverhältnis heute allemal leitet. Freilich, um das hier auch gleich deutlich zu sagen und um mich nicht des Verdachtes des Romantizismus auszusetzen: Die ganze sog. ökologische Krise ist natürlich nicht nur eine Frage des Umdenkens, nicht nur eine Frage der Bildung neuen Bewusstseins, an dem sich schöpfungsorientierte Theologie wie Theologie überhaupt, womöglich Kirche und Moral, direkt beteiligen könnten. Diese ganze Frage hat vor allem eine *sozio-ökonomische* und dadurch zumindest auch eminent politische Dimension. Das korrigierende Verhalten gegenüber der Natur im Interesse der Sicherung ökologischer Lebensbasis bedingt ja einschneidende Eingriffe in unsere wirtschaftlichen Produktionssysteme, die und insoweit sie an ständigem Wachstum und an Profitmaximierung orientiert sind.

So wird diese Frage nun, die ich hier zunächst rein akademisch gestellt habe und die sich auch innertheologisch als Problem der Schöpfungstheologie formulieren lässt, zu einer Frage *politischer Strategie*. Wenn nicht einfach durch staatsautoritäres Diktat diese Probleme gelöst werden sollen, dann ist natürlich eine Umorientierung von Grundverhaltungen auf breitester Basis und in sozial ausgewogener Zuteilung unerlässlich.[133]

6.2 Die ökologische Krise heute

Gerade weil sie ein Standard unseres allgemeinen Bewusstseins geworden ist, ist sie auch schwer zu beschreiben. Sie ist die inzwischen mit Erschre-

---

[133] Hier geht es um eine anamnetisch fundierte Schöpfungstheologie. Anamnetische Vernunft gewinnt ihren universalen Horizont im Eingedenken der Anderen, der Nicht-Gleichen, der Toten. Für diesen Einstieg und Lösungsansatz tritt das „Mitsein" in das Blickfeld und damit die Verantwortung vor den Anderen, für die Anderen und mit den Anderen. Zur Kritik der technischen Vernunft durch anamnetische Vernunft: Vgl. die einschlägigen Beiträge in JBMGS 3/2 und JBMGS 4.

cken festgestellte extreme Gefährdung der biologischen Infrastruktur unseres kulturellen und sozialen Lebens, die Gefährdung der sog. Biosphäre durch Vergiftung von Wasser und Luft, Schädigungen aufgrund von Erderwärmung, Artensterben u. a., die wir durch rücksichtslose Ausbeutung ganz bestimmter Landschaftsstriche und biologischer Lebensräume in Kauf genommen haben.

Die Selbstregeneration der Natur ist durch die grenzenlose Ausbeutung aus dem Gleichgewicht gekommen. Nicht erst heute steht auch der die größeren Zusammenhänge bedenkende Technokrat und Politiker vor der Frage, ob und inwiefern wir es uns leisten können, diesen Umgang mit Natur weiter zu betreiben. Denn dieser Umgang war nicht etwa der eines Kommunikationsverhältnisses zwischen Mensch und Natur, war nicht der, wie man heute plötzlich sagt, einer Partnerschaft, obwohl sich darunter ja auch niemand etwas vorstellen kann, sondern war immer der zwischen *Herr und Knecht*, ja, war der einer rücksichtslosen Ausbeutung und Versklavung der Natur, die schlimmer war als die Versklavung im sozialen Umfeld der Antike; denn die Sklavenhalter der damaligen Zeit haben wenigstens dafür gesorgt, dass ihre Sklaven am Leben und gesund blieben, damit sie arbeiten konnten, während die hochkomplexe technologische Ausbeutung unserer Umwelt soweit vorangetrieben worden ist, dass das, was wir ausbeuten wollen, unter unseren Händen immer mehr zerfällt und damit natürlich auch uns selber kaputt macht.

In diesem Zusammenhang hat schon früh *Georg Picht*, der Religionsphilosoph aus Heidelberg, von so etwas wie einer *ökologischen Weisheit* gesprochen, die in Religion und Kunst liegen könnte und die – so meine ich jetzt – von der Theologie vielleicht tiefer zu erschließen wäre.[134] Wenn man einmal die frühere Heiligsprechung der Natur nicht nur unter dem modernen Säkularisierungsgesichtspunkt sieht und man sagt, dass das ja alles nur heidnische Numinosierung der Natur war, dann müsste man sich durchaus fragen, ob die Religion hierbei nicht auch wirksam geworden ist in der Wahrung des fruchtbaren Verhältnisses zwischen Population und Umwelt, also in der Wahrung eines ökologischen Gleichgewichtes. Hat hier die Begrenzung der Naturunterwerfung nicht selber noch einmal gewisse ökologische Wurzeln? Wurde nicht in der Reduktion der Religion auf einen bloßen Überbau oder eine bloße Projektion diese Ausgleichsdimension aufgegeben? Kam es nicht in der neuzeitlichen

---

[134] Vgl. *Georg Picht*, Wahrheit, Vernunft, Verantwortung. Philosophische Studien, Stuttgart 1969.

technologischen Rationalität zu den bedrängenden Schwierigkeiten, weil sich eben diese technologische Rationalität von einer solchen Art ökologischen Ausgleichs, wie er in den religiösen Traditionen, aber auch in der Ästhetik gegeben war, rigoros emanzipiert hat?

Wenn wir die Zerstörung unserer natürlichen Umwelt mit unverbildeten Augen betrachten würden, ließe sich eine Koordination zwischen Umweltschädigung und ästhetischer Hässlichkeit erkennen. Der Sinn für *Schönheit* ist offenbar ein Vermögen, das uns darüber belehren könnte, was auch in Natur und im Umgang mit ihr zulässig ist und was nicht. Denn wir besitzen in unseren ästhetischen Organen ein sehr sensibles Instrument, um Wechselverhältnisse und Systemstrukturen erfassen zu können, die für den groben Mechanismus eines technologisch rationalen Denkens zu komplex sind.

Frühere Kulturen ließen sich bei der Gestaltung der künstlich produzierten Umwelt des Menschen doch offensichtlich viel stärker von diesen sog. *ästhetischen* Organen leiten. Das Schöne hatte also nicht nur einen allein sozial definierten Vorrang vor dem Nützlichen. Das Stilvolle prägte selbst das, was man Rationalität nennen konnte. Damals wurden also der „Gesetzgebung" des ästhetischen Sinnes durchaus Opfer gebracht, die uns heute unbegreiflich erscheinen. Sie könnten uns aber daran erinnern, dass es eine Subsumption des Rationalen im Sinne machbarer Zweckrationalität unter ästhetischem Sinn geben müsste, die dann als *Regulativ* zwischen Mensch und Natur wirksam wird. In diesem Sinne darf man den Satz, dass alles, was schön ist, zugleich der Erhaltung dieses Gleichgewichtes dient, durchaus aussprechen und diese Entsprechung keineswegs als eine metaphysische Aussage vergangener Zeiten ansehen.

Ich will damit keineswegs diese Größen, die heute nur als subjektive Werte gelten, allein auf ökologische Systemproblematik zurückführen. Aber es lässt dies darauf aufmerksam machen, dass vieles, was uns heute nur noch als angesonnener, subjektiver Wert erscheint, streng privatisiert für den Einzelnen, unanschaulich und inhaltslos, in Wahrheit für das Zusammenleben und Weiterleben der Menschen die Funktion hat, uns *Systemzusammenhänge* zwischen Gesellschaft und Natur zu signalisieren, in denen wir leben und nur, wenn wir sie beachten, auch weiterleben können. In dem Sinn sind die wahren Systemveränderer, die heute allemal angeprangert werden, eigentlich genau jene reaktionären Technokraten, die durch massive Eingriffe in die Grundfaktoren unseres Ökosystems, etwa im Bereich der Energiewirtschaft, eine selbst nicht mehr steuerbare Zerstörung der Lebensverhältnisse erzwingen.

6.3 Die Wachstumskrise

Es geht hier nicht nur um Fragen der Lernfähigkeit eines großen sozialen Systems, womöglich des gesamten Weltsystems. Das kann unter Umständen schon zu spät sein. Wenn die Club-of-Rome-Studien[135] auch nur Recht haben, dann können wir gar nicht auf dem Wege über die uns vertrauten Muster sozialen Lernens uns auf diese Situation noch langsam einstellen. Es geht auch um moralische Zumutungen und um die bedrängende Frage der Mobilisierbarkeit moralischer Evidenzen in einer Gesellschaft für die Entwicklung neuer Verhaltensmuster. Angesichts der Probleme, die heute aufgetaucht sind, ist eine reine Nachbarschaftsethik, auch eine Systemethik im Sinne der reinen Beziehung auf das existierende soziale und politische System viel zu regional, viel zu provinziell. Was wir heute in diesem Sinne brauchen, wäre – auch um unserer selbst willen – eine bislang völlig unanschauliche und von keinerlei exakter Phantasie geprägte *Fernstenethik*. Wir haben sie heute als Herausforderung zunächst einmal schon im räumlichen Sinne gegeben, insofern wir uns verbieten müssen, allein durch räumliche Distanz uns vor der Rechtfertigung unserer eigenen Lebenssituation gegenüber dem Elend anderer Völker abzuschirmen.

Es geht hier aber vor allem um eine *zeitliche* Fernstenethik, um die vorweggenommene Vergegenwärtigung der Lebensansprüche, der legitimen Lebensansprüche künftiger Geschlechter, um die Verhinderung der Beraubung ihrer fundamentalen Lebensmöglichkeiten überhaupt durch die Art, wie wir im Ökosystem unseres Lebens heute arbeiten und wie wir es ausbeuten.

Darüber ist in einer dem Genus der Sprache des Textes angemessenen Weise auch im Teil IV.4 unseres kleinen Credotextes die Rede:

„Wir sind die Kirche eines industriell und technologisch hoch entwickelten Landes. Mit zunehmender Deutlichkeit erfahren wir heute, dass diese Entwicklung nicht unbegrenzt ist, ja, dass die Grenzen der wirtschaftlichen Expansion, die Grenzen des Rohstoff- und Energieverbrauchs, die Grenzen des Lebensraums, die Grenzen der Umwelt- und Naturausbeutung eine wirtschaftliche Entwicklung aller Länder auf jenes Wohlstandsniveau, das wir gegenwärtig haben und genießen, nicht zulassen. Angesichts dieser Situation wird von uns – im Interesse eines lebens-

---

[135] Die Grenzen des Wachstums. Bericht des Club of Rome zur Lage der Menschheit von *Dennis Meadows, Donella H. Meadows, Erich Zahn, Peter Milling* (Originaltitel: Limits to Growth. A Report for the Club of Rome's Project on the Predicament of Mankind), New York 1972.

würdigen Überlebens der Menschheit – eine einschneidende Veränderung unserer Lebensmuster, eine drastische Wandlung unserer wirtschaftlichen und sozialen Lebensprioritäten verlangt, und dies alles voraussichtlich noch innerhalb eines so kurzen Zeitraums, dass ein langsamer, konfliktfreier Lern- und Anpassungsvorgang kaum zu erwarten ist. Es werden uns neue Orientierungen unserer Interessen und Leistungsziele, aber auch neue Formen der Selbstbescheidung, gewissermaßen der kollektiven Aszese abverlangt. Werden wir die in dieser Situation enthaltene Zumutung aggressionsfrei verarbeiten können? Jedenfalls wird diese Situation zum Prüfstand für die moralischen Reserven, für die gesamtmenschliche Verantwortungsbereitschaft in unseren hochentwickelten Gesellschaften werden. Wer wird die damit geforderte folgenreiche Wandlung unseres Bewusstseins und unserer Lebenspraxis in Gang setzen und nachhaltig motivieren?"

Das Gelingen einer solchen Anstrengung auf breitester Basis entscheidet darüber, ob es etwas anderes als autoritäre Lösungsformen geben wird, wenn es überhaupt solche gibt.

Deshalb ist hier erneut eine Stellprobe von Religion in unserer Zeit offensichtlich, vielleicht eine der letzten, die globales Ausmaß annehmen könnte, nämlich die Frage, inwieweit sich hier Religion, speziell eine über die Welt als Ganze verbreitete Religion wie das Christentum, als mobilisierbares moralisches Reservat zur Umbildung gesellschaftlicher Verhaltensmuster einsetzen lässt.

Hier gibt es ja für diese Frage ein Dilemma, wie es meiner Meinung nach drastischer und dramatischer gar nicht sein könnte. Noch nie waren kollektive moralische Zumutungen und damit zwangsläufig ein ganz hoher Standard kollektiver Verantwortungsbereitschaft wichtiger als heute, und zwar zur Überlebenssicherung für alle. Noch nie trat die Kluft zwischen Anforderung und tatsächlichen, entwickelten moralischen Verhaltenskulturen deutlicher zutage, als das bei uns heute der Fall ist.

Das sind die latenten Gefahren für künftige autoritäre Formen gesellschaftlichen Lebens. Da liegen die Fragen, die wir beantworten müssen, und die Auseinandersetzungen, die wir zu bestehen haben. Solche Fragen muss sich auch ein Christentum stellen, wenn es einen Schöpfungsglauben vertritt, der sich nicht vorbeiformuliert an den Krisen, die kausal mit der Kulturgeschichte des Christentums ganz offensichtlich zusammenhängen.

7. Primäre Krisenerfahrung

Ich möchte nun zur Erläuterung des Grundaspektes christlichen Schöpfungsglaubens angesichts der radikalen Krisenerfahrung kommen, die der Schöpfungsglaube eigentlich von Anbeginn mit und bei sich hat.

Es wurde gesagt, dass Schöpfung als *eine Art universaler Sinngebung von Wirklichkeit* gegen die Anonymität, das Chaos und die rein evolutionär-fatalistische Deutung von Wirklichkeit zu verstehen sei, Schöpfungsglaube also als eine Form der Zustimmung zur Welt, die sich nicht Konstruktionen und keinem Praxis- und Erfolgserlebnis unmittelbar verdankt und die deshalb als Zustimmung hineinreicht in die spezifische religiöse Grunddimension überhaupt, in der wir von Gebet und Feier als Formen der Affirmation und der Zustimmung sprechen. Wir müssen uns dieser Grundlagenfrage stellen. Diese Grundlagenkrise des Schöpfungsglaubens ist eben die Negativität des ungerechten und des schlechthin sinnlos erscheinenden Leidens in unserer Welt. Der systematische Ort dieser Fragestellung ist der Zusammenhang von Schöpfungsglauben und dem, was die theologische Tradition und Systematik die *Theodizeefrage* nennt.

Zunächst möchte ich sagen, warum ich hier absichtsvoll von einem verhältnismäßig undifferenzierten Begriff des Leidens ausgehe, der nicht sofort unterscheidet zwischen einem naturhaften Leiden und einem sozialen Leiden der Menschen. Diese Unterscheidung ist uns aus der theologischen Tradition in der Unterscheidung von Bösem und Übel angeboten. Um das aufzuheben, und zwar angesichts der Leidenserfahrung unserer Tage, beziehe ich mich auf die theologische Tradition des Judentums. Denn in ihr haben wir bei dieser Frage anzusetzen, wenn wir sie auf dem Niveau stellen wollen, auf dem sie in den biblischen Traditionen selbst und in unserer Zeit gestellt worden ist.

Der jüdische Theologe *Max Brod* hat in seinem Bekenntnisbuch „Heidentum, Christentum, Judentum"[136] von 1922 beispielhaft erläutert, warum wir die für damalige Ohren wahrscheinlich nicht so ärgerliche, aber für heutige Ohren merkwürdige Unterscheidung zwischen einem edlen und einem unedlen Leid, zwischen einem edlen Unglück und einem unedlen Unglück nicht übernehmen. Edles Unglück bzw. Leiden ist das – bei Brod – mit der menschlichen Existenz Gegebene, also die Sterblichkeit, die Endlichkeit des Menschen, der sich in einem tragischen Akt der Unendlichkeit Gottes anzunähern bestrebt ist. Diesem edlen Unglück und Leiden steht das unedle Unglück und Leiden entgegen, das der Mensch dem Menschen vielfältig antut. Das edle Leiden ist mit uns geboren und nach Brod und vielen theologischen Distinktionen unbehebbar, fordert also die Demut des Menschen gegenüber der göttlichen Setzung. Das un-

---

[136] *Max Brod*, Heidentum, Christentum, Judentum. Ein Bekenntnisbuch, München 1922.

edle Leiden aber, wie Krieg und soziale Ungerechtigkeit, Unterdrückung, Verfolgung aller Art, aber auch durch den Einsatz von wissenschaftlichem Ethos und wissenschaftlichem Können heilbare Krankheiten, sind für den Menschen Anlass zu voller Aktivität.

Diese Auffassung Brods stellt den Menschen in Bereiche hinein, wo wir selbst in Bekämpfung des unedlen Leidens aktiv werden können und müssen. Die Frage der Rechtfertigung Gottes wird zurückgedrängt zugunsten der Frage nach der *Rechtfertigung des Menschen*.[137] So hat sich ja die Theodizeefrage, die als unerledigbar verworfen schien, in eine *Anthropodizeefrage* umgebildet, die man durchaus auch im Sinne der sozialen moralischen Verantwortung des einen Menschen gegenüber dem Anderen, der einen Menschengruppe gegenüber der anderen artikulieren kann. So gesehen, mussten wir also auch im Blick auf Auschwitz – so scheint es die Konsequenz zu sein – primär fragen: Wo war der Mensch in Auschwitz? und nicht: Wo war denn Gott in Auschwitz?

Aber Max Brod selber hat erkannt, dass es offensichtlich Leidenskatastrophen gibt, die von sich aus die Züge einer geradezu schicksalhaften Leidenssituation annehmen, die es uns nicht mehr erlauben, nun einfach diese Distinktion anzubringen. Deshalb hat er auch in seinem Buch „Diesseits und Jenseits", das 1947 erschien, auf diese Unterscheidung verzichtet. Auch wir verzichten darauf.

Für die Fragestellung, um die es uns hier geht, möchte ich noch ein zweites Beispiel vorwegnehmen, und zwar wieder aus der jüdischen Frömmigkeitsgeschichte, einfach deswegen, um von vornherein deutlich zu machen, dass, wenn hier die Schöpfungsfrage mit der Theodizeefrage verbunden wird, nicht etwa die Absicht besteht, hier wolle die Theologie auf diese Frage nun endlich eine Antwort geben.

Ich entnehme eine Theodizeerzählung dem Buch von *Schalom Ben-Chorin* „Jüdischer Glaube" (Tübingen ²1979).[138] In der Schar der Tannaiten aus der Zeit des Rabbi Akibar gibt es die Gestalt des klassischen Ketzers E. A. Dieser wurde auch „der Andere, der Fremde, der Verfremdete" genannt. Er verlor den Glauben über dem Theodizeeproblem. Er sah nämlich einen Knaben, der auf Geheiß seines Vaters einen Baum erstieg, ein Vogelnest ausnahm und dabei die Mutter über den Jungen wegfliegen ließ, aber vom Baume fiel und sich das Genick brach. Der Knabe hatte

---

[137] Siehe *Schalom Ben-Chorin*, Jüdischer Glaube. Strukturen einer Theologie des Judentums anhand des Maimonidischen Credo, Tübingen ²1979, 50 f.
[138] A. a. O., 269 f.

zwei Gebote der Thora erfüllt, nämlich das der Elternehrung aus Exodus (Ex 20,12) und das der Schonung der Vogelmutter, wie es etwa im Deuteronomium empfohlen wird (Dtn 22,6-7). Gleichwohl büßte er dabei sein Leben ein, obwohl doch den beiden Geboten der Lohn des langen Lebens auf Erden zugesagt ist. E. A. fasste deshalb auch seine fundamentale Enttäuschung, ja Verzweiflung, in dem Wort zusammen: „Da ist überhaupt kein Gericht und kein Richter."[139]

Diese Leugnung nun des göttlichen Regiments und der Schöpfermacht Gottes in der Welt wird in der jüdischen Tradition dieser Geschichte ähnlich gesehen wie im Neuen Testament „die Sünde wider den Heiligen Geist". Denn innerhalb dieser Geschichte ertönt dann eine himmlische Stimme, die sagt: „Allen Geschöpfen wird vergeben werden, nur nicht E. A."

Damit ist die Geschichte nicht zu Ende, denn sie wäre eine geschlossene Geschichte, die man auch innerhalb theologischer Systematik ausdrücken könnte. – Sie hat eine Pointe, dass diese Himmelsstimme den Rabbi A. zu der Beglückwünschung des so göttlich Verworfenen inspiriert. Es heißt nämlich da, dass dieser hochangesehene Rabbi sagt: „Heil dir, Elisa Ben Abuja! Alle Geschöpfe dienen um des Lohnes willen, – du kannst nun aus Liebe dienen." – Also die Überfragung des Gerechtigkeitszusammenhangs in der Theodizeesituation selber. Aber auch dies ist noch nicht die letzte Dimension der Geschichte und der Fragestellung.

Die ewige Verdammnis nämlich des Ketzers stößt in dem theologischen Kontext, in dem sie auftaucht, auch auf die überwindende Versöhnungsliebe eines Schülers. Nach dem Tode des so verfluchten A. schlagen Flammen aus seinem Grab. Da erstickt dieser junge Rabbi den höllischen Brand mit seinem Gebetsmantel und spricht die Worte: „Wenn er dich nicht erlöst, dann werde ich dich erlösen."

Noch einmal eine andere Dimension, also nicht nur die Dimension dessen, der in der unmittelbar erfahrenen Situation verzweifelt ist, sondern der selbst auch die Art der üblichen Auslegung dieser Verzweiflung nicht annimmt. In der Vielschichtigkeit dieser Theodizeegeschichte zeigt sich, dass die Frage offenbleibt und viele Dimensionen hat. Deshalb möchte ich von einer ersten grundsätzlichen Beobachtung ausgehen.

Die Sprache des biblischen Schöpfungsglaubens ist selbst keine immunisierte, gegen Leid und Leiderfahrung abgehobene Sprache, sondern sel-

---

[139] A. a. O., 270.

ber Krisensprache. Die betende Zustimmung zum Schöpfer lässt die durch das geschöpfliche Leid verursachte Sinnkrise durchaus in den Schöpfungsglauben hinein, lässt sie also an sich herankommen und verdrängt sie nicht. Die Anbetungssprache, wie wir sie hier als Zustimmungssprache zur Schöpfung verstehen, ist selbst die *ursprünglichste Sprache des widerfahrenen Leids*. Gebet ist also auch immer sprachliche Überwindung der Leidenssituation, Selbstartikulation dieses Leidens. Es ist immer ein Schrei.

Die biblische Bejahung des Schöpfers im Gebet, die letztlich zustimmende Annahme der Wirklichkeit als Schöpfung Gottes, kennt eigentlich keine Sprachverbote. Sie klammert die Klage und die Anklage keineswegs aus. Sie hat – wie gleich auch noch näher zu zeigen sein wird bei Hiob, in den Psalmen, im Gebet Jesu – nur eine Prämisse dabei, nämlich: Die Klage und Anklage werden letztlich nicht an Andere gerichtet, nicht an Dritte, sondern an den in seiner Treue eingeklagten Gott. Das ist die unaufgebbare Form der Unterwerfung oder jenes *Gehorsams*, der sich im Gebet artikuliert, in einem Beten, das dann doch nicht mehr schlechthin funktionalisiert werden kann.

In diesem Zusammenhang möchte ich an ein Wort von Martin Buber erinnern, der sagte: Wenn der Mensch zu Gott redet, gibt es nichts, was er ihm nicht sagen darf. Und in dieser Geschichte des Betens wurden Dinge ausgesprochen, die unser orthodoxes Gemüt von heute schlechtweg als Atheismus qualifizieren würde. In diesem Sinn hat das Beten die selbstkritische Artikulation der menschlichen Leidensgeschichte, die Sprache der Zweifel und einer undurchschauten Verzweiflung nicht etwa eingeschränkt, nicht etwa tabuiert, sondern in der Geschichte der Menschheit in ungeahnte Breiten- und Tiefendimensionen vorangetrieben.

In diesem Sinne ist der Verlust der Gebetssprache nicht etwa ein Emanzipations-, sondern ein Reduktionsvorgang. Dorothee Sölle sagt in diesem Sinn: „Der Verlust des Gebets gehört so verstanden nicht in die Befreiungsgeschichte der Menschen, die sich aus unbegriffenen Zwängen lösen wollen. Er ist nicht ein Fortschritt aus aufgeklärtem Bewusstsein, sondern nur ein Produkt jener Arbeitsteilung, die Menschen in ein Bündel von Funktionen verwandelt. Die schöpferischen Fähigkeiten und die Möglichkeiten einer zweckfreien Expression, die im Gebet potentiell alle offenstanden, werden nun wenigen Spezialisten zugewiesen. Beten ist ein ganzheitlicher Akt, in dem Menschen den stummen Gott einer apathisch erlittenen Wirklichkeit transzendieren und zum redenden Gott einer pathetisch in Schmerz und Glück erfahrenen Wirklichkeit hingehen. Mit diesem redenden Gott hat Christus in Gethsemane gesprochen."

Ich möchte die innere Dramatik und Spannung der Zustimmung, die der Glaube dem Gebet gibt, biblisch verdeutlichen. Sie lässt etwas ahnen von der Schwierigkeit, „ja" zu sagen und in einem biblisch formulierten Sinn gehorsam zu sein. Die Art von Gehorsam, die hier betend und im Gebet gemeint ist, hat mit Unterwerfungsmechanismen oder mit billiger Resignation nichts zu tun.

Ich halte diese biblische Rekapitulation für nötig, um die Zustimmungssprache, die der Religion eigen ist, selber zu erläutern, um sie von dem Verdacht der feigen Unterwerfung oder der naiv-infantilen Regression zu befreien. Es soll auch etwas sichtbar werden von dem Verlust, den unsere affirmative Gebetssprache heute vielfach erlitten hat und der es vielen so schwer macht, sich in dieser Gebetssprache zu artikulieren und in ihr auch die Sprache der eigenen Leiden und der eigenen Freiheit wiederzufinden.

8. *Ansätze zu einer Zustimmung der Welt*

Zunächst möchte ich auf die unterschiedlichen Formen und Ansätze einer Zustimmung zur Welt aufmerksam machen. Die Form, in der biblische Form diese Zustimmung anbietet, ist nicht die einzige.

8.1 *Stoizistisch-elitäre Zustimmung*

Es gibt einmal die *stoizistisch-elitäre* Bejahung und Zustimmung zur Welt. Sie gehört zu einer Vorstellung, in der das Leben als gastliches Leben empfunden wird, als eine Art reiches Gastmahl, von dessen gedecktem Tisch man am Ende sich dankbar verabschiedet, wenn es die Gesetze des Kosmos verlangen und erfordern.

Bei dieser Zustimmung zur Welt als eines Kosmos, aus dem man sich dann dankbar zurückzieht, handelt es sich offensichtlich um eine Ideologie der von und in dieser Welt Begünstigten, der Reichen, um eine Klassenideologie. Der Kontrast des Elends dieser Welt ist ausgeblendet; das Bewusstsein, dass man auf dem Rücken Anderer und ihrer Misere das Leben bejahenswert findet, bleibt erfolgreich verdrängt.

8.2 *Dionysisches Ja zur Welt*

Es gibt auch das *dionysische Jasagen* zur Welt, und zwar auf dem Hintergrund einer radikalen Verneinung, eines dezidierten Nihilismus gegenüber allen überlieferten Werten und Wertungen der Welt. Großes Beispiel ist die Philosophie Friedrich Nietzsches. Worum geht es dabei im Blick auf unsere Frage? Offensichtlich darum, jede Möglichkeit einer Sinngebung von außen, von oben oder wo immer her, auszuschalten; die Notwendigkeit in ihrer härtesten Form, das Schicksal in seiner extremsten Sinnlosigkeit zu denken, dem offen ins Gesicht zu sehen und dann es zu bejahen. Nietzsche wird sagen: Nie habe ich Göttlicheres gehört: das Fatum nicht etwa zu bejammern, sondern es für göttlich anzusehen, „amor fati", Weltbejahung als solcher amor fati.[140]

Wer diesen amor fati gegenüber einer solchen kaltblütigen Vision von der Welt in ihrer extremen Sinnlosigkeit aufbringt, der schafft genau jenes Jasagen, das Nietzsche dionysisch nennt. Der erst ist sich selber und dem Leben gut; der erst kann alles am Ende auch gut finden, so wie es ist, gewissermaßen als nihilistische Kopie des Schöpfungswortes, in dem es heißt: Und der Herr sah, dass alles gut ist.

Nietzsche selber bemerkt zu dieser seiner Einstellung einmal:

> „Eine solche Experimentalphilosophie, wie ich sie lebe, nimmt versuchsweise selbst die Möglichkeiten des grundsätzlichsten Nihilismus vorweg, ohne dass damit gesagt wäre, dass sie bei einer Negation, beim Nein, beim Willen zum Nein stehen bliebe. Sie will vielmehr bis zum Umgekehrten hindurch, bis zu einem dionysischen Jasagen zur Welt, wie sie ist, ohne Abzug, Ausnahme und Auswahl; sie will den ewigen Kreislauf, dieselben Dinge, dieselbe Logik und Unlogik der Verknotung."[141]

8.3 Prometheische Zustimmung

Ein drittes Muster solcher Zustimmung ist das Ja des Prometheus, die *prometheische Zustimmung* zur Welt, hier nicht in der Form des amor fati, sondern in der Form der Empörung, des Aufbegehrens und gleichzeitig des Zutrauens an diese Welt: Welt wird nun nicht kaltblütig bejaht in ihrer Sinnlosigkeit, sondern als Experimentierfeld für den Menschen, als Laboratorium mundi, wie es Ernst Bloch bezeichnet hat und wie er seine prometheische Version von der Welt in seiner Hiobdeutung der biblisch-christlichen Welt auch gegenüberstellt.[142]

Prometheus also, der sich einerseits empört, der die Welt dem Reservat der Götter entreißt, der vor allem die göttliche Sinndeutung menschlicher

---

[140] Vgl. *Friedrich Nietzsche*, Fröhliche Wissenschaft, 4. Buch, in: KSA 3, 521–571.
[141] KSA 13, 492.
[142] Vgl *Ernst Bloch*, Atheismus im Christentum. Religion des Exodus und des Reichs, Gesamtausgabe Bd. 14, Frankfurt am Main 1968.

und irdischer Negativität leugnet, um gerade in und aus dieser Welt das zu machen, was sie sein kann; Prometheus will, dass die an den Himmel geschleuderten Schätze der Deutung des Sinns und Unsinns dieser Welt zurückgenommen und zurückgelegt werden auf den Menschen, damit er in seinem Leiden, in seinem Zwiespalt diese Welt gestalte und das unaufgedeckte, immer noch zu suchende Antlitz des Menschen endlich finde.

Bloch hat Hiob in diese Richtung gedeutet. Wir werden gleich darauf zu sprechen kommen.[143]

8.4 Biblische Zustimmung

Die vierte Form der Zustimmung wäre die spezifische Form der *biblischen Zustimmung* zur Welt als Schöpfung Gottes. Weil die Grundform dieses Jasagens das *Gebet* ist, muss sich der hier ansetzende Schöpfungstraktat allemal in eine kleine Lehre zu dem Thema Gebet verwandeln.

Die Zustimmungssprache der Bibel, soweit und insofern sie Gebetssprache ist, ist jedenfalls immer auch Krisensprache. Die betende Zustimmung zum Schöpfer lässt die durch das geschöpfliche Leid verursachte Krise des Schöpfungsglaubens nicht etwa außer Sicht, verdrängt sie nicht. Die Anbetungssprache ist selbst die ursprünglichste Sprache widerfahrenen und drohenden Leidens. Gebet ist also vor allem auch Überwindung der Sprachlosigkeit dieses Leidens selbst, ist selbst Artikulation der Leidenssituation, ist *Schrei*, nicht zufällig und am Rande, sondern in der Mitte.[144]

In diesem Sinne ist das Verschwinden der Gebetssprache aus dem Haushalt unserer Sprache eben nicht ein eindeutiger Emanzipations-, sondern eher ein Reduktionsvorgang.

9. Zum Sinn des Betens

Es geht hier vor allem darum, diesen biblischen Schöpfungsglauben als Grundzustimmung zur Welt so zu erläutern, dass auf ihn eben nicht der Verdacht einer feigen Unterwerfung oder einer naiven Regression fällt. Die Gebetssprache selber soll befragt werden, um sichtbar zu machen, inwieweit das Affirmative an ihr in den uns vertrauten Gebeten es uns oft so schwer macht, in ihnen die Sprache unserer Freiheit und unserer Identität zu sehen und wiederzufinden. Es gibt da die Gefahr dessen, was

---

[143] Siehe weiter unten in diesem Kapitel die Auseinandersetzung mit Ernst Bloch.
[144] Dazu: JBMGS 4, 95–107.

man *Überaffirmation* nennen könnte. Vielleicht ist unsere Affirmationssprache heute gerade deswegen in der Krise, weil sie selbst keine Krisen- und Leidenssprache mehr ist. Deshalb möchte ich mit Symptomen solcher Überaffirmation beginnen, um dann zur spezifischen Form einer Gebetssprache zu kommen, die aus gewissen Grundpositionen biblischer Tradition sichtbar wird.

Üblicherweise empfindet man Beten als Ausdruck der Ängstlichkeit des Menschen vor seiner eigenen Angst, während die Gebetshaltung und die Sprache des Gebets in Wahrheit Zulassung von Angst und nicht Verdrängung derselben ist.

Denken wir an viele Psalmen und Psalmengebete des Alten Testaments. In diesem Sinne habe ich auch in dem Credotext im Teil I bewusst den Psalm 55 gewählt als Ausdruck eines solchen Hoffnungsschreis, in dem in der Tat dieses Zulassen der Angst auch sichtbar wird, wenn es dort heißt: „Ich irre umher in meiner Klage; ich bin in Unruhe wegen des Lärms der Feinde, des Schreies der Gottlosen. Mein Herz ängstigt sich in meiner Brust, und die Schrecken des Todes befallen mich."

So redet die Gebetssprache der großen alten Hoffnungstraditionen der Bibel. Aber auch das Neue Testament redet im Grunde genommen so. Denken wir an das hier augenscheinlich naheliegende Gebet Jesu in Gethsemane. Auch dort geht es nicht um Verdrängung, sondern um Zulassung der Angst, gewissermaßen um Verarbeitung einer unbegriffenen Angst vor dem Vater, der schweigt, der auf die Bitte nicht antwortet.

Beten, wie es hier verstanden sein will, ist nicht Ausdruck einer großen Apathie, hinter die sich die Seele unangreifbar zurückzieht. Beten, wie es hier gemeint ist, ist bewegt von einem Pathos der zugelassenen, der nicht verdrängten Angst. „Meine Seele ist betrübt bis in den Tod", sagt Jesus in Gethsemane nach Mt 26,38. Die Sprache des Gebets ist nie die Sprache der Sieger, deren Interesse die Apathie, d. h. die Angstlosigkeit ist.

Nicht die zugelassene, sondern die verdrängte Angst entmündigt und unterdrückt. Das Gebet als Zulassung der Angst hingegen befreit. In diesem Sinn lässt sich auch sagen: Beten macht frei. Schauen wir noch einmal auf den Topos Jesus in Gethsemane. Der, der schließlich vom Gebet zu den schlafenden Jüngern zurückkehrt, ist ein anderer als der, der fortging. Er ist nun klar und wach, er zitterte nicht mehr, er sagt: Nun ist es genug, die Stunde ist gekommen, steht auf und lasst uns gehen.[145]

---

[145] Mt 26, 36–46.

Betende in dem soeben geschilderten Sinn sind ganz offensichtlich, gerade wenn sie Angst nicht verdrängen, viel weniger beeindruckbar, viel weniger manipulierbar, weniger beherrschbar. In diesem Sinne ist die Rede vom frommen Untertan eigentlich ein Widerspruch in sich.

Der Mensch, der in verdrängter Angst lebt, ist seinerseits auf private Identitätssicherung zurückgeworfen, und die Phantasie seiner Verantwortung verkümmert dann auch leicht. Sein Freiraum, im Interesse Anderer zu handeln, wird immer kleiner und enger. Er ist leicht in der Gefahr, zu dem zu werden, was man einen erfolgreichen Jasager nennt oder jemanden, der dort, wo er Angst hat und sie gleichwohl verdrängt, zynisch reagiert. Hier ist die Gefahr, dass durch die Überaffirmation in unserem Gebet und Gebetsverständnis genau etwas an jenem Befreiungswert des Betens nicht sichtbar wird, was in den biblischen Traditionen sehr deutlich vorgegeben ist und was heute ganz bestimmt von vielen gesucht ist.

Ganz kurz noch ein zweites Symptom dieser sog. Überaffirmation in unserer Gebetssprache: Beten als Abwehr der Sprachlosigkeit, während Beten in Wahrheit wiederum Zulassung von Sprachlosigkeit ist. Viele alttestamentliche Gebete, vor allem in den Psalmen, sind wie ein Sprechen am Rande des Nicht-mehrsprechen-Könnens, an der Grenze der Sprache. Vieles Beten mutet an wie eine Einweisung, wie eine Mystagogie eben in Sprachlosigkeit. Exegetisch bleibt zu vermuten, dass der Gebetsschrei Jesu am Kreuz ein sprachloser Schrei war, dem die Gemeinde dann das Psalmwort „Mein Gott, warum hast du mich verlassen?" unterlegt hat (Psalm 22).

Ist das alles beliebig, ohne Kriteriologie und Maßstabskraft für unser eigenes Beten? Bringt es die Fragen nicht zurück? Ich habe den Eindruck, dass uns die grauenhafte faschistische Vergangenheit unseres eigenen Landes viel zu wenig lang sprachlos gehalten hat, dass wir zu schnell wieder wussten, wie wir reden können und reden müssen.

Man hat ja gesagt, die Kirche hätte nach dem Zweiten Weltkrieg gerade bei uns in Deutschland eine große Chance gehabt. Rückblickend stellt man heute oft trauernd fest: sie hätte sie vertan. Die Sprachlosigkeit, die im Erschrecken über die Vorgänge in der eigenen Geschichte eigentlich angebracht gewesen wäre, hat sie nicht kultiviert.

Wir werden unsererseits auch weiter auf das Gebet Jesu eingehen, auf seinen Schrei am Kreuz, als Jasagen, als Zustimmung, um das, was man die dramatische Tiefe und Breite dieser Zustimmungssprache nennen könnte, sichtbar zu machen.

Das Ja hat nämlich hier durchaus den Ton und die Farbe der Klage und der Anklage des Schreis de profundis, freilich immer nicht an irgendeinen unter uns oder an irgendeine unserer eigenen Instanzen adressiert, sondern jeweils an den, den dieses Gebet selbst „Gott" nennt.

Ein kurzer Hinweis auf die innere Dramatik und Spannung und auch auf das Klagende und keineswegs von vornherein rein Affirmative in der Zustimmungssprache der Psalmen: Der betende Mensch in den Psalmen, der die Geborgenheit in der Treue und im Bunde Gottes rühmt, klagt seinerseits, dass er aus dieser Treue und aus diesem Bund ausgestoßen sei und dass dies seine dominierende Erfahrung sei, wenn er fragt: „Warum, Herr, verstößt du mich?" in Psalm 43,2 oder 74,1: „Gott, warum verstößt du uns so ganz und bist so zornig über die Schafe deiner Weide?"

Er fragt dabei ja immer bekümmert, ob dies am Ende die letzte Wahrheit sei, so z. B. in Psalm 77: „Wird denn der Herr mich ewiglich verstoßen und keine Gnade mehr erzeigen? Hat seine Güte für immer ein Ende? Ist es aus mit seiner Treue für alle Zeiten?"- Fragende, klagende Sprache. - „Warum hast du meiner vergessen?"

Schon anklagende Sprache in Psalm 42: „Tränen sind meine Speise geworden bei Tag und Nacht, da man täglich zu mir sagt: Wo ist denn nun dein Gott? Wie ein Fraß in meinen Gebeinen ist mir der Hohn meiner Bedränger, da sie täglich zu mir sagen: Wo ist denn nun dein Gott?"

Der Betende kann es immer noch nicht glauben, dass er einer Illusion zum Opfer gefallen sei, dass er getäuscht sei, und er hält fest an dieser Treue Gottes, aber er hält fragend und klagend an ihr fest: „Herr, wie lange willst du denn noch zusehen? Wie lange denn soll dein Knecht warten?" (Psalm 119, Psalm 35). „Ach du, Jahwe, wie lange denn?" (Psalm 6) Hier könnte man eine Fülle von Gesichtspunkten dieser Sprache zusammenstellen, Variationen eines Textes, wie er auch im Psalm 55 anklingt.

Dieses anklagende Fragen geschieht nun an anderen Stellen noch weit dramatischer und steigert sich in Protest und Schrei hinein, vor allem in dem bekannten Buch *Hiob*. Es ist dies einerseits jenes Buch, in dem die Art von Gebet, die hier gesucht ist, am deutlichsten zur Sprache kommt, und andererseits jenes Buch, in dem diese Zweifel mit dem Thema der Schöpfung verbunden sind, sodass an diesem Paradigma alttestamentlicher Gebetsliteratur und Schöpfungsliteratur nicht vorbeigegangen werden kann. Selten jedoch taucht in den klassischen theologischen Traktaten das Buch Hiob unter den Büchern auf, in denen von der Schöpfung bzw. von den Grundlagen christlichen und biblischen Schöpfungsglaubens die Rede ist.

Dieses Buch Hiob besteht aus einer sog. Rahmengeschichte in den Kapiteln 1 und 2, dem Schlusskapitel 42,10–17 und aus einem großen Erzählteil und Dialogteil dazwischen. Wichtig für uns ist eigentlich nur der Grundduktus, der unbestritten von der Komposition her sichtbar gemacht werden kann.

Hiob wird zunächst einmal in diesem Buch eingeführt als der schlechthin Gottesfürchtige, der seinen Gott unbedingt Bejahende, als der typische Gerechte des Alten Testaments. Er ist sich seines Gottes geradezu fraglos gewiss, und Gott ist sich Hiobs so sehr gewiss, dass er in dieser Rahmengeschichte dem Satan gegenüber eine Wette eingeht, um Hiob einem Experiment auszuliefern.

Es geht in dieser Wette um die von Satan gestellte Zweifelfrage, ob denn wohl dieser Gerechte an seinem Gott auch dann noch festhalte, wenn er von ihm gar nichts mehr hat und wenn ihm alles, was ihm in seiner Gottesbejahung bisher zustatten kam, abhanden kommt, wenn es nur noch um Gott als um Gottes willen geht. So jedenfalls kann man die ganze Fragestellung von vornherein interpretieren. Es sei zu prüfen, ob etwa Hiob *umsonst* gottesfürchtig sei: Gott entweder als abgeleitete Funktion menschlicher Interessen oder Gottesbejahung als letztlich *interesse- und bedürfnislose Bejahung* Gottes?

Während Hiob im Rahmenstück die Schläge, die ihn treffen, noch in gefasster Ergebenheit hinnimmt und immer wieder auf seine Gerechtigkeit vor Gott zurückkommt, scheint er im großen Gesprächsteil seine Haltung zu ändern. Da heißt es in 3,1 schon: „Danach öffnete Hiob seinen Mund und verfluchte den Tag seiner Geburt."

Alle vernünftige Rechtfertigung Gottes und jeden Versuch einer rationalen Sinngebung seines Leidens, die ihm nun in diesem Gesprächsteil von seinen frommen Freunden angeboten wird, lehnt er immer neu und hartnäckig ab. Er besteht darauf, dass das, was ihm von Gott widerfährt, dem widerspricht, worauf er gehofft hat, wenn er „Gott" sagte, und dem widerspricht, was in der Hoffnungsgeschichte seines Lebens als Treue Gottes vorweg gegeben ist.

Er erhebt nun gegen die Situation des Leidens, in die er gebracht worden ist, seine Frage, seine Klage, ja seinen Protest in Worten durchaus heftiger und leidenschaftlicher Auflehnung. Er entwickelt einen Trotz und ein trotziges Pochen auf seine Unschuld und sein Recht – also scheuklappenlose Anklage gegen den Gott, der ihm offensichtlich einmal versprochen hatte, sein getreuer Freund zu sein und der ihm nun offensichtlich als zerstörerischer Feind begegnet.

Das Einzige, was in dieser ganzen dramatischen Art durch die ganze Hiobsgeschichte hindurch bleibt, das ist der Schrei nicht an seine Freunde hin und nicht an irgendjemand in seiner Umwelt, sondern *der Schrei in die Richtung, in der er den vermutet, den er bislang seinen Freund genannt hat.*

Wie wird nun aber Gott selber im Buch Hiob vorgestellt? Wie wird Gottes Reaktion auf diesen Schrei, auf diese Anklage und Empörung des Hiob beschrieben? Wenn man das Buch Hiob allein für sich betrachtet, herausgefallen aus dem Rahmen einer Glaubens- und Hoffnungsgeschichte, wie wir sie im Alten und Neuen Testament im Ganzen vor uns haben, dann bleibt dieses Gottesbild überschattet, hineingerissen in die Zweifel, ob es sich am Ende nicht doch um einen Tyrannengott, um einen Demütigungs-Gott handelt, um die Extrapolation eines Monstrums aus den patriarchalischen Verhältnissen seiner Zeit. Dann ist der Eindruck nicht ganz zu verscheuchen, dass hier ein Mensch – wie Ernst Bloch es formuliert – in seinem Leid und in seiner Klage größer erscheint als sein Gott, dem die Züge des reinen „Oben" und „Von-oben-herab", der reinen Herrschaft und der reinen Willkür anhaften.

Freilich, schon das Buch Hiob selbst liefert auch eine ganz andere Perspektive. Zunächst einmal: Der Gott des Hiobbuches antwortet nicht. Er antwortet nicht auf die Fragen Hiobs. Er legt seinerseits Hiob Fragen vor, Fragen, die ganz im Unterschied zu den Fragen der theologischen Freunde des Hiob nicht der Rechtfertigung Gottes dienen. Es sind Fragen der *Verweisung*. Er verweist auf die Schöpfung und auf die unerforschliche Schöpfermacht. Gott verweist noch einmal *in das Mysterium seiner eigenen Freiheit* hinein. Er erinnert Hiob an die Gottheit Gottes, die nie zu einer abgeleiteten Funktion unserer Fragen – und wären sie die radikalsten und die leidenschaftlichsten – werden kann.

Die Frage, die hier nun auftaucht, ist die, ob dieser Gott, der nicht unsere Rätsel löst, sondern neue aufgibt, der Hiob nicht durch Erklärung, sondern allenfalls durch Rätsel tröstet, nun ein Tyrannengott, ein Naturbaal, wie Ernst Bloch ihn nennt, ist, der durch die Haltung des Hiob, durch die Größe dieses Hiob beschämt wird. Oder ob Gott derjenige ist, der den Gehorsam überhaupt erst bei uns verwirklicht. Und was ist diese Art von Gehorsam? Was ist denn Zustimmung, die im Grunde genommen sich in Klage und Aufschrei, in Zweifel, in der Radikalität des Nichtmehr-mit sich-selber-identisch-seins formuliert?

Gott lässt überhaupt keine antwortende Rechtfertigung auf die Klagesituation des Hiob zu. Er nimmt auch die Theodizee der Freunde des Hiob, die Gottesrechtfertigung, die ihm durch diese frommen Freunde zugedacht war, nicht an.

Ihnen gegenüber gibt er sogar am Ende sehr pointiert Hiob recht. Die Anklage, der Protest, der Schrei des Hiob werden anerkannt. Die Frage ist: Dieser Gott, der um seiner Gottheit willen diesen Schrei ernster nimmt als alle Rechtfertigungsversuche, ist er ein Tyrannengott, der am Ende doch nur als ein prüfender, experimentierender, den Menschen unter sich haltender verstanden werden könnte und dadurch für uns nicht mehr akzeptierbar wäre?

Was heißt da noch: Er fordert unsere Zustimmung, unser Ja? Ist dies eine Unterwerfung, eine Art blinder Untertanengehorsam, der hier nahegelegt wird und der am Ende dann auch die Haltung Hiobs kapitulierend darstellen soll? Oder gibt es so etwas wie einen *leidenschaftlichen* Gehorsam, einen hoffnungsvollen Schrei nach Gottes Gerechtigkeit in einer leidvoll zerrissenen Wirklichkeit? Welche Bandbreite hat also diese betende Affirmation als jene Grundhaltung, die wir in den Fragen des Schöpfungsglaubens suchen.

10. Auseinandersetzung mit der Hiob-Deutung Ernst Blochs

Versuchen wir, der Antwort auf diese Fragen dadurch näher zu kommen, dass wir uns zunächst noch etwas mehr mit Blochs Hiobdeutung beschäftigen.[146]

Bloch wendet sich in seiner Hiobdeutung im Besonderen gegen alle exegetischen Versuche, die Reden des Hiob und die Gottesreden, mit denen das Buch schließt, miteinander in Einklang zu bringen. Er sieht hier nur einen schroffen Widerspruch, der eine Entscheidung verlangt. „Ein Mensch", so sagt er, „kann sich besser verhalten, kann besser sein als sein Gott" – Dies ist das Resümee für ihn aus diesem Buch. *„Ein Mensch überholt, ja überleuchtet seinen Gott – das ist und bleibt die Logik des Buchs Hiob trotz der angeblichen Ergebung am Schluss."*[147] Denn was dieser biblische Prometheus am Schluss an Antworten angeboten bekommt, davon kann nach der Meinung Blochs Hiob keineswegs überführt, gar überzeugt, sondern nur noch einmal geschlagen, geistig erschlagen werden.

Der Exodus, den Hiob nach Bloch aus jenem Gott beginnt, wie er in den Freundesreden dargestellt ist, gilt erst recht – so meint Ernst Bloch –

---

[146] Sie liegt vor allem in seinem bekannten Buch „Atheismus im Christentum", Frankfurt am Main 1968, vor: 115–166.
[147] A. a. O., 152: „Die Urkategorie des Auszugs arbeitet hier in der gewaltigsten Verwandlung fort."

dem *Kosmosdämon*, der sich am Schluss der Reden im Hiobbuche anzeigt. Dieser Schluss kann also entweder nur eine Interpolation von fremder Hand oder vom Dichter angefügt sein, um seine Ketzerei ungefährdet ausdrücken zu können, was ihm – wie Bloch meint – auch gelungen ist.

Die Tiefe der Interpretation Ernst Blochs beruht eigentlich darauf, dass er nicht etwa einen triumphalistischen Nihilimus oder Atheismus dieser Konzeption gegenüberstellt. Er will in seiner Art, wie er das Buch befragt, den üblichen Gegensatz zwischen dem Theismus, wie er auch in der Rede der Freunde des Hiob repräsentiert ist, und einem sittlichen Atheismus, der die Nichtexistenz Gottes um der Wahrheit und Gutheit willen proklamiert, transzendieren. Ernst Bloch stellt auf der einen Seite fest: Jede Theodizee ist seitdem, an Hiobs harten Fragen gemessen, eine Unredlichkeit. Es gibt keine Rechtfertigung Gottes.

Andererseits aber sieht er selber deutlich, dass ein bloßer Atheismus, wenn er zugleich Hoffnung behaupten will, ein „geschichtsloser und irrealer, ja, irrsinniger Optimismus ist, der einem ebenso geschichtslosen Nihilismus immer wieder zum Opfer fallen wird; denn es bleiben die Fragen übrig, denen er nicht gewachsen ist, das fühllose Universum, der ganze fühllose, finstergesprenkelte Weltgang und die schwierige Materie, die sich in ihm bewegt."[148]

Brauchen die Wunschträume, die es so schwer haben, brauchen die denn keinen Trost? So fragt Bloch. Muss materialistische Dialektik selber, nämlich dass sie einen solch langwierigen, solch entsetzlichen Prozess braucht, nicht auch gerechtfertigt werden?

Hiob sagt nicht nur dem Gott, der sich ihm als würdig erweist, ab; er ruft ja nach vorn. Auch das sagt Bloch. Er ruft nach einem Goel, nach einem – wie Martin Luther übersetzt hat – Erlöser; oder nach einem Beistand, nach einem Zeugen seiner Unschuld. Ernst Bloch sagt: „Nach einem Rächer, nach einem Bluträcher"[149].

Zukunft ist offensichtlich in dem Schrei Hiobs, aber woraus gründet sich die Hoffnung, die sich in diesem Schrei artikuliert?

Ich will gerne sagen, dass ich manche Nachtstunde mit Ernst Bloch über diese Fragen gesprochen habe und dass am Ende irgendwo immer wieder ein sprachloser Unterschied oder Gegensatz blieb, dass ich selbst keineswegs den Eindruck hatte, dass meine Argumente die besseren waren. Nie habe ich so sehr die Kargheit, die Hilflosigkeit des Theologischen

---

[148] A. a. O., 165.
[149] A. a. O., 157.

empfunden wie angesichts eines solchen Freundes und seiner Argumente. Hier sind Wurzeln des Streites, Fragen, die tatsächlich an die Abgründe rühren.

Ich unternehme hier gleichwohl den Versuch einer Verdeutlichung dessen, was ich hier theologisch zum Hiobbuch gegenüber Ernst Bloch glaube sagen zu können.

1. Ernst Bloch sagt: Jede Theodizee ist seitdem, an Hiobs harten Fragen gemessen, eine Unredlichkeit. Jede Theodizee? Nein, wir müssen fragen: welche? Die Antworten der Theodizee der Freunde Hiobs sind unmöglich geworden; hier gibt es keine Antworten. Und das Christentum ist auch nicht eine Antwort auf diese Frage. Lange genug wurde uns in affirmativen Theologien suggeriert, Christus sei die Antwort auf Hiob.

Ich hoffe sagen und verdeutlichen zu können, dass Christus die Radikalisierung der Situation ist. Wichtig ist mir das ganz allgemein deswegen, weil das Christentum gegenüber dem Judentum als Religion immer wieder den Eindruck macht, dass es von einem Überschuss an Antworten und nicht selten von einem Mangel an unabgegoltenen Fragen ausgezeichnet ist. Auch wir Christen haben keine Antwortreligion. Die Juden haben sich ja immer wieder paraphrasierende Geschichten zu ihrem Hiobthema gemacht, immer wieder. Es gibt eine Geschichte, die auch diese leidenschaftliche Frage: „Er redet nicht in diesem Elend" an den Rabbi heranträgt, worauf sie dann den Rabbi antworten lässt: „Doch, er redet schon, er antwortet nur nicht."

Der hermeneutische Rang solcher Geschichten besteht darin, dass sie im Grunde genommen Extrapolationen aus der Geschichte einer religiösen Erfahrung sind, die in der Tat immer wieder in solche Hiobsituationen hineingeraten ist. Wenn dort in solchen Geschichten dann Gott als der – indirekt wenigstens – definiert wird, der nicht bloß als abgeleitete Funktion unserer Fragen begriffen werden kann, d.h. nicht als Antwort auf unsere Fragen, dann ist das nicht etwa theologischer Zynismus, sondern Erfahrung mit einer ganz bestimmten Leidensgeschichte.

2. Es scheint mir besser und sinnvoller, nicht von der Geduld des Hiob zu sprechen, sondern von seinem *Gehorsam*, und zu fragen: Handelt es sich hier um müde Resignation? Um einen feigen Untertanengehorsam? Um die Spiegelung und Aufgipfelung patriarchalischer Ordnungs- und Untertanenverhältnisse? Handelt es sich hier bei der Haltung, so wie sie im Buch selber interpretiert wird, nicht letzten Endes um eine Beschwich-

tigungshaltung, um eine Unterdrückungshaltung, die allenfalls auf Resignation hinausläuft?

Oder handelt es sich um einen *leidenschaftlichen* Gehorsam, aus dem der Mensch die große Kraft zieht, am Leiden zu leiden, am eigenen wie am fremden, weil beides am Ende miteinander konvergiert und es eigentlich fremdes Leid als objektiv gegenübergestelltes gar nicht gibt?

Handelt es sich um einen leidenschaftlichen Gehorsam, der nie mit der Sinnlosigkeit des eigenen und anderen Leidens und damit eben des Leidens paktiert, sondern immer neu dagegen aufschreit, seinen Gott ein- und anklagt – nicht jammert! Das ist ein großer Unterschied. Jammern ist das gegenstandslose, schweifende, unbestimmte, ins Ungefähre Laufen. Die Klagen suchen immer eine ganz bestimmte Instanz.[150] Also: Ein Aufschrei, eine Klage, eine Anklage als Gehorsam im Sinne eines Widerstands gegen die Verzweiflung.

Wenn wir diese Fragen an Hiob stellen, dann brauchen wir das nicht zu tun, ohne eine Art christologischer Perspektive in die Fragestellung hineinzubringen. Irgendeine Zukunftsperspektive ist in der Geschichte. „Ich weiß, dass mir ein Erlöser lebt", übersetzt Luther kühn. Aber dass mir ein Zeuge lebt, ein Anwalt lebt, – was verschlägt's denn schon, wenn sich die Perspektiven am Ende immerhin öffnen?

Aber wenn wir versuchen, die Hiobfrage mit der christologischen Situation in eins zu bringen, hier bei der radikalen Frage nach der Zustimmungsfähigkeit des Menschen zur Weltschöpfung Gottes, dann bedeutet diese christologische Perspektive nicht, dass Christus die Antwort auf die Hiobfrage wäre, sodass wir uns dann doch schneller über die Härte dieser Fragen und Klagen zur Ruhe begeben könnten.

Die christologische Perspektive einführen, heißt vielmehr, die Hiobfrage radikalisieren und sie als dramatischen Gehorsam vor Gott verdeutlichen, als das Ja des Menschen zu seinem Gott. Die Hiobsituation des Christus ist – das ist oft gesagt und in der neueren Theologie an verschiedenen zentralen Topos gerade der evangelischen Theologie entwickelt worden – ist die Gethsemanesituation und vor allem der Verlassenheits-

---

[150] Kafkas Leute, der Josef K. und auch der Architekt im Schloss, was sind das für Leute? Die laufen und laufen ein Leben lang, um ihren Richter, ihre Instanz zu finden. Das ist nicht Jammern, das ist Klagen (vgl. *Franz Kafka*, Das Schloß, hrsg. von Max Brod, München 1922). Es scheint mir für das Beten sehr wichtig zu sein; ähnlich wie man sich nicht verführen lassen soll von der schönen Definition, „Bitten" sei dasselbe wie „Wünschen", nur feuriger, wie Jean Paul gesagt hat. Nein: „Bitten" und „Wünschen" ist nicht das gleiche. Auch hier geht es um die Frage der Instanz.

ruf, der Schrei Jesu am Kreuz, die Art, wie er sprachlich oder sprachlos sein Leben beschließt, jener Ruf, den uns Markus und Matthäus überliefern.

Dieser Schrei „Mein Gott, warum hast du mich verlassen?" ist nicht etwa klar als ipsissima vox Jesu erweisbar. Da gab es ja offensichtlich keine Stenographen. Alle rein historisch argumentierende Theologie legt hier als Wahrscheinlichkeit nahe, dass der Schrei Jesu ein sprachloser Schrei war. Vermutlich ist die Artikulation dieses Schreis als eines Schreis der Verlassenheit, der nahen Verzweiflung hineingeschrieen in die antlitzlose Gottesfinsternis dessen, den er seinen Vater nennt. Vermutlich ist diese Artikulation selber Gemeindebildung, nicht Historie, sondern theologische Artikulation des Verständnisses der Gemeinde über ihren Christus. Das zeigt aber nur umso deutlicher, wie die frühe Gemeinde das Ja des Christus zu ihrem Gott verstanden hat.

Das Maß der Zustimmung, das in diesem Schrei liegt, das Maß seines Gehorsams ermisst sich am Ende am Maße der erlittenen, erfahrenen Negativität oder am Maße seines Leidens.

Hier soll kein Leidenskomparativ aufgemacht werden. Hier soll aber auch gegen eine zunächst ja sehr plausibel wirkende Argumentation Einspruch erhoben werden, auch gegen die Interpretation, die Dorothee Sölle diesem Topos gibt. Sie sagt, der christliche Masochismus würde sich verschleiert darin zeigen, dass man auch noch wetteiferte in der Ausmalung der Leiden und in der Betonung vor allem, dass Jesus am meisten gelitten habe; sie sagt dann pointiert dagegen: „Eine Fließbandarbeiterin litt und leidet genauso wie Jesus, nur länger."

Das klingt sehr ernst und plausibel. Aber es ist keine religiöse Aussage. Wir müssen wissen, wovon wir da sprechen. Gerade wenn es uns auch um die befreiende und gesellschaftskritische Kraft dessen geht, was denn in dieser Gestalt Jesu geschah, muss sie natürlich in ihren Wurzeldimensionen zunächst einmal gesehen werden. Das Mehr dieses Leidens, das hier angesprochen wird, ist hier nicht einfach quantitativ gemeint, obwohl dieses Kreuz elend- und qualvoll genug war, auch im Vergleich zu nachfolgenden schlimmen Leiden, sondern *qualitativ*. Die Qualität dieses Leidens, dieser Verlassenheit entscheidet sich ganz einfach daran, ob wir die Frage zulassen: Kann man *an* Gott selber leiden? Und zwar an ihm, über alles Leiden und Mitleiden hinaus.

Wer diese Frage von vornherein ausschließt, der muss auf eine Antwort hinauskommen, die in der Argumentation bei Dorothee Sölle eine hohe Plausibilität besitzt. Aber die Frage ist eben: Ist es nicht anders, und ist es nicht vor allem in der Gestalt Jesu anders gemeint gewesen? Ist nicht das Kreuz zunächst einmal in seiner Maßlosigkeit ganz einfach dies, dass der von Gott Untrennbare radikal von ihm getrennt hier hängt?

Ist dies eine Leidensmöglichkeit? Und wenn es sie ist, die die unaufgebbare religiöse Dimension allen Leidens durchstimmt, dann dürfen und können wir wirklich sagen, dass das Übermaß dieses Leidens auch das ungeheure Maß seiner Affirmation, seiner Nicht-Verzweiflung, seines Schreis an den Vater hin, selber noch einmal definiert oder mitdefiniert.

Aus der Schule Karl Barths stammt ein Zeugnis aus dem Jahr 1959, das in dieser Richtung auch verdeutlicht, was ich sagen möchte: „Es möchte einer die tolle Frage stellen: Wo ist die hoffnungsloseste Stelle der Welt? Er möchte dann an ein Siechenlager denken oder an den Marterpfahl eines Konzentrationslagers oder an einen der Gasöfen, in die sie hineingepresst wurden, oder an eine Todeszelle oder an die Existenz eines der augenlosen Opfer von Hiroshima oder ich weiß nicht, an welch einen Ort tiefster Verzweiflung. In Wahrheit – so scheint mir – ist die hoffnungsloseste Stelle der Welt da, wo der Mensch, der Gott nie verlassen hat, von Gott selbst verlassen hängt. Diese Stelle heißt sein Kreuz".

Ich habe in früheren Zusammenhängen deutlich gemacht, dass ich jeden Versuch, diesen Schrei Jesu selbst noch einmal argumentativ zu durchleuchten und ihn geschichtstheologisch auszubeuten, als Schrei zwischen Gott und Gott im Sinn einer trinitarischen Kreuzestheologie z. B. bei Eberhard Jüngel und meinem guten Freund Jürgen Moltmann. Das halte ich für eine Überfragung.

Wenn es irgendwo indispensabel um die Unüberspringbarkeit dessen geht, was hier Narrativität heißt, dann ist dies in meinen Augen ein solcher Ort.

In unserem kleinen Credotext steht ja eine Stelle über den Gehorsam Jesu, und zwar über den Gehorsam des Kreuzes, der ausdrücklich auf das Gebet bezogen ist. (III.1)

Dass dieser angeschriene Gott kein Moloch ist, dass er kein Tyrannengott ist, dass er nicht nur die Spiegelung autoritärer Verhältnisse ist, dass er nicht nur ein Oben ist, in dem unsere Sehnsucht nicht vorkommt, das kann nur an der Art, wie dieser Gehorsam sich dann auf dem Antlitz derer, die gehorsam sind, verdeutlicht, sichtbar gemacht werden. Das Bilderverbot Gottes kann nur dadurch durchstoßen werden, dass jene, die in diesem Sinne gehorsam sind, wirklich eben Menschen *leben* lassen, dass in ihnen eine Hoffnung auf einen Gott, der nicht demütigt, unter sich hinabweist, aufkommen kann, die Hoffnung auf einen Gott mit seinen strahlenden Armen des Erbarmens. Da liegt sofort und in der Mitte dieses Gehorsams die Praxis, und zwar konstitutiv. Von diesem Zusammenhang werden wir gleich auch noch zu reden haben.

3. Ein Hinweis auf die Aporien eines Prometheus-Hiob, wie ihn Ernst Bloch selber anbietet: Da muss man zunächst einmal die Frage stellen, die er sich selber stellt: Woher bezieht ein solcher Mensch, der besser ist als sein Gott, überhaupt die Kraft des Widerstands, die Kraft der Hoffnung, dass die Aufdeckung des Antlitzes des Menschen tatsächlich in dem prozessualen Vorgang materialistischer Dialektik angelegt sei? Wieso ist eine so begründete Hoffnungsgeschichte nicht nur eine emphatische und hilflose Überhöhung dessen, was ohnehin geschieht? Wieso ist der Mensch, der da herauskommt, wirklich der *aufgedeckte*?

Diese Frage rührt an Grundsätzliches natürlich einer solchen Interpretation, die ja bei Ernst Bloch nur stellvertretend für viele andere Interpretationen steht.

Stellvertretend deswegen, weil Ernst Bloch ja den Versuch macht, die in der Bibel selbst angelegten Gott-Ähnlichkeiten des Menschen als Anlockungen, als Herausrufungen des Menschen, als endlich nun „sich selber in Gott einzusetzen" versteht. Er versteht das Wort der Schlange „Ihr werdet wie Gott und erkennen Gut und Böse" (Gen 3,5) als Schlüssel zum ganzen subversiven Sinn der Bibel, der langsam die frühen Theokratien zerstört. Er versteht das als ihr eigentliches Evangelium. Das Ziel des Prozesses ist die Beseitigung eines jeden Oben, in dem wir, die Menschen, nicht vorkommen.

So ist das Wort der Schlange und das neutestamentliche Hoffnungswort bei Johannes „Wir werden ihm gleich sein" (1 Joh 3,2) gewissermaßen auf einer Linie. Das Wort „Ich und der Vater sind gleich" ist gewissermaßen ein hermeneutisches Axiom in der in diesem Sinne prometheischen Auslegung der Bibel bei Ernst Bloch selber.

Er kennt als guter Marxist im Grunde genommen kein Angewiesensein des Menschen auf Gnade, das nicht Heteronomie, das nicht Gefährdung seiner Freiheit, Einschränkung der Autonomie bedeuten würde, das nicht Lähmung aller geschichtlichen Impulse wäre. Und weil er das nicht sieht und kennt, darf er natürlich das Erringen dessen, worum es hier geht, immer nur notwendig vom Menschen selber abhängig machen. Aber auch hier sieht man, dass Ernst Blochs Position selber so ist, dass sie durchaus auch Fragen an ihn zulässt. Weil nämlich auch er um die Schwachheit in der Geschichte der Menschen weiß, muss auch er sich einen Beistand suchen. Er muss sich die Verbürgung des Zieles irgendwie ja auch sichtbar machen. Aber er tut das eben *spekulativ*. Und ich sehe nicht, wie das ohne Folgen für menschliche Autonomie wäre, indem er eben doch die prädefinierte bewusstlose Tendenz der Materie auf die *Aufdeckung* des menschlichen Antlitzes hin annimmt.

Ich glaube, dass man die ungeheure und tiefe Differenzierung in diesen Fragen und auch die Aporien, die sich hier deutlich abzeichnen, nur auf dem Hintergrund eines Mannes sehen kann, der niemals Marx ohne die Bibel und die Bibel ohne Marx in die Hand genommen hat.

Aber was argumentativ hier entscheidend ist, sei hier ganz deutlich auch gesagt: Es gibt hier zwischen dem Prometheus-Hiob und dem, den wir hier den Gehorsamen genannt haben, eine grundlegende *anthropologische Differenz*, die sich hier in beiden Ansätzen Geltung verschafft. Und zwar anthropologisch jetzt nicht in dem Sinne, dass die Theologie sich hier nun auf klassische metaphysische Anthropologien, in der ohnehin all diese Fragen vorweg entschieden sind, beruft, sondern im Sinne einer *historischen* Anthropologie. Entscheidend ist, ob Subjekt-Werden, freies Subjekt-Werden, freies Mensch-Werden des Menschen gegen Gott in einem mühsamen Prozess, in dem schließlich der Mensch in Gott eingesetzt wird, verstehbar ist oder ob das freie Subjekt-Werden, das freie Mensch-Werden, das Person-Werden des Menschen gerade im Bewusstsein des Menschen geschieht, *angerufen* zu sein, und zwar jetzt „personal" in einem gesamtgeschichtlichen Sinn.

Dann wäre die Persons-Kategorie nicht einfach an ein Numinosum, das wir Gott nennen, herangetragen, wäre kein Modell, das wir auf Gott projizieren, wäre kein reines Interpretament, sondern umgekehrt: die Rede von dem ganz anderen Gott wäre dann ein Ergebnis der Religionsgeschichte selbst als Geschichte der Selbsterfahrung des Menschen, als Geschichte der Grundkonstitution seines Subjektseins und seiner Freiheit. Die Menschen lernten sich dann als freie Subjekte und Personen verstehen, weil sie sich eben von diesem ganz anderen Gott, der unter dem Bilderverbot steht und immer wieder neu unter es gestellt wird, angesprochen erfahren und von ihm sich in *geschichtliche Initiativen* hineingezogen wissen können und wissen müssen.

Wenn diese Anthropologie eben nicht nur eine Konstruktion ist, sondern auch religionsgeschichtliche und gesamtgeschichtliche Argumente für sich hat, dann wäre der Kampf um das Subjektwerden-Können des Menschen, und zwar aller Menschen, ein Kampf um Gott in unserer Geschichtszeit.

Und täuschen wir uns nicht: Die Zusammenhänge sind nachweisbar. Denn die Proklamation des Todes Gottes ist nicht allein geblieben. Inzwischen kennen wir also auch die Proklamation des Todes des Menschen, soweit er sich als Subjekt in Freiheit und Verantwortung zu verstehen hätte. Wenn wir es zulassen, ja womöglich sogar befördern, dass Menschen antlitzlos, subjektlos existieren, ganze Völker in kollektiver Verfinsterung dahinvegetieren und niemals zum Subjekt ihrer eigenen Geschichte werden können – ist das unser Atheismus. Der politische Kampf für das Subjekt-Werden der Menschen ist dann Theologie, Demonstration dafür, dass Menschwerdung des Menschen sich eben nicht gegen ein Gottesbewusstsein vollziehen muss, sondern gerade in und aus ihm sich verwirklicht und der Mensch sein aufgedecktes Antlitz im Bewusstsein dessen sucht, dass er der Angerufene ist.[151]

Billig ist natürlich die Differenz im Anthropologischen nicht zu haben. Prometheus oder Christus, das ist immer auch eine sehr praktische Angelegenheit.

Lassen Sie mich abschließend noch eine Frage erwähnen, die mir auch am Herzen liegt, anfügen, weil wir gerade in der sozialpolitischen Dimension stehen.

Kann man eigentlich so von dem Menschen, der seinen Gott bejaht und der betet, sprechen? Muss man mindestens heute nicht beunruhigt die Frage nach den genauen und bestimmten Subjekten des Betens, der Zustimmung stellen? Können alle wirklich gleich beten? Sprechen alle in Sachen Gott und Zustimmung zu Gott die gleiche Sprache, dann, wenn es um das Gebet geht? Der Arme und der Reiche, der Herr und der Knecht? Können wir da alle Fragen abtun? Haben wir da ein Subjekt, das wir genau beschreiben können? Oder ist die allgemeine, die veröffentlichte Gebetssprache, die wir kennen, nicht immer eine sprachlose Vereinnahmung ganz bestimmter Gruppen, Klassen, Schichten, und zwar vor allem natürlich der Unmündigen, der Kleinen? Spiegelt und reproduziert nicht einfach die Gebetssprache die Interessen bestimmter Klassen und Schichten? Wir müssen daraus auch für eine Theologie des Betens etwas lernen.

Da wäre jetzt weiter zu fragen, entschieden natürlich, aber eines möchte ich noch mit einem Bild beschließend sagen: Gegen die Vorstellung, dass die religiöse Sprache unschuldig sei, dass sie autonom sei, in und

---

[151] Vgl. *Johann Baptist Metz* in seinem Brief an Jürgen Habermas: JBMGS 5, 106.

aus sich selber verständlich, ein geschlossener Kreis, dagegen sind alle großen Betenden und religiös Denkenden aller Zeiten immer wieder angegangen; keiner so hart, keiner so ironisch wie Kierkegaard, der in einer Zeit gesagt hat, in der Marx die Religion als Opium kritisiert:

> „In der prächtigen Schlosskirche tritt der staatliche Hofprediger auf, der Auserwählte des gebildeten Publikums, und predigt gerührt vor einem auserwählten Kreis von Vornehmen und Gebildeten über das Wort des Apostels ‚Gott hat die Geringen und Verachteten auserwählt' – und da ist keiner, der lacht."[152]

4. Es gibt eine *geschichtstheologische Interpretation* der Hiobgestalt, eine geschichtstheologische Interpretation durch die Geschichte vor allem des jüdischen Volkes hindurch. Seit vielen Jahrhunderten gilt immer wieder der Versuch und die theologisch ausdrücklich gemachte und ausdrücklich erklärte Absicht, die Hiobgestalt als exemplarisch für das Schicksal des jüdischen Volkes überhaupt zu sehen. Doch auch hier müsste man nach dem Subjekt dieser Geschichte genauer fragen, und man könnte sehen, dass es keineswegs bloß die Alternative gibt, entweder Prometheus oder die geduldige Ergebenheit eines Hiob im üblichen Sinne, sondern dass es auch eine dritte Möglichkeit gibt und gab, nämlich die jüdische Geschichte überhaupt, soweit sie sich in einen engen Zusammenhang mit dieser Hiobgeschichte bringt.

Dafür gibt es eine Fülle von literarischen Dokumenten, über die im Einzelnen zu reden wäre, Beispiele darüber, wie immer wieder, gerade auch in der Literatur, der Versuch gemacht wird, die jüdische Existenz selber, speziell auch inmitten des Christentums, inmitten der Beschädigungen des jüdischen Volkes im Christentum, als eine Hiobexistenz auszulegen.[153]

---

[152] *Sören Kierkegaard*, Journale und Aufzeichnungen. Journale NB 11 – NB 14 (Deutsche Sören Kierkegaard Edition 6, Berlin – Boston 2018), 434.

[153] *William Shakespeare* selber hat in seinem Shylock vermutlich eine solche Gestalt entworfen, die man völlig falsch verstehen würde, wenn man sie in der unmittelbaren Bosheit und Hinterhältigkeit, in der sie dort auftaucht, nur begriffe und nicht verstünde, dass es sich hier um einen zutiefst verletzten, zutiefst verwundeten Menschen handelt, der von seiner feindlichen, von seiner christlichen Umgebung erpresst und moralisch vernichtet worden ist (vgl. Der Kaufmann von Venedig *(The Merchant of Venice)*, London um 1600). Man würde Lessings Nathan vollkommen missverstehen, wenn man ihn nur als den Toleranzprediger verstehen wollte, der so schön in unsere abendländische Aufklärungsgeschichte passt, und nicht begriffe, dass alles, was er von Freiheit sagt, auf dem Hintergrund einer ungeheuren Leidensgeschichte gesagt wird. Dieser Nathan wird ja eingeführt als einer, dem die ganze Familie zerstört und genommen worden ist, eingeführt als eine Hiobgestalt (vgl. *Gotthold Ephraim Lessing*, Nathan der Weise. Ein dramatisches Gedicht in fünf Aufzügen, Berlin 1779).

11. Eschatologischer Schöpfungsglaube: Hoffnung auf den Gott der Lebenden und Toten

Ehe wir die Behandlung dieses Glaubensartikels über die Schöpfung beschließen, möchte ich doch noch auf einen Aspekt in dieser ganzen Frage hinweisen, der die besondere Platzierung und auch die besondere Adressierung des Schöpfungsglaubens, wie er hier in diesem kleinen Credotext vorliegt, noch einmal begründet und – so hoffe ich – verständlich macht.

Ich erinnere daran, dass in dem Kontext unseres kleinen Credos der Schöpfungsglaube als ein Hoffnungsthema auftaucht, dass Schöpfung und Hoffnung eng zusammengenommen sind, dass es dort am Eingang dieses Glaubensartikels heißt:

„Und in der Hoffnung auf den neuen Himmel und die neue Erde kommt unser Schöpfungsglaube in sein Ziel. Hoffnung und Schöpfungsglaube gehören untrennbar zusammen, wie zwei Seiten einer Münze." (I.7)

Dies ist nicht beliebig und auch nicht aus einem systematischen Zwang heraus gesagt. Das schon deswegen nicht, weil üblicherweise ja das Schöpfungsthema nicht im Hoffnungshorizont platziert ist und nicht als eschatologisches Thema auftaucht, sondern als eines der ersten Themen in der Theologie zu Beginn überhaupt.

Gesagt ist das Ganze, weil wir die Krise des Schöpfungsglaubens unter einem besonderen Aspekt hier noch gar nicht beleuchtet haben und der dann sichtbar macht, warum Schöpfungsglaube als Hoffnung und als Hoffnungsgestalt bei uns behandelt wird.

Es geht nämlich um eine Zustimmung angesichts der bangen und unbeantworteten Frage nach der Rettung der Anderen in ihrem Untergang, angesichts der Frage nach der Rettung der Anderen in deren Tod, angesichts der Frage nach dem ungesühnten Leiden, an die keine künftige Weltverbesserung und kein sozialer Fortschritt mehr rühren kann, angesichts der Frage nach dem längst verstummten Leiden der Toten, nach den Ungerechtigkeiten, die den Toten widerfuhr, die keiner mehr sühnt.

Wenn es hier überhaupt eine Zustimmungsfigur gibt als Zustimmung zu einer Welt ungesühnter Ungerechtigkeiten, dann gibt es sie nur in der Gestalt einer Hoffnung auf den Gott, der seine Schöpfermacht als der Gott der Lebenden und der Toten, als der Gott der Auferweckung erweist. In diesem Sinne mündet das Schöpfungsthema aus sich selbst in ein eschatologisches Thema, in die Erläuterung des Glaubensartikels über Auferweckung und Gericht.

Natürlich ist, wenn wir hier in diesem Kontext vom Schöpfungsthema her auf Auferweckung und Gericht verweisen, zunächst nur ein innertheologischer Verweis auf die richtige Platzierung der bedrängenden Fragen gegeben, ein Verweis, der sichtbar machen kann, dass der Zusammenhang von Schöpfungsglaube und Eschatologie nicht willkürlich konstruiert ist. Aber es ist damit keineswegs schon eine Antwort gegeben. Auch eine als Hoffnung ausgedrückte Zustimmung zur Welt bringt das Warum nicht zum Schweigen, das Warum angesichts der ungerächten und ungesühnten Leiden.

Ja, dieser eschatologische Schöpfungsglaube ist geradezu die *Voraussetzung* dafür, dass dieses Warum nie verstummt, dass es nie einfach stillgestellt wird, dass die Widersprüchlichkeit, die radikale Sinnbedrohung, die Sinnkatastrophe angesichts der Erfahrung ungesühnter Leiden *immer neu* empfunden und auch ausgesagt wird.

Nun bleibt natürlich hier die Frage: Wenn keine Antwort, warum dann überhaupt eine Frage? Wenn die Theodizee doch nichts löst, nichts beantwortet, warum sie dann überhaupt weitertreiben? Warum sie dann überhaupt als Frage auch nur offenhalten?

Jeder Versuch, die Theodizeefrage zu beantworten, führt entweder in einen objektiven Zynismus der Theologie gegenüber der Leidensgeschichte der Welt oder sie führt offensichtlich in den Atheismus. Es gibt eine Fülle von Atheismen, die nichts anderes sind als Antworten auf die Theodizeefrage.

Damit scheint die leidige Warum-Frage endlich vom Tisch zu sein. Wenn wir uns dann fragen, warum wollen wir denn dann diese Frage dennoch immer wieder aufrechterhalten, dann müssen wir das daran sichtbar machen, dass die atheistische Antwort auf die Theodizeefrage auch dieses Warum nicht zum Schweigen bringt.

Wenn man an den Rätseln, die das Theodizeeproblem immer wieder aufgibt, endlich genug hat, endlich müde geworden ist, wenn man sich von diesen Rätseln nicht mehr länger hinhalten und beschwichtigen lassen will, wenn man den Horizont einer göttlichen Verheißung über den menschlichen Leiden einfach auswischt, wenn man die eschatologische Hoffnung auf den Gott der Lebenden und der Toten einfach durchstreicht, um den Zwiespalt loszuwerden, sind wir dann denn die Rätsel alle los?[154]

---

[154] Vgl. zum Folgenden JBMGS 3/2, 188–199.

Sind dann alle Warum-Fragen erfolgreich beseitigt? Oder beginnen dann nicht – sieht man nur genauer zu – neue Rätsel und neue Warum-Fragen? Beginnt dann nicht der Mensch selber sich in einer neuen Weise zum Rätsel zu werden? Wird dann nicht er zum Anlass von Warum-Fragen, die auch bestehen bleiben, zu fragen, warum er denn überhaupt so sei, wenn er am Ende nicht einfach, dann doch zynisch-besserwisserisch, als eine Fehlkonstruktion der Natur abgetan werden will?

Warum – wir müssen das schon fragen – erhebt denn der Mensch immer wieder sein Haupt, wo doch alles am Tode strandet und er das einzige Wesen ist, das im Vorlauf seines Wissens und Gewissens um dieses Ende auch wirklich weiß? Warum fängt er denn immer wieder von vorne an, bei all den Erinnerungen an das Scheitern und an das Nicht-weiter-Kommen? Warum kämpft er denn um Freiheit wo er doch weiß, wie verführbar wir alle sind, und wo es uns doch leichtfällt, auch die Aporien eines künftigen Reiches der Freiheit für alle schon wieder vorweg sichtbar zu machen? Warum träumt er denn von einem künftigen Glück der Freiheit, obwohl er weiß, dass dieses Glück ohne Erinnerungen wäre und dass dieses Glück eigentlich den Menschen bewusstlos machen müsste? Denn wie könnte er sich sonst von dem Eindruck freimachen, dass eigentlich sein Glück selber immer nur zu Lasten der vergangenen Leiden, als Resultat der Ausbeutung der Toten möglich geworden ist?

Warum kämpft er um den neuen Menschen? Warum lässt er sich denn nicht – wie ihm das ja heute allenthalben angeboten wird – zurückzüchten auf ein findiges, anpassungsschlaues Tier? Warum sucht er denn die Gleichgültigkeit der Welt, die durch die Technik nicht etwa abgeschafft, sondern nur noch radikaler uns anschaut, immer neu zu durchstoßen? Warum erhebt er sich denn immer wieder in ohnmächtiger Rebellion gegen die Zumutung ungesühnter Leiden? Warum richtet er denn immer wieder neue Maßstäbe einer universalen Gerechtigkeit auf, obwohl er doch weiß, dass der Tod sie ihm allemal schon in der nächsten Generation desavouiert haben wird und dass es schon in der nächsten Generation wieder unendlich viele gegeben haben wird, die diese Gerechtigkeit niemals erleben können? Warum widersteht er angesichts solcher Erfahrungen der Verzweiflung überhaupt? Warum weigert er sich denn, mit der Sinnlosigkeit zu paktieren, die eigentlich in der Erfahrung jedes ungesühnten Leidens steckt? Woher die Kraft zur Revolte, zur Rebellion? Woher gar die Kraft zur Revolution im Interesse der Anderen?

Wo die theologischen Warums zum Schweigen gebracht sind, wo die lästige Theodizeefrage atheistisch beantwortet ist, da schlagen neue anthropologische Warumfragen offensichtlich durch. Da gibt es auch wieder neue ungelöste Rätsel. Oft habe ich mit Ernst Bloch über diese Fragen gesprochen. Und immer, wenn wir über den Unterschied und die Gemeinsamkeit des Prinzips Hoffnung und einer marxistischen Utopie einerseits und eschatologischer Hoffnung der Christen andererseits gesprochen haben, reduzierte Ernst Bloch sein Argument auf die alte scholastische Formel, die er mir entgegenhielt: „Entia sine ratione non sunt multiplicanda".

Man darf die Hoffnung also nicht mit Gott aufladen, wenn man die Hoffnungsgeschichte der Menschheit auch ohne ihn erläutern kann.

Aber die Frage ist die: Kann man das denn wirklich, wenn man sich nicht dem Traum von einer bewusstlos schon gerichteten Teleologie der Materie ergibt, die am Ende im Reich der Freiheit münden wird? Kann man das wirklich? Oder schafft das das metaphysische Sparsamkeitsprinzip, mit dem man eine theologische Interpretation dieser anthropologischen Situation des Menschen zwischen Leid und Gerechtigkeitssehnsucht abwendet, schafft dieses Sparsamkeitsprinzip nicht genau jene Warumfragen, jene anthropologisch gewendeten Figuren der Theodizeefrage immer wieder neu?

In der großen Umbruchzeit aus dem späten Mittelalter in die Neuzeit hinein entstand eine Denkfigur, die auch unter einer lateinischen Formel bekannt geworden ist. In der Zeit des späten Nominalismus hat man von naturwissenschaftlicher und philosophischer Seite angestoßen gesagt, man müsse lernen, die Welt zu denken „etsi deus non daretur", so als gäbe es keinen Gott, damit man endlich begreife, was denn das sei: Welt. Damit man endlich einmal sie selber ernst nähme: die Welt als Experimentierfeld des Menschen, „laboratorium mundi", und damit man nicht immer mit theologischen Vorbehalten alles verstelle.

Dieses Axiom „etsi deus non daretur" hat eine ungeheure Wirkungsgeschichte entwickelt. Es hat den Menschen als Subjekt dieser Welt und dieser Weltgestaltung sichtbar gemacht. Dieses Axiom steht am Aufgang neuzeitlicher Wissenschaftsideale usw.

Ich möchte sagen, dass in dieser nachtheologischen Zeit von heute, in der die Theologie selber längst aufgehört hat, so etwas wie eine Schlüsselattitüde in der Interpretation von Welt zu spielen und in der man der Theologie nicht etwa ein solches Axiom entgegenhalten müsste, weil sie auf die Definition von Welt überhaupt keinen Einfluss mehr nimmt. Doch taucht gerade in dieser Zeit ein Gegenaxiom auf, und zwar nicht in der Theologie, sondern immer wieder in den Philosophien unserer Zeit, und zwar in den materialistischen mehr als in den idealistischen, am meisten in den marxistischen, nämlich: den Menschen zu denken *„etsi deus daretur"*, als ob es Gott gäbe. Der Entwurf, der hinter diesem Menschen steckt, der in solchen Philosophien gedacht wird, und die Zumutung an den Menschen, Leid und Gerechtigkeit zusammenzubringen und niemals in der leidvollen Erfahrung am Ideal von universaler Gerechtigkeit zu verzweifeln, ist eine Zumutung, die am Ende anders denn theologisch kaum begriffen werden kann.

Ich glaube, dass dieses *„etsi deus daretur"* sich eigentlich in allen sog. nicht-trivialen Atheismen unserer Tage, vor allem in neo-marxistischen, zeigen lässt.

Ich möchte hier verstärkt auf die Frankfurter Schule hinweisen, speziell und nur exemplarisch natürlich auf *Max Horkheimer* und *Theodor W. Adorno*. Von Walter Benjamin, dem vielleicht Theologischsten unter allen, war ja immer schon wieder die Rede. Sie alle, diese Philosophien und Philosophen – und andere wären hier durchaus auch heranzuziehen – sind zutiefst geprägt und durchstimmt von der Frage nach dem Zusammenhang von Leid und Gerechtigkeit. Nicht von ungefähr kommen die, die ich hier genannt habe, alle aus einem jüdischen Hintergrund heraus. Sollten sie denn den Juden Karl Marx weniger begriffen haben als die, die ihn heute wie eine Bibel lesen? Sie alle, diese Philosophen, stehen an einem Punkt, an dem sich theologische und dialektisch-materialistische Hermeneutik unserer Welt gegenseitig spiegeln.

Hier ist eine der entscheidenden Grundfragen, um die es in der Theologie heute wie überhaupt im Christentum unserer Tage geht in der Auseinandersetzung mit dem, was uns ansteht. *Max Horkheimer*, von dem hier erneut die Rede sein soll, hat es einmal selber so formuliert, und zwar in einem sehr frühen Text:

> „Alle diese Wünsche nach Ewigkeit und vor allem nach dem Eintritt der universalen Gerechtigkeit und Güte sind dem materialistischen Denker und dem religiösen im Gegensatz zur Stumpfheit der positivistischen Haltung gemeinsam."[155]

Horkheimer sprach früh, wenn das auch spät bekannt wurde und dann natürlich sofort von den Theologen weidlich ausgebeutet wird, von *der*

---

[155] *Max Horkheimer*, Zu Theodor Haeckers „Der Christ in der Gegenwart", in: Gesammelte Schriften Bd. 4 (Schriften 1936–1941), hrsg. von Alfred Schmidt, Frankfurt am Main 1988, 89–101, hier: 100.

Sehnsucht nach dem ganz Anderen.[156] Er hat diese Sehnsucht nach einer ganz anderen Gerechtigkeit in seiner Kritik der kapitalistischen Gesellschaft durchdacht und entwickelt, hat sie freilich auch auf die Stalinismen in den sozialistischen Gesellschaften energisch angewandt. Er hat die religiösen Idole der Religion kritisiert, aber eben auch die Idole einer Totalisation, wie sie ihm in manchen sozialistischen Ländern begegnet sind. Er sprach von einer *produktiven Kritik* am Bestehenden, die sich in der früheren Epoche als Glaube an einen himmlischen Richter geäußert habe. Seine Sehnsucht nach dem ganz Anderen ist die Sehnsucht nach der Gerechtigkeit Gottes *in* der Welt. Wäre nämlich diese Sehnsucht nicht da, so wäre auch das Leiden an Ungerechtigkeit, an Bosheit nicht eigentlich ein unstillbarer und das Denken immer neu irritierender Schmerz.

„Ohne den Gedanken an die Wahrheit und damit an das, was sie verbürgt, ist kein Wissen um ihr Gegenteil, nämlich die Verlassenheit des Menschen, um deren willen die wahre Philosophie kritisch und pessimistisch ist, ja, ist nicht einmal die Trauer, ohne die es kein Glück gibt."

Horkheimer hat das sog. ganz Andere niemals mit dem Namen „Gott" bezeichnet. Seine ideologiekritische These hat zur Voraussetzung: „Was Gott ist, wissen wir nicht." Das ist ein alter theologischer Satz. Thomas von Aquin hat ihn auf seine Art ja auch definiert und davon gesprochen, dass wir von Gott weit mehr wissen, was er nicht ist, als was er eigentlich ist.

Horkheimers negative Rede vom unaussagbaren ganz Anderen beweist sich daran, dass sie die Welt in ihren Zusammenhängen als eine relative und in diesem Sinne durchaus auch wandelbare gelten lässt. Er behauptet nicht, dass es einen allmächtigen, gerechten und guten Gott gibt, so wie das theologisch gern schnell insinuiert wird, aber er bestreitet radikal, dass an seine Stelle und an das, was Menschen unter dem Namen „Gott" erinnern und als Erinnerung in die Gegenwart einbringen, irgendein immanenter Ersatz treten könne. – Das nenne ich auch Offenhalten der Theodizeefrage.

Horkheimer gibt auf die Frage nach den Leiden und auf die Frage nach der Versöhnung von ungesühntem Leid und universaler Gerechtigkeit keine theologische Antwort. Aber er bestreitet ebenso sehr, dass der Athe-

---

[156] *Ders.,* Die Sehnsucht nach dem ganz Anderen. Ein Interview mit Kommentar von Helmut Gumnior, Hamburg 1970, 54–89.

ismus eine Möglichkeit sei, diese Frage niederzuschlagen, auf sie zu verzichten und sich mit der Welt abzufinden.

„Diese Sehnsucht nach vollendeter Gerechtigkeit kann in der säkularen Geschichte niemals verwirklicht werden. Denn selbst wenn eine bessere Gesellschaft als die gegenwärtige soziale Unordnung ablösen würde, wird das vergangene Elend nicht gutgemacht und die Not in der umgebenden Natur keineswegs aufgehoben."[157]

Hier liegt etwas von einer Art protestierendem Glauben vor, von einer ohnmächtigen Rebellion gegen die ungesühnten Leiden in der Welt, von dem Versuch, immer wieder die Maßstäbe der Gerechtigkeit hochzuschrauben und hochzusetzen und lieber unglücklich zu sein, als die Maßstäbe selber zu reduzieren. Dies ist ein Pathos, das hinter materialistischer Dialektik durchaus steckt und an dem sich Theologie noch lange nicht hinreichend abgearbeitet und die ihr zustehende Identität gesucht hat.

Auch bei *Theodor W. Adorno* gibt es den Versuch neben den von ihm sonst immer zitierten Texten, den Gedanken der Gerechtigkeit bis zur Transzendenz voranzutreiben. In seiner „Negativen Dialektik" aus dem Jahr 1966 sagt er:

„Was von Entmythologisierung nicht getroffen würde, wäre kein Argument – dessen Sphäre ist die antinomische schlechthin – sondern die Erfahrung, dass der Gedanke, wie er sich nicht enthauptet, in Transzendenz mündet, bis zur Idee einer Verfassung der Welt, in der nicht nur bestehendes Leid abgeschafft, sondern noch das unwiderruflich Vergangene widerrufen wäre."[158]

Das aber heißt nun in einem positiven Glaubenssymbol ausgedrückt, das natürlich Adorno unerträglich findet: vollendete Gerechtigkeit ist nicht ohne Auferweckung der Toten, und zwar ohne leibliche Auferweckung der Toten, zu denken. Ausdrücklich betont Adorno, dass er sich dem nicht anschließen will und nicht anschließen kann. Denn nach ihm muss der Materialismus bilderlos sein, wie er sagt, und kann auf positive Symbole überhaupt nicht zurückgreifen. Er sagt:

„Die aufklärende Intention des Gedankens, Entmythologisierung, tilgt den Bildcharakter des Bewusstseins. Was ans Bild sich klammert, bleibt allemal mythisch befangen, Götzendienst ... Die materialistische Sehnsucht, die Sache zu begreifen,

---
[157] Ders., Die Aktualität Schopenhauers, in: ders., Gesammelte Schriften, hrsg. von Alfred Schmidt u. a., Band 7, Frankfurt am Main 1987, 138.
[158] Theodor W. Adorno, Negative Dialektik, Frankfurt am Main 1975, (text- und seitenidentisch mit der in Bd. 6 der Gesammelten Schriften erschienenen Ausgabe), 395.

will das Gegenteil: nur bilderlos wäre das volle Objekt zu denken. Solche Bilderlosigkeit konvergiert mit dem theologischen Bilderverbot. Der Materialismus säkularisierte es, indem er nicht gestattete, die Utopie positiv auszumalen; das ist der Gehalt seiner Negativität. Mit der Theologie kommt er dort überein, wo er am materialistischsten ist. Seine Sehnsucht wäre die Auferstehung des Fleisches; dem Idealismus, dem Reich des absoluten Geistes, ist sie völlig fremd."[159]

Es ist ein Leichtes, die Undenkbarkeit eines totalen und absoluten Bilderverbots Adorno entgegenzuhalten. Es ist weit schwieriger, sich den darin angezielten und angefragten Fragestellungen wirklich auszusetzen. Was ich sagen will, und natürlich wäre hier noch eine Fülle von Beispielen anzuführen: Diese sog. atheistisch-materialistischen Denker haben die Rätsel, die nach scheinbarer atheistischer Liquidation der Theodizeefrage aufgetaucht sind, sie haben alle diese Warum, die uns seitdem begleiten, angesichts des ungeheuren Risses zwischen Leid und Gerechtigkeit, zwischen Glück und Unglück unserer Freiheit so ernst genommen, dass sie ihre Fragen wiederum bis an die Grenzen einer Hoffnung und eines Gerechtigkeitsideals vorangetrieben haben, für die wir in der Geschichte der Menschheit keine anderen Bilder und Symbole als die der religiösen Traditionen haben.

Horkheimer hat bekanntlich die Quintessenz seiner Kritischen Theorie einmal in dem Satz zusammengefasst: *„Es geht um die Sehnsucht, dass der Mörder nicht über das unschuldige Opfer triumphieren möge."*

Ernst Bloch, dessen Prinzip Hoffnung mit der berühmten Zielangabe schließt: *„Irgendwann entsteht etwas, das allen in die Kindheit scheint und worin doch noch niemand war, nämlich Heimat"*, ein Bild-Wort, das er, wie er mir persönlich gestand, aus einem alten religiösen Text indischer Herkunft übernommen hat.[160]

Schließlich Adornos von Theologen gern zitierter Schluss seiner „Minima moralia", dieser Reflexionen aus dem beschädigten Leben, wenigstens die wichtigsten Zeilen daraus, als Paradigmata, wie weit diese Gedanken getrieben sind, wie wenig die Theologie gehört hat, wie wenig sie in der Lage ist, materialistischer Dialektik ein Widerpart zu sein oder auch ein Angebot zu entwickeln:

„Philosophie, wie sie im Angesicht der Verzweiflung einzig noch zu verantworten ist, wäre der Versuch, alle Dinge so zu betrachten, wie sie vom Standpunkt der

---

[159] *Theodor W. Adorno*, a. a. O., 205–207.
[160] *Ernst Bloch*, Das Prinzip Hoffnung – in drei Bänden, Frankfurt am Main 1970 (Nachdruck der Ausgabe von 1959), 3. Band, 1628.

Erlösung aus sich darstellen. Erkenntnis hat kein Licht, als das von der Erlösung her auf die Welt scheint: alles andere erschöpft sich in der Nachkonstruktion und bleibt ein Stück Technik. Perspektiven müssten hergestellt werden, in denen die Welt ähnlich sich versetzt, verfremdet, ihre Risse und Schründe offenbart, wie sie einmal als bedürftig und entstellt im messianischen Lichte darliegen wird. ... Es ist das Allereinfachste, weil der Zustand unabweisbar nach solcher Erkenntnis ruft, ja, weil die vollendete Negativität, einmal ganz ins Auge gefasst, zur Spiegelschrift ihres Gegenteils zusammenschießt. Aber es ist auch das ganz Unmögliche, weil es einen Standort voraussetzt, der dem Bannkreis des Daseins, wäre es auch nur um ein Winziges, entrückt ist."[161]

Ich habe versucht, die Krisen- und Leidenssprache des Betens als den Ort und den Vorgang wenigstens anzudeuten, der in diese von Adorno so gekennzeichnete Unmöglichkeit der Ekstatik, des Entrücktseins aus dem Bannkreis des Daseins führt.

Es ist freilich kein Standpunkt, den man da beziehen kann und gar sich auf ihm niederlassen kann. Er bleibt allemal der umstrittenste und immer wieder neu aufzudeckende Ort der Welt, des Lebens. Damit muss gerechnet werden.

Ein Standpunkt freilich sollte bei dieser Erläuterung der Zustimmungs- und Gebetssprache klar geworden sein, ein Standpunkt, den man nicht verlassen darf, weil sich sonst jede Gebetssprache systematisch verzerrt. Es ist der Standpunkt, der es nicht erlaubt, mit dem Rücken zu den Leiden, abgedichtet gegen das Elend und gegen die Not, zu beten.

Von den Aufgeklärten verachtet zu werden, ist das Geringste der Menschen. Damit muss gerechnet werden. Mit einem aber darf niemals gerechnet werden: von den Leidenden als Betender verachtet zu werden.

Ich möchte diese Überlegung mit einem Gedanken schließen dürfen, den Adorno selbst auch einmal in einer etwas anderen Form präsentiert hat. Es ist der Gedanke, der besagt, dass der Gottesgedanke zutiefst die unmittelbaren Interessen und Bedürfnisse dessen verletzt, der ihn zu denken sucht.

Die Frage an uns wäre doch, ob wir Gott zu denken versuchen ohne Revision unserer Interessen und Bedürfnisse, ohne diese praktische Revision, ohne diese Metanoia, ohne die Gott nicht gedacht werden und ohne die seine Denkbarkeit nicht einmal ausgesagt werden kann. Oder bauen wir den Gottesgedanken vielleicht über eine längst vorausgesetzte, für uns schlechthin unangreifbare, unirritierbare, unbefragbare Identität, die

---
[161] *Theodor W. Adorno*, Minima Moralia. Reflexionen aus dem beschädigten Leben, Frankfurt am Main 1971, 333.

durch ganz andere Kategorien definiert ist als durch den Gottesgedanken? Eine Identität, die wir schon als Identität von Besitz und Haben bestimmt haben? Wundert es uns dann, wenn uns der Gottesgedanke ständig als Überbau nachgewiesen und dann gewissermaßen weggezogen wird? Wenn uns die Köpfe durch materialistische Dialektik abgedeckt werden – unsere theologischen Köpfe?

Ich meine, dass wir das ernst nehmen müssen, weil, wenn wir den Gottesgedanken selber nicht als einen denken, der uns zwingt, der Frage des Verhältnisses von Leid und universaler Gerechtigkeit standzuhalten, die hier in diesem Schöpfungsthema besprochen worden ist.

§ 8 Gemeinschaft der Kirche

Wir beginnen – am Leitfaden dieses kleinen Credotextes – das letzte Kapitel in der Erörterung der Inhalte unseres Glaubensbekenntnisses: Gemeinschaft der Kirche.

Der Credotext, von dem wir ausgehen und der unseren Überlegungen zugrunde liegt, spricht von Kirche natürlich nicht nur in dem Abschnitt I.8, der hier ausdrücklich vorgestellt wird und in dem der Versuch gemacht ist, Aspekte der Kirche als *Hoffnungsgemeinschaft* zu erläutern. Der Credotext selber hat immer wieder den Versuch bei sich, die Ausgangslage und Situation der Kirche heute, speziell der Kirche in der Bundesrepublik, näher zu bestimmen, einmal schon in der Einleitung unseres Credotextes, dann auch am Beginn von Teil I („Zeugnis der Hoffnung in unserer Gesellschaft"), wie auch vor allem zu Beginn des Teiles II („Das eine Zeugnis und die vielen Träger der Hoffnung"). Speziell dieser Teil versucht eine Antwort auf die Frage zu geben: Wer ist denn das Subjekt, das da glaubt und das sich darauf dann auch verpflichten lässt? Teil II und die folgenden Teile suchen der Frage standzuhalten: Bei wem kann man denn die Konsequenzen dieses Glaubens, wie er in Teil I entfaltet ist, einklagen? Wo kann man sie überprüfen?[162]

1. *Die Frage nach den Subjekten*

Damit dieser Text nicht einfach ein Bestätigungspapier für konkrete, herrschende kirchliche Praxis sei und nicht folgenlos vereinnahmt werden könne, ist hier die Frage nach dem Subjekt gestellt. Seit es auch in der Theologie so etwas wie ideologiekritisches Bewusstsein gibt, weiß man um die Bedeutung dieser Frage nach dem Subjekt. Es genügt nicht, Inhalte bloß zu denken, man muss für diese Inhalte jeweils auch Subjekte bezeichnen und eine Praxis benennen können, bzw. suchen oder schaffen. Es gibt im Traditionsgut des Christentums und der Kirche Inhalte,

---

[162] Dann möchte ich darauf hinweisen, dass die Teile II (*„Das eine Zeugnis und die vielen Träger der Hoffnung"*), III (*„Wege in die Nachfolge"*) und IV (*„Sendungen für Gesamtkirche und Gesamtgesellschaft"*) durchgängig auch als ekklesiologische Teile aufgefasst werden können und müssen. Die Teile II–IV enthalten immer auch die Frage nach dem Träger, nach dem Subjekt des Glaubensbekenntnisses, das in Teil I inhaltlich andeutungsweise entfaltet ist. Wenn man Inhalte subjektlos denkt, können sie sehr leicht für alles und jedes vereinnahmt und mit allem und jedem Kontext besetzt werden, vor allem von denen, die das Interpretationsmonopol für solche Inhalte besitzen.

denen wir gegenwärtig keine Subjekte zuordnen oder vielleicht nicht einmal zuordnen können und die deshalb nicht oder kaum im kirchlichen Leben praktisch werden. Meine seit einigen Jahren entwickelte Rede von der „gefährlichen Erinnerung" innerhalb der Kirche ist der Versuch, nicht nur solche Inhalte zu bewahren, sondern auch praktische Träger für sie zu finden und anzugeben. Das ist die eigentliche Gestalt des so viel besprochenen Theorie-Praxis-Problems in der Theologie.

Der Kampf nun um Subjekte, den die Theologie zu führen hat, heißt nicht einfach, dass die Kirche in ihren Subjekten – die kirchliche Gemeinschaft – als Ganze einer bestimmten einzelnen Theologie unterworfen und nach deren Vorstellungen ausgerichtet werden soll. Es kann aber auch nicht heißen, dass Theologie nur Legitimation herrschender kirchlicher Praxisformen ist und dass sie es auch nur sein dürfte. Es gibt hier ein in der Tat genuin *dialektisches* Verhältnis zwischen den Subjekten, die als Kirche und in der Kirche leben, und der Theologie, die sich an solchen Subjekten probiert und die sowohl die Subjekte verwandelt wie sich selbst, indem sie diese Subjekte sucht. Sie sucht sie zunächst einmal in der Gemeinschaft der konkreten Kirche, in der und für die sie arbeitet, aber auch an den Zäunen und Rändern natürlich und nicht zuletzt auch draußen bei denen, die mindestens in einem latenten Sinne religiöse Fragen und Interessen haben. In diesem Vorgang verwandelt sich dann Theologie selber.

Ich habe in den letzten Jahren eine Reihe von Definitionen, von Bestimmungen der Kirche und des kirchlichen Lebens theologisch zu entwickeln versucht und angeboten, so z.B. die Kirche „als Institution gesellschaftskritischer Freiheit des Glaubens"[163], die Ausgangsdefinition der Neuen Politischen Theologie im Blick auf Kirche. Oder Kirche „als öffentliche Tradentin einer gefährlichen Erinnerung" inmitten der Systeme unseres gesellschaftlichen Lebens[164]; oder Kirche als „Erzählgemeinschaft", Kirche als eine geistbewegte „Kirche des Volkes" und eben nicht nur als protektionistische Betreuungskirche für das Volk.[165] Solche Definitionen werden in das Schaufenster der gegenwärtigen Theologie gestellt und

---

[163] JBMGS 1, 108–115, 123–131, 262; JBMGS 3/2, 55–57, 26 f., 265, 268; JBMGS 4, 180; JBMGS 5,42; JBMGS 6/1, 39; JBMGS 7, 30.
[164] JBMGS 1, 263; JBMGS 3/1, 195, 213; JBMGS 3/2, 47, 58, 60, 115; JBMGS 6/1, 58, 61, 74, 78; JBMGS 7,30.
[165] JBMGS 1, 162, 223 f, 228; JBMGS 3/1, 151–167, 241; JBMGS 3/2, 131A, 265; JBMGS 5, 132, 163, 195; JBMGS 6/1, 81, 196 f., 201; JBMGS 7, 166, 182 f.; JBMGS 8, 134.

bleiben unwirksam. Sie werden vereinnahmt, wenn sie nicht Subjekte finden, die diese inhaltlichen Bestimmungen zu praktizieren versuchen. Wenn man keine Subjekte findet, verblasst auch der Gedanke. Dann wird der Inhalt wieder unanschaulich und zergeht.

Deshalb gehört zu einer solchen Theologie immer auch eine Strategie zur Subjektfindung hinzu. Da könnte man sagen: Wenn es für das, was in diesem Glaubensbekenntnis steht, in dieser Kirche keine oder zu wenige Subjekte gibt, dann muss es in dieser Theologie einen Kampf um die Subjekte geben. Meine Arbeit z. B. für die Synode betrachte ich als einen solchen Versuch. Was mit ihm geschieht, ist längst noch nicht entschieden. Man könnte natürlich zunächst auch die Gegenfrage stellen: Gibt es denn für das, was unsere Bischöfe lehren, wirklich genügend Subjekte in der Kirche? Vergessen wir nicht, dass wir dann diese Frage ja an einem sehr hohen Maßstab messen müssen, entsprechend der Geltungsansprüche bischöflicher Aussagen und Lehren.

Theologie kann und muss sich allemal auf eine innere Pluralität hin auslegen, denn sie kann nie für alle in gleicher Weise da sein. Bischöfliche Aussagen haben von ihrer kirchlichen Qualität her gesehen von vornherein einen anderen Umfang und Kompetenzanspruch. Ist das wachsende Schisma zwischen Amtskirche und Volkskirche oder Kirchenvolk nur ein von progressiven Theologen in Umlauf gebrachtes leichtfertiges Gerücht?

Die Kirche hat ja noch – wie es scheint – ein sehr starkes Milieu, aber immer weniger ein homogenes einheitliches Volk. Sie bekommt es immer mehr mit den Zweifeln ihres Volkes, ihrer „einfachen Leute" zu tun, mit Zweifeln, mit Identifikationsschwierigkeiten, die verhältnismäßig gesehen viel schwerer wiegen als die Zweifel der Theologen und der Intellektuellen in der Kirche. Ist es denn falsch zu sagen, dass sich längst so etwas wie ein lautloser Abfall ausbreitet und die Identifikationen mit der Kirche, und zwar mit dem, was gerade Kirche als bischöfliche Kirche lehrt, abnehmen – trotz aller Rede von der Kirche als dem Volk Gottes, trotz der Betonung des Priestertums aller Gläubigen, trotz der Beschwörung der Bedeutung des Laien in der Kirche? Es muss sich eine Kirchentheologie von Anfang an – wenn sie Theologie der Kirche heute treiben will – diesem Thema unbedingt stellen: Welches sind denn die Subjekte für die auszusagenden Inhalte? Damit hängt all das zusammen, was man reformerische oder gegenreformerische Impulse in unserer Kirche heute nennen könnte und nennen muss.

Hier gehen wir zunächst einmal von einer Situationsbeschreibung aus, an der sich eine theologische Aussage über Kirche, auch und gerade eine konfessorische Aussage über Kirche als Hoffnungsgemeinschaft in jedem Falle abzuarbeiten hat, wenn sie wirklich nicht nur im Sinne einer regionalen Semantik den Versuch machen will, allgemein im Kontext unseres gesellschaftlichen Lebens auch von dieser Kirche zu sprechen.[166]

Um jetzt in eine Situationsvergewisserung einzutreten, damit unsere ekklesiologischen Vorstellungen Bestimmtheit gewinnen können, möchte ich zunächst auf eine solche knappe, kleine, immer noch sehr generelle Situationsschilderung und -vergewisserung kirchlichen Lebens heute im ersten Abschnitt von Teil II hinweisen.

„Die Situation, in der wir in der Gemeinschaft der Kirche unsere Hoffnung bezeugen und aus ihr uns erneuern wollen, ist längst nicht mehr die Situation einer religiös geprägten Gesellschaft. In der Angst vor innerem Sinnverlust und vor wachsender Bedeutungslosigkeit steht unser kichliches Leben zwischen der Gefahr kleingläubiger oder auch elitärer Selbstabschließung in einer religiösen Sonderwelt und der Gefahr der Überanpassung an eine Lebenswelt, auf deren Definition und Gestaltung es kaum mehr Einfluss nimmt. Der Weg unserer Hoffnung und unserer kirchlichen Erneuerung muss uns mitten durch diese Lebenswelt führen – mit ihren Erfahrungen und Erinnerungen, mit ihrer Indifferenz oder auch ihrem kalkulierten Wohlwollen gegenüber der Kirche, und mit ihren Verwerfungen der Kirche als einer Art antiemanzipatorischen Restbestands in unserer Gesellschaft, in dem angeblich Wissen und produktive Neugierde gezielt unterschlagen und das Interesse an Freiheit und Gerechtigkeit bloß simuliert werden." (II.1)

Man überlege sich, ob in diesem kleinen Text, der immerhin jetzt ein kirchlicher Text geworden ist, nicht eine Situationsbeschreibung genannt

---

[166] Ein paar Literaturhinweise: *Johann Baptist Metz*, Aspekte einer fundamentaltheologischen Ekklesiologie, in: Concilium 7 (1971), H. 6/7, 385–387 (JBMGS 6/2: 79–83); *Helmut Gollwitzer*, Vortrupp des Lebens, München 1975; *Wolfhart Pannenberg*, Thesen zur Theologie der Kirche, München ²1974; *Jürgen Moltmann*, „Kirche in der Kraft des Geistes", München 1975. Einige Texte, die in den Synodentext eingegangen sind oder als Hintergrund wirksam sind: *Johann Baptist Metz*, Das Problem einer „politischen Theologie" und die Bestimmung der Kirche als Institution gesellschaftskritischer Freiheit, in: Concilium 4 (1968), H. 6/7, 403–411 (JBMGS 3/2: 11–26); ders., Reform und Gegenreformation heute, Mainz – München 1969 (JBMGS 6/1: 15–41); ders., „Präsenz der Kirche in der Gesellschaft", in: Die Zukunft der Kirche. Berichtband des Concilium-Kongresses (1970), Mainz 1971, 86–96 (JBMGS 3/1: 105–115). In inhaltlicher Korrespondenz dazu: ders., Kirchliche Autorität im Anspruch der Freiheitsgeschichte, in: *Johann Baptist Metz, Jürgen Moltmann, Willi Oelmüller*, Kirche im Prozess der Aufklärung Mainz 1970, 53–90 (JBMGS 6/1,42–79). Schließlich der Artikel „Kirche und Volk oder der Preis der Orthodoxie", der die These entwickelt, dass es nicht um eine Kirche für das Volk, sondern um eine Kirche des Volkes geht, in: Stimmen der Zeit 192, Nr. 12 (1974), 797–811 (JBMGS 3/1: 151–167).

ist, in der Kirche doch eine Reihe von grundlegenden Vorwürfen auf sich selber zukommen lässt. Natürlich bliebe das alles folgenlos, wenn diese Vorwürfe als solche nur unvermittelt stehen bleiben.

2. Zwei soziologische Diagnosen: Peter L. Berger und Jürgen Habermas

Als eine knappe Hintergrundinformation dafür und auch noch als eine Präzisierung der Schwierigkeiten, in denen Kirche, speziell die Kirche in unseren westlichen Ländern und in der Bundesrepublik heute, steht, möchte ich noch zwei Diagnosen von soziologischer bzw. von gesellschaftskritischer Seite nennen, die auch als Hintergrundprämissen in den Synodentext miteingegangen sind.

Die eine Diagnose stammt von dem Soziologen *Peter L. Berger*, der diese Situation heute als ein Grunddilemma der Kirche in der modernen Gesellschaft überhaupt formuliert hat.[167] Ich möchte diese Schwierigkeit zur Kennzeichnung der Situation vortragen, an und in der sich Kirche als Hoffnungsgemeinschaft zu bestimmen hat. Peter L. Berger sagt:

> „Was das Christentum betrifft, kann man wohl mit einiger Sicherheit behaupten, dass die letzten Jahrhunderte westlicher Geschichte einen erheblichen Verfall seiner einstmaligen Selbstverständlichkeit mit sich gebracht haben. Die Gründe für diesen Prozess können uns hier nicht beschäftigen. Seine Hauptkonsequenz ist in einem einfachen Dilemma zu finden: Die Kirchen können entweder trachten, sich den Wirklichkeitsbestimmungen der Umwelt anzupassen oder sich als kognitive Minderheiten gegenüber dieser Umwelt zu verschanzen."

Dabei ist immer vorausgesetzt, dass die Kirchen auf diese Umwelt nicht mehr den früher einmal gehabten geschichtlichen Einfluss haben, d. h. dass Kirchen heute in einer Welt leben, auf deren inzwischen längst internalisierten Selbstverständlichkeiten, auf deren Plausibilitätsstrukturen – wie Berger sagt – sie keinen definitorischen Einfluss mehr ausüben, sodass sie sich diesen Fremdplausibilitäten nur entweder unterwerfen oder sich ihnen gegenüber abschließen können. Beide Alternativen, sagt Berger, bringen in Anbetracht der inneren Beschaffenheit des Christentums und der christlichen Kirchen erhebliche Schwierigkeiten mit sich.

---
[167] Vgl. *Peter L. Berger*, Zur Soziologie kognitiver Minderheiten, in: IDZ 2 (1969), 127–132.

Die *erste* Alternative, also die Anpassung an eine Weltform, auf deren kognitive und normative Selbstverständlichkeiten Kirche keinen Einfluss mehr ausübt, gefährdet entschieden den geistigen Gehalt, der ja nur bis zu einem gewissen Ausmaß angepasst werden kann, wenn er nicht gänzlich seinen Charakter verlieren will.

Die *zweite* Alternative wiederum kollidiert mit dem jedenfalls seit Konstantin bestehenden Selbstverständnis der christlichen Kirchen als offenen, mit der Gesamtgesellschaft vielfältig verwobenen Institutionen.

Das ist das Dilemma, in dem Berger die Kirchen auf ihrem unumkehrbaren Weg in die gesellschaftliche Minorität geraten sieht. Dabei ist die Unterstellung immer die, dass diese gegenwärtige Welt das Christentum in eine solche kognitive Isolation seiner Inhalte immer mehr hineindrängt, die jeden Versuch einer gesellschaftlichen bzw. gesellschaftskritischen Vermittlung dieser Inhalte ausschließt, weil im gesellschaftlich verbreiteten Wissen keinerlei – oder nur noch schrumpfende – Erwartungsentsprechungen zu diesen Inhalten mehr gegeben sind.

Was Berger dabei meint, wird drastisch deutlich, wenn er an Beispielen demonstriert, was er unter Kirchen als kognitive Minderheiten versteht, die er in unserer Gesellschaft auftauchen sieht.

Wenn man heute sagt, dass man durch Bakterien krank werden kann, dann gehört das so sehr zu den unterstellten Plausibilitätsstrukturen der heutigen Zivilisation und technologischen Gesellschaft, dass man ohne besondere Institutionalisierung und ohne eine besondere institutionelle Absicherung dieses Wissens als Wissen verbreiten kann.

Wenn aber heute einer meint, Krankheiten würden vom Mond oder von den Sternen verursacht und das auch noch für wahr hält, dann kann er das nur durchhalten, wenn er sich mit anderen, die diese Meinung zu teilen bereit sind, zusammenschließt und sich durch diesen Zusammenschluss nun gegen alle kognitiven Störungen von außen abschließt, wenn er so etwas wie eine kognitiv geprägte Sekte schafft.

In dieser gnoseologischen Situation sieht Berger die Kirchen.[168] Lassen wir diese Beobachtung und Feststellung einmal stehen, und versuchen wir sie nicht apologetisch sofort zu entschärfen. Wenn er recht hätte, wäre sie ja auch durch kein Argument so ohne weiteres aus der Welt zu räumen. Ich versuche zu zeigen, in welcher Form es durchaus so etwas wie eine gesellschaftliche Vermittlung dessen, was Christentum aus und

---

[168] Bergers Beispiele zeigen, dass sie alle aus der sog. kognitiven Ebene und nicht etwa auch, was ja bei Religion gerade naheläge, aus der affektiven Ebene kommen.

durch sich selber zu sagen hat, gibt – auch heute, freilich in einer anderen Form als das in religiös geprägten Gesellschaften überhaupt der Fall war.

Der zweite Text, auf den ich mich beziehen möchte und der uns diese Situation deutlich apostrophiert, ist ein Text von *Jürgen Habermas*, ein noch radikalerer Text, weil er nicht nur die Aporien und Dilemmata kirchlichen Lebens anspricht, sondern die Verfallsituation von Religion überhaupt. Der Text ist forsch, würde ich sagen, ein bisschen zu rigoros. Ich glaube nicht, dass Habermas diesen Text aus dem Jahre 1971 so frisch-fröhlich wiederholen würde.[169] Aber gerade weil er so dezidiert ist, scheint er mir für das, worum es uns hier geht, und für die Schwierigkeiten, an denen Kirche heute sich ableben muss, wichtig.

Dort sagt Habermas:

> „Das philosophische Denken sieht sich freilich nicht nur den Verfestigungen eines technokratischen Bewusstseins, sondern zugleich dem Verfall des religiösen Bewusstseins konfrontiert. Erst heute zeigt sich, dass die bildungselitäre, beschränkte philosophische Weltauslegung auf die Koexistenz mit einer breitenwirksamen Religion geradezu angewiesen war. Die bildungselitär beschränkte philosophische Weltauslegung war auf die Koexistenz mit einer breiten, wirksamen Religion geradezu angewiesen. Philosophie ist, auch nachdem sie aus der jüdisch-christlichen Überlieferung die utopischen Impulse in sich aufgenommen hat, unfähig gewesen, die faktische Sinnlosigkeit des kontingenten Todes, des individuellen Leidens, des privaten Glücksverlustes, überhaupt die Negativität lebensgeschichtlicher Existenzrisiken durch Trost und Zuversicht so zu überspielen (oder zu bewältigen?), wie es die Erwartung des religiösen Heils vermocht hat. In den industriell entwickelten Gesellschaften beobachten wir heute zum ersten Mal den Verlust der, wenn schon nicht mehr kirchlich, so doch immer noch durch verinnerlichte Glaubenstradition abgestützten Erlösungshoffnung und Gnadenerwartung als ein allgemeines Phänomen; es ist zum erstenmal die Masse der Bevölkerung, die in den fundamentalen Schichten der Identitätssicherung erschüttert ist und, in Grenzsituationen, nicht aus einem vollständig säkularisierten Alltagsbewusstsein heraustreten und auf institutionalisierte oder doch tief internalisierte Gewissheiten zurückgreifen kann."[170]

In einem knappen Satz zusammengefasst: Während die Aufklärung noch sagte, Religion sei Privatsache, die den Einzelnen als Einzelnen angehe und nicht mehr über Gesellschaft zu vermitteln sei, konstatiert Habermas: Religion ist nicht einmal mehr Privatsache. Sie trägt nicht mehr, weil die inneren, die internalisierten und wie selbstverständlich vorausgesetzten

---

[169] Vgl. *Jürgen Habermas*, Zwischen Naturalismus und Religion. Philosophische Aufsätze, Frankfurt am Main 2005.
[170] *Jürgen Habermas* in: Philosophisch-politische Profile, Frankurt am Main 1971, 36.

Gewissheiten des Heils in der Masse nicht mehr arbeiten oder funktionieren. Es gibt Symptome, die das durchaus nahelegen. Wenn man einmal in Krankenhäusern oder auch vielleicht zu Hause vor allem angesichts rettungslos verlorener, sterbenskranker Menschen sieht, wie es ihnen nicht gelingt, auf solche Gewissheiten zurückzugreifen, die sie trösten könnten, dann spürt man etwas von der Tragweite eines vielleicht überzogenen Satzes, dass in Grenzsituationen heute für viele dieser Rückgriff nicht mehr möglich ist. Und wenn man in den Schulen sich einmal fragt: Was bringen denn junge Leute als vorgewusste, internalisierte Gewissheit darüber mit, dass es Erlösung gibt und Gott? – Leicht zu nehmen ist es ganz gewiss nicht. So zu tun, als hätte das jetzt mit Ekklesiologie und mit der Art, wie Kirche sich als Hoffnungsgemeinschaft in unserer Geselllschaft definieren kann, nichts zu tun – das können wir uns nicht leisten.

Einen kämpferischen Atheismus gibt es in dieser Form heute kaum mehr. Es gibt viel tödlichere, gefährlichere Vorgänge in dieser Hinsicht. Es gibt dieses höfliche Wohlwollen, das man Sterbenden entgegenbringt, vor denen man nie unhöflich ist. Das kann man doch in der Art erleben, wie die Öffentlichkeit mit unseren Bischöfen und mit den Repräsentanten unserer Kirche umgeht. Da gibt es keinen Kampf mehr, sondern eher die Diagnose: todkrank.

Wenn ich sage, es gibt keinen kämpferischen Atheismus, dann will ich damit die Situation keineswegs banalisieren und herunterdeuten, sondern nur auf präargumentative Stimmungen oder Grundmentsalitäten hinweisen, die uns umfassen und prägen. Vielleicht spielt Religion als Kultur eine gewisse Rolle, nicht aber als inhaltlich geprägte Heilsinstitution. Warum gibt es keinen Ort und keinen Stellenwert der Kirche in den wissenschaftlichen Futurologien und gesellschaftlichen Utopien unserer Zeit? Wenn man im 17. Jahrhundert Futurologien entwickelt hätte, dann sähe natürlich der Inhalt solcher Futurologie und auch die ekklesiologische Dimension daran ganz anders aus.

Bedrängender ist die weithin verinnerlichte Überzeugung vom Versagen der konkreten Kirche, von ihrem Verbrauchtsein, weil es etwas aussagt darüber, wie wir uns zuweilen empfinden und in jedem Falle empfunden werden. Ein Theologe kann sich für diese Kontrasterfahrung, die nicht hochgespielt oder als Krisenjargon angeheizt ist, auf erfahrbare Zusammenhänge berufen.

Von da aus setzt ja die Frage an: Wie kann unser kirchliches Leben – informiert durch Theologie – auf diese Situation reagieren? Welche Möglichkeiten gibt es da? Welche werden abgebrochen? Welche Subjekte muss eine Theologie suchen, um dem Verdacht der Verbrauchtheit und Folgenlosigkeit christlichen Glaubens entgegenzuwirken?

3. Kirche in gesellschaftlicher Entmächtigung und Minorisierung

Was mit dieser gesellschaftlichen Entmächtigung und dem damit vor sich gehenden Weg in die Minderheit gemeint ist, lässt sich zunächst einmal rein statistisch im Weltprospekt überhaupt erläutern. Im Blick auf unsere Welt im Ganzen ist es fraglos, dass im Vergleich zur Zahl der Weltbevölkerung das kirchliche Christentum rein quantitativ gesehen, sicherlich nicht zu-, sondern laufend abnimmt. Wichtiger für unsere Betrachtungsweise ist die Beobachtung, dass es auch so etwas wie eine wachsende Minderheitensituation kirchlichen Christentums gerade in jenen Ländern gibt, die geschichtlich-gesellschaftlich in ihrer Kultur vom kirchlichen Christentum selbst entscheidend mitgeprägt sind, also bei uns speziell in Europa und in den beiden Amerikas. Die sog. Diasporasituation der Kirche ist heute immer weniger die große Ausnahme, die es auch noch und marginal zu besprechen gilt, sondern in zunehmender Weise der Regelfall.

Einige Symptome für diese Entmächtigung und Minorisierung kirchlichen Lebens bei uns:

Das, was uns vielleicht in unserem Lebenskreis hier im akademischen Sinn, im engeren und universitären Sinn, betrifft, wäre, dass es offensichtlich so etwas wie eine wachsende *kognitive Vereinsamung* der Theologie an der Universität im Ensemble moderner Wissenschaften und Wissenschaftssysteme gibt und dass die Theologie immer mehr den Eindruck erweckt, sie lebe nur noch aus geborgter Wissenschaftlichkeit, aus einer Verdoppelung gewisser klassischer Wissenschaften im Blick auf den Glauben und vor allem aus der Ängstlichkeit, in einer solchen Welt unwissenschaftlich zu erscheinen, ohne dass sie eigentlich eine Kultur der Kommunikation und der Öffentlichkeit hätte, die dem eigentümlichen Charakter theologischer Rede hinreichend entspräche. Dabei ist diese kognitive Isolation selbst wieder nur ein bestimmtes Symptom für eine zunehmende, nicht nur kognitive, sondern auch affektive Vereinsamung des kirchlichen Lebens im Umkreis dessen, was wir unsere sog. moderne Welt nennen.

Ein anderes Symptom – damit zusammenhängend, auch uns unmittelbar angehend – ist der *Öffentlichkeitsverlust* der Theologie, über den wir uns nichts vormachen sollten. Auch das, was in die bei uns aufgebaute Öffentlichkeit dringt, ohne dass ich die Form und die Struktur der Öffentlichkeit hier nun kritisch qualifizieren möchte, ist selbst schon inhaltlich geköpfte Theologie. Die theologische Sache verschwindet, sobald sie in die Medienöffentlichkeit unserer Gesellschaft tritt, hinter dem, was man die „Fälle" nennt. Es interessieren nur die Konflikte als solche, in denen man sich mit der Kirche anlegt. Aber warum und welche Inhalte dazu eine Rolle spielen, das interessiert weiter gar nicht.[171] Kann man dann überhaupt in einer massenmedialen Öffentlichkeit theologisch reden?[172]

Historisch könnte ich dazu ein besonderes Beispiel nennen: In der Mitte des 19. Jahrhunderts, als Sören Kierkegaard in Dänemark publizierte, da interessierte sich in der dort etablierten – freilich noch vormedienhaften – Öffentlichkeit niemand für diese Theologie. Im Grunde genommen war das alles eine klare Sache und es war alles liberal schon besänftigt und beigelegt. Konflikte sollte es keine geben. Und eine Theologie, die womöglich gegen diese liberale Beschwichtigungsmentalität dessen, was Kierkegaard die „Christenheit seiner Zeit" nennt, aufbegehrte, war schon gar nicht interessant. – Da kam nun einer, der sprach so, dass er im Sprechen selber diese Öffentlichkeit in einer gewissen Weise miterrichtete. Er sprach so, dass man sich dem eben nicht entziehen konnte, und zwar sprach er außerordentlich kritisch und keineswegs konformistisch, weder hin zur Kirche noch hin zur Gesellschaft.

Ob es das bei uns gibt, ob unsere theologische Kritik an Kirche und Gesellschaft nicht selber zu Fällen immer mehr verkümmert und in Fällen dann auch versiegt und der eine seine kleine bürgerliche Eigenkirche errichtet oder nicht, – das ist nicht entschieden. Das ist einer der großen – und in meinen Augen schmerzlichsten – Symptome für die gesellschaftli-

---

[171] Wer hat sich z. B. jemals ernsthaft an der „Unfehlbarkeitsthematik", um ein Beispiel zu nennen, öffentlich interessiert? Man verfolge doch einmal unter diesem Gesichtspunkt, was zum Fall von Hans Küng oder auch unseres Kollegen Horst Hermann wirklich öffentlich geworden ist. Es ging einfach um den Konflikt mit Rom, um Verfahrensweisen oder nur noch um den Krach. Dies ist eine Sache, mit der man ganz energisch rechnen muss und bei der die Theologie zunächst einmal wissen muss, wie und in welcher Form sie in dieser Öffentlichkeit „nur geköpft ankommt". Kann man dann überhaupt noch in dieser uns vorgehaltenen, durch Medienkomponenten definierten Öffentlichkeit theologisch reden? Interessiert sich dann überhaupt noch jemand dafür, wenn die Kirche offensichtlich nur noch als Krawallinstitution interessant ist?
[172] Vgl. die grundsätzlichen Überlegungen in: JBMGS 6/1, 121–135 („Kirchliche Kommunikationskultur. Überlegungen zur Kirche in der Welt der Massenmedien").

che Entmächtigung und Minorisierung von Kirche und der daran partizipierten Theologie. In diesen Symptomen sind natürlich eine Reihe von Gefahren impliziert, die sich im Antlitz unserer bundesrepublikanischen Kirche auch ganz deutlich spiegeln und von Tag zu Tag oder – sagen wir vorsichtiger – von Jahr zu Jahr deutlicher spiegeln.

4. Theologische Reaktionen

Vor einigen Jahren habe ich schon diese Situation als Rückfall der Kirche in *Sektenmentalität* zu charakterisieren versucht.[173] Es ist dort so beschrieben, dass es immer noch unmissverständlich genug auch für die heutige Situation gilt, obwohl ich inzwischen gelernt habe, dass man den Gegensatz Kirche und Sekte und die rein negative Verwendung von Sekte eher nicht so gebraucht, wie ich das früher getan habe. Deswegen möchte ich wenigstens terminologisch in dieser Hinsicht vorsichtiger sein.

Eine soziologisch nicht ausgewiesene Terminologie über die Situation der Kirche heute ist die Rede von Kirche, die immer mehr ins *Ghetto der Abschließung* gerät. Der Vorteil ist, dass dieser Begriff einerseits etwas plastischer verdeutlicht, was auch mit Sektenmentalität gemeint sein kann. Der Nachteil ist, dass er weder theologisch noch soziologisch genauer fassbar ist.

Abschließung ist jedoch eine der hinterhältigsten, nachhaltigsten und schwerst kontrollierbaren Formen von Anpassung. Es ist auf der einen Seite die aktive Überanpassung an bestimmte Weltformen im Sinne des Dilemmas von Berger, wie ich expliziert habe, und demgegenüber nun eine Absonderungs- oder Abschließungstendenz. Gerade diese Art von Abschließung ist eben keine identitätssichernde, die Kirche und Theologie aus Anpassungsprozessen heraushalten könnte. Es kommt dann zu der langanhaltenden, schleichenden, meist zu spät bemerkten *passiven* Anpassung. Es kommt zu dem, was man heute in der Kirche vielfach beobachten kann, dass sie nämlich keineswegs stillsteht in dieser Abgeschlossenheit und sich selber bewahrt, sondern dass sie zwar von sich aus wenig ändert, aber ständig doch geändert wird im Sinne passiver Veränderung.

---

[173] *Johann Baptist Metz*, Kirchliche Autorität im Anspruch der Freiheitsgeschichte, in: *Johann Baptist Metz, Jürgen Moltmann, Willi Oelmüller*, Kirche im Prozeß der Aufklärung. Aspekte einer neuen „politischen Theologie", München 1970, 53-90 (JBMGS 6/1, 42-79).

Das, was sich immer sehr schnell einstellt, wenn Kirche in soziologisch beschreibbarer Form in Not kommt und was sich gerade auch in der deutschen Situation inzwischen ja schon eingestellt hat, ist, dass man sich nun auf das Axiom oder die biblische Rede von der *kleinen Herde* beruft. Diese Rede von der Kirche soll sichtbar machen, dass dieser Weg in die Minderheit keineswegs ein unbiblischer ist, sie ist zunächst einmal aus dem Gespür für den wachsenden Identitätsverlust der überlieferten Glaubensinhalte und der sie tradierenden Kirche in dem Ganzen unserer Gesellschaft verständlich. Aber die Gefahr liegt darin, dass diese Rede dann auch zum Entschuldigungs- und Entlastungsargument werden kann.[174]

Die Gründe nämlich für die gesellschaftliche Entmächtigung der Kirche bzw. für die gesellschaftliche Indifferenz werden dann eben doch nur in der Situation, in den Verhältnissen gesucht, die vorausgesetzterweise niemals mit uns zu tun haben. Kirchliche Buße und Umkehr und womöglich sogar drastische, strukturelle Wandlungen größeren Ausmaßes werden dadurch überhaupt nicht in den Blick gerückt.

Warum denn wird die Kirche wirklich kleiner? Deswegen, weil sie einer gottlosen Zeit, für die sie allerlei Verantwortung in einem Kulturraum übernimmt, den sie selber mitgeprägt hat? Oder weil die Kirche selber bei uns in der Bundesrepublik zu sehr sozialisiert ist als Kirche einer ganz bestimmten Schicht und einer ganz bestimmten Klasse, die ihrerseits zu sehr eine Kleinbürger- und Bildungsbürgerkirche geworden ist?

Darf man aber dann auf dieses Kleinerwerden und auf diesen Schwund den biblischen Terminus der „kleinen Herde" anwenden? Ist eine Kirche, die – was immer die Synode in dieser Sache dazu sagen konnte – die

---

[174] Das Wort von der „kleinen Herde" darf nicht „zur Rechtfertigung für eine Kirchlichkeit dienen, die sich nicht mehr den Herausforderungen ihrer Mitwelt stellen will. Denn ‚klein' ist die Kirche nicht primär dadurch, dass sie eine kleine, ausgesonderte Gruppe darstellt, sondern dadurch, dass sie sich im Gewoge des Streites mit der Welt ‚klein' machen lassen muss. Und sie kann sich das Kreuz ihrer Armut und ihrer Kleinheit nicht selber wählen, denn von eben diesem Kreuz ist gesagt, dass es keineswegs im Sanctissimum steht, sondern ‚draußen'. Gekreuzigt wird nie im Heiligtum, sondern immer ‚vor den Toren der Stadt'. Das ist der Ort der Erfahrung der Kleinheit und der Armut des Kreuzes, den wir nicht verrücken oder von uns aus selbst wählen können. Wo aber ist die größere Bereitschaft, gerade dieses Kreuz auf sich zu nehmen? Im Willen zu schmerzlichen Wandlungen unserer eigenen vertrauten kirchlichen Lebensformen im Angesicht der Herausforderungen unserer Welt oder in der verdächtigen Selbstgewissheit so vieler Reformgegner?" So *Johann Baptist Metz* in: Reform und Gegenrformation heute. Zwei Thesen zur ökumenischen Situation der Kirchen, Mainz 1969 (JBMGS 6/1, 15–41, 25).

Arbeiterschaft faktisch außer sich hat, kleiner geworden im Sinn der „kleinen Herde" des Neuen Testaments? Ist dieses in bestimmten Klassen und Schichten unserer Gesellschaft vorherrschende Empfinden von dem Versagen der Kirche in Krisensituationen der Menschen, nur Ausdruck eines liberalisierten Bewusstseins, das die Kirche abstoßen muss, um ihre Identität zu bewahren? Oder ist das nicht eine ungeheure Anklage an uns selber, mit der wir uns in keiner Weise abfinden können und die wir vor allem nicht mit der Rede von der „kleinen Herde" abdecken dürfen oder können?

Natürlich entsteht dann sofort die Frage: Kann man und wie kann man denn überhaupt solche verinnerlichten, abgesunkenen, inzwischen allgemein in bestimmten Klassen und Schichten gewordene Überzeugungen vom Versagen der Kirche noch einmal wandeln? Ausreden kann man so etwas nicht. Argumentativ überfahren kann man dieses Bewusstsein nicht. Und durch eine bloß bessere Interpretation der kirchlichen Geschichte kann man nichts erreichen. Das kann man nur ändern, wenn überhaupt, indem man solche Eindrücke vom Versagen der Kirche dadurch ändert, dass man Gegeneindrücke schafft, die selber zustimmungsfähig und verallgemeinbar sind. Und das geht nur durch ein neues, durch ein sehr demütiges Verhalten, glaube ich, also durch eine andere Praxis, von der wir auch gleich zu reden haben.

Die Minorität und die zunehmende gesellschaftliche Entmächtigung der Kirche darf auch nicht beleidigt einfach angenommen werden oder gar geschmäcklerisch elitär gesucht werden. Wenn schon, dann ist sie in jedem Falle ein schlimmes Kreuz, das aufgedrängt werden muss. Was uns in keinem Fall gegönnt ist, wäre eine Art Triumphalismus der Minderheit, eine neue Form von Esoterik, in der sich die Wenigen in der Wahrheit wissen und auf die schlechten Zeitläufe schauen. Auch nicht die Form der Verteidigungssituation, die Form „die Helme fester schnallen und durchhalten". Was denn durchhalten?

Hier besteht in einem solchen Prozess der gesellschaftlichen Entmächtigung und Minorisierung die Gefahr einer regressiven *Abschließungsmentalität*, in der nun auch das Organ für gesellschaftlich latente Religiosität, für *suchende* Religiosität, und das Organ für kirchlich nicht oder schwer identifizierbares Christentum auch immer mehr verkümmert.

In diesem Sinne hat ja unsere Kirche in der Bundesrepublik kaum Interesse und Kraft gezeigt, Formen neuer religiöser Sensibilität zu entdecken, in sich aufzunehmen und gar zu verarbeiten. Das hängt auch mit diesem Vorgang zusammen. Zusammen hängt damit auch, dass sich in einer solchen Situation der Entmächtigung leicht das sog. Lernvermögen, die Lernbereitschaft einer Kirche und die Assimilationskraft von fremden, vielleicht zunächst gegensätzlichen Positionen zersetzt, dass es so etwas wie eine Lernparalyse und Assimilationsverkümmerung gibt. Das muss hier als Kennzeichen unserer Situation resümiert werden und ernst genommen sein; denn hier geht es nicht um ein Theorem, sondern um eine Situation, in der und aus der heraus gelebt und gehandelt werden muss. Dass es so etwas wie Traditionsbewahrungen gibt, ohne neue Traditionen zu stiften, dass die Theologie ihrerseits an einer zunehmenden geistigen Konfrontationsschwäche leidet, dass das, was man progressive Theologie bei uns üblicherweise nennt, meistens sozialgeschichtlich und ideologiekritisch gesehen doch eine Auseinandersetzung mit der Mentalität von vorgestern ist, – diese Dinge gehören hier tatsächlich mit hinein. Es gibt ja in unserer Situation eine berechtigte Kritik an einer unbekümmerten Weltoffenheit, einem ungesteuerten Aggiornamento oder wie man das nennen will, aber man muss sehen, wo eigentlich die Identitätsgefahren lauern.

In einer Kirche der gesellschaftlichen Entmächtigung und Minorisierung gibt es ganz offensichtlich auch die Gefahr eines zu sehr wachsenden sog. Loyalitätsdrucks oder Loyalitätsüberdrucks. Es gibt die Gefahr dessen, was man *die „Überorthodoxie"* nennen kann, wie sie auch in vielen Sekten beobachtbar ist. Sie entspringt natürlich auch dem realistischen Empfinden einer konservativen kirchlichen Phantasie, wonach das Unzeitgemäße am Christentum, das, was den kognitiven und den operativen Erwartungen unserer Zeit nicht entspricht, wirklich nur in einer möglichst starken Institutionalisierung gerettet oder durchgehalten werden kann. Im Sinne einer konservativen Institutionentheorie ist das ganz konsequent. Ob es biblisch und kirchlich ist, das muss man natürlich fragen.

Es gibt weiterhin die Gefahr zelotisch angeschärfter *„Freund-Feind-Bilder"* und zunehmender militanter Polarisierungen bei innerkirchlichen Auseinandersetzungen. Im Ghetto gibt es keine entspannenden Formen von Gelassenheit, von Freude, keinen Humor. Kirchlichkeit gerät dann leicht in die Nähe eines freudlosen und humorlosen Zelotentums, ebenfalls immer mehr.

Hierher gehört auch – und das schlägt dann wieder stärker in die Theologie hinein – die wachsende Gefahr einer künstlichen Isolation und Abzweigung der religiösen Sprache in der Kirche von unserer *Alltagssprache*, an die offensichtlich alle wissenschaftlichen und anderen sog. Metasprachen jeweils zurückgekoppelt bleiben. Der Kontakt mit der Basis der Alltagssprache ist nicht nur sprachtheoretisch, sondern auch lebenspraktisch von ungeheurer Bedeutung. Und deshalb ist das *Schisma* zwischen einer kirchlichen Sondersprache und der Alltagssprache in einer Gesellschaft eine besonders bedrängende Situation.

Die kirchliche Sprache wird dann leicht zur reinen Binnensprache, unangefochten in einer gewissen Weise. Aber warum unangefochten? Weil Andere gar nicht mehr so sprechen, dass sie störend in sie hineinsprechen könnten. Sie wird wieder zur Sprache der Eingeweihten, ungestört von der Sprache der Zeit, auch nicht unterbrochen von der Sprache der Leute. Sie stößt dann aber auch freilich nicht an und reproduziert leicht nur sich selber. Es entsteht eine Kirchensprache, die man eine *Sektensemantik* nennen kann, die innerhalb ihres semantischen Bereichs zwar sehr stark sein mag, aber die jede Kommunikationskraft verliert, sobald sie den selbstgesteckten semantischen Zusammenhang verlassen muss.

In diesem Sinne gibt es das, was man das Phänomen der *multiplikativen Wucherungen* religiöser Sprache nennen kann. Das heißt: diese Sprache ist dann zwar nicht reich, aber sehr wortreich, weil sie ja weiterreden kann, ungestört und nicht unterbrochen von der Wirklichkeit, und kann sich dann auch beliebig um- und weiterformulieren, weil sie keine echten Widerstände hat.

Diese Erfahrungen kann man ganz sicher an der religiösen und theologischen Sprache unserer Zeit sehr deutlich machen. Ich könnte paradigmatisch und biographisch Erfahrungen aus der Erstellung des Synodentextes auch in diesem Zusammenhang mitteilen, wo ich eben den Eindruck habe, dass manches, was ich da zu sagen versucht habe, deswegen nicht in Ordnung sein kann, weil ich es zu widerstandslos sagen konnte. – Dann merkt man: Das ist eine Sprache, die eigentlich die realen Widerstände, unter denen Glaube heute wirklich lebt, und die Bedrohungen und Konflikte, in denen er sich bewähren muss, außer sich hat.

Ich sage nicht, dass diese Gefahren und Konflikte in dem kleinen Credotext nicht genannt und immer wieder angesprochen sind, aber ich möchte an diesem Text das Gespür solcher Gefahr durchaus nennen. Denn woran mir wirklich liegt, ist, dass eine Kirche der gesellschaftlichen Entmächtigung und zunehmenden Minorisierung in der Gefahr der sog. Überängstigung steht. Und wer möchte das bestreiten?

Wo in unvorbereiteter Weise und ohne Einübung des allgemeinen kirchlichen Bewusstseins kollektive Identifikationen zerbrechen, also Identifizierungen speziell mit der einen großen Amtskirche, da kann leicht aus Identitätsangst Panik ausbrechen. Sigmund Freud hat das so gesehen und betont.

Und es entsteht dann auch die Gefahr einer unbegriffenen und anonymen Herrschaft von *Angst*, in der Freude und Freiheit erstickt werden können. Das wird brisant und unmittelbar anschaulich, wenn man hier weitergeht und weitergehend sagen muss: Unsere Kirchenleitungen werden offensichtlich doch immer mehr von Angst umgetrieben. Die Kirche wird nicht von Wölfen, sie wird von Geängstigten regiert. Und Angst ist ein schlechter Ratgeber in Sachen Freiheit, Wagnis und Zukunft. Und damit man meine Angst versteht, würde ich lieber von Wölfen sprechen. Irgendwo spüre ich da etwas ganz Männliches und was ganz Bissiges dahinter. Ich ließe mich ja auch gerne beißen, aber wenn das so ein bisschen tantenhaft gemacht wird, das ist schlimm.

Gefährlich ist das bei uns in der Bundesrepublik deswegen, weil bei uns die Kirche ihre Angst in einer hochkomplexen *Bürokratie* organisieren kann. Das ist das Gefährliche. Weil auch noch viel Kontrolle dabei sein kann, in der sich die Angst vieles vom Leibe hält, die Angst vor den Jungen, vor denen, die danach kommen. Und deshalb machen wir nach unten hin alles zu. Vergessen wir nicht, dass sich diese Angst, diese Angst mit aggressiven Zügen, dass die sich nicht nur in den Ämtern unserer Kirche zeigt, sondern auch ganz deutlich im Milieu dessen, was man katholisches Milieu nennt, in dem was man unsere innerkirchliche Öffentlichkeit nennt, in dem, was man unsere Presse nennt, usw.

In einer Kirche der gesellschaftlichen Entmächtigung und Minorisierung, in der diese Vorgänge nicht verarbeitet sind, gibt es das Kriterium der sog. *Ausgewogenheit*. Ausgewogenheit spielt eine große Rolle. Dass Orthodoxie und Ausgewogenheit nicht das Gleiche sind, das habe ich schon einmal zu verdeutlichen versucht. Ein frühes Wort von mir, das ich immer gern wiederhole: *„Die Wahrheit für das Christentum liegt nie in der Mitte, allenfalls liegt sie dort begraben".* Es muss eine nie kalkulierbare Einseitigkeit und Schlagseite des Christentums geben, will es die Einseitigkeit Gottes, wie sie sich in Jesus zeigt, ernst nehmen und ihn nicht solange drehen und wenden, bis sie allen zupasskommt. So nicht. Das ist ja auch Ausgewogenheit. Solche Ausgewogenheiten gibt es als Kriterien christlicher Identität und Orthodoxie des Glaubens nicht.

Wenn wir in unserer Kirche, gerade in unserer deutschen, so sehr wieder von Ausgewogenheit reden, dann ist das zunächst einmal eines der bedrängenden Symptome für passive Angepasstheit unseres kirchlichen Lebens an die gesellschaftlichen Stimmungen und Mentalitäten, in denen ja dieses Kriterium der Angepasstheit als ideologischer Ausdruck *der Mitte* durchaus herrscht.

Was aber bei dem Kriterium der Ausgewogenheit ist noch wichtiger: Ausgewogenheit ist keineswegs ein neutrales Kriterium. Es ist ein Kampfmittel und ein Kampfbegriff für Stilllegung von Kritik, die ja zwangsläufig einseitig ist und einseitig sein muss. Ich meine: Wenn gewisse politische Gruppierungen und gesellschaftliche Institutionen meinen, sie können mit einem solchen Kriterium arbeiten, dann kann ich als Theologe nur sagen: Hüten wir uns davor, vor lauter Ausgewogenheit den Geist aufzugeben, weil „Geist" in jedem Fall nur dialektisch bewegt und niemals von einer vorkonstruierten Mitte hergedacht werden kann.

Auch dies noch: Eine Kirche, die, ohne dass sie es verarbeitet hat, immer mehr gesellschaftlich entmächtigt und minorisiert wird, gerät in die Gefahr, dass sie sich selbst zu sehr als Selbstzweck auffasst und dass sie alle Kraft, alle psychische, seelische, ja religiöse Kraft primär und zu sehr auf *Selbstreproduktion* konzentriert. Bedenklich ist das auch deswegen wieder, weil auch da sich ganz klar ein Anpassungsvorgang demonstriert. Es liegt mir daran zu zeigen, dass hier Anpassungsprozesse verlaufen, die meistens als solche nicht genannt werden. Man kann zeigen, dass sich die Kirche genau nach organisationssoziologischen Gesichtspunkten so verhält, wie sich eben eine gesellschaftlich bedrohte Institution hinsichtlich ihrer Selbstreproduktion verhält. – Diese Gefahr muss ganz deutlich, viel deutlicher als bisher gesehen werden; denn sonst entsteht eine theologische Gefahr, die es als solche schon gibt, dass nämlich nicht mehr die Kirche dienend für die Geheimnisse da ist, sondern die Geheimnisse für die Kirche. Das kann und darf ganz sicher nicht sein. Die Geheimnisse müssen auch die Kirche in Bewegung halten. Eines der Geheimnisse heißt ja, dass sie sich selber immer an ihre eigene eschatologische Vorläufigkeit erinnern muss, weil sie als eschatologisches Provisorium Gottes existiert.

Die Gefahr, die da drinsteckt und für die es Belege gibt, ist, dass alle theologischen und inhaltlichen Fragen wieder auf ekklesiologische Fragen zurückgenommen und als ekklesiologische Fragen auch kriteriologisch behandelt werden, dass man doch aus lauter Ratlosigkeit hinsichtlich anderer Kriterien auf Identität innerhalb der Kirche abhebt, dass also alle Häresien latent im Grund genommen Schismen sind und als solche auch erklärt werden. Genau das bringt auch die Gefahr der Funktionalisierung der Glaubensinhalte auf Kirche hin mit sich, nicht als wäre sie gewollt, aber sie muss sehr deutlich gesehen werden, weil sie Resultat einer Kirche ist, die in einer nicht verarbeiteten Situation gesellschaftlicher Entmächtigung und Minderheit sich selber zum Selbstzweck überstilisieren kann, mehr als es die Botschaft von der Kirche jemals zulässt.

In dieser Situation gesellschaftlicher Entmächtigung und Minorisierung gibt es in etwa vier Reaktionsrufe: „Zurück zur Urgemeinde", „Durchhalten", „totale Kritik" und „Heraus aus der akademischen Theologie".

Erstens: Der Ruf „Zurück zur Urgemeinde" ist oft stillschweigend enthalten in vielen theologischen Vorschlägen, vor allem denen, die sich aus der Exegese nähren. Aber dieser Rückzug ist nicht so einfach und selbstverständlich. Denn auch eine Theologie, die sich auf die neutestamentlichen Gemeinschafts- und Kirchenformen bezieht, kann den geschichtlichen Abstand unserer Gegenwart zur unwiederholbaren Situation neutestamentlicher Gemeinde und neutestamentlichen Kirchenlebens nicht etwa ignorieren oder herabsetzen. Sie kann nicht die Inhalte, die Intentionen und handlungsorientierenden Angaben im Neuen Testament über kirchliches Leben zunächst in sich feststellen und dann selektiv womöglich auf unsere Gegenwart anwenden. So einfach ist auch allein die Verstehensproblematik dessen, worum es da im Ringen um das Entstehen der ersten kirchlichen Gemeinschaft ging, gar nicht.[175]

Denn auch eine biblisch orientierte Theorie des kirchlichen Lebens muss in Rechnung stellen, dass die historischen und die gesellschaftlichen Differenzen zur neutestamentlichen Aussagesituation es immer neu zur Frage und zum Thema erheben, was denn nun genauer der Inhalt und die Intention dieser Aussagen und Zeugnisse über das kirchliche Leben sei. Eine Theologie neutestamentlichen kirchlichen Lebens, die nicht eine theologische Auffassung und Interpretation unserer eigenen geschichtlichen und gesellschaftlichen Gegenwart enthält, könnte den Modellcharakter und den normativen Anspruch kirchlichen Lebens gerade auch für uns heute gar nicht einsichtig machen.

Auf diese grundsätzliche Schwierigkeit hermeneutischer Art sei hier hingewiesen. Hinzu kommt, dass wir natürlich ohnehin nicht einfach in den Anfang des kirchlichen Lebens zurückkönnen. Das erweckt den Eindruck der Entdifferenzierung, die uns nicht gegönnt ist, den Eindruck einer gewissen Regression. Wir können nicht die zweitausendjährige Geschichte der Kirche und des Christentums gerade auch in ihrem prägenden, unaufgebbaren Wert für unser heutiges kirchliches Leben ignorieren und in die unberührten Anfänge zurück. Da ist jedenfalls hermeneutisch und auch kirchentheologisch Vorsicht geboten.

---

[175] Vgl. die einschlägigen Ausführungen im II. Band dieser Ausgabe.

Zweitens: Eine andere Form in der gegenwärtigen Theologie der Reaktion auf die geschilderte gesellschaftliche Minorisierung ist ein verschärfter ekklesiologischer Fundamentalismus, eine neue „Durchhaltetheologie", eine Kirchentheologie, die sich nun in dieser Krisensituation als Legitimation und konsequente Verteidigung herrschender kirchlicher Auffassungen und auch Verfassungen versteht.

Die gegenwärtige Krise, die nicht durch irgendein gedankenloses Krisengerede herbeigesprochen wird, gilt hier nicht etwa als Anreiz zu Umkehr und Erneuerung, sondern eben zum Durchhalten. Der befürchteten und vielfach ja auch wirklich als Gefahr vorhandenen sog. Überanpassung setzt sie einen angeschärften Loyalitätsanspruch gegenüber der konkreten kirchlichen Praxis entgegen. Das ekklesiologisch vertraute Leitbild von der Kirche der Sünder, das zu ständiger Erneuerung an Haupt und Gliedern aufruft, wird von ihr heimlich zur Vision von der kleinen Gemeinde der Heiligen umstilisiert. Eine Gemeinde der Heiligen, die keine Gemeinde der Sünder ist, ist etwas Trostloses. So muss man Kirche der Sünder als Stimulanz für eine Zukunft im Versagen ja auch sehen; aber eben das wird dann leicht auseinandergerissen, und es entsteht dann eine eigentlich trostlose Kirche der kleinen Gemeinde der Heiligen.

Diese Theologie verrät und verharmlost – meine ich – die *kritische Freiheit* der Theologie in der Kirche, die ja nicht einfach eine Freiheit von der Kirche oder gegen die Kirche ist. Sie ist in der Kirche vor allem eine Freiheit der Antizipation, eine Freiheit des Zuvorkommendürfens und -müssens gegenüber bestehenden Verhältnissen und Praxen in der Kirche. Sie befreit nicht einfach von den Interessen kirchlicher Sendung und kirchlich Überlieferung; sie befreit aber vielleicht in den guten Fällen dazu, den gegenwärtigen kirchlichen Verhältnissen hypothetisch und schöpferisch zuvorzukommen, um das erkannte gegenwärtige Elend nicht einfach zu wiederholen oder zu retuschieren. Das ist eben in dieser Konzeption und Position wenig deutlich gesehen.

Drittens: In einem extremen Gegensatz dazu gibt es nun natürlich einen Aufruf entweder zur *totalen Kritik* an dieser Kirche oder auch zur totalen Ignorierung dieser Kirche. Die Empfehlung der Ignorierung kommt, wenn man es ideenpolitisch einordnet, meistens von rechts und ufert in einen, wie ich meine, umso gefährlicheren, weil meistens von den Kirchen weniger deutlich erkannten, Zynismus über die Kirche aus. Das geht dann so mit der leisen Höflichkeit gegenüber denen, von denen man ja weiß, dass sie es ohnehin nicht mehr lange tun. Das ist diese Freundlichkeit der konservativen Phantasie, in der die Kirche als eine konservative Institution eingespannt wird, um ganz bestimmte, ganz woandersher kommende Interessen einigermaßen zu stabilisieren.

Und es gibt dann natürlich die rebellische, massive, die auch ins Totale ausartende Kirchenfeindlichkeit von links, in der der Versuch gemacht wird, Theologie umzusetzen in reine Ideologiekritik der Kirche, in reine soziologische, psychologische Entlarvungsstrategie kirchlicher Vorgänge von außen. Auch dies scheint mir für eine Kirchentheologie nicht möglich, weil dann diese Art von Kritik nicht mehr in der Lage ist, das zu sehen, was in all dieser Kritik eigentlich bewahrt und durchgehalten werden müsste.

Viertens: „*Heraus aus der akademischen Theologie*", Ausweichen in eine theologiefreie Praxis, weil man dieser akademisch gepflegten Theologie allmählich müde ist. Hier ist etwas sehr Verständliches an der Ungeduld mit Theologie. Aber zunächst einmal sei ganz generell durchaus auch hier an Gefahren erinnert: Hier besteht die Gefahr, dass eben Ekklesiologie doch zu reiner „Praktik" verkümmert. Hieran möchte ich festhalten: Jede Theologie heute hat in meinen Augen immer auch eine Strategie zu entwickeln, Subjekte für das, was sie inhaltlich verantwortet, anzugeben, zu bezeichnen und nicht so zu tun, als wäre das selbstverständlich, wer der Träger dieser theologischen Inhalte sei.

Ohne theologisch reflektierte und vermittelte Kriterien und Horizonte besteht ja die Gefahr, dass man dann ganz bestimmten herrschenden, vielleicht gängigen, vielleicht liberal gemusterten Klischees und Illusionen umso leichter verfällt. Wo man nicht dem Wahn verfällt, man könne in unserer Gesellschaft beliebig neue religiöse Praxisformen einführen und womöglich in unserer Gesellschaft Religion gründen, dann weiß man, dass religiöse Praxis ohne Aktualisierung von Gedächtnis, was Religion ist und will, überhaupt nicht möglich ist. Das heißt also: Neue Praxen müssen begleitet sein von neuen Formen des Gedächtnisses, von Aktualisierungen jener geschichtlichen Zusammenhänge, in denen eben unsere kirchliche Religion steht. Sonst bleiben natürlich auch solche neuen Praxen sporadisch, stehen selbst oft nur symbolisch für eine bestimmte neue Realität, ohne dass sie die schaffen können, und werden dann umso leichter und selbstverständlicher von den herrschenden Vorstellungen wieder absorbiert. Man unterschätze da die vielleicht auch nur auf lange Dauer wirksame Kritik und kritische Kraft der theologischen Arbeit doch nicht.

Theologietreiben ist nicht zunächst etwas rein Theoretisches, sondern ist zunächst einmal das Eintreten in eine Kommunikationsgemeinschaft, in der allemal, und damit muss man rechnen, vieles vorausgedacht ist, vorauserfahren, vorauserlebt, vielleicht vorausgelitten ist. Man muss das wissen und muss das kennen, und daran muss sich kritisches Bewusstsein und kritische Handlungsorientierung abarbeiten, wenn sie nicht in schlichter Naivität die sozialen und historischen Differenzen zwischen dem, was wir heute sind, und der modellhaften Urkirche überspringt. Das muss man zunächst einmal gesehen haben, sonst kommt man eben in eine hilflose Aufteilung zwischen einer gegenwärtigen Altkirche und einer modellhaften Urkirche. Das gibt nicht die mindeste Handlungsorientierung wirklich her. Es kommt dann auch zu einer Praxisbeschwörung und nicht zur Praxis.

5. *Erster Mut – Zweiter Mut*

Ich habe vor einigen Jahren ein kleines Büchlein über „Reform und Gegenreformation heute" geschrieben.[176] Darin kommt eine Unterscheidung zwischen einem ersten Mut und einem zweiten Mut vor: einem *ersten Mut* zum Nonkonformismus, um den eingefahrenen Karren von Vorurteilen zu durchbrechen, wider den Strom theologisch zu schwimmen, das Wohlwollen der Amtsträger und der bisherigen Freunde vielleicht zu riskieren, eine neue theoretische Naivität auch in der Theologie zu versuchen – eine kritische Spontaneität. Aber es käme auch auf einen *zweiten Mut* an, weil die Wahrheit, um die es in der Theologie geht, gegenwärtig wird, wo sie zur Wahrhaftigkeit der Leute und zur Glaubwürdigkeit der Gläubigen wird, kurz: wo sie ihre soziale Basis in der gewandelten Praxis der Kirche gewinnt. Um das zu erreichen, bedarf es eines zweiten Mutes in diese Praxis hinein.

Die Orden hatten ja einmal in ihrer institutionalisierten Form diese Funktion. Aber heute? Der Verdacht der Theologiefeindlichkeit, der Theologiearmut, das kann sogar ehrenvoll sein. Aber was sich eine dezidierte reformerische Praxis nicht leisten kann, ist, den Anschein zu erwecken, sie sei im Grunde genommen ja nur liberal, sie sei eigentlich eine Anbietung des Christentums zu herabgesetzten Preisen. Sie mache es sich eben leicht im Verhältnis zu ernster Religion. Sie sei eine für das spätbürgerliche Aufklärungsbewusstsein angenehme Anpassungsstufe an unser heutiges Leben und habe darin indirekt eine gewisse Aufklärungsfunktion.

---

[176] *Johann Baptist Metz*, Reform und Gegenreformation heute. Zwei Thesen zur ökumenischen Situation der Kirchen, Mainz 1969, 44 (JBMGS 6/1: 15–41).

Das kann sich keine auf dezidierten Veränderungswillen bedachte Theologie wirklich leisten, wenn sie nicht ihre Identität als theologische Bemühung und theologische Praxis aufgeben will.

Wenn man mir vorwirft, dass ich ein modern klingendes, wortreiches Hoffnungsbekenntnis für diese Kirche gemacht habe, dann würde ich sagen: Ja, das kann sehr folgenlos sein, und dafür bin ich auch als der Autor dieses Textes mit haftbar, und ich lasse mich daraufhin kritisieren, ob diese Theologie in der Lage ist, Strategien der Kontrolle und der Effizienz solcher Texte und Aussagen zu entwickeln. Was ich aus der Diskussion lerne, ist, dass in der Tat eine Theologie nicht nur über ihre Inhalte nachdenken muss, sondern dass sie wirklich über die Subjekte, von denen her sie Theologie treibt, mit denen sie sie treibt, Rechenschaft geben muss, dass sie ganz genau zuschauen muss, und dann auch die kirchliche Autorität fragen darf: Mit wem treibst du Theologie? Für wen? Das darf sie dann durchaus auch. Es geht wirklich in der Theologie um den Kampf einer auch neuen sozialen Basis für die christliche Hoffnung. Es geht um den Versuch, eine Hoffnungskirche von unten her zu erkämpfen und zu erringen. Das ist eine große Aufgabe, die kaum noch angefangen hat.